國譯 無忝齋先生文集

무 첨 재 선 생 문 집

정도응 지음
이지락 옮김

韓國國學振興院

역자소개

이지락李址洛

| 경력 |

경북대학교 한문학과 박사과정 수료
한국국학진흥원 객원연구원
동국대학교 외래교수

| 역저 |

양한당선생문집 공역
문월당선생문집 공역
이계선생문집

| 논문 |

회재 선생의 사상과 시 세계

國譯 無忝齋先生文集

인　　쇄　2012년 10월 20일
발　　행　2012년 10월 30일

발 행 인　김 병 일
발 행 처　한국국학진흥원
기　　획　한국국학진흥원 고전국역실

주　　소　경북 안동시 도산면 퇴계로 1997
전화번호　054-851-0700·0754
팩시밀리　054-851-0759
Homepage　http://www.koreastudy.or.kr
E-mail　master@koreastudy.or.kr
출판등록　2002년 3월 18일

편집·제작　도서출판 성심
전화번호　054-857-8051
팩시밀리　054-841-8051

ISBN 978-89-6178-129-9 94810
978-89-6178-098-8 (세트)

정가 37,000원

본 도서는 경상북도 영남선현문집번역사업비의 지원으로 발간되었습니다.

‖ 일러두기 ‖

1. 이 번역본은 『無忝齋先生文集』(목판본 4권 2책)을 저본으로 하였다.

2. 한글 전용을 원칙으로 하였지만, 한자漢字가 필요하다고 판단될 경우에 한자를 병기倂記하였다. 단, 같은 단어가 인접해서 두 번 이상 나오는 경우에는 이후의 한자를 생략하였다.

3. 시詩의 경우 오른쪽에 원문을 부기하고, 각주에서는 한자를 생략하였다.

4. 각주의 한자 표기는 괄호쓰기를 원칙으로 하였지만, 경우에 따라서 원문을 그대로 표현하기도 하였다.

5. 한자 가운데 한글과 음이 다른 표현은 대괄호 [ ]로 표기하였다.

6. 관직명의 경우 여러 관직을 중임하였을 때, 한글은 관직에 따라 띄어쓰고 한문은 붙였다.

7. 원문에 결락된 글자는 '□'로 표기하였다.

8. 본서의 원문은 말미에 영인影印으로 수록하였다.

9. 본서에서 사용된 부호와 그 의미는 다음과 같다.
   - 『 』 : 책명
   - 「 」 : 편명
   - " " : 인용문이나 대화체
   - ' ' : 장·절명 또는 중요한 표현이나 간접 인용문
   - [ ] : 한자와 음이 다른 한글 또는 표현
   - · : 병렬형 단어의 중간 표시
   - …… : 중간 생략문

목차

무첨재선생문집 제2권

무첨재선생문집 제3권

무첨재선생문집 제4권

무첨재선생문집

無忝齋先生文集

해제

▸ 오용원

| 해제 |

무첨재 정도응의 삶과 문학세계

오 용 원*

Ⅰ. 서언

『무첨재선생문집無忝齋先生文集』은 무첨재無忝齋 정도응鄭道應(1618~1667)의 시문집이다. 무첨재는 1618년 상주尙州 율리栗里에서 태어났다. 그는 8세에 아버지를 여의었고, 조부인 우복愚伏 정경세鄭經世(1563~1633)의 슬하에서 자랐다. 우복은 17세기 초반 중앙 정계에서 중요한 역할을 하였을 뿐만 아니라, 영남학파에서 중요한 역할을 하였다. 무첨재에게 있어 우복은 어려서부터 자신의 세계관 정립과 학문 수학에 지남指南이 되었나.

이 뿐만 아니라, 그는 조부의 잦은 관계官界의 출입 탓에 젊어서부터 집안을 이끌어가야 하는 중책을 맡을 수밖에 없었다. 그는 몇 차례에 걸쳐 벼슬에 나아가긴 했지만, 그가 남긴 다양한 시문詩文을 통해볼 때 처세에 있어서 세상에 나아가 양명揚名하기보다는 주로 강호에 은거하려고 했던 처사형 인물이었다. 1667년 자신이 태어났던 율리에서 50세를 일기로 하세할 때까지 몇 차례 환로에 나아가긴 했지만 주로 향촌 사회에서 은자적 삶으로 생을 마쳤다.

무첨재는 향촌 사회에 은거하며 많은 문자를 남겼다. 하지만 훗날 산실되어 거의 남아있지 않았던 그의 시문詩文을 1911년 후손 병암甁庵 정철우鄭喆愚(1841~?)가 문집의 형태를 갖추어 간행하였다. 문집에는 그의 학문적 경향을 가늠할 수 있는 시문이 수록되어 있고, 그가

---

* 한국국학진흥원 책임연구위원

교유했던 많은 인물들이 기록되어 있다. 그가 남긴 문집을 통하여 그의 인생편력과 세계관, 그리고 그에 대한 사후 평가를 살펴보기로 한다.

Ⅱ. 가계와 생애

1. 가 계

정도응鄭道應은 본관이 진주晉州이며, 1618년(광해10) 12월 6일에 부父 검열공檢閱公 심杺과 모母 여강 이씨驪江李氏 사이에 태어났다. 이미 이들 가문은 여말에 진주 지역에서 재지사족으로서 상당한 사회적 기반을 갖추고 있었다. 이들이 상주尙州와 지연地緣을 맺게 된 계기는 여말에 무첨재의 10대조였던 정택鄭澤이 상주에 판관判官을 지내면서 비롯되었다. 그의 아들 정의생鄭義生이 상주 초전리草田里(현 공성면 초전리)에서 태어났고, 훗날 그는 당시 상주의 토호였던 김득제金得齊의 딸과 혼인을 맺게 되면서부터 본격적으로 이곳에 정착하게 되었다.

또한 6대조 정번鄭蕃은 수의부위修義副尉를 지냈고, 5대조 정계함鄭繼咸은 좌승지에 추증되었다. 상주에 입향한 진양 정씨는 무첨재의 5대조 정계함이 당시 저명한 문인들과 교유하면서 집안의 문호를 마침내 열기 시작하였다. 고조부 정은성鄭銀成은 이조 판서에 증직되었고, 증조부 정여관鄭汝寬은 좌찬성에 증직되었다. 그의 조부 우복愚伏 정경세鄭經世(1563~1633)에 이르러 가문의 정점을 이루게 되었다. 우복은 서애 류성룡의 고제자로 퇴계에서 서애로 이어지는 영남학맥의 한 부분을 차지한다.

2. 생 애

정도응鄭道應의 자는 봉휘鳳輝, 호는 무첨재無忝齋·휴암休庵이며, 본관은 진주晉州이다. '무첨'은 『시경詩經』의 "낳아준 부모를 욕되게 하지 말라.[無忝爾所生]"는 뜻에서 따온 말이며, '휴암'은 당나라 사공도司空圖의 '쉬어야 하는 네 가지 이유[四宜休]'라는 말에서 취하였다. 그는 1618년(광해10) 12월 6일에 부父 검열공檢閱公 심杺과 모母 여강 이씨驪江李氏 사이에 태어났다. 그는 어려서부터 남다른 자질을 보였다.

> 선생께서는 어려서부터 잡된 놀이를 한 적이 없었다. 겨우 대여섯 살에 같은 또래 아이와 나가서 놀았다. 한 아이의 말이 매우 공손치 않았지만 선생께서는 웃으며 따지지 않았다. 어떤 사람이 물었다. "치욕스럽지 않느냐? 어째서 따지지 않느냐?" 선생께서 웃으며 말하였다. "제가 만약 공손치 아니하고 따진다면 이는 나도 공손치 아니한 것이니, 제가 꾸짖을 수 있겠습니까? 단지 이 아이가 비록 어려서 아는 게 없지만 예의에 맞지 않는 행동을 남에게 하니 깊이 사귈 수 없습니다." 이후로 마침내 가까이하지 않았으니, 듣는 이들이 선생을 남달리 여겼다.

어린 나이에 이미 또래 아이들과는 다른 언행을 보였고, 8세에 아버지 검열공檢閱公이 직소直所에서 천연두를 앓다가 하세하는 비운을 겪게 되었다. 이후 그는 조부의 특별한 관심과 가르침을 받게 되었다. 그의 문집에 수록된 「잡저雜著」를 보면 당대 여러 인물을 평가하는 자리에서 조부에 대한 기록이 어느 누구보다 많은 부분을 차지하고 있음이 이를 잘 반영하고 있다. 16세(1633)에 자신의 정신적 지주이자, 삶의 멘토 역할을 해주었던 조부 우복마저 세상을 떠나게 되자, 한 집안의 가장으로서 모든 종사를 책임지고 처리해야 하는 큰 부담을 갖게 되었다.

생전에 우복의 정치적·학문적·지역적 위상은 사후에 중앙에서 내려진 각종 제의 의식에 잘 나타난다. 예를 들어 사후에 임금이 직접 관원을 보내어 치제致祭하였으며, 왕세사 역시 관원을 보내어 치제하였다. 무첨재는 이러한 각종 치제를 응접하는 대례大禮의 진행이 모두 절도에 맞았고, 예관禮官이 그의 행동거지가 법도가 있음을 보고 말하기를, "노선생이 비록 돌아가셨지만 또 어진 손자가 그 덕업을 잘 이어가니 사문斯文의 다행입니다."라고 평가하였으니, 상을 치르는 데 있어서 각 순차에 맞는 예를 극진히 행하였다.

또한 그는 18세(1635)에 창석蒼石 이준李埈(1560~1635)이 돌아가시게 되자 직접 찾아가 문상을 하였다.

> 조부께서는 월간月澗·창석蒼石 두 선생과 뜻이 맞고 도가 합하여 종시終始토록 마음의 틈이 없었다. 매번 며칠의 말미가 생기면 반드시 말을 타고 오가며 도의道義를 갈고 닦았으며 고금古今을 토론하다가 번번이 머물러 돌아오는 것을 잊어버렸다. 일찍이 말하였다. "나와 두 사람은 성姓이 다른 형제이다." 그러므로 창석께서 시를 지은 것이 있다.

창석은 우복을 성이 다른 형제라고 부를 만큼 그와 벗 이상의 돈독한 우의友誼를 지녔다.

무첨재는 20세(1637)에 수암修巖 류진柳袗의 따님이자 서애의 손녀였던 풍산 류씨豐山柳氏와 결혼하였다. 지난날 이미 우복이 수암에게 혼사를 의논한 일이 있었는데, 수암이 하세하여 혼사가 지체되자 이를 염려하던 조모 정경부인이 다른 혼처를 구하려 하였다. 무첨재는 이를 단호히 거부하며, "할아버지께서 정하셨던 것인데, 지금 저버릴 수가 없습니다. 비록 10년을 지체하더라도 기다릴 수 있습니다."라고 하면서 조부의 뜻과 처음 약속을 어길 수 없다고 하면서 결국 풍산 류씨와 결혼하였다. 이는 수암에 대한 그의 존경과 신의를 반영한 것이다. 그리고 29세에 아들 석교錫僑를 낳았다.

31세(1648) 12월에 무첨재는 유일遺逸로 천거되어 내시부內侍府 교관敎官에 제수되었다. 다음해 정월에 그는 서울로 올라가 사은숙배謝恩肅拜를 하였으나, 2월에 천연두天然痘 때문에 사직서를 올리고 고향으로 돌아왔고, 당월 다시 부사용副司勇에 제수되었다. 4월에 대군사부大君師傅에 제수되었고, 6월에는 국가에서 당시 동궁東宮을 보필하고 양육하기 위해 관택官宅을 짓고서 당대의 뛰어난 이들을 선발하였는데, 이에 발탁되어 세자시강원世子侍講院 자의諮議에 임명되었다. 7월에 임금의 부름을 받고 한양으로 가서 사은숙배하였다. 이때 목재木齋 홍여하洪汝河(1620~1674)가 서울로 출발하는 무첨재를 위하여 그의 자호自號인 '무첨無忝'의 뜻을 추론하고 연역하여 증서贈序를 지어 주었는데, 증서에서 "한 가지 절개에만 국한되지 말고 작은 성취에 안주하지 말며 순수하게 순일한 유자孺子의 도道로 자신을 다스리면서 출처出處의 큰 절의는 한결같이 노선생을 본받아야 한다. 그런 뒤에야 참된 '무첨'이 될 것이다."(「자의소명시증행서諮議召命時贈行序」)라고 하면서 출처의 중요성을 거듭 언급하며 그에게 유자의 도를 강조하였다. 그러나 무첨재는 나아간 지 얼마 되지 않아 어머니의 봉양을 위해 사직소를 올렸다.

> 삼가 생각건대, 신은 불행하게도 일찍이 고아孤兒가 되어 오직 어머니를 의지하였습니다. 외로운 집안이 고독하고 괴로워 끝내 형제兄弟가 없었으며 기질氣質이 허약하고 또 천연두를 겪지 않았습니다. 신의 어머니는 자애하심만을 알아 학업學業을 맡기지 아니하니 그럭저럭 포기暴棄하여 마침내 거친 사람이 되었습니다. 그러니 어찌 하나라도 취할 만한 실지實地가 있겠습니까. 신은 쓸모없고 실지가 없는 사람이니 비록 용관冗官의 여러 일이라도 오히려 받들어 감당하기 어려운데 하물며 이 권면하고 강독講讀하는 직임職任을 맡은 궁료의 책임이 세자世子를 성취시키는 책임에 있음이겠습니까? 이렇게 무거운 자리를 어찌 무지無知한 음관蔭官이 하루라도 함부로 맡을 수가 있겠습니까.

사직소에 대한 임금의 비답批答은 "너는 능히 세자를 깨우쳐 인도하고 학문을 권하여 날로 성취시키는 공이 있으면 국가가 인재를 얻은 것일 뿐만 아니라 어찌 대대로 네 집안의 영광이 아니겠느냐? 사양하지 말고 힘쓰도록 하라."라고 하였다. 이후에도 두 차례에 걸쳐 사직소를 거듭 올렸으나 윤허를 받지 못하였고, 그 해 10월까지 재직하다가 모친의 병환으로 사직소를 올리고 고향으로 돌아왔다.

39세(1656)에는 황산 찰방黃山察訪에 임명되었고, 40세 정월에 숙배肅拜하러 가려고 하였으나 한양 아래에 천연두가 창궐하고 있다는 소식을 듣고 그 날 바로 남쪽으로 돌아왔다. 4월에는 세자익위사 부솔世子翊衛司副率에 임명되었고, 다시 8월에 시강원 자의侍講院諮議에 임명되었다. 그러나 9월에 상소를 올려 어머니의 병 때문에 체직해주기를 청했으나 임금이 비답하기를, "너는 사양하지 말라. 조정의 지극한 뜻을 알아서 어머니의 병이 조금 차도가 있기를 기다렸다가 즉시 올라오라."고 하면서 윤허를 받지 못하였다. 이후 몇 차례에 걸쳐 사직소를 올렸으나 윤허를 받지 못하다가 41세 정월에 마침내 윤허를 받았다. 11월에 나시 시강원 자의에 임명되었나, 사직소를 올렸다. 12월에 단성 현감丹城縣監에 임명되어 다음해 2월에 사은숙배를 하였고 병장病狀을 보냈으나 사직을 허락받지 못하였고, 결국 3월에 부임하였다. 9개월 동안 단성 현감에 재직하다가 11월에 다시 사직하고 돌아왔다.

고향으로 돌아온 후 무첨재는 우복이 거처하며 강학했던 서실을 수리하였는데, 이곳에는 수천 권의 책이 보관되어 있었다. 그 이듬해(43세) 봄, 환로에서 벗어나 고향으로 돌아온 후, 도연명의 「귀원전거歸園田居」 시에 차운하여 자신의 탈속적 정서를 드러내기도 하였다.

격서를 받잡고 평소의 바람대로	奉檄諧素願
은혜를 받들어 단성을 다스리니	承恩宰丹山
보살피느라 마음만 수고로웠고	撫字心徒勞
힘쓰면서 일 년을 보내었네	黽勉將一年
마음과 일은 절로 어긋나도	心事自矛盾
취향은 참으로 드러났으니	趣尚眞天淵
지체한들 끝내 무슨 도움이 될까	淹留竟何裨
인끈 풀고 옛 전원으로 돌아왔네	解綬歸故田
농가는 한가하고도 비어 있어서	田廬閒且曠
시내와 산 사이에 터를 잡으니	卜在溪山間
거문고와 책 자리 곁에 가지런하고	琴書列座右
꽃과 대나무 뜰 앞에 벌려 있네	花竹羅庭前

봄 햇살이 따사로워지니	春日向暄姸
동산 숲은 바람과 안개로 아름다워	園林媚風烟
노니는 물고기 남쪽 물에서 헤엄치고	遊魚戱南渚
외로운 구름 서쪽 봉우리에서 나오네	孤雲出西巓
몸과 마음의 구속에서 벗어나니	形神免拘牽
내 마음 조용하고 한가해져서	襟期愜幽閒
모자람을 편안하게 여길 뿐	只爲安蹇劣
초탈함을 본받음은 아니라네	非敢效超然

또한 그는 국조의 여러 명신名臣들의 행적이 잊혀져가는 것을 우려하여 후세에 그것을 증거로 삼기 위해 주자朱子가 찬한 『송조명신록宋朝名臣錄』의 범례에 맞춰 『소대명신행적昭代名臣行蹟』 8책을 찬술하였다. 이 책의 제발題跋을 지은 목재木齋는 발문에서 이 책의 공력은 역사책의 백배나 된다고 칭송하기도 하였다.

45세 12월에 공조 좌랑工曹佐郎에 제수되었고, 46세에 다시 공조 좌랑에 제수되었다. 그리고 6월에는 창녕 현감昌寧縣監에 제수되어 7월에 임지에 부임하였다. 임지에 부임해서 모두 네 차례에 걸쳐 사장辭狀을 올렸으나 윤허를 받지 못하였다. 공무를 수행하면서도 한가할 때면 이은대吏隱臺·천인대千仞臺·척금대滌襟臺 등의 명소를 찾아 자신의 감회를 시로 술회하였다.

동각에 봄이 드니 여가가 많아	東閣春多暇
그윽한 기약에 몇 번 찾아왔나	幽期幾度尋
교외의 유람은 예절을 느슨히 하니	郊遊寬禮數
시골 노인과 화답하며 시를 읊네	村老和詩吟
푸른 암벽은 술동이 앞의 그림이요	苔壁樽前畫
맑은 샘물은 세상 밖 음악인데	瑤泉世外音
새로 꾸민 대는 이름도 아름다우니	新臺名更好
누가 다시 나의 마음을 알아줄까	誰復賞吾心

50세(1667) 정월에 관직을 버리고 율리栗里로 돌아왔고, 그 해 4월 27일 율리의 바깥사랑채에서 하세하였다.

3. 학문적 수수授受와 교유交遊 관계

무첨재의 인생 역정을 살펴볼 수 있는 연보年譜·행장行狀·묘갈墓碣 등을 보면, 그의 학문 수학修學에 가장 많은 영향을 끼쳤던 이는 바로 조부 우복이었다. 아울러 우복과 학연이 있거나 무첨재와 친인척 관계였던 인물들이 역시 그에게 영향을 주었다. 예를 들면 묵계默溪 조희인曺希仁(1578~?), 무주無住 홍호洪鎬(1586~1646), 노준명盧峻命(1606~1652), 죽헌竹軒 정헌세鄭憲世(1597~1660), 동춘당同春堂 송준길宋浚吉(1606~1672) 등이 그들이다.

무첨재는 8세 때 아버지 정심이 38세의 젊은 나이에 직소直所에서 천연두로 하세하자, 홀어머니의 슬하에서 자랐다. 우복은 어린 나이에 아버지를 여윈 손자를 크게 사랑하였다. 이에 우복은 임소에 나아갈 때마다 항상 손자를 데리고 다녔다. 무첨재는 이미 7세(1624) 때부터 우복에게 『사략史略』을 배웠다. 그리고 어린 나이에 아버지를 여의고, 조부마저 서울에서 벼슬을 하고 있었기에 조모 정경부인은 손자가 수학 시기를 놓칠까봐 걱정하자 우복은 무첨재를 가리키며 "이 아이는 비록 늦게 배우더라도 뒤에 반드시 대성할 것이니 걱정하지 않아도 되오."라고 말하며 어린 손자의 재능을 이미 알았다.

무첨재가 본격적으로 수학한 시기는 12세(1629) 때 노준명盧峻命의 문하에 나아가면서 시작되었다. 노준명은 소재蘇齋 노수신盧守愼(1515~1590)의 증손曾孫이자 무첨재의 고모부姑母夫였던 노석명盧碩命의 아우였다. 그는 1630년에 당시 이조 판서로 있던 우복의 천거로 활인서 별제活人署別提가 되었으며, 성균관 전적成均館典籍, 성균관 직강成均館直講, 홍원 현감洪原縣監, 안변 부사安邊府使, 울산 부사蔚山府使 등 내외직을 두루 지냈다. 무첨재는 학문에 뜻을 두고 깊이 사색하였다. 또한 이해하는 것이 총명하고 판단이 분명하여 노준명은 그를 많이 칭찬하였다. 훗날 노준명이 하세한 후에 무첨재는 제문에서 "못난 저는 어려서 고아가 되었기에 외람되게도 공의 보살핌을 입어 평생토록 의탁하였습니다. 그런데 공께서 이리도 빨리 돌아가시니 누구인들 슬퍼하지 않겠습니까?"(울산 노준명을 애도하는 제문[祭盧蔚山峻命文])라고 하며, 일찍이 아버지를 여의고 부모처럼 의지하며 많은 가르침을 받았던 그의 죽음에 대한 슬픔을 토로하였다.

또한 무첨재의 학문과 사상에 많은 영향을 끼쳤던 인물은 바로 그의 고모부였던 동춘당同春堂 송준길宋浚吉이었다. 우복은 생전에 이미 무첨재의 수학을 자신의 사위였던 동춘당에게 부탁하였고, 동춘당은 마음을 다해 그를 가르쳐 성취한 바가 많았다. 동춘당의 이러한 세심한 가르침은 그가 상주에 살았던 시기에 주로 이루어졌지만, 편지를 보내어 무첨재를 신칙하였다. 무첨재에게 보낸 「정봉휘鄭鳳輝에게 답함」이라는 편지에 이러한 가르침이 잘 반영되어 있다.

> 영남에서 온 사람마다 그대를 '대유大儒'로 칭찬하니, 그 명성이 과연 실제보다 지나친 명성이 아닌가? 명성은 두려운 것이지 기쁜 것이 아니니, 부디 위기爲己의 학문을 하여 내면을 채워 실제가 명성보다 지나치게 하게나. 그리고 또 반드시 재능을 감추어 어지러운 세상에서 몸을 보전하는 방법으로 삼으면 매우 다행이겠네.

이미 젊어서부터 영남嶺南에서 대유라고 칭송될 정도로 무첨재의 명성이 탁월하였다. 동춘당은 이에 대해 그가 자만할까 우려하여 세심한 배려를 아끼지 않았다. 그래서 세상의 명성보다 자신의 내면을 채우는 위기의 학문에 치중할 것을 거듭 당부하였다. 특히 당시 혼란한 정치적 상황에서 재능을 감추고 세상에 적극적으로 나아가기보다는 먼저 자신의 몸을 잘 보전할 것을 경계하였다. 무첨재를 위한 동춘당의 이러한 세심한 배려와 가르침은 훗날 영남 남인들이 정치적 굴곡이 심했는데도 불구하고 우복가愚伏家가 그나마 평탄했던 것도 동춘당의 영향이 컸을 것이다.

16세(1633) 때 우복이 하세하게 되자 무첨재는 승중承重의 상을 치르게 되는데, 상례의 법도를 절차에 맞게 실천하였다. 우복 생전에도 그랬지만, 사후에도 모든 상제례喪祭禮의 예법을 동춘당에게 묻고 논의하여 이를 실천하였다. 특히 그는 동춘당에게 나아가 『가례家禮』·『예기禮記』·『가례의절家禮儀節』 등을 직접 수학하였을 뿐만 아니라, 조부의 연보年譜 작성, 문집 교정, 시장諡狀 작성 등을 자문받았다. 훗날 동춘당은 아쉽게도 자신보다 먼저 죽은 무첨재의 죽음을 슬퍼하며 제문을 지어 보내기도 하였다.

Ⅲ. 문집의 체재와 내용

『무첨재선생문집』은 1911년 후손 병암甁庵 정철우鄭喆愚(1841~?)가 편집하여 간행하였다. 무첨재의 학문적 온축과 가문의 배경에 비춰볼 때, 문집의 간행이 비교적 늦은 편이다. 그래서 병암이 문집의 발문에서 "저술한 유문遺文은 의당 글상자를 채우고 수레에 가득 실릴 만큼 있어야 하는데, 세월이 오래 흐르는 동안 일실逸失되어 열에 한 둘인 몇 권의 책만이 남아 있다."라고 기술하였다. 그는 환로에 나아가기보다 주로 전원에 은거하였고, 이미 젊어서부터 명유들과 교유하며 많은 다양한 형식의 실용문을 창작했을 것이다. 그의 인생편력이나 명성 등에 비춰볼 때, 창작한 시문이 많을 법도 한데, 현재 문집에 수록된 글의 양이 그리 많은 편이 아니다.

문집의 체재는 일반적인 문집 편차에 의거하였고, 모두 4권 2책으로 구성되었다. 권1은 한시漢詩인데, 자연 경물을 관조하며 자신의 감회를 읊은 작품, 조부 우복의 벗이었던 월간月澗을 비롯하여 주위 지인知人들의 죽음을 애도하는 만시輓詩 등이 실려 있다. 그의 한시 작품에 나타난 주제별로 나누어보면 몇 가지 특징적이 면이 있다. 우선, 출처出處와 충효忠孝에 대한 내적 갈등을 토로한 한시 작품이 많은 편이다. 유교적 이념을 표방했던 조선시대에 학문을 수학했던 유자儒者였다면 누구나 한 번쯤 자신의 출처의 문제에 고민하였다. 무첨재 역시 유자로서 이런 문제에 있어서 자유로울 수 없었다. 물론 그는 환로에 나아가기 위해 과시科試에 적극적으로 대응하지는 않았다. 그는 환로에 나아갈 수 있는 몇 차례의 기회가 부여되었지만, 은자적 삶으로 여생을 마칠 것을 작품에서 토로하고 있다. 출처의 문제에서 자신의 입장을 분명하게 표방하였지만, 출처의 문제에서 늘 충忠과 효孝에 고민한 흔적이 보인다.

백 근을 억지로 난장이에게 지우면	百斤强僬僥
버틸지 어떨지 따질 필요 없겠지	莫問支不支
지는 짐의 가볍고 무거움은	擔子輕與重
그저 지는 이만 분명 알 뿐이네	只應擔者知
학문을 닦아야 할 내가 어찌	我豈莊修者
헛된 이름에 도리어 몸 그르칠까	虛名却誤身
평생 충·효를 원하였는데	平生忠孝願
이제 와서 모두 펴기 어렵네	此日兩難伸
모기가 산을 지기 어려우니	飛蚊難負山
못난 자질이 어찌 천리마 되리	駑質寧爲驥
세상에 알아주는 이 적어	世間少知音
스스로 탄식하고 부끄러워하네	自歎還自愧
어머니 생각으로 괴롭지만	只爲思親苦
모두가 임금님 사랑하는 충성이네	非無愛主誠
고향 상주와 임금 계신 한양을	商山與漢水
끊임없이 간절히 생각하네	脈脈摠關情

이 글의 창작시기는 정확하게 알 수 없지만, 출처의 갈림길에서 고민하고 있는 자신의 내적 갈등을 그대로 토로하고 있다. 무첨재의 이러한 출처의 현실적 고민은 그의 한시 작품에서 자주 등장하는 소재였다. 세상에 나아가 국가와 임금을 위해 일하고자 하지만 자신의 능력이 부족하여 직분을 감당하지 못할 뿐만 아니라 헛된 명성으로 몸을 망칠까 두려워하고 있다. 충과 효는 평생 동안 자신이 실천하기를 원하는 것이지만 두 가지를 한꺼번에 행하기란 어려운 일이었다. 1649년에 올린 「사자의소辭諮議疏」에서는 충과 효를 고민하다가 결국 어머니의 병 구환을 위해 사직하는 소를 올렸던 사실에서도 확인할 수 있다.

둘째, 은자적 삶의 표출과 산수의 유상游賞이다. 연보에 나타난 무첨재의 인생편력과 그가 남긴 문자를 통해 볼 때 조부였던 우복의 영향이 지대했음을 확인할 수 있다. 그는 출처의 문제에 있어서 현실에 적극적으로 나아가기보다는 은자적 삶을 갈망하였다. 그래서 유일遺逸로 수차례 내외직에 천거되었지만, 실지로 환로에 나아간 적은 그나마 몇 해에 지나지 않는다. 그것도 내직보다 주로 외직이 전부인 셈이다.

그렇다면 무첨재가 과시에 응시하지 않았던 이유와 유일로 천거되었음에도 불구하고 사직소를 올리고 나아가지 않았던 배경은 그의 한시 작품에 나타난 세계관을 통하여 짐작해 볼 수 있다. 무첨재의 한시 작품에서 가장 많은 부분을 차지는 의식적 정서는 바로 귀거래歸去來와 상자연賞自然에 대한 열망과 실현이었다.

깊숙하여 골 그윽한 우산은　　窈窕愚谷幽
선조께서 예전에 즐기던 곳일세　　先祖昔所娛
암대의 거친 잡목을 걷어내고　　巖臺剔荒榛
시내 정자 남긴 터에 수리하네　　溪榭理遺墟
어지러운 마을 연기 싫었기에　　只嫌村烟鬧
산승처럼 이곳에서 지내려함이네　　爲此山僧居
새 떨기 회양목을 심고　　黃楊藝新叢
오래된 전나무를 보호하네　　蒼檜護舊株
경물은 아직 예전 그대로이고　　景物尙依然
도서 또한 평소와 다름없구나　　圖書亦宛如
사모하는 마음 그치지 않고　　羹墻慕靡歇
한적한 생활의 즐거움 넉넉하네　　棲息樂有餘
은거의 뜻은 이미 흡족하고　　遂初意已愜

일을 줄이니 마음 더욱 비어가네　寡營心采虛
정원에 물 대며 유유자적 하여도　灌園聊自適
약간의 마음 전혀 없지는 않네　寸資未全無

우산愚山에 들어가 정자亭子를 수리하며 자신의 심회를 토로한 네 수의 작품이다. 우산은 조부 우복이 임란 후에 관직을 버리고 작은 정자를 지은 후에 은거했던 공간이다. 둘째 작품에서는 적극적으로 현실에 나아가기보다 이곳에 정자를 수리하여 산 속에서 살아가는 스님처럼 지내려는 자신의 의지를 그대로 피력하고 있다. 셋째 작품에서는 요堯 임금이 죽은 뒤에 순舜이 3년 동안이나 요 임금을 우러러 사모했던 것처럼 주위의 경물뿐만이 아니라, 조부가 평소에 읽던 도서가 가득한 정자에서 조부를 사모하며 살아가려는 자신의 의지를 잘 드러내고 있다. 이러한 삶이 비록 한적한 생활이긴 하지만 은자적 삶의 넉넉한 즐거움을 이곳에서 찾고 있다. 마지막 작품에서는 진晉 나라 손작孫綽과 환온桓溫의 고사를 인용하여 유유자적한 삶을 살아가려는 자신의 결연한 의지를 나타내면서 자족하고 있다.

속세 밖의 용흥사에서　物外龍興寺
초연히 율리옹이 되었네　超然栗里翁
깊은 곳에 문닫고 책을 보며　看書深閉戶
홀로 난간에 기대 달을 맞이하네　邀月獨凭櫳
나뭇잎 떨어져 산은 앙상하고　木落山容瘦
시냇물 차서 물그림자 선명하네　溪寒水影空
게을러 세상 살기가 어려우니　踈慵難涉世
이 산속에서 늙고 싶구나　願老此山中

상주의 갑장산甲長山에 있는 용흥사龍興寺에서 공부하고 있을 때, 임금으로부터 세자시강원 자의諮議에 임명된 후 지은 작품(용흥사에서 입으로 불러서 짓다[龍寺口占])인데, 정확한 창작 시기를 알 수 없다. 그는 효종孝宗이 즉위한 후에 모두 세 차례에 걸쳐 자의에 임명되었다. 자기 삶의 의식적 정서를 은자적 삶으로 일관했던 도연명陶淵明에게 비유하며 평생을 깊은 산 속에 은거하며 살아갈 것을 피력하고 있다.

율리로 돌아와 묵은 세 오솔길을 찾으며　栗里歸尋三逕荒

남창에 기대어 한껏 즐거워 술병을 당기네 　　南牕寄傲引壺觴
전원에서 졸렬함을 기름이 참된 나의 분수이니 　　田園養拙眞吾分
그 당시 세상으로 황망히 나간 일을 후회하네 　　却悔當年出脚忙

세자시강원의 자의에 임명되었지만, 사직소를 올리고, 다시 자신의 집에 있는 율리栗里로 돌아와 도연명의 은자적 삶을 구가하려는 회포를 토로한 작품(집으로 돌아와 회포를 적다[還家題懷])이다. 잠시나마 환로에 나아갔던 것을 후회하고 전원에서 자신의 졸렬함을 깨우치고 기르는 것을 분수로 여기고 있다. 환로宦路에 집착하기보다 귀거래歸去來하려는 그의 의지를 문집에 수록된 「사자의소辭諮議疏」·「진정걸귀소陳情乞歸疏」·「걸수급마지명소乞收給馬之命疏」 등에서도 찾아볼 수 있다.

셋째, 산수욕山水欲에 대한 각별한 애착을 엿볼 수 있다. 그래서 상자연賞自然의 유락遊樂을 통하여 흥취를 감발하는 경우가 허다하다. 그의 흥취는 탈속한 은자만이 즉물卽物하였을 때 감지할 수 있는 것들이 대부분이다.

지팡이 짚고 개인 모래톱 걸으니 　　携杖步晴沙
모래톱 머리엔 솔 길이 비껴있네 　　沙頭松逕斜
언덕 너머 육칠 리 지나서는 　　丘原六七里
뽕밭 속에 집이 두서너 채 있네 　　桑柘兩三家
바위엔 차가운 물이 부딪치고 　　幽石鳴寒水
먼 숲에는 저녁노을이 어리네 　　遙林映晩霞
홀로 읊어도 넘치는 흥 있기에 　　孤吟猶有興
민가를 다시 찾아 술을 사오네 　　村酒更堪賖

그는 원근의 실경에서 감응하는 흥취에서 시심詩心이 발동하였다. 여기서 드러나는 것은 탈세속하려는 의식적 정서로 산수자연의 경물과 하나가 될 때 일어나는 자유스러움을 통한 흥취일 뿐, 어떤 주제나 산수 경물 자체의 아름다움을 지닌 대상에서 느끼는 흥취는 아니다. 이러한 실경을 찾아 흥취를 감발하는 일련의 과정은 산수의 아름다움을 단순히 미화하거나 찬양하려는 의식과는 다르다.

권2는 소疏·서書·제문祭文·묘지墓誌·행록行錄 등으로 구성되어 있다. 2권에 수록된 작품은 대부분 산문 문체로서 일상생활에서 필요한 실용문들이다. 소疏는 모두 3편인데, 「사자의소辭

諮議疏」·「진정걸귀소陳情乞歸疏」·「걸수급마지명소乞收給馬之命疏」 등이 있다. 1649년(32세) 6월에 궁궐에서 동궁東宮을 보필하고 양육하기 위해 관택官宅을 짓고 당대에 뛰어난 인재를 선발하였는데, 그는 세자시강원 자의世子侍講院諮議에 발탁되었지만 어머니의 봉양을 위해서 「사자의소辭諮議疏」를 올렸으나 임금의 윤허를 받지 못하였다. 편지[書]는 송준길宋浚吉·이재박李在博·이재용李在容·정타鄭檽 등에게 안부를 살피는 글이다. 이 가운데 동춘당에게 보낸 편지에는 조부 우복의 문집을 인출印出하여 보낸다는 내용이 있다. 제문祭文은 조부 우복과 평소 자신과 교유했던 지인들의 죽음을 애도한 글인데, 상주·문경·함창 등에 대대로 세거했던 평신 신씨 신석번申碩蕃 가문, 신민일申敏一 가문, 인천 채씨 채명보蔡命寶 가문 등과 같이 당시 영남지역 내에서 강력한 노론세력을 형성했던 가문들과의 인적 교유망을 살펴볼 수 있는 중요한 자료이다.

권3은 잡저雜著인데, 그는 잡저의 모두冒頭에서 "한가히 지내면서 이것저것 기록하다.[閒居雜記]"라고 했듯이 평소 일상에서 보고 듣고 느꼈던 것을 기록하였다. 그의 관심사와 그의 의식세계를 파악할 수 있는 중요한 자료이다. 예를 들면, 평소에 조부祖父를 비롯하여 주위 사람들에게 들은 역사적 사실이나 기록에 남아 있는 역대 인물 가운데 관심있는 부분을 기록하였고, 아울러 한시 작품 가운데 뛰어난 작품이 있으면 반드시 자신의 시평詩評을 덧붙여 비평하기도 하였다.

잡저에서 우선 가장 주목할 만한 항목은 자신의 집안 인물에 대한 생전 기록과 이에 대한 나름대로 자신의 평가를 덧붙인 부분이다. 이 가운데 조부 우복과 숙부叔父에 대한 기록이 많다. 그리고 다른 인물에 비해 자신의 장인이었던 수암修巖 류진柳袗(1582~1635)에 대한 호평이 많은 편이다.

> 수암공은 총명함이 남달라 고금古今의 치란治亂과 득실得失 그리고 인물의 출처出處 및 국가의 전례典禮와 고사故事에 대하여 널리 기억하고 있지 않음이 없었다. 입으로 말하는 것이 손바닥을 보는 것 같아서 말할수록 더욱 기이하니 듣는 자들이 지치는 줄 몰랐다. 그러니 사람들이 모두 일 년 내내 역사책을 읽는 것이 하루 공의 말을 듣는 것만 못하다고 여겼다.

수암의 언행에 대한 무첨재의 평가는 잡저에 수록된 여러 인물 가운데 가장 돋보이는 호평이다. 수암은 우복의 문하에서 수학하였고, 훗날 인조반정 초기에 우복의 추천으로 발탁되어 봉화 현감奉化縣監에 임명되기도 하였다. 수암에 대한 무첨재의 이러한 호평은 잡저의 여러 항목에 수록되어 있다.

다음은 조부의 벗이나 조부를 종유從遊했던 인물에 대한 평가가 많다. 이 가운데 월간月澗과 창석蒼石에 대한 평가가 많다. 창석에 대한 평가에서 "창석선생蒼石先生께서는 천성이 효성스럽고 우애가 있었다. 늘 어버이를 끝까지 모시지 못한 것을 매우 마음 아파하였다. 매번 제삿날이 되면 월간선생과 서로 마주하여 눈물 흘리며 슬픔을 스스로 이기지 못하였다. 형 섬기기를 아버지 같이 하여 부드러운 낯빛으로 모시는 즐거움이 늙어서까지도 쇠퇴하지 않았다. 마침내 월간선생의 재 이름에 '목睦'자를 넣어 그 덕德을 드러내었다."라고 하면서 창석의 효성과 우애를 호평하였을 뿐만 아니라, 또한 임란 때 백화산白華山에서 있었던 두 형제의 사실과 이 일을 묘사한 「급난도急難圖」를 언급하면서 두 형제의 우애를 거듭 호평하면서 우애의 중요성을 강조하였다.

다음은 역대 인물을 평가하면서 각 인물의 출처를 구체적으로 언급하였다. 그는 자신뿐만 아니라, 다른 사람을 평가할 때도 출처 문제에 관심이 많았다. 평가한 대상 인물은 출사형 인물보다 은둔형 인물이 많다. 다시 말해 세상에 나아가 환로의 길을 걸었던 인물보다 은자적 삶으로 생을 마쳤던 인물에 대해 호평하는 편이었다.

> 무주공無住公께서는 올곧고 물러나기를 좋아해 세속에 따라 움직이지 않았다. 사람 중에 함부로 허명虛名을 훔치고 녹리祿利를 취함이 있는 자를 보면 반드시 마음으로는 비루하게 여기고 입으로는 꾸짖었다. 평생 시끄러운 소리를 가장 꺼려하여 군읍郡邑에서 지내며 세상으로 나아가는 일에는 마음을 접었다. 권세가의 길에 발걸음을 하지 않아 비록 말년이 되어 대각臺閣에 출입하였지만, 또한 한 해를 마치도록 머문 적은 없었다. 공이 수십 년 동안 조정에서 생활하며 청직淸直 일절一節은 종시토록 변하지 않았다.

무주無住 홍호洪鎬(1586~1646)는 우복의 문하에서 수학하였다. 무첨재는 세상에 나아가기보다 물러나기를 좋아해 시류에 편승하지 않은 무주의 삶을 호평하였다. 그의 이러한 인물평은 탈세속적인 정서를 가졌던 자신의 출처관과도 일맥상통하는 면이 있다. 권4는 부록附錄으로 무첨재의 생평을 기록한 연보年譜를 비롯하여 행장行狀·묘지墓誌, 그리고 사후死後에 타인이 지은 만사輓詞 등이 수록되어 있다.

Ⅴ. 사후 제가의 평가

무첨재는 자신이 평생 동안 쌓았던 학문의 온축과 남다른 가문의 배경으로 환로에 나아가 가문을 빛내고 양명揚名할 수 있는 충분한 기회가 있었다. 하지만 환로에 나아갈 수 있는 기회가 있을 때마다 사직소를 올려 세상에 나아가기보다 대부분 은자적 삶을 택하였다. 이러한 그의 출처관은 사후에 그를 평가한 자료를 통하여 살펴볼 수 있다. 우선『무첨재선생문집』의 서문에서 이중곤李中錕은 "나아가고 물러나며 사양하고 받을 때마다 법도에 맞았음을 볼 수가 있다. 가슴 속이 깨끗하여 산수의 아름다운 곳을 즐겼으며 공부工夫가 정밀하여 성리학性理學의 그윽한 뜻을 탐구하였다. 강마하고 종유한 사람들은 모두 한 시절의 이름난 석학이었다. 또 마음가짐은 공정公正하고 헤아림은 분명分明하였다. 그 덕업德業을 살펴보면 의義로서 하여 참으로 무첨無忝의 뜻에 부끄러움이 없으니 아름다운 자취를 잇고 세상에 이름난 분이라고 할만하다. 안타깝구나. 수를 누리지 못하고 갑작스럽게 돌아가시니 또한 세도世道의 높고 낮음과 문운文運의 성대하고 쇠퇴함에 관계됨이 있는가."라고 하면서 그의 출처관과 현달한 학덕, 그리고 당대 석학들과의 폭넓은 교유관계를 언급하였다.

무첨재는 폭넓은 교유관계 만큼이나 생전에 교유했던 많은 이들이 그의 죽음을 슬퍼하며 만시를 보내어 그의 학덕을 언급하였다. 만시의 창작자는 대부분 당대의 명유였으며, 그와 각별한 교유 관계를 지녔던 인물들이었다.

삼대 째 집안의 분수와 의리 깊으니	三世門屛分義深
그대의 고아한 지조 유림에 우뚝하네	多君雅操聳儒林
경연에서 잠시 감반같은 학문 시험했고	書筵蹔試甘盤學
읍으로 내려와 복자의 거문고 뜯었네	下邑來彈宓子琴

학사鶴沙 김응조金應祖(1587~1667)는 그의 현달한 학덕과 가문의 내력을 언급하였다. 비록 그가 환로에 나아가긴 했지만, 어머니의 봉양을 위해 외직에 있으면서 복자천宓子賤이 단보고을의 수령이 되어 거문고만을 연주했는데도 백성들이 잘 다스려졌던 것처럼 그가 훌륭한 수령이 되었음을 지적하였다.

끊어진 학문 지금 누가 이었나	絶學今誰繼
어진 손자에게 전형이 남아 있었네	賢孫尙典刑

단아하게 지냄은 세상 피함이 아니요　　端居非遯世
효도의 마음에 수령이 되었네　　孝理許專城

이경징李慶徵(1600~?)은 우복의 학문적 업적을 무첨재가 이었고, 그가 은자적 삶의 갈망했던 것은 부모의 봉양을 위해서 그렇게 했음을 언급하고 있다. 무첨재에 대한 이러한 언급은 그의 사후에 창작된 대부분의 만사에서 이렇게 평가하였다.

결국 그는 환로에 나아갈 수 있는 많은 기회가 있었음에도 불구하고 의식적 정서가 은둔 지향적이었으며, 혹 환로에 나아갔을 때도 시류에 편승하여 명성에 급급하기보다 어머니의 봉양을 위해 외직을 자청하였던 것으로 보인다.

무첨재선생문집
無忝齋先生文集

서

무첨재선생문집서無忝齋先生文集序

아! 세상의 현인賢人과 군자君子들의 후손 중에 자신의 선조를 욕되게 하지 않은 사람이[1] 드물었다. 천지간天地間의 정밀하고 밝으며 맑은 기운이 사람에게 모여서 현인賢人과 군자君子가 된다. 그러나 그것은 대체로 세도世道의 높고 낮음과 문운文運의 성대하고 쇠퇴함에 연관이 있기 때문에 자주 현인과 군자를 길러내지는 않았다. 혹 인덕仁德을 쌓은 선조先祖가 있어 큰 복을 받아 누리긴 하였으나, 그 기氣가 한 집안으로 모여 누대에 걸쳐 세상에 이름난 경우는 거의 없다고 할 만큼 매우 드물었다.

나는 일찍이 우복愚伏[2] 정鄭 선생의 집안으로 장가들어,[3] 선생의 손자인 무첨재無忝齋 선생이 능히 가풍家風을 대대로 전하고 아름다움을 이었음을 알게 되었다. 나는 젊었을 적에 소략하여 자세히 고찰하거나 상세히 논하지는 못하였다. 그런데 하루는 선생의 후손인 동태東泰 씨가 선생의 유고遺稿를 받들고 상사군上舍君 철우喆愚 및 침랑군寢郎君 용묵容默 씨의 편지를 소매에 간직하고서, 학가산鶴駕山의 북쪽 영동寧洞의 집에 있는 나를 방문하여 교정을 부탁하고 또 서문序文을 청하였다. 나는 참으로 입언立言[4] 할 만한 사람이 아니라서 드러내고

---

1) 자신의 …… 사람이[無忝爾所生] : 노력하여 선조를 욕보이지 않고 훌륭히 계승함을 말한다. "일찍 일어나고 밤늦게 잠들어서, 자신의 선조를 욕되게 하지 말지어다.[夙興夜寐 無忝爾所生]"에서 유래한다.(『詩經』「小雅·小宛」)

2) 우복(愚伏) : 정경세(鄭經世, 1563~1633)의 호이다. 자는 경임(景任), 본관은 진양(晉陽)이다. 1586년 문과에 급제하여 승정원 우승지(承政院右承旨)·이조 판서(吏曹判書)·양관 대제학(兩館大提學) 등을 역임하였다. 저서는 『우복선생문집』·『상례참고(喪禮參考)』·『주문작해(朱文酌解)』 등이 전한다.

3) 장가들어[委禽] : '위금'은 혼례(婚禮)에 납채(納采)할 적에 나무로 만든 기러기를 드리는 행위이다. 흔히 혼인을 말한다.

4) 입언(立言) : 전할 만한 말을 남기는 것을 말한다. 춘추 시대 때 노(魯) 나라 대부 숙손표(叔孫豹)가 진(晉) 나라에 갔을 적에 범선자(范宣子)가 길이 썩지 않을 일에 대해서 물었다. 숙손표가 대답하였다.

알리는 책임을 감당할 수 없었다. 다만 공손히 생각건대, 우복愚伏 선생께서는 우리 선조이신 퇴계退溪 부자夫子의 사숙私淑[5] 적통嫡統이다. 더구나 나는 문생門甥의 반열에 끼여 있고, 또 끝까지 사양하지 못할 것이 있어서 마침내 손을 씻고 받들어 살펴보았다.

아! 옳도다. 선생께서는 정밀하고 맑은 기운과 개제愷悌[6] 한 성품을 받아 도道에 가까운 자품資稟으로 가정의 학문을 받들어 이으니, 덕행德行과 문예文藝가 어려서부터 함께 증진되었다. 6세에 자신을 욕辱보인 이웃 아이에게 따지지는 않았지만 마침내 사귐을 끊어버렸으며, 7세에 범방范滂의 어머니가 이별하며 남긴 이야기를[7] 읽고는 부지불식간에 감동하여 울었으며, 12세에 학문에 뜻을 두어[8] 총명하게 풀이하고 분변分辨하였다. 16세에 문장공文莊公의 초상을 치르면서 치체致祭하러 온 예관禮官들을 응접하는 것이 법도에 맞았으며, 상중喪中에는 능히 상례喪禮를 다하였다. 혼인을 의논하는 자리에서도 예전의 약속을 저버리지 않았다. 명리名利에 뜻을 두지 않고 덕업德業을 닦는 일에 힘을 쏟았다.

아름다운 명망名望이 성대해지니 자연스럽게 임금에게 알려져서,[9] 나이 겨우 서른에

"최상의 것은 덕을 남기는 것이고, 그 다음은 공을 세우는 것이며, 그 다음은 말을 전하는 것이다.[太上有立德 其次有立功 其次有立言]"에서 온 말이다.(『春秋左氏傳』「襄公 24년」)

5) 사숙(私淑) : 직접 그분에게서 수업하지 못하고 다만 그의 학문을 전해 받은 것을 말한다. 맹자는 말하였다. "나는 공자의 문도가 되지 못하였으나, 나는 사람들에게서 사숙하였다.[予未得爲孔子徒也 予 私淑諸人]"에서 온 말이다.(『孟子』「離婁下」)

6) 개제(愷悌) : 기상이 단아하고 화락함을 말한다. "화락하신 군자는, 신이 보우하는 바이로다.[愷悌君子 神所勞矣]"에서 온 말이다.(『詩經』「大雅· 旱麓」)

7) 범방의 …… 이야기를 : '방모(滂母)'는 범방의 어머니이다. 후한(後漢)의 범방이 모함을 입고 사지(死地)로 나아갈 때 어머니를 뵙고 작별하자, 그 어머니가 말하였다. "네가 이응(李膺), 두밀(杜密)과 이름을 나란히 하니 죽은들 무슨 여한이 있겠느냐. 이미 영명을 얻고서도 다시 오래 살기를 구하려하면 함께 얻을 수 있겠느냐?[汝今得與李杜齊名 死亦何恨 旣有令名 復求壽考 可兼得乎]" 또 말하였다. "내가 너로 하여금 악한 일을 하게 했다 해도 악한 일은 할 수 없는 것인데, 너로 하여금 선한 일을 하게 하였으니 나는 악한 일이라고 여기지 않을 것이다.[吾欲使汝爲惡 則惡不可爲 使汝爲善 則我不爲惡]" 이렇게 격려한 고사에서 유래한다.(『後漢書』「范滂列傳」)

8) 학문에 뜻을 두어[志于學] : '지우학'은 무첨재 선생께서 일찍부터 궁리정심(窮理正心)의 학문 자세를 가졌음을 말한다. 공자께서 말하였다. "나는 열다섯 살에 학문에 뜻을 두었다.[吾十有五而志于學]"에서 온 말이다.(『論語』「爲政」).

9) 임금에게 알려져서[皐鳴] : '명고'는 은거하는 군자의 덕이 높아 임금에게 알려짐을 말한다. "학이 아홉 굽이 언덕에서 우니, 그 소리가 하늘에 들리네.[鶴鳴于九皐 聲聞于天]"에서 유래한다.(『詩經』「小雅· 鶴鳴」)

유일遺逸로서 내시 교관內侍敎官을 제수 받았다. 그 뒤로 제수 받은 사부師傅 및 자의諮議[10]는 한 시대의 지극히 영광스러운 선발이었지만, 자주 사직소辭職疏를 올렸다. 효종孝宗께서 "네가 잘 개도開導하고 강학講學을 권하여 날로 성취함이 있으면, 조가朝家에서 사람을 얻은 것만이 아니라 어찌 너의 집안 대대로 영광이 있지 않겠느냐?"라고 말하였으며, "내가 예禮로 대함이 비록 지극하지 못하다고 말할 수 있지만 너는 혹 헤아려 처리하여라."는 비답批答이 있었다. 또 다시 자의諮儀를 다시 제수 받았을 때에 간절히 사직하여 윤허를 받았으며, 심지어는 말을 공급해주라는 명命이 있었지만, 상소上疏로 사양하니 "한결같이 가려하니 더욱 부끄러워진다."는 비답批答이 있었다. 그러나 나라에서 제수할 때마다 사직하고 받지 않고자 하였던 것은 은수恩數의 넓고 절륜함을 감당하지 못해서였다. 그 뒤 단성丹城과 창녕昌寧의 현감縣監으로 제수한다는 명이 있었다. 어머님을 위해 현감 사령장을 받고서 힘써 임지에 도착하여 맡은 일에 마음을 다하니, 계셨던 곳마다 훌륭한 치적治積이 있었다. 이에서 나아가고 물러나며 사양하고 제수 받을 때마다 법도에 맞았음을 볼 수 있다.

가슴 속이 깨끗하여 산수의 아름다운 곳을 즐겼으며, 공부工夫가 정밀하여 성리학性理學의 그윽한 뜻을 탐구하였다. 강마講磨하고 종유從遊한 사람들은 모두 한 시대의 이름난 석학碩學들이었으며, 또 마음가짐은 공정公正하고 헤아림은 분명分明하였다. 찬술撰述하신 『소대쵀어昭代粹語』 및 『소대명신록昭代名臣錄』 몇 권은 집에 보관되어 있다가 이제 책으로 펴낼 것을 도모하는데, 모두 공사公私간의 공안公案으로 세상에 전할 만한 것이다.

그 덕업德業을 살펴보면 의義로움을 다하여 무첨無忝의 뜻에 부끄러움이 없으니, 아름다운 자취를 잇고 세상에 이름난 분이라고 할만하다. 안타깝구나! 수壽를 누리지 못하고 갑작스럽게 돌아가셨으니, 또한 세도世道의 높고 낮음과 문운文運의 성대하고 쇠퇴함에 관계됨이 있는 것인가? 이미 선대先代를 이었고 후대에 끼쳐서 선생의 현손玄孫 중에 또 입재[11] 옹立齋翁이 있어 세상에 천명闡明할 수 있었으니, 이는 이른바 정명精明한 기氣가 한 집안에 모였다는 것이다.

---

10) 자의(諮議) : 세자를 가르치는 세자 시강원의 정7품 벼슬이다.

11) 입재(立齋) : 정종로(鄭宗魯, 1738~1816)의 호이다. 자는 사앙(士仰), 본관은 진양이다. 어릴 때 가학을 전수받았으며, 영남학파의 학통을 계승하였다. 52세 때 광릉 참봉(光陵參奉)을 제수받고 사포서 별제(司圃署別提)·함창 현감(咸昌縣監)을 역임하였다. 저서는 『입재집』·『소대명신언행록(昭大名臣言行錄)』 등이 전한다.

아! 아름답도다. 내가 이 일로 비록 지나쳤다는 꾸지람은 벗어나지 못하겠지만 이를 통해 평소의 경모景慕하고 우러러는 정성을 부치며, 또 그 끝에 이름을 끼우게 됨을 영광으로 여기면서 마침내 서序를 짓는다.

숭정 기원후 다섯 번째 신해년(1911) 2월 상한에
후학 진성 이중곤이 삼가 짓는다.
[崇禎紀元後五辛亥二月上澣 後學眞城李中錕謹撰]

무첨재선생문집

無忝齋先生文集

제1권

무첨재선생문집 제1권

시詩

고시를 본떠서[擬古]

뜰 앞의 한 오동나무 庭前有孤桐
푸른 잎 저리도 무성한가 翠葉何葳蕤
훨훨 나는 봉황새는 翩翩鳳凰鳥
높은 가지에 머무는데 棲止最高枝
사나운 새[1] 날로 날아드니 鷙鳥日來斯
날개 접고 슬프게 우네 側翅其鳴悲
더구나 큰 그물 펼쳐있고 况此巨羅張
하늘의 해 이미 넘어간다 하네 天日已云暮
저 높은 산을 바라보니 瞻彼萬丈山
소나무와 계수나무 울창한데 鬱鬱松桂樹
어찌 너는 높이 날아가서 盍爾高飛去
끝내 깃을 가다듬지 않는가 終年養毛羽

밤에 앉았는데 감회가 있어[夜坐感懷]

빈산에 비바람이 치더니 空山風雨颯

---

1) 사나운 새[鷙鳥] : '지조'는 소인배들을 말한다. 후한 공융(孔融)이 예형(禰衡)을 추천하며 "사나운 새가 수백 마리 있어도 한 마리의 독수리보다 못하니, 예형을 조정에 세우면 필시 볼만한 점이 있을 것이다.[鷙鳥累百 不如一鶚 使衡立朝 必有可觀]"라고 한 데서 온 말이다.(『後漢書』「文苑列傳·禰衡」)

밤 되자 인적마저 드문데　夜陰人初靜
뜰 솔은 은은하게 울리고　庭松發幽響
희미한 등불 외 그림자 비추네　殘燈照孤影
쓸쓸히 홀로 된 서글픈 심사　凄凄獨愴懷
이불 베개도 선뜩하게 차갑네　幌枕蕭蕭冷
세상일이 탄식 속에 묻히니　世事入嗚呼
눈물만 공연히 옷깃을 적시네　涕淚空沾領
어찌하면 구적들을 평정하여　何當寇賊平
건곤의 바름을 다시 보게 될까[2]　復見乾坤正

회포를 지어보다[賦懷]

북풍이 밤낮으로 일어나　朔風日夕起
높은 버들을 거세게 흔들고　颯颯動高柳
흰 눈이 온갖 풀들을 덮은　白雪覆百草
거친 산을 창 너머로 대하네　荒山對虛牖
혼자 앉아서 생각도 많아　獨坐多所懷
차분히 속마음을 말해보네　默默心語口
하늘 차고 누린내 굴[3] 깊은데　天寒羶窟深
지금 주상께서는 어떠하신지　宸殿今安否
흉포한 맹수들 국토를 휩쓰니　嶔岑猛獸場
조정의 학기[4]는 누가 지킬까　鶴旗有誰守
세 사람[5]이 무슨 허물인가　三人亦何辜
분을 머금어 뼈도 썩지 않으리　含憤骨難朽

---

2) 어찌하면 …… 될까 : '구적(寇賊)'은 병자호란을 일으킨 청(淸) 나라를 말한다. '건곤정(乾坤正)'은 청을 물리치고 세상의 평안을 회복함을 말한다.
3) 누린내 굴[羶屈] : 청 나라 사람들의 몸에서 나는 누린 냄새를 말한다. 당시의 불리한 전황(戰況)에 대한 염려를 담고 있다.
4) 학기(鶴旗) : 백색 바탕에 검거나 흰 학과 구름을 그렸으며, 청·적·황·백색의 화염각을 단 조정의 의장기를 말한다.
5) 세 사람[三人] : '삼인'은 병자호란 당시 척화론을 주장하였다가 난이 끝난 이후 심양으로 끌려갔던 세 사람을 말한다. 오달제(吳達濟, 1609~1637)·윤집(尹集, 1606~1637)·홍익한(洪翼漢, 1586~1537)이다.

홍공이 절개 지키던 저녁 洪公抗節夕
충렬의 기운 두우성에 닿았건만[6] 烈氣衝牛斗
꿈틀대며 도망치던 저놈들은 蠢彼竄流輩
더욱 후안무치해졌네 豈不顔益厚
슬프다! 쌍령[7]의 패배로 哀哉雙嶺敗
시신이 산 같이 쌓였다고 하네 積屍如山阜
가서 원혼을 달래려고 해도 欲往吊冤魂
앞길에 사나운 놈들 설치고 있네 前路熊虎吼

회포를 적다[題懷]

백근을 억지로 난장이에게 지게 하고 百斤强僬僥
버틸지 어떨지 물을 것 없네 莫問支不支
지는 짐의 가볍고 무거움은 擔子輕與重
응당 지는 이가 알고 있네 只應擔者知
학문을 닦아야할[8] 내가 어찌 我豈莊修者
헛된 이름에 도리어 몸 그르칠까 虛名却誤身
평생 충·효를 원하였는데 平生忠孝願
이제 와서 모두 펴기 어렵네 此日兩難伸

- 나아가 군주君主를 섬기고자 하면 감당하지 못할 직분에 자리하고 견디지 못할 일을 맡게 되므로 나로 하여금 재주에 따라 힘을 바쳐서 작은 보답도 도모하지 못하게 만든다. 물러나 어버이를 봉양하고자 하면 실정實情을 헤아리지 못하고 그릇되이 칭찬하므로 추켜올림만 더해져 분수에 편안해하고 졸렬함을 지키며 정성定省[9]의 예禮를 오로지 하지 못하게 만들기 때문에 말하였다.

6) 홍공이 …… 닿았건만 : 홍공(洪公)은 홍익한(洪翼漢, 1586~1537)이다. 자는 백승(伯升), 호는 화포(花浦), 본관은 남양이다. 1624년 문과에 장원하여 사서(司書)·장령(掌令) 등을 지냈다. 척화파의 대표적 인물로 심양(瀋陽)에 잡혀가서도 끝까지 뜻을 굽히지 않다가 죽음을 당하였다. 현재 경상북도 봉화군 봉화읍 문단리에는 홍익한(洪翼漢)의 충렬비가 남아 있다.
7) 쌍령(雙嶺) : 병자호란 발발 후 경상감사 심연이 근왕병을 모집하였다. 1637년 1월 2일 쌍령에 도착하여 청의 기마대와 전투하였지만 대패하고 말았다.
8) 학문을 닦아야할[莊修] : '장(莊)'은 '장(藏)'과 같으니 늘 학문에 대한 생각을 품고 있는 것이요, '수(修)'는 방치하지 않고 늘 익히는 것이다. 항상 학문을 생각하며 부지런히 익히는 자세를 말한다.(『禮記』「學記」).
9) 정성(定省) : 혼정신성(昏定晨省)의 줄임말로, 자식이 저녁이면 부모의 잠자리를 보살펴 드리고 새벽이면 문안하는 것을 말한다.

모기가 산을 짊어지기 어려우니	飛蚊難負山
못난 자질이 어찌 천리마 되리	駑質寧爲驥
세상에 알아주는 이[10] 적어	世間少知音
스스로 탄식하고 부끄러워하네	自歎還自愧
어머님 생각으로 괴롭지만	只爲思親苦
모두가 임금님 사랑하는 충성이네	非無愛主誠
고향 상주와 임금 계신 한양을	商山與漢水
끊임없이 간절히 생각하네	脈脈摠關情

일을 느끼며[感事]

풍파가 아침저녁 일어나지만	風波日夕起
잘 건널 이가 누구인지 알겠네	利涉知爲誰
앞길이 더욱 험할 것이니	前路益云險
노를 더디게 돌리지 말게나	莫敎回櫂遲

당시의 운을 따라[步唐詩韻]

촌 거리 그윽하고 궁벽하더니	村巷元幽僻
가을이 오자 왕래마저 끊어졌네	秋來絶往還
기심을 잊으니[11] 어조가 즐겁고	機忘魚鳥樂
사람이 차분하니 성정이 한가하네	人靜性情閒
구름 그림자는 시냇물에 잠기고	雲影浸溪水

---

10) 알아주는 이[知音] : '지음'은 백아(伯牙)와 종자기(鍾子期) 사이처럼 자신을 진정으로 알아주는 벗을 말한다. 춘추 시대 거문고의 명인 백아가 높은 산에 뜻을 두고 연주하면, 친구인 종자기가 "멋지다, 마치 태산처럼 높기도 하구나.[善哉 峩峩兮若泰山]"라고 평하였고, 흐르는 물에 뜻을 두고 연주하면 종자기가 "멋지구나, 마치 강하처럼 넘실대는구나.[善哉 洋洋兮若江河]"라고 평한 데서 유래한다.(『列子』「湯問」)

11) 기심을 잊으니 : 세상일을 모두 잊고 담박한 생활을 즐기는 모습을 말한다. 기교심(機巧心)이 하나도 없는 바닷가의 아이에게 갈매기가 수도 없이 날아와 함께 노닐었다는 '구로망기(鷗鷺忘機)'의 고사에서 유래한다.(『列子』「黃帝」)

바람 소리는 저물녘의 산에 묻히네　風聲落暮山
연명[12]이 얻은 참다운 흥취를　淵明有眞趣
천년 지나 누가 능히 좇을런고　千載孰能攀

산장의 초정을 생각하며[憶山庄草亭]

겹겹 산자락을 굽이치며 흐르는 시내　數曲溪流數疊山
띠 풀로 집 짓고 대로써 대문을 만들었네　編茅爲屋竹爲關
가을이 찾아와 꿈속에서 자주 가보니　秋來魂夢頻歸去
수석 사이의 솔과 국화는 그대로이네　松菊依然水石間

산장으로 가는 길에 짓다[山庄途中作]

나귀 몰아 시냇가를 천천히 지나자니　策驢徐傍小溪邊
곳곳의 봄 산은 새롭게 단장하였네　處處春山景色新
보는 곳이 모두 관물[13]의 흥취인데　觸目無非觀物趣
붉은 것 흰 것이 절로 본 모습이네　紅紅白白自天眞

산중에서 지은 즉흥시[山中卽事]

지팡이 짚고 개인 모래톱 걸으니　携杖步晴沙
모래톱 머리엔 솔 길이 비껴있네　沙頭松逕斜
언덕 너머 육칠 리 지나서는　丘原六七里
뽕밭 속에 집이 두세 채 있네　桑柘兩三家
바위엔 차가운 물이 부딪치고　幽石鳴寒水
먼 숲에는 저녁노을이 어리네　遙林映晩霞

---

12) 연명(淵明) : 진(晉) 나라 처사(處士) 도잠(陶潛, 365~427)의 자(字)이다. 팽택 현령(彭澤縣令)을 그만두고, 전원생활(田園生活)을 즐겼던 인물이다. 저서는 『도연명집(陶淵明集)』이 전한다.
13) 관물(觀物) : 고요한 가운데 만물의 현상을 살펴 천지자연의 이치를 조응(照應)해 본다는 뜻이다.

홀로 읊어도 넘치는 흥 있기에　　孤吟猶有興
민가를 다시 찾아 술을 사오네　　村酒更堪賒

우산에 들어가 정대를 수리하며[入愚山修治亭臺]

깊숙하여 골 그윽한 우산은　　窈窕愚谷幽
선조께서 예전에 즐기던 곳이라　　先祖昔所娛
암대의 거친 잡목을 걷어내고　　巖臺剔荒榛
시내 정자의 남긴 터를 정리한 것은　　溪榭理遺墟
어지러운 마을 연기 싫었기에　　只嫌村烟鬧
산승처럼 이곳에서 지내려함이네　　爲此山僧居
새 떨기 회양목[14]을 심고　　黃楊藝新叢
오래된 전나무를 보호하네　　蒼檜護舊株
경물은 아직 예전 그대로이고　　景物尙依然
도서 또한 평소와 다름없으니　　圖書亦宛如
사모하는 마음[15] 그치지 않고　　羹墻慕靡歇
한적한 생활의 즐거움 넉넉하네　　棲息樂有餘
은거[16]의 뜻은 이미 흡족하고　　遂初意已愜
일을 줄이니 마음 더욱 비어가네　　寡營心采虛
정원에 물 대며 유유자적 하여도　　灌園聊自適
약간의 마음 전혀 없지는 않네　　寸資未全無

– 주희朱熹의 「술회述懷」시에 "정원에 물주며 약간의 마음이 없네.[灌園無寸資]"라고 하였다.

---

14) 회양목[黃楊] : 전설에 의하면, 회양목은 1년에 겨우 1촌(寸)씩만 자라는 것인데, 윤년을 만나면 자라지 않을 뿐만 아니라 도리어 1촌이 줄어든다고 알려진 나무이다.

15) 사모하는 마음[羹墻] : '갱장'은 국과 담장이니 항상 앙모하는 마음을 가지게 만드는 매개체를 말한다. 옛날 요(堯)임금이 죽은 뒤에 순(舜)이 3년 동안이나 앙모(仰慕)한 나머지, "앉아 있을 때에는 담벼락에 요임금이 보이고 식사를 할 때에는 요임금이 국그릇 속에 보였다.[坐則見堯於墻 食則覩堯於羹]"에서 유래한다.(『後漢書』「李固傳」)

16) 은거[遂初] : '수초'는 은거하려는 마음을 실천하는 것을 말한다. 진(晉) 나라 손작(孫綽)이 천태산(天台山) 자락인 적성산(赤城山)에 푯말을 세우고 은거 생활을 즐기면서 '수초부(遂初賦)'를 지었는데, 뒤에 벼슬하다가 환온(桓溫)의 뜻을 거스르며 반대 상소를 올리자, 환온이 불쾌하게 여기면서 "그대는 어찌하여 수초부대로 살려 하지 않고 사람들의 국가에 대한 일을 간섭하는가.[何不尋君遂初賦 知人家國事邪]"서 온 말이다.(『晉書』「孫綽傳」)

회암선생 「도공취석[17]」 시의 운에 공경히 차운하다[敬次晦菴先生陶公醉石韻]

내 온지 이십년이 지났기에	我來廿載後
이십년 전을 아련히 생각하노라	緬憶廿載前
지난 일은 좇을 수 없어	往事不可尋
이음[18]은 선현께 부끄럽지만	肯構愧先賢
다행히도 물러나 돌아왔으니	幸此解組歸
기꺼이 베게 높이하고 자련다	聊以高枕眠
계당엔 꽃과 대나무 늘어지고	溪堂列花竹
석대엔 구름과 안개가 깔리네	石臺藏雲烟
두건 젖혀 쓰고 산 고개를 대하다	岸幘對嵐嶺
지팡이 짚고 시내 바람을 따르네	倚笻聆風泉
게다가 어진 벗 다시 얻었으니	況復獲良友
강마하며 남은 세월을 즐기리라	講磨樂終年

퇴계선생의 「추회」 시에 삼가 차운하다[謹次退溪先生秋懷韻]

집 위에는 청산이 우뚝하고	屋上青山巍
집 아래엔 맑은 강 흐르네	屋下清江曼
강에 어린 달은 나의 옷깃 비추고	江月照我衿
산 시내는 나의 먹을거리를 주네	山水供我飯
내 그윽한 골짜기를 지키니	守我一壑幽
내 평생의 바람과 알맞네	愜我平生願
책을 펼쳐 항상 홀로 즐겨도	披書常獨樂
시절 일로 공연히 길게 탄식하니	撫時空長歎
사람 마음 본디 천 갈래이고	人心本岐千
세상살이 또한 만 갈래이네	世路亦有萬

---

17) 도공취석(陶公醉石) : 원 제목은 「도공취석귀거래관(陶公醉石歸去來館)」이다.

18) 이음[肯構] : 자손이 선대의 유업을 잘 이음을 말한다. “만약 아버지가 집을 지으려고 이미 그 규모를 정했는데, 그 아들이 기꺼이 당기를 마련하지 아니하니 하물며 기꺼이 집을 짓겠는가?[若考作室既底法 厥子乃弗肯堂 矧肯構]”라고 한 데서 온 말이다.(『書經』「大誥」)

껍질에 숨는 거북이처럼 감추고　俾殼龜自藏
구슬 토하는 조개처럼 바쳤지만　剖珠蚌自獻
영화와 욕은 다 나에게 달렸기에　榮辱俱在己
은혜와 원망을 품을 수 없네　未可舍恩怨

감회가 있어 지봉19)문집 안의 운을 사용하여[有感用芝峯集中韻]

낙엽 지니 가을이 막 깊어지고　木落秋方晚
차가워지니 한 해 저물어가네　天寒歲欲陰
시절 따라 사물의 변화 느끼며　覽時仍感物
옛날 생각으로 지금을 아파하네　思古更傷今
본디 경륜의 계책 모자라면서도　素乏經綸策
공연히 비분강개한 마음 품고서　空懷慷慨心
지봉이 지은 시를 한번 읽으니　芝峯詩一讀
흐르는 눈물 정말 참기 어렵네　雪涕儘難禁

설천정20)을 추억하며 외조부의 운을 사용하여[憶雪川亭 用外王父韻]

산꼭대기와 물가를 두루 다녀보고서　遊遍山巔與水潯
돌아와 막 내 마음 넓힐 수 있었네　歸來方可豁吾襟
문원공 고택엔 아름다운 자취 남았고　文元古宅遺芳躅
김유신 황량한 무덤엔 석양이 깔리네　庾信荒塋帶夕陰
만파식적 소리 잦아들 제 황엽만 쌓이고　玉笛聲殘黃葉積
첨성대의 오랜 돌엔 푸른 이끼 짙네　星臺石老綠苔深
다른 날 언제 이 천년 고도 거닐며　他時踏此千年地
다시 동해를 신나게 한번 굽어볼까나　更向東溟快一臨

---

19) 지봉 : 이수광(李睟光, 1563~1628)의 호이다. 자는 윤경(潤卿), 본관은 전주이다. 진사시에 입격한 이후 승문원 부정자(承文院副正字)·좌랑(佐郎) 등을 지냈다. 임진왜란 때에는 함경도 지방을 순무하는 공을 세웠다. 이후 홍주 목사(洪州牧使)·이조 판서(吏曹判書) 등을 역임하였다. 저서는 『지봉집』이 전한다.
20) 설천정(雪川亭) : 경주시 강동면 양동리 내에 있는 정자이다.

설천정에 올라 감회가 있어 복재[21] 선생의 운을 사용하여[登雪川亭有感 用服齋先生韻]

우뚝우뚝 설산은 높고　　巃巃雪山高
넘실넘실 설천은 깊은데[22]　　瀰瀰雪川深
안에 있는 정자는 그윽하여　　中有古亭幽
헌의 창에 차가움만 감도네　　軒牕鎖寒陰
읊조리며 지난 자취 더듬으니　　沉吟撫遺躅
찬바람이 뜰 숲을 흔드네　　凄風動庭林
눈에 선한 십년 전의 일　　依然十年事
생각하면 더욱 옷깃 적시네　　念之增沾衿

강가에서 우연히 읊조리다[江上偶吟]

흰 돌 깔린 맑은 강가에서　　白石清江上
홀로 읊조리니 먼 생각이 많네　　孤吟遠思多
어찌하면 집 한 채를 지어　　何當營一屋
거문고와 술로 세월 보낼까　　琴酒度生涯

여름날 한가로이 머물며[夏日閒居]

사립문에 이끼가 아롱져 있기에　　衡門苔色任斑斑
묻는 사람 없어 나는 절로 한가하네　　問我無人我自閒
긴 여름날 일 없기에 책을 보면서　　永日看書無別事
편안하게[23] 다시 남산을 마주하네　　岸巾聊復對南山

---

21) 복재(復齋) : 정국성(鄭國成, ?~1592)의 호이다. 자는 숙거(叔擧)이다. 1558년 사마시에 입격한 이후 학행(學行)으로 천거되어 참봉에 제수되었다. 1592년 임진왜란이 일어나자 상주에서 창의(倡義)하고 일어섰으나 순국하였다.

22) 우뚝우뚝 …… 깊은데 : '설산(雪山)'은 설천정의 뒤편에 있는 설창산(雪蒼山)을 말하며, '설천(雪川)'은 설천정 앞으로 흐르는 안락천(安樂川)을 말하는 것으로 보인다.

23) 편안하게[岸巾] : '안건'은 두건을 뒤로 젖혀 써서 이마가 훤히 드러나게 하는 모습니다. 전하여 예법을 무시하고 친근하고 편안하게 대면하는 모습을 말한다.

조 덕립이 와서 잤는데, 밤에 비가 바로 개어서[曺德立來宿 是夜雨卽霽]

하룻밤 내내 정담을 나누며	團圓一夜晤
평생의 마음을 서로 주고 받았네	交契百年心
솥은 설렁하고 홑이불 차가우며	銼濕單衾冷
창은 그늘지고 묵은 안개는 짙네	牕陰宿霧深
빗소리는 나그네의 꿈을 깨우고	雨聲醒客夢
가을은 귀뚜리 소리 따라 들어오네	秋意入蛩音
개인 새벽의 갖가지 풍경들은	霽曉千般景
베갯머리의 읊조림에 다 담기네	都歸枕上吟

호대에 올라 감회가 있어[登湖臺感懷]

높이 올라 서글프게 바라보니	登高一悵望
하늘 가 어지러운 구름만 깔렸네	天際亂雲低
가는 물은 원래 돌리기 어렵고	逝水元難北
지는 해는 절로 서쪽 넘어가네	斜陽自易西
십년을 헛되이 공물[24] 바쳤건만	十年虛執壤
어느 날 정벌의 북 소리 그칠까	何日息征鼙
촌 늙은이 소리 삼키며 우는데	野老呑聲淚
도리어 두견새[25] 소리만 들려오네	飜添蜀魄啼

비온 뒤의 느긋한 흥취[雨後謾興]

밤에 비 내려 청산을 적시고	夜來江雨濕青山

24) 공물[執壤] : '집양'은 "한 두 신하가 감히 양전(壤奠)을 바친다.[一二臣衛 敢執壤奠]"에서 온 말이다.(『書經』「康王之誥」) 1627년 정묘호란 이후 후금의 요구를 들어주어 예폐(禮幣)와 약간의 필수품을 보냈다. 하지만 더 많은 것을 요구하여 조선이 이를 받아들이지 않자 1636년 병자호란이 일어났다.

25) 두견새[蜀魄] : 전설에 의하면 촉(蜀) 나라 망제(望帝)가 신하 별령(鱉靈)의 아내와 간음하고서 왕위를 내놓고 도망갔다. 그때 마침 두견새가 울었으므로 촉인들이 두견새 울음을 망제를 슬퍼하는 것으로 여기고 그 소리가 불여귀거(不如歸去) 같다고 하였다.(『蜀王本紀』) 나라 일을 염려하는 시인의 마음을 간절하게 만드는 매개체로 사용되었다.

솔과 계수 우거져 낮에 문을 닫았네	松桂陰陰晝掩關
뜰 가득 떨어진 꽃잎을 그냥 쓸지 않으니	花落滿庭閒不掃
저녁 바람에 대나무 창 사이를 넘어드네	晩風吹入竹牕間

한가로이 지내며 뜻을 말하다[閒居言志]

한번 연하에 누웠더니 이미 십년이라	一臥烟霞已十年
벼슬살이 구하지 않아도 돈 걱정 없네	不求簪笏不憂錢
물고기·들 푸성귀 끓이기에 적당하고	溪魚野蔌當烹鼎
대 걸상·등 침상 수놓은 자리보다 낫네	竹榻藤床勝繡筵
산 빛이 발로 들어오니 푸름이 뚝뚝	山色入簾翠滴滴
달빛 문에 스며드니 곱고 고운 흰빛이라	月光穿戶皎娟娟
책볼 마음 시들해지니 도리어 할일 없어	讀書意倦還無事
때로 낚싯대 들고 낚시 배에 오르네	時把幽竿上釣船

재에 지내다 감회가 있어, 삼가 창석[26]선생이 조부에게 지어준 시의 운으로 시를 지어, 유계의 여러 마음 맞는 벗들에게 보내다[齋居有懷 謹以蒼石先生贈王考韻 寄西溪諸同人]

– 사언시四言詩이다.

낙동강은 넘실넘실거리고	維洛沄沄
산악은 우뚝우뚝하여	維嶽崇崇
맑고 선한 기가 쌓인 곳	淸淑所積
잉태함이 이에 높구나	胚胎斯隆
비슷한 때에[27] 태어나셨고	落地共邇
또 함께[28] 벼슬하셨네[29]	降世又同

26) 창석(蒼石) : 이준(李埈, 1560~1635)의 호이다. 자는 숙평(叔平), 본관은 흥양(興陽)이다. 1591년 문과에 급제하여 승지(承旨)·대사간(大司諫) 등을 역임하였다. 저서는 『창석집』이 전한다.

27) 비슷한 때에[共邇] : 창석선생은 1560년에 우복선생은 1563년에 태어났음을 말한다.

28) 함께[又同] : '강세'는 창석선생은 1582년 생원시에 입격하였고, 우복선생은 같은 해 진사시에 입격하였

어찌 우연이라 하겠는가	夫豈偶爾
하늘이 나의 어리석음 열어주네	天啓我蒙
덕으로 이웃을 하여	德以爲隣
난초 같은 교분을 맺었으니	如蘭之契
날카로워 금석을 끊는 듯 했으며[30]	利斷金石
곱자로 숫돌을 자르는 듯 하였네	矩切砥礪
관중과 포숙[31]만 바라지 않고	管鮑非希
주자와 장자[32]의 뒤를 이으니	朱張寔繼
사귀는 도리를 완전히 하여	交道之完
후세에 모범을 드리웠네	垂範來世
전형[33]이 한 번 아득해지니	典刑一邈
사모의 정 꺾여 따를 곳 없어	摧慕靡追
예전 집만 돌아보며	舊廬言旋
나의 서글픔을 더하네	增我悽而
어른을 모시고 따르던	杖屨隨從
그 시절은 돌아오지 않는데	非復當時
단지 지금 산의 달만	秖今山月
저 시냇가를 비추네	照彼溪湄
아! 나의 고루함으로	嗟余固陋

음을 말한다.

29) 벼슬하였으니[降世] : '벼슬의 명이 내리다(降世爵之命)'의 줄임말이니, 벼슬을 받음을 말한다.

30) 난초…… 했으며 : '난(蘭)'과 '단금(斷金)'은 마음을 터놓는 친구를 말한다. "두 사람이 마음을 함께 하니 날카로움이 쇠를 절단한다. 마음을 함께하는 말은 향기로움이 난초와 같다.[二人同心 其利斷金 同心之言 其臭如蘭]"에서 유래한다.(『周易』「繫辭傳」)

31) 관중과 포숙[管鮑] : 춘추시대 제(齊) 나라의 유명한 정치가이다. 이들은 젊었을 때부터 우정이 깊어 일생을 가까이 지내니, 지금도 두터운 우정을 관포지교(管鮑之交)라고 한다.

32) 주자와 장자[朱張] : 주자(朱子)와 남헌(南軒) 장식(張栻)을 말한다. 주희와 장식은 도의지교(道義之交)를 맺어 학문을 강론하는 사이였다.

33) 전형(典刑) : 법도(法度) 혹은 모범을 말한다. "비록 노성한 사람은 없으나, 그래도 전형은 남아 있다.[雖無老成人 尙有典刑]"에서 온 말이다.(『詩經』「大雅·蕩」)

여태까지 이룬 것 없이　迄茲無成
앞 공열을 더럽혔고　有忝前烈
평생을 저버렸네　有負平生
예전 느끼며 지금 생각하니　感古惟今
입엔 남았고 마음엔 놀라워　口存心驚
어찌하면 빨리 자리 만들어　安得促席
이 내 속마음을 토로해볼까　抒此衷情

저 유계를 바라보니　瞻彼西溪
아들이 잘 본받아서　之子攸暨
효우로 서로 권하고　孝友相勸
시와 예를 익히고 있네　詩禮是肄
선은 복된[34] 보답이 있다는데　善慶有報
지금과 예전이 어찌 다르겠는가　今昔奚異
힘써 선조의 가르침을 따르면　勉遵先訓
혹 무너졌다 하지 아니하리　罔或云墜

예전엔 다른 곳에 있었지만　昔我異處
이제 나는 병에 걸렸네　今我抱病
만나는 일이 비록 쉽지만　合面雖簡
서로의 정만 보내고 있네　雙情交映
여러 대를 사귀었으니　契著累世
이성이라 의심하지 마세　休訝異姓
원컨대 이를 생각해서　願言念茲
경으로 서로 바로 잡으세　相規以敬

사람들이 말을 하기를　人亦有言
사귐은 이루기 어려우니　交道難成
한마디 겨우 거슬리면　一言纔忤

---

34) 선은 복된[善慶] : '선경'은 선을 쌓아 복과 경사를 후손에게까지 이르게 함을 말한다. "선을 쌓은 집안은 반드시 남은 복이 있다.[積善之家 必有餘慶]"에서 유래한다.(『周易』「文言傳」)

원수의 틈이 이미 싹튼다하네 讐隙已萌
평생 한결같이 기뻐함은 百年齊歡
오직 나와 형들이기에 惟我與兄
모자라지만 이 시를 드려 聊贈斯詩
지란지교를 맺으려 하네 結以蘭馨

홍여하[35] 백원이 준 시에 차운하다[次洪伯源汝河 贈韻]

율리의 전원이 궁벽하여 栗里田園僻
단정히 지내며 속세를 벗어났네 端居塵事違
산술엔 누런 국화가 깨끗하고 山醅黃菊淨
들밥엔 붉은 토란이 통통하네 野飯紫芋肥
객 드무니 걸상 내릴 일이 없고 客少長懸榻
뜰 그윽하니 사립문이 소용없네 庭幽不設扉
강을 굽어보며 때로 한번 읊으며 臨流時一嘯
애오라지 다시 거문고 줄을 탄다네 聊復弄琴徽

겨울 끝에 호대로 돌아왔는데, 분매가 한 떨기만 남아있어 기뻐서 짓다[冬末還湖 盆梅 只餘一朶 喜而賦之]

백로와의 깊은 맹세를 어긴 적 없어 盟深鷗鷺不曾寒
오늘 돌아오는 걸음에 흥이 넘쳤더니 今日歸鞭興已闌
생각 있는 듯한 창가의 매화는 고맙게도 多謝牕梅猶有意
한 떨기 남아 주인이 봐주기를 기다리네 一枝留待主人看

---

35) 홍여하(洪如河, 1621~1678) : 자는 백원, 호는 목재(木齋), 본관은 부림(缶林)이다. 1654년 문과에 급제하였다. 송시열(宋時烈)로 인해 황간에 유배되었다가 풀려나 고향으로 돌아와 학문에 전념하였다. 1674년 남인이 정권을 잡자 등용되어 병조 좌랑(兵曹佐郞)을 지냈다. 저서는 『목재집』·『주역구결(周易口訣)』·『의례고증(儀禮考證)』·『사서발범구결(四書發凡口訣)』·『휘찬여사(彙纂麗史)』·『동사제강(東史提綱)』·『해동성원(海東姓苑)』·『경서해의(經書解義)』 등이 전한다.

호대에서 노닐며 입으로 불러서 짓다[遊湖臺口占]

고인과의 약속으로 오호를 다시 찾아 五湖重趁故人期
취한 채 뱃전에 기대어 가는대로 맡기니 醉倚蘭舠任所之
가을 강물은 돌아가는 기러기와 멀리 이었고 秋水遠連歸鴈濶
저녁 봉우리는 채색 구름과 높이 어울렸네 夕峯高幷彩雲奇
백발의 늙은 얼굴은 옥 비파에 기대었고 白髮蒼顔憑玉瑟
누런 꽃·붉은 잎은 금 술잔에 비치었네 黃花赤葉映金巵
알겠네, 매년 이 자리 우리들의 모임이 從知此地年年會
헤아려 보니 반도[36] 열매가 맺힐 때임을 算到蟠桃結子時

차운하여 김언흠에게 부치다[次寄金彦欽]

맑은 낙동강 나눠는 곳에 자리 잡아 占地分清洛
호산은 조용히 지내기에 적당하네 湖山愜靜居
안개 속 도롱이 입고 포구 대하니 烟簑臨鏡浦
— 옥경담玉鏡潭
달 아래 배는 창고 터를 끼고 도네 月櫂倚倉墟
— 사벌장沙伐倉의 터이다.
마음은 천 줄기의 대나무와 같고 心事千竿竹
생애는 만권의 책 속에 담겨있네 生涯萬卷書
평생토록 이 모임 함께 하였더니 百年同此契
가는 곳 마다 머뭇거리기만 하네 隨處可躕躇
여름일이 봄일을 이었기에 夏事連春事
강가의 생활이 들보다 여유로워 江居勝野居
구저를 차지하고서 물고기 잡고 叉鱗押鷗渚
— 모래톱의 이름이니 임호대臨湖臺 아래에 있다.

---

36) 반도(蟠桃) : 동해(東海) 가운데의 신산(神山)에 있다는 큰 복숭아를 가리키는데, 이 복숭아나무는 3000년 만에 한 번씩 꽃이 피고 열매를 맺는다고 한다. 이 시에서는 위구의 '년년(年年)'과 어울러 볼 때 매년 복숭아 익는 시기를 말한다.

호허를 바라보며 고사리를 뜯네　　采蕨望湖墟
맑은 달은 동이 술 속에 잠기고　　淡月浸樽酒
날리는 꽃잎 책상에 내려앉으니　　飛花点案書
이 때에 내 흥이 더해져서　　此時添我興
날마다 머뭇거리지 않음이 없네　　無日不蹦躇

율리에서 우연히 짓다[栗里偶成]

비온 뒤 앞 두둑의 벼꽃이 향기롭고　　雨餘前壟稻花香
버들 너머 시내 바람 서늘함을 보내오니　　柳外溪風送晩凉
게으른 마음으로 책을 놓고 졸면서　　意倦抛書還一睡
저 노을은 등나무 책상 위에 맡겨두네　　任他斜日上藤床

병중에 호장을 그리며[病中憶湖庄]

비오니 근심스러운 생각 배나 드는데　　雨中愁思倍依依
묵은 병으로 홀로 사립문 닫고 있음에야　　况復沉痾獨掩扉
어제 밤 꿈에 트인 호수로 돌아가니　　昨夜夢歸湖水濶
해당화 다 떨어지고 흰 물새만 날고 있네　　海棠飄盡白鷗飛

객지에 살며 우연히 읊조리다[僑居偶吟]

차갑고 작은 시내 섬돌 끼고 울리는데　　小澗冷冷繞砌鳴
꽃잎 떨어진 깊은 곳 사립문 닫혀 있네　　落花深處掩柴扃
객지살이 오래도록 적막하다 말 말게　　莫道僑居長寂寞
사람 향해 산새들 다정하게 지저귀네　　向人山鳥語丁寧

늦게 일어나서[晏起]

햇무리 어리니 대 이슬은 말라 가고　　茶靄霏霏竹露晞
우는 새는 살구꽃 핀 가지에 머무네　　啼禽已在杏花枝
산 속 생활 절로 한가로워 일 없기에　　山居自爾閒無事
졸다보니 앞 촌락에 밥 익을 때 되었네　　睡到前村飯熟時

산장에서 지내며 선조께서 읊으신 시의 '천림영취벽 개석도청류'를 운으로 하여 지은 열수[寓山庄 以先祖所詠 刋林迎翠壁開石導清流 爲韻十首]

조부께서 관직을 버리시고	皇祖昔休官
이에서 고반[37]을 노래하셨네	於焉歌考槃
금·서의 즐거움 절로 참되고	琴書樂自眞
리·의로 몸은 더욱 편안하였네	理義身彌安
지났으니 일은 더욱 아득하고	往矣事悠邈
생각하니 마음 꺾여 시리지만	念之心摧酸
남기신 글들이 아직도 환하니	遺編尙耿光
응당 영원토록 전해야 하리라	應須垂不刋

내 온지 십년이나 되었건만	我來十年後
깊은 숲 속의 시내 정자에서	溪榭在邃林
홀로 읊으며 지난 일들 그려도	孤吟想所歷
아름다운 자취 찾을 길이 없네	佳躅無由尋
찬 여울은 유음을 쏟아내고	寒瀨瀉遺音
잣나무엔 예전 그늘 남아 있네	老栢餘古陰
잇는다는 말 자주 반복하지만	三復肯構語
이음은 지금부터 해야만 하네	肯構當自今

운산의 그윽한 맵시 아름답고	雲山媚幽姿
어조는 서로 맞이하는 듯하네	魚鳥如相迎
거친 누대의 우거진 수풀을 다듬고	荒臺理蒙密
좀 먹고 뒤섞인 서간을 정리하네	蠹簡整縱横
돌을 따라 조심스레 걸음 옮기고	移石隨仄步
숲을 뚫고 깊숙이 들어가서	穿林得深行
비로소 차분히 지낼 생각 이루니	始遂靜棲願
애오라지 마음을 편안하게 하리라	聊以夷中情

37) 고반(考槃) : 어진 사람이 은거하여 산수(山水)의 사이에서 즐기는 모습을 말한다. "고반이 시냇가에 있으니, 훌륭한 분이 대연히 기치하네. 홀로 잠을 자고 깨어, 길이 잊지 않으려 맹세하네.[考槃在澗 碩人之寬 獨寐寤言 永矢弗諼]"에서 온 말이다.(『詩經』「考槃」)

대와 나무 맑고 고운 모습을 띄고　竹樹含淸姸
시내와 산은 아름다움을 뽐내니　溪山徵嫵媚
그윽한 생활 뜻에 저절로 맞아　幽居意自愜
차분히 바라보니 다른 마음이 없네　靜觀心無累
어린 앵무새는 곱게 지저귀고　雛鶯送嬌音
겹겹의 산은 맑은 푸른 빛 보여주니　疊巘呈新翠
바위 문을 때로 한번 열어젖히고　巖扉時一啓
걸어서 깊은 솔밭으로 들어가네　步向松陰邃

홀로 지내니 경영할 것이 적어　端居寡所營
저녁까지 애오라지 절로 여유롭네　竟夕聊自適
읊조리니 한 상에 책 가득하고　披吟書一床
누워서 쉬니 사방 벽이 차갑네　偃息寒四壁
돌에 지는 물소리는 더욱 가늘게 들리고　石淙聞更細
푸른 산은 물방울 같이 보이네　山翠望如滴
만나자고 누구에게 재촉할까　晤語將誰促
고개 들어 반가운 만남을 생각하네　矯首懷良覿

그윽한 생활은 절로 여유로운데　幽居我自適
하늘이 경승지를 열어주었네　勝地天所開
푸른 계수는 늘어선 산을 끼고 있고　蒼桂擁列嶂
붉은 절벽은 외로운 대를 끼고 있네　丹壁挾孤臺
가까이서 감춰진 풍경을 바라보고　近矚祛幽蘊
멀리 찾았다 돌아옴을 잊었네　遐尋忘轉廻
나이 들어 벗으로 맺으려 했는데　歲晏擬托契
그 해에 심은 것이 없음을 탄식하네　慨無當年栽

– 손으로 심은 매화와 국화가 남은 것이 없었기 때문에 말하였다.

산비가 앞 시내를 지나가니　山雨過前溪
시냇물이 백 길이나 푸르네　溪水碧百尺
개인 햇빛 고운 나무에 어리고　晴光泛嘉木
저녁 햇살 그윽한 돌에 쏟아지네　夕景射幽石
물고기 따라 우연히 다리 건너고　隨鱗偶度橋
구름 바라보며 두건 젖혀 쓰네　望雲聊岸幘
돌아와서 초연하게 앉으니　歸來坐翛然
빈방에 절로 깨끗함이 생기네[38]　虛室自生白

그윽한 수회동의[39] 窈窕水回洞
빼어난 경치 이름보다 낫네 勝絶浮厥號
절로 보기 좋게 돌아 흐르니 自能巧彎環
애써 물 끌어 댈 필요 없네 不須費疏導
사람이 겁나 거북이[40]처럼 숨으니 畏人學六藏
나귀타고 찾을 길이 막혀버렸네 策驢阻一造
어찌하면 작은 모옥을 지어서 何當結小茅
길이 남창의 자유로움[41] 부칠까 永寄南牕傲

산촌에 찾는 이가 드물어 山村寡輪鞅
문 걸고 홀로 맑음을 추구하네 掩關抱孤淸
높은 바위에선 푸른 산을 올려보고 危石仰蒼峭
우는 시내에선 졸졸거림을 굽어보네 鳴泉俯琮琤
절로 바깥일에 끌려감이 없으니 自無外物牽
그윽하게 머물려는 정과 딱 맞네 正愜幽居情
차분히 닦으며 날로 공부 더하여 靜修日加功
나의 생을 헛되게 하지 않았으면 莫敎虛吾生

나는 흐린 속세를 싫어하기에 而我厭塵濁
그윽한 선조의 집을 좋아 하였네 愛此先廬幽
솔 넘은 바람에 머리카락 날리고 散髮松外颸
바위 틈 시내에 발을 씻어보네 濯足巖間流
이미 산수의 즐거움 있기에 旣有山水樂

---

38) 깨끗함이 생기네[生白] : '생백'은 사람의 정신이 맑고 깨끗해져 욕심이 없어지고 도심(道心)이 절로 생기는 것을 말한다. "저 뚫린 벽을 보면 빈방 안에 깨끗함이 생기고, 거기에는 길한 징조가 깃들어 있다.[瞻彼闋者 虛室生白 吉祥止止]"에서 온 말이다.(『莊子』「人間世」)

39) 수회동(水回洞) : 우복선생께서 벗인 창석선생과 자주 노닐던 곳이다. 이곳에 도남서원(道南書院)을 지으려고 하였지만 궁벽하다는 이유로 실행하지 않았다.

40) 거북이[六藏] : 거북이가 움츠리면 머리·꼬리 그리고 네 발을 모두 감춘다는 데서 온 말이다.

41) 남창의 자유로움[南牕傲] : '남창오'는 은거(隱居) 자적(自適)의 삶을 즐기는 모습을 말한다. 도연명의 「귀거래사(歸去來辭)」의 "남쪽 창가에 기대어 자유스러움을 부치니 무릎을 용납할 만한 곳이 편인해 하기 쉬움을 알았네.[依南窓以寄傲 審容膝之易安]"에서 유래한다.

신세의 근심도 없어졌네	又無身世憂
여기서 넉넉히 노닐기 충분한데	玆焉足優遊
하필이면 은거지[42]를 경영하리	何必營菟裘

계당에서 읊조리다[溪堂吟]

나에게 조용한 계당이 있어	我有溪堂靜
푸른 시내 물을 굽어보는데	俯臨溪水綠
시내 뒤엔 붉은 절벽이 펼쳐있고	溪後丹崖列
시내 앞엔 푸른 잣나무 빽빽하며	溪前森翠栢
시내 대는 가파른 산 안고 있고	溪臺抱危岑
시내 다리는 끊긴 골에 걸쳐있네	溪橋跨斷壑
산들산들 맑은 시내 바람 불고	嫋嫋溪風清
휘영청 밝은 달 시내에 떠있네	皎皎溪月白
시내 버들 절로 살랑 살랑대고	溪柳自依依
시내 꽃들은 또 화사하네	溪花還灼灼
계당에 있는 것이 무엇인가	溪堂何所有
상머리에는 책이 만권이며	床頭書萬軸
계당에서 할 일이 무엇인가	溪堂何所事
무릎 위의 거문고 한 곡조라네	膝上琴一曲
밤엔 시내소리가 베갯머리 맴돌고	溪聲夜繞枕
새벽엔 시내 빛이 발을 스며드네	溪色曉穿箔
물고기는 늦은 햇살을 즐기고	溪魚戲晚晴
새는 한낮의 적막을 깨뜨리네	溪鳥破晝寂
혹은 시내가 나무를 의지하고	或倚溪邊樹
혹은 시내가 바위에 앉아보며	或坐溪邊石
혹은 시내 구름 짝해 읊조리고	或吟伴溪雲
혹은 시내 사슴 짝해 졸아보네	或睡伴溪鹿

42) 은거지[菟裘] : 벼슬에서 물러나 자적의 삶을 누릴 수 있는 은거지를 말한다. 노(魯) 나라의 은공(隱公)이 "내 토구에 집을 짓도록 하여 그 곳에서 늙으리라.[使營菟裘 吾將老焉]"라고 한 데서 온 말이다.(『左傳』「隱公 12年」)

시내 풀은 고운 들과 이었으니　溪草接芳郊
나의 두건 젖혀 쓸 수 있으며　可以岸吾幘
시내 숲은 깊은 산으로 뻗었으니　溪林入幽巘
나의 나막신을 챙길 만하네　可以理吾屐
시내 바위엔 낚시 드리울 만하고　溪磯可垂釣
시내 백사장엔 술잔 돌릴 만하며　溪沙可巡酌
시내 맑아 마음 씻을 수 있고　溪淸心可洗
시내 차가워 머리 감을 수 있네　溪冷髮可濯
시냇가 동산의 배와 대추 따내고　溪園剝梨棗
시냇가 논의 기장과 벼를 수확하며　溪田刈黍稷
가을 안개 차 밭을 씻어내고　秋烟瀹溪茶
봄비 맞은 시내 푸성귀는 자라나네　春雨長溪蔌
세상살이 험한 난관이 많아도　世路多險巇
계당에서 이내 다리 편안하며　溪堂安吾脚
세상 사람 의심과 시기가 많아도　世人多疑猜
계당에서 나의 즐거움을 지키네　溪堂守吾樂
시내 살이 마음에 절로 맞고　溪居意自愜
시내 유람 흥이 이미 충분하니　溪遊興已足
원컨대 계당의 늙은이여　願向溪堂老
어찌 계당에서의 약속 어기리　肯違溪堂約
계당음을 엮어 지으니　爲綴溪堂吟
긴 노래 소리 숲나무를 흔드네　長歌振林木

청효[43]에 우거하며 지은 즉흥시[靑驍寓居卽事]

나는 세상을 피하는 이 아닌데　吾非避世人
어찌 남쪽 시냇가에 지었는가　胡爲南澗潯
조용히 지내며 참된 도를 기르고　端居養道眞

43) 청효(靑驍): 상주의 남쪽 20리에 있는 청리폐현(靑里廢縣)을 말한다. 본래 신라의 음리화현(音里火縣)인데, 경덕왕(景德工)이 청효(靑驍)로 이름을 고쳤다. 고려 때에 청리폐라고 하였다.(『新增東國輿地勝覽』)

서책을 때로 다시 찾으려함이네	簡編時復尋
매미 울음에 적막함 깨어지고	鳴蟬破岑寂
녹수는 정원에 그늘 드리웠네	綠樹敷庭陰
베개 베고서 북창에 누웠더니	一枕臥北牕
고금에 없던 맑은 바람 일어나네	清風無古今
인심은 괴롭게도 갈림길44) 많아	人心苦多岐
들추지 않으면 아첨을 한다네	非訐則爲媚
한 손으로 기술하지 못하기에	隻手捄靡迷
나는 허물에서 도망하려고 하네	我欲逃其累
어지러이 선과 악45)이 섞였으니	紛然雜薰蕕
누가 다시 붉고 푸름을 분별할까	誰復辨紫翠
때문에 세상에 분개한 사람은	所以憤世者
숲에서도 깊지 않을까 염려하네	入林恐不邃

죽헌에서 그윽한 흥을 읊어 별제 족조 헌세께 드리다[詠竹軒幽興 呈別提族祖 憲世]

들 너머 고적하고 먼 촌락	野外孤村逈
물가에 오두막집46) 지어졌네	衡門傍水開
시내 맑아 물고기 셀 수 있고	溪魚清可數
푸른 대나무 정원에 심을만하네	園竹碧堪栽
그윽한 흥취 공과 딱 맞으니	幽趣公應愜
내 몇 번이나 공경히 모셨던가	叨陪我幾回
우연히 짧은 시를 지어	偶然裁短句
보내 푸른 이끼를 쓸어내네	報與掃蒼苔

---

44) 갈림길[多岐] : 사람이 본연의 모습을 잃고 헤매는 이유가 된다. 양자(楊子)의 이웃 사람이 양을 잃어버리고 찾으려 나섰지만 갈림길이 많아 결국은 찾지 못하였다. 이에 심도자(心都子)가 "큰 길에 갈림길이 많아 양을 잃듯이 학자는 방도가 많아 생명을 잃는다.[大道以多岐亡羊 學者以多方喪生]"라고 한 데서 유래한다.(『列子』「說符」)

45) 선과 악[薰蕕] : '훈유'는 향기 나는 풀과 구린내 나는 풀로 일반적으로 선(善)과 악(惡)을 말한다.

46) 오두막집[衡門] : 나무를 가로질러 만든 보잘 것 없는 문이 있는 오두막집이니 은자의 거처를 말한다. "형문의 아래, 한가로이 지낼 만하네.[衡門之下 可以棲遲]"에서 온 말이다.(『詩經』「衡泌」)

생원 재종조부 영세께 적어 드리다[錄呈生員再從大父榮世]

빈 재에서 나른한 꿈이 깨니　空齋茶夢殘
앞 교량에 저녁 산색이 드네　前橋山景夕
아이 종이 갑자기 달려와서　奚童忽翩翩
부곡에서 왔다고 하네　云來自釜谷
편지 뜯어 사연을 살펴보니　開緘閱手教
아련하게 얼굴을 뵙는 듯한데　怳然如面覿
시 여러 편을 보내주시고　贈以詩數句
노래 한 곡을 더해 주셨네　副以歌一曲
곡조마다 그리움 말하시고　曲曲道相思
글자마다 모두 진정이라서　字字皆衷赤
읊어봄에 마음 시원하더니　初吟心便豁
다시 읽음에 정이 쓸쓸해지네　再讀情還惻
지난 날 모실 적[47] 그려보니　憶昨陪杖屨
여러 달 고요함을 같이 하며　數月同寂寞
날마다 경사를 토론하고　日日討經史
가끔은 농담도 주고받았네　往往霏談謔
그리운 마음 잠시라도 멈추리　言念肯暫輟
이별의 회포 오래 풀지 못했네　別懷久未釋
제가 따라 가려고 하여도　我欲往從之
구름 산이 남북을 막고 있어　雲山阻南北
감탄을 다시 어찌 그칠까　感歎更何已
밤마다 산 위의 달 밝게 오르네　山月夜夜白

일청상인에게 차운하여 주다[次贈一淸上人]

한밤중에 한 기운이 매우 맑아지니　中宵一氣十分淸

47) 모신 적[杖屨] : '장구'는 지팡이와 신발이다. 여기서는 어른에 대한 경칭(敬稱)으로 사람을 직접 가리키지 않고 그 사람에게 딸린 물건을 들어 존경하는 뜻을 표시하였다.

흰 달이 뜬 허공엔 구름 한 점 없네 白月當空雲不行
이곳에는 이런저런 번뇌48) 마저 없으니 這裏却無三種語
천리 밖의 헛된 명성 그대에게 부끄럽네 愧師千里趂虛聲

봄 날 산에서 지내며[山居春日]

시내 버들 늘어지고 사방에 꽃이 피었는데 溪柳陰陰花四圍
고적한 촌락의 사립문에는 물굽이 닿았네 孤村面水曲通扉
산창의 잠에서 일어나 멍하니49) 말 없는데 山牕睡起嗒無語
석양 속의 낡은 다리엔 승려만 돌아오네 落日斷橋僧獨歸

분황을 지나며 감회가 있어[過汾潢有感]

위천의 차가운 달이 나산을 비추네 渭川寒月照螺山
그 시절 어른 모시고 얼마나 오갔던가 杖屨當時幾往還
오늘은 홀로 분황가 길을 지나가자니 今日獨經汾上路
십년 사이의 추억을 견디지 못하겠네 不堪追憶十年間

– 위천渭川은 바로 시리柴里이며, 나산螺山은 바로 봉양鳳陽이다.

죽암·개호 그리고 여러 벗들과 함께 유람할 것을 약속하였는데, 내가 마침 일이 있어 참석하지 못하고 절구 한 수를 읊어 부치다[約與竹巖開湖諸友同遊 余適有故未赴 吟寄一絶]

무우단 아래의 물빛은 하늘과 같고 舞雩壇下水如天
옥주봉 위의 보름달은 휘영청 둥그네 玉柱峯頭月正圓
거룻배 타고 철적50) 비껴 붊을 생각하니 想得蘭舟橫鐵笛

---

48) 번뇌[三種] : '삼종'은 삼계(三界)의 일체 번뇌를 총괄한 세 가지를 말하는데, 욕유루(欲有漏)·유유루(有有漏)·무명루(無明漏)이다.
49) 멍하니(嗒) : 문집에는 '탑(嗒)'으로 되어 있으나 아래 시구의 '말 없는데[無語]'와 전혀 호응이 되지 않는다. 본 번역에서는 '멍할 탑(嗒)'으로 수정 번역하였다.

풍류 넉넉하여 호수 속의 신선이라네　　風流贏得鏡中仙

산을 유람하고는 「청송산거잡영」의 운을 사용하여 지은 기행시 이십칠수[遊山記行用聽松山居雜詠韻二十七首]

율리의 노인이 사곡의 노인을 이끌고　　栗里翁携沙谷翁
지팡이 짚고서 빈 가을 산으로 가는데　　鳴筇共向秋山空
돌샘은 콸콸거리고 단풍 숲은 저무니　　石泉㶁㶁楓林晚
용면[51]이 뽐내는 재주 속인가 의심하네　　疑是龍眠逞技中

— 길 가는 중에[道中]

꿈에 선산을 그리며 몇 년을 지냈는가　　夢寐仙山經幾年
이제 오니 묵은 병 나음보다 상쾌하네　　今來不啻宿痾痊
어여뻐라, 종일 들려오는 맑은 소리　　最憐終日滿清聽
바위틈에 옥근을 걸은 듯 졸졸거리네　　幽石涓流玉筋懸

— 길 가는 중에[道中]

노을이 물든 쓸쓸한 초가 주막으로　　茅店蕭條依落暉
한 사람이 승려를 이끌고 들어오네　　一筇携與一僧歸

— 사언思彦이라는 승려도 따랐다.

민가엔 예전부터 집집이 기장 술 있어　　家家釀黍民風古
평소 기약대로 온 밤 이야기를 나누네　　竟夜清談愜素期

— 산 주막에서[山店]

---

50) 거룻배 타고 철적[蘭舟橫鐵] : '난주(蘭舟)'는 보통 작은 거룻배를 가리키며, '철적(鐵笛)'은 은자(隱者)나 고사(高士)가 불었던 철 피리를 말한다. 주희(朱熹)는 「철적정서(鐵笛亭序)」에서 "무이산 중의 은자인 유군은 철적을 잘 불어서, 구름을 뚫고 돌을 찢는 소리를 내었다.[武夷山中隱者劉君 善吹鐵笛 有穿雲裂石之聲]"라고 하였다.

51) 용면(龍眠) : 송(宋) 나라 화가인 이공린(李公麟)의 호이다. 이공린은 벼슬을 그만두고 용면산(龍眠山)에 들어가서 지내며 용면거사(龍眠居士)라 자호(自號)하였다. 한구(韓駒)는 「제태을진인연엽도(題太乙眞人蓮葉圖)」에서 "용면거사 그림 솜씨 노련해 입신의 경지라, 흰 깁에서 참 선인을 만들어 내네.[龍眠畫手老入神 尺素幻出眞天人]"라고 하였다.(『古文眞寶·前集』)

편안한 지세에 큰 너럭바위가 있고 大石盤陀地勢安
그 사이로 굽이굽이 시내 흐르는데 溪流曲曲注其間
꾸불꾸불한 그 모습 본뜨기 어려우니 蜿蜒有跡難摸狀
다른 날 비 내리면 조화를 부리리라 得雨他時造化看

– 용유동에서[龍遊洞]

좁은 협곡 검은 못은 내려 볼 수 없고 峽東玄湫不可臨
맑은 날 우레와 바람이 온 숲을 흔드네 風雷白日撼千林
해마다 잠룡이 비구름을 일으켜서 潛龍歲歲興雲雨
농가의 깊은 소망을 응당 위로하리라 應慰農家屬望深

– 용추에서[龍湫]

돌 비탈 지나 숲 뚫으니 걸음마다 더뎌도 涉磴穿林步步遲
절집[52]에 와 앉으니 세상 생각이 끊어지네 上方來坐絶塵思
늙은 승려 차를 물리니 가을 산은 저물어 老僧茶罷秋山暮
부들자리[53]에 편안히 누워 한 잠을 청하네 穩臥蒲團學睡癡

– 불일암에서[佛日庵]

깊은 장암촌에 몸을 숨길 수 있으니 藏巖深處可藏身
태평성대에 일민이 된들 무엇이 문제리오 聖代何妨作逸民
혹시라도 이곳에다 작은 집을 지으면 儻向此間成小築
무릉도원의 봄을 필요로 하지 않으리라[54] 桃源不必武陵春

– 장암촌에서[藏巖村]

해마다 산의 남북을 두루 돌아다니니 連年行遍山南北
참으로 이내 발걸음 세상을 벗어났네 信我高蹤出世間

---

52) 절집[上方] : '상방'은 불가(佛家)에서 주지승(住持僧)이 거주하는 내실(內室)을 말한 것으로, 전하여 절집을 의미한다.

53) 부들자리[蒲團] : '포단'은 부들 풀로 짜서 만든 둥근 방석으로 중이 좌선(坐禪)하거나 무릎을 꿇고 절할 때 사용하는 것이다.

54) 무릉도원의 …… 않으리라 : 도잠(陶潛)의 「도화원기(桃花源記)」에 한 어부가 무릉(武陵)에서 복숭아 꽃잎이 흩날려 떠가는 봄 날 도원을 찾았다고 한다. 이 시에서는 이를 돌려 시인이 머무는 시적 공간이 굳이 봄이 아니라도 선경(仙境)임을 말하고 있다.

멋지구나, 석양은 보아도 질리지 않고	最是夕陽看不厭
반 허공에 늘어선 옥비녀[55]는 싸늘하네	半空森列玉簪寒

– 속리산에서[俗離山]

벼랑 꿀과 숲 머루로 몸속을 적시고	崖蜜林葡潤肺腸
온 산의 버섯은 참으로 먹을 만하네	滿山蕈茸儘堪嘗
술 마시고 무엇으로 요기를 할건가	酒餘何物供飯飣
재 속의 붉은 밤이 알알이 향기롭네	紫栗灰中箇箇香

– 산 속 먹을거리를 읊으며[詠山味]

종일 진경을 찾아 깊은 곳도 마다 않다가	盡日尋眞不厭深
때로 긴 가래로 다시 복령과 삼을 캐네	長鑱時復斲苓蔘
그대여 동산의 기생[56]을 부러워말게나	煩君莫羨東山妓
시냇물과 솔 소리는 거문고 가락이라네	澗水松聲自在琴

– 송면으로 가는 도중에[松面途中]

깊은 숲 어두운 골은 인가와 떨어져	林深谷暗隔人家
나그네 잡고 오르며 얼마나 탄식했던가	行旅躋攀幾發嗟
그냥 보내고 맞이하는 산은 뜻이 있어	只是送迎山有意
우뚝 선 천왕봉이 아침 노을에 드러나네	天王玉立露朝霞

– 유현을 넘으며[踰榆峴]

동선유동에서 맑은 가을에 막히고 보니	東仙遊洞阻淸秋
이제야 망화산 지나는 근심을 막 알겠네	此日方知過華愁

– 조부 문집의 「유산북遊山北[57]」 시에 "아롱진 구름 비낀 망화산을 근심스럽게 지나네.[劒揷縹雲愁過華]"라고 하였다.

조만간 은거[58]할 정자가 지어진다면	早晩枕流亭若就

55) 옥비녀[玉簪] : 산봉우리를 비유한 표현이다.
56) 동산의 기생[東山妓] : '동산기'는 유유자적하며 넉넉하게 즐기는 모습을 말한다. 진(晉) 나라 사안(謝安)이 동산(東山)에서 놀면서 기생을 늘 대동하였다고 한다.(『晉書』「謝安傳」)
57) 유산북(遊山北) : 『우복선생문집』에는 「산북기행득십운(山北紀行得十韻)」으로 나온다.
58) 은거[枕流] : 진(晉) 나라 손초(孫楚)가 숨어 살려고 하면서, "돌을 베고 물로 양치질하련다.[枕石漱流]"

여생을 오히려 산림에서 보낼 수 있겠네 餘生猶得老林丘

– 망화산望華山의 북쪽이 바로 동선유동東仙遊洞인데, 조부께서 자리 잡은 곳이 있다. 조부께서 승려의 시축에 시를 지어준 적이 있는데, "조만간 선유동에 작은 사를 짓고는, 은거하여 애오라지 맑은 한가로움을 맡기네.[早晩仙遊營小社 枕流聊與管淸閑]"라는 구句가 있기 때문에 제 삼구三句에서 말하였다.

펼쳐진 비단 병풍을 무지개가 에워싸고 錦屛中闢玉虹圍
돌에 앉아 즐기다가 걸음을 옮기며 坐石漱泉杖屨移
종일을 유람해도 흥이 다하지 않아 盡日淸遊興未歇
바로 봉우리 끝에 비낀 노을을 바라보네 便看峯末隱斜暉

한 줄기 은빛 물길이 바위59)를 가르니 銀潢一派劈雲根
하늘이 속세를 위해 혼탁을 씻어내네 天爲塵寰洗濁昏
달빛 환하여 응당 선계인 줄을 알겠으니 晃朗應知仙界是
꼭 광한문60)으로 들어갈 필요는 없겠네 不須身入廣寒門

– 파곶에서[巴串]

동네가 열리는 곳에 너른 시내가 있고 洞門開處有平川
작은 언덕 가엔 바위 기슭이 솟았네 巖麓窿然小岸邊
칠송이라 불리는 정자엔 사람이 없어 亭號七松人不見
남긴 자취 찾다가 도리어 쓸쓸해지네 爲尋遺躅更悽然

– 칠송정에서[七松亭]

고운 시내 비단 절벽의 선유동으로 瑤溪錦壁仙遊洞
신선 떠난 천년 뒤에 내 다시 와서 仙去千年我又來

라고 말해야 할 것을, "물을 베고 돌로 양치질하련다.[枕流漱石]"라고 잘못 말하였다. 왕제(王濟)가 그 말을 듣고서 잘못을 지적하자, 손초가 "물을 베는 것은 속진(俗塵)에 찌든 귀를 씻어 내기 위함이요, 돌로 양치질하는 것은 연화(煙火)에 물든 치아의 때를 갈아서 없애려 함이다"라고 변명한 일에서 유래한다.(『世說新語』「排調」)

59) 바위[雲根] : '운근'은 벼랑이나 바윗돌을 말한다. 두보(杜甫)의 「제충주용흥사소거원벽(題忠州龍興寺所居院壁)」의 "충주 고을은 삼협의 안에 있는지라, 인가가 운근 아래 모여 있네.[忠州三峽內 井邑聚雲根]"에서 온 말인데(『杜少陵詩集』) 그 주(註)에 "오악(五岳)의 구름이 바위에 부딪쳐 일어나기 때문에, 구름의 뿌리라고 한 것이다."라고 하였다.

60) 광한문(光寒門) : 항아(姮娥)가 산다는 달나라 궁전의 문 이름이다.

고개 돌리며 빙그레 한번 웃으니　回首莞然成一笑
피리 소리 속에 아롱진 구름이 열리네　玉簫聲裏彩雲開

– 선유동에서[仙游洞]

훨훨 나는 학을 따라 동천에 들어서니　隨鶴翩翩入洞天
이 몸 동중의 신선인가 의심해보네　此身疑是洞中仙
아득한 신선의 유람을 누구에게 물을까　仙遊渺渺憑誰問
무심한 거북 바위만 물가에 우뚝하네　龜石無心閣水邊

– 골 안의 두 거북 바위에서[洞中二龜石]

가을 햇살이 내리쬐는 돌상에 기대니　收拾秋光倚石床
허공의 바람과 이슬은 옷에 가득하네　半天風露滿衣裳
돌아가려니 무거운 속세의 인연 느껴지지만　歸心便覺俗緣重
조각 꿈에 신선의 길 꿈꾼들 대수리요　片夢肯嫌仙路長

– 동구를 나서며[出洞口]

야인의 신세 또한 넉넉하고 여유 있어　野人身世亦寬閒
지척의 선경을 날마다 가서 구경하네　咫尺仙區日往看
어떻게 한 골을 나누어 이웃하고 지내며　安得卜隣分一壑
시내 가득한 구름과 달을 함께 즐길까나　滿溪雲月共盤桓

– 동구 밖의 촌에서[洞外村]

바위 가로질러 좁은 길이 비껴 있으니　斗巖㠁削一蹊橫
하늘이 생민을 위해 지형을 만들었네　天爲生民作地形
백여 명도 세상의 난리 피할 수 있기에　百口亦堪逃世亂
예전부터 몇 사람이나 은혜를 입었던가　幾人從古荷生成

– 피병암에서[避兵巖]

여러 줄기 연꽃들이 가을 기운 머금으니　百朶芙蓉含早秋
여러 무리 선녀들이 현주[61]에 선 듯하네　數群仙女立玄洲

---

61) 현주(玄洲) : 북해 가운데 술해방(戌亥方)에 있다고 전해지는 섬의 이름이다. 그 위 대현도(大玄都)가 있으니 선백(仙伯) 진공(眞公)이 수축(修築)한 것으로 금지(金芝)와 옥초(玉草)가 많다고 한다.(「海

올라서 내려다 보니 바로 난새를 타고서 登臨便欲驂鸞去
요지로 가 서왕모[62] 와 노닐고 싶어지네 去向瑤池王母遊

– 속리산을 올라서[登離嶽]

선대는 아득히 멋진 구름 속으로 드는데 仙臺縹緲入雲奇
멀리서 불어온 강풍에 내 옷깃이 날리네 萬里剛風振我衣
지난 해 같이 이곳을 지날 때 생각하며 却憶去年同過此
지금의 유람을 함께 못했음을 아쉬워하네 勝遊今日恨相違

– 정상에 올라 문장대를 바라보며[上絶頂望文壯臺]

만촉[63] 처럼 분주히 얼마나 힘 쏟았던가 蠻觸紛紛幾費營
당시에는 민생을 보살피지 못하였더니 當時未必奠民生
지금에는 범초[64] 들 모두 진토가 되어 至今凡楚俱塵土
거친 성만이 남아 오랜 세월을 겪었네 留得荒墉萬變更

– 견훤성에서[甄萱城]

산속의 구름과 해 서로 가려 밝다 흐렸다 雲日山間遞晦明
너른 숲 쓸쓸하고 골에선 바람이 불어오네 萬林蕭瑟谷吹生

內中洲記」)

62) 요지로 가 서왕모 : 주 목왕(周穆王)이 일찍이 여덟 준마(駿馬)를 얻고는 서쪽으로 유람하여 곤륜산(崑崙山)에 올라가서, 선녀(仙女)인 서왕모(西王母)의 빈(賓)이 되어 요지연(瑤池宴)에 참석하는 등 즐겁게 노닐면서 돌아올 줄을 몰랐다는 고사에서 유래한다.(『列子』「周穆王」)

63) 만촉(蠻觸) : 치열하게 싸웠다고 전해지는 만국과 촉국으로, 서로 자신들의 이익을 위해 다툰 후삼국(後三國)을 비유한다. 위(魏) 나라 혜왕(惠王)이 군사를 동원하여 제(齊) 나라 위왕(威王)을 응징하려 하자 재상 혜자(惠子)가 당시의 현인(賢人) 대진인(戴晉人)을 왕에게 천거하였다. 대진인이 왕에게 "달팽이 왼쪽 뿔에 있는 나라를 촉씨라 하고 달팽이 오른쪽 뿔에 있는 나라를 만씨라 하는데, 때로 서로 땅을 다투어 싸우면 넘어진 시체가 수만에 이르고, 패하면 달아났다가 15일 뒤에 돌아옵니다.[有國于蝸之左角者 曰觸氏 有國于蝸之右角者 曰蠻氏 時相與爭地而戰 伏尸數萬 逐北旬有日而反]"라고 한 데서 유래한다.(『莊子』「則陽」)

64) 범초(凡楚) : 초 나라와 그 속국인 범국을 말하는데, 이 시에서는 전쟁에서 이긴 나라와 진 나라 모두를 말한다. 초왕(楚王)이 범군(凡君)과 함께 앉았을 때 초왕의 좌우에서 '범 나라는 망한다.'고 말하자, 범군이 "범 나라가 망함이 내 자신의 존재를 잃게 하기에 부족하다면 초 나라가 존재하는 것도 결국 존재하는 것이 되지 못합니다. 이것으로 본다면 범 나라가 애당초 망한 것이 아니요, 초 나라도 애당초 존재하는 것이 아닙니다.[夫凡之亡不足以喪吾存 則楚之存不足以存存 由是觀之 則凡未始亡而楚未始存也]"라고 한 데서 유래한다.(『莊子』「田子方」)

여윈 말로 여러 고개 넘기가 걱정이지만	縱嫌羸馬穿重嶺
귀에 가득한 바람과 시내 소리는 좋다네	却愛風泉滿耳聲

– 노지현에서[蘆枝峴]

네 도포자락 연이어 날리고 한 석장 가벼운데	四袂聯翩一錫輕

– 네 벗과 한 승려가 같이 유람하였다.

맑은 즐거움 겨우 마치자 이별 근심 생겨나네	清歡纔罷別愁生
다른 해 이별한 곳 더듬어 생각 해보니	他年欲記分携處
붉은 절벽 감도는 푸른 시내 울리네	丹壁中回碧澗鳴

– 같이 유람한 이들과 이별하며[別同遊]

속리산 안개 노을은 온 나막신에 뚝뚝	離嶽烟霞濃滿屧
또 성산의 길 찾아 구름 속으로 드네	又尋城路入雲中
보잘 것 없는 땅의 이로움 어찌 믿으리	區區地利今何恃
단지 중간에 절집을 세움이 적당하네	只合中間着梵宮

– 성산을 지나며[過城山]

십리 안개 낀 들 저편이 나의 집인데	十里烟郊是我家
여기저기 울타리엔 국화 몇 송이 피었네	菊籬開遍幾枝花
선산을 바라보며 쓸쓸함을 견디지만	仙山入望堪惆悵
이후 다시 찾는 일이 아득하기만 하네	此後重尋卻未涯

– 정현에서[定峴]

지난해 속리산 유람한 것을 추억하여 송재의 운으로 여덟수를 짓다[追記 離山去歲之遊 用松齋韻 得八首]

앞에는 돌 시내 뒤에는 구름 낀 산	前臨石澗後雲山
꽃과 대 자란 숲 깊어 오가는 걸음 끊기니	花竹園深斷往還
일 없는 한 평생 베개 높이하고 누웠는데	無事百年高枕臥
주인의 맑은 복은 인간 세상에서 드무네	主人清福少人間

– 시내 서쪽의 오두막집에서[澗西茅齋]

당시 소미성[65]이 우리나라를 비추니	小微當日照吾東
천고에 높은 풍모 누구와 함께 할까	千載高風孰與同

그대 자취 있던 곳[66] 물과 돌만 남아	杖屨秖今餘水石
앉으니 속세 생각이 담박하게 비워지네	坐來塵念泊然空

– 대곡의 서재에서[大谷書齋]

사방에 산이 두른 자리 한 시내 맑은데	四山環處一溪清
단청[67]은 영롱하고 불전은 환하네	金碧玲瓏佛殿明
청동 병엔 향이 타고 오궤[68]는 말끔해	香插銅瓶烏几靜
합장하는 고승은 남은 생애를 씻어내네	高僧叉手洗餘生

– 속리사에서[俗離寺]

우뚝한 기암들이 사방에 열려서	矗矗奇巖面面開
올라보니 아득히 신선의 누대에 든 듯	登臨怳若入仙臺
바위틈에 흐르는 맑은 물은 사랑스럽고	最憐巖竇流瑤液
둥지의 학은 훨훨 날아갔다 돌아오네	巢鶴翩翩去又來

– 문장대에서[文壯臺]

적막한 절[69]에 둥근 달이 높이 뜨니	祇園寂寂月輪高
속세의 온갖 일이 부질없어[70] 지네	萬事人間鶴返遼

---

65) 소미성[少微] : "소미는 4개의 별 이름인데 태미의 서쪽에 있다. 사대부의 위치이며 처사의 위치라고도 한다.[少微四星 在太微西 士大夫之位也 一名處士]"에서 유래한다.(『晉書』「天文志」)

66) 그대 자취 있던 곳[杖屨] : '장구'는 지팡이와 신발은 어른이 늘 쓰는 물건으로 자취를 말한다. "군자를 모시고 앉았을 때 군자가 하품하고 기지개를 켜며 지팡이와 신발을 잡는다.[侍坐於君子 君子欠伸 撰杖屨]"에서 온 말이다.(『禮記』「曲禮上」)

67) 단청[金碧] : 단청에 사용하는 안료 중 니금(泥金), 석청(石靑)과 석연(石綠)을 말한다.

68) 오궤(烏几) : 오피궤(烏皮几)의 준말로, 앉을 때 염소 가죽으로 만들어 몸을 기대는 궤안(几案)이다.

69) 절[祇園] : '기원'은 기수급고독원(祇樹給孤獨園)의 약칭이다. 그 정원 안에 있는 수목(樹木)은 기타태자(祇陀太子)의 소유이고 그 정원은 급고독의 소유라는 뜻이다. 급고독이 정원을 기타태자에게 구입하여 거기에다 정사(精舍)를 짓고 부처를 청하여 거기에서 살면서 설법을 하도록 하였다. 뒤에 전(轉)하여 사찰의 뜻으로 쓰였다.

70) 부질없어[鶴返遼] : 도연명(陶淵明)의 「수신후기(搜神後記)」에 나오는 정영위(丁令威) 고사에서 유래한다. 영허산(靈虛山)에서 도를 배워 신선이 된 정영위가 천년 만에 학이 되어 돌아와 "성곽은 옛적과 같은데 백성은 그때 사람이 아니로구나. 어찌하여 신선술을 배우지 않아 무덤만 즐비한고.[城郭如故人民非 何不學仙塚纍纍]"라고 하였다.

자세히 현담[71]을 듣느라 잠들지 못하니　　細聽玄談仍不寐
시냇물과 솔바람 소리 모두 쓸쓸하네　　石淙松籟共蕭蕭

– 중사자암에서[中獅子]

아득한 절집이 가파른 산에 기대었는데　　禪宮縹緲倚巑岏
당시 순행하던 어가는 몇 번이나 오갔나　　巡駕當時幾往還
어필은 지금도 좋은 나무에 남았으니[72]　　宸墨至今留寶樹
산신령이 응당 편안하게 보호하리라　　嶽靈應爲護安安

– 복천암에서[福泉]

늙은 중과 서로 이끄는데 시내는 흘러　　老衲相携趁溪聲
남쪽 가의 돌다리 아래엔 물 차디차구나　　石橋南畔水冷冷
이 내 몸이 한 번 수정봉 아래 이르기를　　一身一到晶峯下
내 일찍이 끝없는 윤회 때부터 바랐다네　　有願吾曾自億生

– 수정봉에서[水晶峯]. 매화꽃과 달[梅月] 시에 "끝없는 윤회 속에 일찍이 소원 있었으니, 이내 몸 한 번 이 산을 들름이네.[百劫億生曾有願 一身一到此山前]"라고 하였다.

늙은 회나무 시든 전나무 자란 쓸쓸한 숲　　老槐寒檜各蕭林
가을 그늘 속의 고찰에서 괴로이 읊조리네　　古寺秋陰入苦吟
푸른 산에서 책 읽던 밤을 추억해 보니　　回首碧山螢雪夜
십년 만에야 내가 다시 이곳을 찾아왔네　　十年前後我重尋

– 관음사에서[觀音寺]. 어릴 적 이곳에서 책을 읽었기 때문에 말하였다.

---

71) 현담(玄談) : 한(漢)·위(魏) 나라 이래로 노장(老莊)의 도(道)와 『주역(周易)』에 근거하여 현학(玄學)을 강론하던 것이다.

72) 순행하던 …… 남았으니 : 세조 10년(1464) 2월 28일 기사에 "임금이 속리사에 행행하고, 또 복천사에 행행하여, 복천사에 쌀 3백 석, 노비 30구, 전지 2백 결을, 속리사에 쌀·콩 아울러 30석을 하사하고 신시에 행궁으로 돌아왔다.[上幸俗離寺 又幸福泉寺 賜福泉寺米三百石·奴婢三十口·田二百結俗離寺米豆竝三十石 申時還行宮]"는 내용이 남아 있다. 이외에도 문종·성종·중종·명종 대에 모두 기사가 있으나, 어필을 하사하였다는 사적에 대해서는 자세히 알 수 없다.

죽헌[73]의 시에 차운하여 친척 어른인 한극창[74]이 고산으로 떠나는 것을 받들어 전별하며[次竹軒韻 奉別韓戚丈克昌高山之行]

세밑에 변방의 길은 아득하기만 한데	歲暮關河路渺漫
우관[75]의 행색으론 추위 이기지 못하리	郵官行色不勝寒
구름 보니 아련히 지난 가을이 그립고	看雲耿耿前秋戀
조서 받들고 한 없이 이 날을 기뻐하네	奉檄依依此日歡
먼지바람 이는 서쪽 길 누가 벗이 되리	西路風塵誰故舊
북문의 봉화가 최근엔 평안하다고 하네	北門烽火近平安
이별하며 주는 말을 내 어찌 감히 하랴만	臨分贈語吾何敢
삼백 편 중에 소찬[76]시로 경계 한다네	三百篇中戒素餐

마음먹고 우관으로 은거했건만	心事郵官隱
풍류는 어사의 청렴함을 지녔네	風流御史清

– 고산高山이 순무巡撫의 직책을 겸하고 있어서, 공이 '우관은 참으로 이은[77]이라네.[郵官眞吏隱]'라고 한 적이 있어 말하였다.

서쪽으로 가면서 글을 짓고	西征堪作賦
북쪽 바라보며 변방의 정을 어찌할까	北望奈關情
고향나무는 강과 떨어져 있고	鄉樹臨河隔
호수 구름은 변방으로 비껴드네	湖雲入塞橫
봄이 와 기러기는 지나가는데	春來有過鴈
행여 늙은 서생을 기억하려나	倘記老書生

73) 죽헌(竹軒) : 정헌세(鄭憲世, 1597~1660)의 호이다. 우복(愚伏)선생의 종제(從弟)이다. 자는 경식(景式)이다. 1627년 진사시(進士試)에 입격하였다. 학행(學行)으로 선릉 참봉(宣陵參奉)에 제수되어 이후 빙고 별검(氷庫別檢)을 지냈다.

74) 한극창(韓克昌, 1600~1650) : 자는 유백(裕伯), 호는 오주(鰲州), 본관은 청주(淸州)이다. 1633년 문과에 급제하여 찰방(察訪)에 올랐다. 당시 권신 김자점(金自點)을 탄핵하여 미움을 받아 함창(咸昌)에 유배되었다가, 풀려난 이후에는 벼슬에 뜻을 접고 후진양성에 힘을 쏟았다.

75) 우관(郵官) : 우편에 관한 일을 맡아보던 벼슬아치로, 역(驛)의 찰방(察訪), 역승(驛丞) 등을 통틀어 이른다.

76) 소찬(素餐) : 벼슬아치가 공로도 없이 나라의 녹을 먹어 군자가 벼슬길에 나가지 않음을 풍자한다. "저 군자는 일 하지 않고는 먹지 않는데[彼君子兮 不素餐兮]"에서 유래한다.(『詩經』「魏風·伐檀」)

77) 이은(吏隱) : 관리로서 숨어 지냄을 말한다. 부득이 벼슬은 하고 있으나, 속마음은 은거하거나 또는 실권이 없는 낮은 벼슬을 하며 지낸다.

보살피는 마음 봄 햇살과 같고	撫瘵春同煦
몸가짐은 옥처럼 맑은	持身玉比清
사군[78]이 선정을 전하니	使君傳善政
나의 깊은 정이 위로되네	小子慰深情
장수의 술잔엔 봄 막걸리 넘치고	壽斝春醪溢
아침 반찬은 도미가 놓이리라	晨盤海鮑橫
북당[79]에서 색동옷 입고 춤추니[80]	北堂聯彩舞
영화스런 봉양은 평생 만족하리라	榮養足平生

― 이상은 홍원洪原 어른을 이었다.

객사에서 무료하여 회포를 적어보다[旅次無聊寫所懷]

임금께서 승하하니[81] 아픔 끝이 없는데	鼎湖遺劍痛靡涯
무정한 천지는 세월만 옮겨가네	天地無情日月移
장례[82]는 엄한데 신선의 길은 멀어	廞衛已嚴仙路遠
어느 때에 다시 어진 교화를 얻으리	獲沾仁化更何時

효심[83]으로 늘 홀로 되신 어머님 위로하며	萊衣日日慰孤親
부드럽게 이야기하니 온 방은 봄과 같았네	談笑怡愉一室春
이별한 세 해 동안 혼정신성[84]을 어겼으니	別後三秋違定省

---

78) 사군(使君) : 임금의 명령(命令)을 받들고 나가서 지방(地方)을 다스리는 사람의 경칭이다.
79) 북당(北堂) : 어머님이 계신 곳을 말한다. "어찌하면 원추리를 얻어서 북당에 심어 볼까.[焉得諼草言樹之背]"에서 유래한다.(『詩經』「衛風·伯兮」) 『모전(毛傳)』에서 "배는 북당이다."라고 하였다.
80) 색동옷 입고 춤추니[彩舞] : 늙어서도 진심으로 효도하는 모습을 말한다. "노래자가 효성으로 어버이를 섬겨 70세의 나이에도 어린아이의 놀이를 하며 색동옷을 입었다.[老萊子 孝奉二親 行年七十 作嬰兒戲 身著五色斑斕之衣]"에서 유래한다.(『小學』「稽古」)
81) 승하하니[鼎湖遺劍] : '정호(鼎湖)'와 '유검(遺劍)'은 모두 군주의 죽음을 말한다. 정호는 환제가 솥을 만들고 용을 타고 떠난 자리를 기리기 위해 붙인 이름이다.(『史記』「封禪書」) 유검은 "황제가 죽어 교산에 장사지냈다. 그러자 산이 무너지고 관은 비어 시신마저 없었는데 오직 칼과 신 두 가지만 있었다.[黃帝卒 還葬橋山 山崩 柩空無尸 唯劍舄在焉]"에서 유래한다.(『列仙傳』「黃帝」)
82) 장례[廞衛] : '궐위'는 임금이나 왕후의 장례(葬禮)때 행렬에 쓰던 기구(器具)이니 장례를 말한다.
83) 효심[萊衣] : '래의'는 노래자가 입었던 색동옷을 말한다. 주80) 참조.
84) 혼정신성[定省] : 저녁에는 이부자리를 보아드리고 아침에는 안부를 여쭙는 일로써 어버이 모시는

돌아가려함이 어찌 세상이 싫어서 이겠는가　　謀歸豈是厭風塵

입으로 불러서 짓다[口占]

초가 정자 가를 산보하면서　　散步草亭畔
느긋하게 한 해를 보내네　　悠悠歲暮心
온 산엔 눈바람이 세찬데　　滿山風雪急
팔짱끼고 홀로 길게 읊조리네　　袖手獨長吟

읍호정[85]을 유람하며[遊挹湖亭]

행장 꾸려 지난 약속을 지켰더니　　杖屨尋前約
동호에는 가을이 벌써 가고 있네　　東湖秋已殘
약소한 안주에 술잔을 들지만　　壺觴從簡淡
우리들은 단란하게 어울리네　　儔侶任團欒
잎이 지니 산은 새로 수척해지고　　木落山新瘦
강물 잦아드니 달빛 정히 차갑네　　江空月正寒
밤새 마음껏 취해도 탈 없으니　　不妨經夜醉
이 속에서 이내 신세는 여유롭네　　身世此中寬

연악[86]을 유람하며[遊淵嶽]

차디찬 시냇물에 마음 씻고서 들어보는　　冷冷石澗洗心聞
그윽한 삶 다 그대에게 있음을 기뻐하네　　却喜幽居摠屬君

도를 말한다.

85) 읍호정(挹湖亭) : 약포(藥圃) 정탁(鄭琢)이 76세에 그가 거처하던 고평의 집 동쪽 호반에 초당을 엮어 앉힌 정자로, 현재 경북 예천 호명면에 있다.

86) 연악(淵嶽) : 상주(尙州)의 삼악(三嶽) 중에 하나이다. 노음산을 노악(露嶽), 천봉산을 석악(石嶽) 그리고 갑장산을 연악(淵嶽)이라고 한다.

일 없어 작은 집에서 베개 높이 베고 누워 無事小齋高枕臥
고개 위의 구름 보며 반평생을 기뻐하네 半生怡悅嶺頭雲

비가 와서 연악동에 묵으며[雨宿淵嶽洞]

용흥사[87]와 와운재[88]에서 龍興寺與臥雲齋
일곱 벗들과 함께 엿새를 노닐었네 六日淸遊七友偕
저녁 비에 다시 연악동으로 와서 暮雨更投淵嶽洞
등을 걸고 십년 회포 도란도란 나누네 懸燈細話十年懷

차운하여 산을 찾아간 여러 벗들에게 부치다[次韻寄諸友尋山]

산 찾고 눈 감상 다 기이한 절경인데 尋山賞雪兩奇絶
좋은 일에 오히려 조물주가 시기하였네 好事還爲造物猜
– 내가 일이 있어 가지 못하였기 때문에 말하였다.

홀로 대 평상에 앉아 잠들지 못하는데 孤坐竹床淸不寐
그윽한 매화 향 가끔 가지에서 일어나네 暗香時動一梅枝

첩첩으로 이은 연악산의 굽이굽이 시내 千疊淵山九曲溪
지팡이 짚고 읊으며 서쪽 돌다리 건너네 吟笻應度石橋西
다리 서쪽에 나도 이름과 성을 남겼으니 橋西我亦留名姓
바위 사이에서 예전 시를 점검해 보겠지 須向巖間檢舊題

이 광숙께 드리다[呈李光叔]

매화와 눈이 맑게 서로 비추니 梅雪淡相照
곧은 마음 어찌 봄에게 아첨하랴 貞心寧媚春

---

87) 용흥사(龍興寺) : 경상북도 상주시 지천동 갑장산(甲長山)에 있는 사찰을 말한다.
88) 와운재(臥雲齋) : 어디에 있는지 자세하지 않다.

내키는 대로 한 가지 꺾어서　一枝聊自折
멀리 꽃 같은 사람에게 보내노라　遠寄如花人

아픈 중에 꾀꼬리 소리 들으며[病中聞鶯]

낮이 길고 인적 드물어 홀로 빗장 거니　晝永人稀獨掩扃
베개 가에 벌써 꾀꼬리 우는 시절이네　枕邊時序已流鶯
소리마다 나에게 그리워하는 듯하여　聲聲向我如相戀
무정이 다정보다 나은 줄 이제 알았네　始覺無情勝有情

서당을 새로 짓고 기뻐서 죽헌의 시에 차운하다[書堂新成喜 次竹軒韻]

기쁘게도 서당[89] 자리 얻었더니　藏修欣得地
다행히도 이제야 짓게 되었네　結構幸從今
집 주위에 구름 낀 숲은 고요하고　繞屋雲林靜
계단 따라 흐르는 돌 시내 깊네　循除石澗深
떳떳한 윤리는 도를 다해야 하고　彛倫須盡道
경전과 역사는 잠심함에 알맞네　經史合潛心
선비를 부지런히 이끌고 깨우치면　吾黨勤提誨
많고 아름다운 선비들을 보게 되리　要看濟濟衿

뜰의 매화 한 가지가 눈 속에서도 여기저기 꽃을 피운 것을 보고[見庭梅一枝冒雪徧開]

쓸쓸한 대숲에 빗소리 밤새도록 들려　竹雨蕭蕭竟夜聞
창 밖에 눈 어지러이 날린 줄은 몰랐네　不知窻外雪繽紛
아침을 얼마간의 봄기운이 차지하니　朝來占得春多少

---

89) 서당[藏修] : 자신의 마음을 간직하고 익히며 간단없이 공부하는 곳을 말한다. "군자가 배움에 있어서 마음에 간직하고 익히며 쉬고 한가히 지낸다.[君子之於學也 藏焉脩焉息焉遊焉]"에서 온 말이다.(『禮記』「學記」)

매화가 남쪽 가지에 활짝 피어 있네 梅發南枝已十分

산장에서 동쪽의 선유동[90]으로 향하다[自山庄向東仙遊洞]

바위 꽃 시내 풀은 그윽히 읊조리기 알맞고 巖花澗草愜幽吟
나귀 타고 쬐는 봄빛은 흥을 금할 길 없네 驢背春光興不禁
저물녘 비에 다시 산 북쪽의 절을 찾으니 暮雨更尋山北寺
자주 맑은 경쇠소리 구름 낀 숲에 퍼지네 數聲清磬出雲林

– 견일암을 찾아서[尋見日庵]

시내 물 흘러드는 곳에 마을이 넓은데 一溪中注洞天寬
조부 때부터 산수와 그윽한 약속하였네 水石幽期自我先
어느 날에나 여기에 작은 집을 지어서 何日此間營小築
은거하며[91] 선유동 신선과 길이 짝할까 枕流長伴洞中仙

– 완장촌(浣腸村)에서. 선유동仙遊洞 입구에 있는데, 바로 조부께서 자리 잡은 곳이다.

평소 선유동을 꿈에서도 그렸더니 平生夢想仙遊洞
오늘에야 세상 밖의 유람을 하였네 今日方成物外遊
산신령에게 말하노니 꾸짖지 마소 爲語山靈莫相誚
이제부터 나 또한 신선이 되었소이다 從今我亦作仙儔

– 선유동에서[仙遊洞]

병중에 황 옥상을 추억하며[病中憶黃玉相]

근래의 온갖 일 모두 들을만한 게 없어 年來萬事摠無聞
병중에 봄을 만나 애써 그대를 추억하네 病裏逢春苦憶君
모래 못가에 꽃이 활짝 필 때를 기다려 待得沙潭花似錦
한 걸음에 고개 마루의 구름 헤쳐가리라 一筇穿盡嶺頭雲

90) 선유동(仙遊洞) : 현재 상주의 화북동에 있는 선유동으로 여겨지나 자세히 알 수 없다.
91) 은거하며[枕流] : 주 58) 참조.

어떤 승려가 금강산을 말하기에 절구 한 수를 짓다[有僧說金剛 拈一絶]

옥처럼 우뚝한 금강산 만 이천 봉우리를　　玉立金剛萬二千
몇 번이나 꿈속에서 짚신을 신고 찾았던가　　芒鞋幾向夢中穿
오늘 밤 산승의 말을 자세하게 들으니　　今宵細聽山僧語
양 겨드랑이에 날개 단 신선이 되려하네　　兩腋翩然骨欲仙

겨울날에 우연히 읊다[冬日偶吟]

책상 앞의 한 그루 매화가 비로소 피니　　床前一樹梅初白
문밖의 여러 줄기 대나무는 더욱 푸르네　　戶外千竿竹更青
다행히도 주인옹은 바깥일이 없어　　何幸主翁無外事
향 사르고 홀로 앉아 『주역』[92] 점을 치네　　焚香獨坐點羲經

가을 날 빗속에서[秋日雨中]

궁벽한 마을에서 해를 넘기며　　歲暮依窮巷
고질병으로 홀로 탄식하네　　沉痾獨自嗟
국화는 비를 맞아 떨어지고　　寒花經雨少
낙엽은 닫은 문에 수북하네　　落葉閉門多
세상일은 이해하기 어렵고　　世事應難了
덧없는 인생은 유한하네　　浮生會有涯
변방의 먼지 두극[93]에 이었으니　　邊塵連斗極
머리 돌려 서글픈 노래 부른다　　回首一悲歌

---

92) 주역[羲經] : '희경'은 『주역(周易)』의 다른 말로, 복희씨(伏羲氏)가 팔괘(八卦)를 처음 그었다는데서 유래한 이름이다.

93) 두극(斗極) : 북두성과 북극성으로 제왕(帝王)을 뜻한다. "북두성은 임금의 상으로 호령하는 인주이다.[斗爲人君之象 號令人主也]"라고 하였고, 또 "북극은 북신 중에서 가장 높은 것이다.[北極北辰最尊者也]"라고 하였다.(『晉書』「天文志上」)

죽헌에게 드리다[呈竹軒]

어진 벗과 엄한 스승이 필요하다는[94] 人須賢友與嚴師
옛 말이 정녕코 나를 속이지 않았네 古語丁寧不我欺
오늘 다행히 바로잡아 깨우쳐 주신 덕분에 今日幸蒙規警力
서른넷의 그릇됨을 이제 막 알았네 方知三十四年非

매호를 추억하며 입으로 불러서 짓다[憶梅湖口占]

근심스러운 병의 덤불을 벗어나지 못하여 憂病叢中未脫圍
해마다 만나자는[95] 아름다운 기약 어겼네 年年鷄黍負佳期
밤이 오니 아름다운 동호가 더욱 그리워져 夜來倍憶東湖勝
꿈속에서 물새 따라 낚시터에 내려앉네 夢逐飛鷗下釣磯

중구일[96]에 홀로 앉아[九日獨坐]

술 있고 꽃이 핀 중구일을 만났건만 有酒有花逢九日
촌 늙은이 무슨 일로 쓸쓸히 앉았나 野翁何事坐蕭然
지난해는 행역[97]으로 올해는 병으로 去年行役今年病

---

94) 어진……필요하다는 : 사람이 인격적 완성을 이루기 위해 필요한 대상을 말한다. 송 나라의 여희철(呂希哲)이 "사람이 살면서 집안에 어진 어버이와 형이 없고, 집밖에 엄한 스승과 벗이 없으면서 성공하는 자는 드물다.[人生內無賢父兄 外無嚴師友 而能有成者 少矣]"라고 한 데서 유래한다.(『小學』「外篇·善行」)

95) 만나자는[鷄黍] : '계서'는 만나기로 한 약속을 말한다. 후한(後漢) 범식(范式)이 봄에 서울에서 장소(張劭)와 헤어지면서, 늦가을에 장소의 집에서 만나기로 약속하였다. "장소가 9월 15일이 되자 닭을 잡고 기장밥을 지어 놓고는 기다리자, 그의 어머니가 말하였다. '천리 떨어져 있는데 어떻게 아느냐?' 장소가 말하였다. '범식은 신의 있는 사람이니 약속을 저버리지 않을 겁니다.' 말이 끝나자 과연 범식이 찾아왔다.[元伯至九月十五日 殺雞炊黍以待之 母曰 相去千里 何以審的 元伯曰 巨卿信士 必不愆期 言訖巨卿果至]"는 고사에서 유래한다.(『說郛』「釋常談·巨卿之信」)

96) 중구일[九日] : 음력 9월 9일로 중양절(重陽節)이라고도 한다.

97) 행역(行役) : 공무(公務)를 행함을 말한다. "아! 내 아들 전장에 나가 밤낮으로 쉴 여가 없네.[嗟予子行役 夙夜無已]"에서 온 말이다.(『詩經』「魏風·陟岵」)

단풍과 국화 핀 계절을 내내 저버렸네　長負楓花滿眼天

눈 오는 날 강 중이에게 부치다[雪中寄姜仲彝]

눈 오는 날의 차디찬 달은 산음과 같아[98]　雪天寒月似山陰
맑은 풍경 그윽한 회포 다 멈추지 못하네　清景幽懷兩不禁
얼기설기 대 그림자는 굽은 섬돌을 덮고　竹影篩金埋曲砌
사각사각 솔 소리는 먼 숲에서 일어나네　松聲戛玉奏遙林
정박한 배 시내에 띄우지 못하기에　舟膠已負溪中泛
나귀는 다시 파교 위에 서서 읊조리네[99]　驢踔還停灞上吟
뜰 매화 봉오리가 다 터지기를 기다려　待得庭梅都綻了
처마 밑에서 웃으며 서로 마음을 나누세　巡簷一笑共論襟

중이에게 보내는 편지[簡仲彝]

낙동강엔 뛰어난 경치 많은데　東洛多形勝
매호가 가장 외지고 그윽하네　梅湖最僻幽
나의 마음을 나누려고　擬分吾管領
풍류 있는 자네를 이끌었네　携與子風流
신세가 어찌 더부살이 아니랴　身世寧非寄
명성은 모두 부질없는 일이네　聲名摠是浮
그윽한 기약을 빨리 따라서　幽期須早踐
물새들과 서로 마주하세나　相對有沙鷗

98) 눈……같아 : 진(晉) 나라 왕 자유(王子猷)가 눈 내리는 밤에 섬계(剡溪)에 있는 벗 대안도(戴安道)가 생각나서 작은 배를 타고 찾아갔다가 돌아온 고사에서 유래한다.(『世說新語』「任誕」)

99) 나귀는……읊조리네 : 시흥(詩興)을 일으키는 대표적인 상황을 말한다. 소동파(蘇東坡)의 「증사진하수재(贈寫眞何秀才)」 시의 "또 보지 못했는가 눈 속에 나귀를 탄 맹호연이 눈썹 찌푸리고 시 읊으며 쫑긋한 어깨가 산처럼 높네.[又不見 雪中騎驢孟浩然 皺眉吟詩肩聳山]"에서 유래한다.

재종조 별좌공이 동쪽으로 유람하신다는 소리를 듣고, 방옹[100]의 시에서 몇 글자 바로잡아 한 번의 웃음거리로 올린다[聞再從祖別坐公東遊 就放翁詩檃栝數語 以博一粲]

공께선 이 풍진 세상의 바깥사람으로	公是風塵世外人
산수를 감상하는 자유로운 몸이라서	看山看水自由身
안개노을 낀 속리산을 나막신[101]으로 오르고	烟霞離嶽飛雙屐
구름에 젖은 동대에서 복건 젖혀 쓰겠지[102]	雲濕東臺岸幅巾
만 리 동해바다의 장대함을 새로 보며	萬里鯨溟新眺壯
세 분이 삼일포[103]에서 묵은 인연 펴리라	三生仙浦夙緣伸
모두 좋은 객이라 부를 만한데도	非無好客堪招喚
표연히 홀로 가니 뜻 더욱 참되네	獨往飄然意更眞

인일[104]에 윤 필숙에게 부치다[人日寄尹弼叔]

인일에 시를 지어 초당으로 부치니	人日題詩寄草堂
당시에 두 공부[105]도 다른 곳의 객이었네	當時工部客殊方

---

100) 방옹(放翁) : 육유(陸遊, 1125~1210)의 호이다. 자는 무관(務觀), 절강(浙江) 사람이다. 남송(南宋)의 애국시인(愛國詩人)이다. 저서는 『검남시고(劍南詩稿)』·『위남문집(渭南文集)』 등이 전한다.

101) 나막신[雙屐] : '쌍극'은 남조 송(南朝宋)의 시인 사영운(謝靈運)이 만든 앞쪽과 뒤쪽에 굽을 단 등산용 나막신을 말한다. "산에 오를 때면 늘 나막신을 신었는데 산에 오를 때는 앞굽을 빼고, 산을 내려갈 때는 뒤 굽을 뺐다.[登躡常著木履 上山則去其前齒 下山去其後齒]"에서 유래한다.(『宋書』「謝靈運傳」)

102) 복건 젖혀 쓰겠지 [岸幅巾]: 머리에 두건을 쓰면서 이마를 드러내놓은 모습으로 태도가 소탈하거나 옷을 간편하게 입고 구속되지 않는 모습을 말한다. 명(明) 나라 송렴(宋濂)의 「남간자포공갈(南澗子包公碣)」의 "적당하게 얼근히 마셨을 때면 두건을 젖혀 쓰고 홀로 앉아 8운 율시를 목청껏 불렀다.[當酣適之際 岸巾獨坐 高歌八韻律賦]"에서 유래한다.

103) 삼일포[仙浦] : 삼일포(三日浦)가 있는 강원도가 상주에서 동쪽에 있기에 '선포(仙浦)'를 삼일포로 보았으나, 이 시만으로는 자세하지는 않다.

104) 인일(人日) : 음력 1월 7일을 말한다. "정월 7일을 인일이라고 하는데 7종류의 나물로 국을 만들고 비단을 잘라 사람을 만들며 혹 금박을 아로새겨 사람을 만들어 병풍에 붙이고 또 머리에 쓴다.[正月七日爲人日 以七種菜爲羹 剪綵爲人 或鏤金箔爲人 以貼屛風 亦戴之頭鬢]"에서 온 말이다.(『荊楚歲時記』)

우리들은 함께 전원의 즐거움 간직했건만 吾儕共保田園樂
매화를 마주하니 부질없이 애간장 끊어지네 肯對梅花枉斷腸

구산과 반포 두 곳에서 그윽이 지내는데 龜山半浦兩幽棲
가운데 조그만 시내를 사이하고 있네 只隔中間一小溪
매화가 다 지도록 서로 보지 못하니 落盡梅花不相見
시흥이 날다 갑장산 서쪽에서 끊어지네 吟魂飛斷甲長西

윤 필숙에게 시를 부쳐 사례하다[謝尹弼叔寄詩]

긴긴 여름 동안 인적이 드문데 長夏寡輪鞅
그윽한 회포 홀로임을[106] 고민하네 幽懷惱索居
혹시 한가한 장중[107]이 아니라면 倘非閒蔣仲
누가 병든 사마상여[108]를 기억할까 誰記病相如
보낸 편지엔 정이 매우 두텁고 鴈札情偏厚
아름다운 글은 뜻이 낯설지 않네 瓊篇意靡疎
녹음에 만날 약속 이미 지났어도 綠陰期已逝
달 밝을 때는 저버리지 마시게 休負月明初

---

105) 당시에 두 공부 : 고향을 떠나 고향을 그리워하는 심정을 두보(杜甫)를 통해 말하였다. 당(唐)나라 고적(高適)이 두보(杜甫)에게 보낸 「인일기두이습유(人日寄杜二拾遺)」 시에서 "인일에 시를 지어 초당에 부치다니, 고향 그리는 벗을 멀리서 가련해하네.[人日題詩寄草堂 遙憐故人思故鄕]"라고 하였다.(『杜少陵詩集』)

106) 홀로임을[索居] : '삭거'는 벗들과 떨어져 홀로 지낸다는 '이군삭거(離群索居)'의 줄임말이다. 증자(曾子)의 나무람에 자하(子夏)가 "내가 벗을 떠나 홀로 산지도 벌써 오래 되었다.[吾離群而索居亦已久矣]"라고 답한 데서 온 말이다.(『禮記』「檀弓上」) 정현(鄭玄)의 주에 "'군(群)'은 동문의 벗을 말하고, '삭(索)'은 '흩어졌다'는 말과 같다."라고 하였다.

107) 장중(蔣仲) : 한(漢) 나라 은자인 장후(蔣詡)와 어울렸던 양중(羊仲)과 구중(求仲)을 모두 말한다. 장후가 두릉(杜陵)에 은거하면서 집 안에 세 갈래 길을 내었다. 그곳에 소나무·대나무·국화를 심어 놓고 양중과 구중 두 사람하고만 어울렸다.(『蒙求』「蔣詡三逕」)

108) 병든 사마상여 : 한 나라의 문장가인 사마상여(司馬相如)는 소갈병(消渴病)으로 고생을 하였다. 무첨재 선생께서 병든 자신의 처지를 빗대어 한 말이다.(『史記』「司馬相如列傳」)

덕산으로 가는 중에[德山途中]

– 충주忠州 땅이다.

서울 가는 길에 우연히 덕산촌으로 나서니	西行偶出德山村
물외의 좋은 자리 속세의 시끄러움 멀리하네	物外名區隔俗喧
말 가는대로 진계를 찾은 흥이 끝없으니	信馬尋眞興不盡
이내 삶 곳곳마다 모두 임금의 은혜라네	此生隨處摠君恩

조용히 지내다[幽居]

꽃과 대 자란 동산 낮에도 찾는 이 없어	花竹園中晝掩關
턱 고이고 편안히 앉아 서산을 바라보네	支頤宴坐看西山
산 구름도 유인의 마음을 아는지	山雲亦解幽人意
무심하게 폈다 말았다하며 한가롭구나	舒卷無心自在閒

용흥사에서 입으로 불러서 짓다[龍寺口占]

– 자의諮議109)로 부름을 받았을 때이다.

속세 밖의 용흥사110)에서	物外龍興寺
초연했던 율리옹111)처럼	超然栗里翁
문을 깊이 닫고 책을 보며	看書深閉戶
홀로 난간에서 달을 맞이하네	邀月獨凭欄
나뭇잎 떨어져 산은 앙상하고	木落山容瘦

109) 자의(諮議) : 「행장」에 따르면 효종이 즉위한(1649) 후 세자 시강원의 자의(諮議)에 임명되었으나, 사직하고 향리로 돌아왔다. 1657년(효종 8) 다시 자의에 임명되었으나, 왕에게 상소하여 사직할 것을 청하여서 허락받았다. 이때 왕은 그에게 타고 고향으로 돌아갈 말 한 필을 내렸다. 이듬해에도 왕의 부름을 받고 자의를 지냈으나 1년 만에 다시 향리로 돌아왔다. 아래 시로 볼 때 1657년의 일로 여겨진다.

110) 용흥사(龍興寺) : 경상북도 상주시 지천동 갑장산(甲長山)에 있는 사찰이다. 신라 문성왕 1년(839) 진감국사 혜소(慧昭)가 창건하였다.

111) 율리옹(栗里翁) : 진(晉) 나라 은사(隱士)인 도연명(陶淵明)을 말한다. 도연명은 고향인 율리에서 다섯 그루 버드나무를 심고 살았다.

시냇물 차서 물그림자 선명하네 溪寒水影空
게을러 세상 살기가 어려우니 踈慵難涉世
이 산 속에서 늙고 싶구나 願老此山中

소로 실정을 아뢰어 실지로 은혜를 입었다. 체직되어 돌아오다 강가에 도착하여 감사하며 지었다[疏陳情 實獲蒙恩 遞歸到江上 感戴有作]

강 머리에 말을 세우고 종남산[112] 바라보니 江頭立馬望終南
보잘 것 없는 마음을 주상께서 살펴주셨네 蟻螻微忱帝降監
손 모아 밝은 세상에서 화축을 드리니 攢手明時惟華祝
오래도록 덕 새로우시고 대군 많으시기를[113] 遠年新德又多男

죽헌의 금강산 유람을 전송하며[送竹軒遊金剛]

옥처럼 우뚝한 봉우리 만 이천이라 玉立崢嶸萬二千
십년이나 꿈속에서 산꼭대기를 맴돌았네 十年魂夢繞山顚
맑은 유람이 덧없는 영화로 잘못되어 淸遊卻被浮榮誤
금화동의 신선[114]을 저버림이 부끄럽네 愧負金華洞裏仙

귀향하여 호수의 거처를 찾고는 율시 한수를 읊어보다[歸尋湖居 吟成一律]

낙동강 서쪽 굽이에 그윽한 곳 점지하니 幽居占斷洛西灣
세모의 마음을 절우단[115]에 기약하였네 歲晏心期節友檀

---

112) 종남산[終南] : 종남산(終南山)은 중국 장안(長安)의 남쪽에 있는 산 이름이다. 우리나라에서 서울 남산의 별칭으로 사용하였다. 이 시에서는 임금이 계시는 한양을 말한다.
113) 손 …… 많으시기를 : '화축'은 화봉삼축(華封三祝)의 줄임말이다. "요 임금이 화 땅을 살폈는데 화 땅의 봉인이 요임금을 축수하며 말하였다. '성인께서 수하시고, 부하시며, 자식을 많이 두십시오.' [堯觀乎華 華封人曰 請祝聖人 使聖人壽 使聖人富 使聖人多男子]"에서 유래한다.(『莊子』「天地」)
114) 금화동의 신선 : 금화산(金華山)에서 양을 치다가 동굴에서 도술을 익힌 황초평(皇初平)을 말한다.
115) 절우단(節友壇) : 일반적으로 매화[梅]·난초[蘭]·소나무[松]·대나무[竹]·국화[菊] 등을 심어둔

기갈은 하늘에 맡기니 경영의 뜻 줄어　　飢渴任天經意少
넓은 강호에 몸을 맡기며 넉넉히 지내네　　江湖滿地着身寬
게으른 내가 어찌 명성을 구하겠는가　　疎慵豈合求名重
물러남은 모두 세상살이 어려워서라네　　休退都緣涉世難
평생의 영욕을 잊은 지 이미 오래여서　　榮辱平生忘已久
분수 따라 낚시 대를 잡아도 괜찮으리　　不妨隨分把漁竿

흰 무지개가 해를 뚫고[116] 삼월에 눈이 내려서[白虹貫日 三月下雪]

북궐의 밝으신 군주 걱정으로　　北闕憂明主
동쪽 강가의 병든 신하 겁을 내네　　東江怯病臣
무지개[117]가 황도[118]를 끊으니　　陰虹截黃道
차디찬 눈이 맑은 봄에 뿌려지네　　凍雪灑青春
세상일로 너무나 놀랐기에　　時事驚心極
하늘의 재앙이 늘 새롭구나　　天灾觸目新
조정[119]의 대신[120]들 중에　　巖廊與臺閣
누가 다시 남김없이 아뢸건가　　誰復罄敷陳

단을 말한다. 이 시만으로는 정확한 모습을 알 수 없다.

116) 흰……뚫고 : 좋지 못한 일의 조짐을 말한다. "옛날에 형가가 연 나라 태자 단의 의리를 사모하여 길을 떠났는데, 흰 무지개가 해를 꿰뚫자 일이 성사되지 않을 줄 알고 태자가 두려워하였다.[昔者荊軻 慕燕丹之義 白虹貫日 太子畏之]"에서 온 말이다.(『史記』「陽傳」)

117) 무지개[陰虹] : '음홍'은 미혹되고 혼란한 때를 뜻한다. "새끼 양에 뿔이 있다는 것은, 정말 그대들을 속이려 함이네.[彼童而角 實虹小子]"에서 유래한다.(『詩經』「大雅·抑」) 주희(朱熹)가 「집전(集傳)」에서 "홍은 무너지고 어지러운 것이다."라고 풀이하였고, 고정(高亨)도 "홍(虹)은 홍(訌)과 통하니 미혹되고 어지러운 것이다."라고 주(注)를 내었다.

118) 황도(黃道) : 옛날의 역법가(曆法家)들은 황도의 날짜[黃道日子]는 길한 날[吉日]이니 일을 하기에 알맞고, 흑도의 날짜[黑道日子]는 흉한 날[凶日]이니 일을 하기에 불리하다고 여겼으며, 태양 또는 임금을 뜻하기도 한다. 그러므로 여기에서 황도가 끊어졌다는 것은 불길함을 뜻한다.

119) 조정[巖廊] : 높고 가파른 회랑[廊廡]으로 보통은 조정을 가리키는 말로 쓰인다. "듣자니 순임금 때 암랑의 위에서 노니시며 팔짱끼고 가만히 있었는데도 천하는 태평하였다고 합니다.[蓋聞虞舜時游於巖郞之上 垂拱無爲 而天下太平]"에서 유래한다.(『漢書』「董仲舒傳」)

120) 대신[臺閣] : 한(漢) 나라 때의 상서대(尙書臺)인데 후에 중앙정부의 기구나 대신을 말하게 되었다.

병중에 박 첨백[121]의 시에 차운하다[病中 次朴詹伯韻]

빗장 걸고 병으로 누우니 해만 길고	關門臥病日偏長
근심스레 봄 산을 대하니 애간장 끊어지네	愁對春山獨斷腸
누가 매화를 보내어 절기를 알게 하나	誰遣梅花知節序
가랑비 속 한 가지는 맑은 향을 보내오네	一枝微雨送淸香
봄 가득한 동호를 병든 몸이 어찌할까	春滿東湖奈病何
병중의 봄 흥취 괴롭게도 많지가 않네	病中春興苦無多
어찌하면 그대와 걸음을 나란히 하여	何當與子連雙屐
산마루와 물가를 두루 유람하게 될까	遊遍山顚幷水涯
매화가 다 떨어지도록 솔 빗장 닫아거니	梅花落盡掩松關
긴긴 날 외로운 촌에 오가는 이 없구나	永日孤村絶往還
자다 일어나 멍하니 병든 눈을 부비며	睡起莞然揩病眼
드문 비에 발을 반 걷고 청산을 마주하네	半簾踈雨對靑山
병든 지 열흘 만에 머리 하얗게 세고	一病經旬雪滿頭
베개머리 꾸는 꿈은 강 모래톱을 맴도네	枕邊歸夢繞江洲
너른 숲엔 가랑비로 꽃이 막 피어나고	平林細雨花初動
굽은 언덕 맑은 안개 속엔 버들 싹 틔우네	曲岸晴烟柳欲抽
한가로운 그대 세 가지 즐거움이 있으니	契活故人三有樂
늙은이의 진퇴[122] 칠십이면 그만두어야지[123]	行藏老子七宜休
어찌하면 날마다 그윽한 정담 나누며	何當日日成幽款
지난 해 이별한 뒤의 그리움을 털어낼까	破卻前年戀別愁

---

121) 첨백(詹伯) : 박응형(朴應衡, 1605~1658)의 자이다. 호는 남고(南皐), 본관은 고령(高靈)이다. 생애 대부분을 경북 예천에서 보낸 처사이다. 1646년 인조가 삼전도에서 청 태종에게 항복했다는 소식을 듣고는 용문산에 들어가 은둔하며 숭정력(崇禎曆)과 숭정연호(崇禎年號)를 쓰며 스스로 숭정처사라 하였다.

122) 진퇴[行藏] : '행장'은 세상에 나와 뜻을 펼치고 다시 세상에서 물러나 숨는 것, 즉 진퇴(進退)를 말한다. "쓰여지면 행하고 버려지면 물러난다.[用之則行 舍之則藏]"에서 유래한다.(『論語』「述而」)

123) 칠십이면 그만두어야지 : 나이 칠십이 되어 벼슬에서 물러남을 말한다. "일흔이 되면 벼슬을 그만둔다.[七十而致仕]"에서 유래한다.(『禮記』「內則」)

늦봄에 회포가 있어 박 첨백에게 부치다[暮春有懷 寄朴詹伯]

열흘이나 누웠더니 귀밑머리 벌써 세어	伏枕連旬鬢已華
동호가 지척인데 낚시하러 못가네	東湖咫尺阻漁槎
한 봄의 풍광 바쁘게 지나가 버려서	一春光景忽忽過
매화 모두 지자 또 살구꽃 피었네	落盡梅花又杏花
구름과 숲은 절로 번화한 한양과 멀어	雲林自是遠京華
두 노인 달 아래 낚시하자 기약하였네	兩老心期月釣槎
호수와 산을 손가락으로 반 나누니	爲指湖山分一半
강엔 해오라기 날고 산엔 꽃이 피었네	滿江鷗鷺滿山花

못가에 반송이 있는데, 푸르고 울창한 것이 사랑스러워 뿌리를 북돋우고 단을 마련하고는 시를 지어 기록하다[池上有一盤松 蒼鬱可愛 培根設壇 詩以識之]

무성한 한 나무 오래된 못가에 있으니	一樹團團古澤傍
서린 가지 빽빽한 잎 풍상을 겪었구나	蟠枝密葉閱風霜
은근하게 힘을 다하여 북돋아 줌은	殷勤爲盡栽培力
다른 해에 동량감이 됨을 보려함이네	要見他年作棟梁

남고의 시에 차운하다[次南皐韻]

긴긴 여름 산촌에서 흥이 더 무르익는데	長夏山村興轉濃
눈 앞에선 풍광이 동서로 두루 펴지네	眼前光景遍西東
안개 낀 숲은 아슴푸레 평야를 감추고	烟林隱約藏平野
호수 물굽이는 여러 봉우리를 둘러있네	湖水彎環匝數峯
그만 읊고 발을 걷으니 남포에 비 내리고	吟罷捲簾南浦雨
잠결에 베개 높이니 북창에 바람이 부네	睡餘高枕北牕風
구원124)에서 다행히도 자적하노니	丘園自幸身閒適

124) 구원(丘園) : 황폐한 초야로서 은거하는 자가 머무는 곳을 말한다. "구원을 꾸민다.[賁于丘園]"에서

노년에 병든 모습을 어찌 부끄러워하랴 遲暮何須愧病容

남산에 올라 멀리 바라보며[登南山眺望]

낮잠에서 막 깨어나 대 빗장을 열고서 午夢初回啓竹關
또 다시 아이들 데리고 남산에 오르니 又携童子陟南山
흰 모래펄이 둘러있는 맑은 강은 넓고 白沙映帶淸江闊
끝없는 물결 속의 물새에 흥이 있네 興在波鷗浩蕩間

매호의 옛 누대를 청소하며[剔掃梅湖舊臺]

대숲과 늙은 나무는 황량한 누대 감싸고 叢篁老樹擁荒臺
호수 밖엔 구름 낀 산이 사방에 열렸네 湖外雲山面面開
누가 알리요, 당시엔 성대한 곳이었음을 誰識當年全盛地
촌 늙은이만 가끔 술병을 차고 찾아오네 野翁時復佩壺來

묵곡의 호옹과 남고가 선조의 문집을 교감하기 위해 매악서당에 모여 열흘동안 머물렀다. 남고의 짧은 시에 화운하다[黙谷湖翁及南皐爲校先祖集 會梅嶽書堂留旬日 和南皐短律]

숲 덩굴이 양 골짜기에 우거져 林蘿夾兩峽
서실은 더욱 맑고 그윽하네 書室益淸幽
산에는 천 겹 봉우리가 펼쳐있고 嶽展千重嶂
계곡엔 한 조각 가을이 잠겨있네 溪涵一片秋
돌 시냇가는 함께 거닐었는데 石淙同倚杖
서늘한 평상에선 홀로 머리 빗네 風榻獨梳頭
이번 모임이 참으로 즐거우니 文會眞堪樂

온 말이다.(『周易』「賁卦」) 순상(荀爽)이 주에서 "간(艮)은 산이고 진(震)은 숲이다. 바른 자리를 잃고 산림에 있으면서 언덕배기를 일구어 채마밭을 만드니, 은사(隱士)의 형상이다."라고 풀이하였다.

달포 머무르길 꺼려하지 마소	休嫌浹月留

달밤에 배 띄우고 박 첨백의 시에 차운하다[泛月 次朴詹伯韻]

누대 아래의 긴 강은 맑고도 깊어	臺下長江淸且深
강 속의 하얀 달이 가슴 속을 비추네	江中皓月照冲襟
연못 물고기 뛰어 올라 배[125]를 맞이하고	淵魚競躍迎蘭枻
물새는 낮게 울어 거문고에 화답하네	沙鳥低鳴和玉琴
뜬 세상의 화려함은 짚신처럼 가볍고	浮世芬華輕一屣
좋은 자리의 담소는 천금에 맞먹으니	勝筵談笑抵千金
오늘 밤 세상 밖에서의 느긋한 흥취	今宵物外悠悠興
고상한 사람이라야 이 마음을 알리라	惟有高人識此心

매호정[126] 옛터에 작은 집을 짓고 남고의 시에 차운하다[營小第于梅湖亭墟 次南皐韻]

대 올리고 띠 풀 엮어 옛 정자 다시 지으니	架竹編茅復舊亭
당시 같은 풍경은 아직도 맑음을 담고 있네	當時景物尙餘淸
한가로이 쪽배 저어 꽃이 핀 물가를 찾고	閒撑野艇尋花漵
고요히 물새를 보며 월정[127]에서 낚시하네	靜對沙鷗釣月汀
잣나무 산은 처마에서 짙은 빛을 띠고	栢峀當簷濃晩色
섬돌 가의 솔 여울엔 차디찬 소리 커지네	松灘繞砌張寒聲
시원함을 들이고 비 가리기에 딱 맞으니	納凉庇雨俱堪適
어찌 분주하게 부평초처럼 살겠는가	何用棲遑跡似萍

125) 배[蘭枻] : '난예'는 목란(木蘭)으로 만든 노인데, 이 시에서는 배를 지칭한다. "계수나무 노와 목란의 갑판으로 얼음을 깨고 저어가도 눈이 곧 쌓이도다.[桂棹兮蘭枻 斲冰兮積雪]"에서 온 말이다.(『九歌』「湘君」)

126) 매호정(梅湖亭) : 경상북도 상주시 사벌면에 있었던 정자이름이다.

127) 월정(月汀) : 달빛이 비치는 물가를 말한다.

황 의녕[128]의 불환정[129]에서 홍 백원의 시[130]에 차운하다[黃宜寧不換亭 次洪伯源韻]

벼슬 버리고 돌아오니 도연명 사모함이요	投紱歸來爲慕陶
계정에서 휘파람 부니 동고보다 낫구나[131]	溪亭舒嘯勝東皐
가을 화악산에서 구름 같은 나막신 신고	秋尋華嶽雲雙屐
밤에는 못에 배 띄워 달빛 속을 저어가네	夜泛沙潭月一篙
그윽한 곳을 거니니 세상 시름 사라지고	放跡幽閒除俗累
담박함을 마음에 담으니 신선과 어울리네	棲心澹泊伴仙曹
낚시터에서 지은 시는 참으로 뛰어나니	釣臺題品眞超絶
천년 뒤에도 공을 고상하다고 하리라	千載公今屬意高

성주의 입암[132]을 유람하며[遊星州立巖]

바위는 천길 옥 같이 깎였고	巖削千尋玉
계곡은 베틀의 흰 비단을 담았네	溪涵一機紈
이는 참으로 세상 밖의 유람이니	茲遊眞物外
가을 달이 내 마음을 비추어주네	秋月洞心肝
입암의 승경을 두루 감상하며	賞遍立巖勝
쌍계의 참선에 고요히 드니	靜參雙溪禪
평생에 오늘 같은 흥취를	百年今日趣
세상 사람들에게 전하지 말라	休向世人傳
입암은 높이 우뚝 솟았고	立巖高屹屹

---

128) 황의녕(黃宜寧) : 장수(長水) 황씨이며, 홍여하(洪汝河)의 장인인 황덕유(黃德柔)를 말한다.
129) 불환정(不換亭) : 상주시 모동면 덕곡리 안평 마을과 용호 2리 경계에 있었던 정자이며, 지금은 터만 남았다. 1600년대 초 군수였던 황덕유(黃德柔)가 세웠다.
130) 시 : 「제불환정(題不換亭)」 시를 말한다.
131) 휘파람 …… 낫구나 : 도연명의 「귀거래사(歸去來辭)」의 "동고에 올라 휘파람 불고, 맑은 물에 다가가서 시를 짓는다.[登東皐而舒嘯 臨淸流而賦詩]"에서 가져온 시어이다.
132) 입암(立巖) : 김천시 증산면의 수도암 계곡과 청암사 계곡, 그리고 황점리의 옥류계곡에서 성주군 수륜면으로 이어지는 대가천의 무흘구곡(武屹九曲) 중 제4곡인 선바위[立巖]이다.

쌍계는 넘실넘실 흘러가는데　雙溪流凌凌
옛날 현인의 자취가 남아 있어　昔賢有遺躅
산처럼 우러르는 마음 끝이 없네　山仰心不歇

이끼 낀 돌을 깎고 깨트리며　剔破蒼苔石
맑은 계곡 물로 씻어내리네　洗以淸溪流
먹을 갈아 성명을 남기노니　硏墨留名姓
영원히 함께 노닒을 기억하리　千古記同遊

평생토록 꿈꾸던 곳을　平生夢想地
오늘에야 우연히 동행하였네　今日偶同行
둘러 앉아 속마음을 나누니　鼎坐論襟穩
초연히 세속 마음이 아니네　超然非世情

연화동을 지나면서[過蓮花洞]

그윽하고 조용한 연화동　窈窕蓮花洞
시내 따라 절로 촌을 이루었네　沿溪自作村
서리 내린 숲엔 감 밤이 달렸고　霜林垂柹栗
안개 언덕엔 닭 돼지가 노니네　烟隴散鷄豚
촌 늙은이 입은 옷은 고상하고　野老衣裳古
산골 아이 웃음은 따뜻하네　山童笑語溫
누가 한 동이의 술을 가지고서　誰將一尊酒
진중히 나그네 맘 위로할거나　珍重慰羇魂

동호에 터를 잡으며[卜地東湖]

매호정의 북쪽 어풍대의 남쪽　梅湖亭北御風南
작은 기슭 동쪽이 낮아 석담을 굽어보네　小麓東低俯石潭
첩첩이 구름 낀 산은 먹처럼 짙고　雲峀千重濃似黛
십리 안개 물결은 쪽빛처럼 푸르네　烟波十里綠如藍
동곡에 선생의 사우 지어 이웃과 어울리고　好隣桐谷先生社
상주 북쪽에는 처사의 초막을 엮을만하네　堪結商陰處士庵
혹시 평생에 이 계획을 이룰 수 있다면　倘得百年成此計
구로와의 깊은 맹세[133] 부끄럽지 않으리　盟深鷗鷺未應慚

뜻은 있으나 재물이 없어서[有志無資]

오호[134]에 터가 있어서 기뻤으나	五湖忻有地
세 오솔길[135]을 만들 재물이 없네	三逕苦無資
세상에 왕사마 같은 이가 드무니	世乏王司馬
누가 두 습유[136]를 가련히 여기랴	誰憐杜拾遺
아련한 산은 가다 끊어졌기에	依依山去斷
언제나[137] 물은 천천히 흐르네	故故水流遲
책상의 책 모두 팔아버리려 해도	欲賣床書遍
오히려 숙애의 어리석음은 싫다네	還嫌叔艾癡

동명에게 감회가 있어서[感東溟]

– 김세렴金世濂[138]공의 호이다.

동호 구석에서 자신을 기르니[139]	養拙東湖僻

---

133) 구로와의 깊은 맹세[鷗盟] : 물가에서 한가로이 노니는 갈매기와 백로에게 은거할 것을 맹세함을 말한다. 송(宋) 나라 육유(陸游)의 「숙흥(夙興)」 시의 "학의 원망은 누구를 의지해 풀리나, 갈매기와의 맹서 이미 식었을까 염려되네.[鶴怨憑誰解 鷗盟恐已寒]"에서 유래한다.

134) 오호(五湖) : 강호에 은둔하는 것을 말한다. 이백(李白)의 「유별 왕사마 숭(留別王司馬嵩)」의 "범려가 비록 월 나라 정승이었지만, 본래 강호에 은둔할 마음 지녔었네.[陶朱雖相越 本有五湖心]"에서 온 말이다.

135) 세 오솔길[三逕] : '삼경'은 고아한 은자가 생활하는 환경을 말한다. 진(晉) 나라 도잠(陶潛)의 「귀거래사(歸去來辭)」의 "세 오솔길은 묵어가는데 솔 국화는 그대로 있네.[三逕就荒 松菊猶存]"에서 온 말이다.

136) 두 습유(杜拾遺) : 숙종(肅宗) 때 좌습유(左拾遺)를 지낸 두보(杜甫, 712~770)를 말한다. 성당(盛唐)의 대 시인으로 시성(詩聖)으로 불린다.

137) 언제나[故故] : '고고'는 예전대로 항상, 자주함을 말한다. 당(唐) 나라 두보(杜甫)의 「월(月)」의 "때때로 어두운 방을 열면, 언제나 푸른 하늘 가득하네.[時時開暗室 故故滿靑天]"에서 온 말이다.

138) 김세렴(金世濂, 1593~1646) : 자는 도원(道原), 호는 동명(東溟), 본관은 일선이다. 1616년 문과에 급제하여 예조 좌랑(禮曹佐郎)·시강원 사서 등 청요직을 두루 지냈다. 1641년 외직으로 나가서 『근사록(近思錄)』·『소학(小學)』·『성리자의(性理字義)』·『독서록(讀書錄)』 등을 간행하고, 향약을 실시하였다. 저서는 『동명해사록(東溟海槎錄)』·『동명집』 등이 전한다.

139) 자신을 기르니[養拙] : '양졸'은 한가함 속에서 자기 자신을 기르는 삶을 말한다. 주자(朱子)의 「졸재기(拙齋記)」의 "그 마땅함을 바루고 그 이로움을 도모하지 않으며 그 도를 밝히고 그 공효는 계산하지 않음이 이 또한 졸일 따름이다.[正其義 不謀其利 明其道 不計其功 是亦拙而已]"에서

오두막엔 사람 발길 끊어졌네 衡門可雀羅
천리 먼 곳의 은근한 글을 般勤千里字
누가 안개 속으로 들여보냈나 誰遣入烟波
고아한 풍모는 기봉140)처럼 우러르고 雅範瞻岐鳳
빛나는 문장은 월라141)처럼 빛나네 詞華濯越羅
아버님 모시던142) 저녁을 생각하면 每思叨陪夕
흐르는 눈물 낙동강 물결에 더해지네 淚灑洛添波

봉양의 시에 차운하여 생각을 말하다[次鳳陽韻 言志]

잔물결에 어선 타고 포구 깊이 들어오니 輕漾魚舟入浦深
낯익은 흰 물새 다 내 마음을 알아주네 白鷗相慣摠知心
달 밝은 밤 돌아와 빈 당에 올라서 歸來月白虛堂上
홀로 거문고로 산수곡143)을 연주하였네 彈罷孤桐山水音

조용히 지내며[幽居]

거문고 버리고 악보는 찾지만 琴廢猶尋譜
술 단지가 비어 오래 노래 끊겼구나 樽空久斷歌
담담히 한 가지 일도 없어 澹然無一事

유래한다.

140) 기봉(岐峰) : 기산에 도읍을 하자 문왕의 덕치에 감하여 봉황이 울었던 곳이다. "주 나라 태왕이 기산 밑에 도읍을 하였는데, 문왕 때에 봉황이 기산에서 울었다.[周太王邑於岐山之下 文王時鳳凰鳴於岐山]"에서 유래한다.(『山堂肆考』)

141) 월라(越羅) : 월(越) 땅에서 나는 능라(綾羅)로 가볍고 부드러우며 정교하고 치밀하다. 당 나라 유우석(劉禹錫)의 「수낙천삼주견기(酬樂天衫酒見寄)」의 "술 빚는 법은 모두가 오 땅의 쌀이 좋다 전하고, 춤출 적 옷은 월 땅의 가벼운 비단이 뛰어나다네.[酒法衆傳吳米好 舞衣偏尙越羅輕]"에서 온 말이다.

142) 아버님 모시던[叨陪] : '도배'는 아버지에게 직접 가르침을 받는 것을 뜻한다. 당 나라 왕발(王勃)의 「등왕각서(滕王閣序)」의 "다른 날 정원을 지나면서 리가 아버지인 공자에게 외람되이도 배운 것처럼 부친의 가르침을 받으리라.[他日趨庭 叨陪鯉對]"에서 온 말이다.

143) 산수곡[山水音] : 백아와 종자기의 고사에 나오는 '고산유수곡(高山流水曲)'을 말한다.

베개 높이 하고 남가일몽[144]을 꿈꾸네 高枕夢南柯

개호[145]의 김추임[146]을 방문하며[訪開湖金公秋任]

봄의 남은 흥으로 달려가 爲趁春餘興
어른 거처하는 곳을 찾았네 來尋長者居
구름산은 처마 끝에 닿아있고 雲山臨屋角
낙동강은 마을을 돌아 흐르네 淸洛繞村墟
잔에는 술동이의 술이 넘치고 盃泛盈樽酒
상에는 몇 권 책이 펼쳐 있네 床舒數卷書
개암[147]의 옛 자취를 살펴보고 開巖覽古躅
해질녘에 다시 머뭇거린다네 斜日更躕躇

늦은 아침의 즉흥시[晩朝卽事]

– 6언시이다.

누워서 아득한 강 구름을 바라보며 臥看江雲漠漠
고요히 쓸쓸한 산 비 소리를 듣는데 靜聽山雨蕭蕭
마을 연기에 외론 집 반은 잠겼고 村烟半帶孤屋
들판의 강물은 멀리 다리를 적시네 野水初浸遠橋

---

144) 남가일몽[夢南柯] : '남가몽'은 부질없는 꿈을 말한다. 당(唐) 나라 순우분(淳于棼)이 괴목(槐木)의 남쪽 가지 아래에 누워서 잠이 들었는데, 꿈 속에 괴안국(槐安國)에 가서 부귀영화를 누리다가 꿈을 깨어 괴목 아래를 보니 큰 개미굴이 있었다는 고사에서 유래한다.(『太平廣記』「南柯太守傳」)

145) 개호(開湖) : 고령(高靈)의 개산강(開山江)변에 개호정(開湖亭)이 있었으니, 그 일대의 지명으로 여겨진다.

146) 김추임(金秋任, 1592~1654) : 자는 만열(萬說), 호는 외서암(畏棲庵), 본관은 의성(義城)이다. 1616년 사마시 입격하여 참봉을 지냈다.

147) 개암(開巖) : 김우굉(金宇宏, 1524~1590)의 호이다. 자는 경부(敬夫), 본관은 의성이다. 1566년 문과에 급제하여 대사간(大司諫)·홍문관 대제학(弘文館副提學) 등을 역임하였다. 저서는 『개암집』이 전한다. 김추임은 개암 김우굉의 후손이다.

율리[148]에 있는 옛 거처로 돌아와[還栗里故居]

옛날 살던 율리의 전원으로 돌아오니　栗里田園返舊棲
연꽃 시들고 대는 말라 언덕이 황폐해졌네　敗荷衰竹但荒堤
달밤에 지팡이 짚고 솔밭 길로 들어가며　携笻月夕穿松逕
안개 낀 아침에 삽 들고 국화 밭 손질하네　荷鍤烟朝理菊畦
물소리 베개 가까이 들려옴을 점점 느끼고　漸覺水聲來枕近
산 빛이 발 속으로 들어와 더욱 사랑스럽네　更憐山色入簾低
이제는 어른의 흔적을 찾을 길 없어　秪今杖屨無尋處
눈물이 찬 가랑비와 섞여 오계에 뿌려지네　淚和寒霏灑五溪

봄날 조용히 지내며[春日幽居]

개인 교외엔 꽃과 버들 동서로 퍼져있고　晴郊花柳遍東西
담담한 봄 시냇물은 굽은 둑을 적시네　澹澹春流浸曲堤
이곳에 함께 만날 이 없다 탄식치 말자　休歎此間無與晤
산새가 나를 보고 정을 담뿍 담아 우네　山禽向我盡情啼

종일을 앓고 있으니 사람 없어 조용하고　抱疴終日闃無人
시내 창을 여니 물고기가 뛰어 오르네　時拓溪牕玩躍鱗
그 속에서 광풍제월[149]의 즐거움 알려면　欲識箇中光霽樂
흉금에 가벼운 먼지 일으키지 말아야지　莫敎胸次惹輕塵

한가로이 지내며 우연히 읊다[閒居偶吟]

맑은 못 구비에서 지팡이 짚고　携杖清池曲

---

148) 율리(栗里) : 지금의 상주시 청리면 율리로, 작은 하천이 낙동강으로 흘러드는 곳이다. 밤나무가 많아서 율리라고 하였다.

149) 광풍제월[光霽] : '광제'는 깨끗한 자연 풍광으로 사람의 인품을 말한다. 황정견(黃庭堅)의 「염계시 서(濂溪詩序)」의 "용릉의 주무숙은 인품이 매우 고상하고 가슴 속이 깨끗하여 마치 비 갠 뒤의 온화한 바람과 개인 날 달빛과 같다.[舂陵周茂叔人品甚高 胸中灑落 如光風霽月]"에서 유래한다.

비 그친 뒤의 산을 바라보니	行看雨後山
대 그늘은 난간 밖에 드리우고	竹陰來檻外
이끼 빛은 섬돌 사이로 올라오네	苔色上階間
분수 따르니 가난에도 즐겁고	任分貧猶樂
기심 잊으니150) 일도 한가하네	忘機事亦閒
사람자취151) 끊어짐을 싫어 말라	休嫌輪鞅絶
뜰의 나무 기뻐하기에 충분하네	庭樹足怡顏

서대를 유람하고 함께 유람한 여러 사람들에게 차운하여 보여주다[遊西臺次示同遊諸君]

서대 들판의 울창하고 가파른 산을	西臺野際鬱岧嶢
손님과 함께 오르니 흥취 더욱 아득하네	與客登臨興轉遙
녹금152) 으로 백설곡153)을 들으니	堪聽綠琴調白雪
하얀 뺨에 홍조 번짐이 싫지는 않네	休嫌皓頰張紅潮
풍류로 사영운처럼 나막신을 신었고154)	風流謝老携雙屐
마음은 어진 안연처럼 가난을 즐기네155)	心事顏賢樂一瓢

---

150) 기심 잊으니[忘機] : '망기'는 기교(機巧)부리는 마음을 지워버리는 것을 말한다. 당(唐) 나라 왕발(王勃)은 「곡강고부부(江曲孤鳧賦)」에서 "너는 곧 기교를 잊고 생각 끊어, 소리를 간직한 채 그림자를 희롱하누나.[爾乃忘機絶慮 懷聲弄影]"라고 하였다.

151) 사람자취[輪鞅] : '윤앙'은 수레바퀴와 말의 목 씌우개로 널리 수레와 말을 가리키니 시끄러운 인적(人迹)을 말한다. 진(晉) 나라 도잠(陶潛)은 「귀원전거(歸園田居)」의 둘째 수에서 "들 밖에 인사 드물고 궁한 마을에 인적이 적네.[野外罕人事 窮巷寡輪鞅]"라고 하였다.

152) 녹금(綠琴) : '녹기금(綠綺琴)의 줄임말로 고대의 거문고 이름이다. 한(漢) 나라 사마상여(司馬相如)가 「옥여의부(玉如意賦)」를 짓자, 양왕(梁王)이 기뻐하여 녹기금(綠綺琴)을 주었다고 한다.

153) 백설곡[白雪] : 옛날 거문고의 곡이름이다. 춘추시대 진(晉) 나라의 사광(師曠)이 지었다고 전해진다. 삼국(三國) 시대 위(魏) 나라의 혜강(嵇康)은 「금부(琴賦)」에서 "백설곡을 연주하고 청각금을 울리며, 정성을 연주하고 오묘한 곡조 연주하네.[揚白雪 發淸角 理正聲 奏妙曲]"라고 하였다.

154) 사영운처럼 나막신을 신었고 : 남조 송(南朝宋)의 시인 사영운(謝靈運)이 앞쪽과 뒤쪽에 굽을 단 등산용 나막신을 만들어 신었던 고사를 말한다. "산에 오를 때면 늘 나막신을 신었는데 산에 오를 때는 앞굽을 빼고, 산을 내려갈 때는 뒤 굽을 뺐다.[登躡常著木履 上山則去其前齒 下山去其後齒]"에서 유래한다.(『宋書』「謝靈運傳」)

155) 안연처럼 가난을 즐기네 : 도를 즐기며 가난에 편안해하는 자세를 말한다. "어질다, 안회여. 한 그릇

나도 골짜기의 어귀에 은거하던 당시엔	我亦當時谷口隱
오랫동안 어부와 나무꾼이 되려하였네	久將身世付漁樵

율리에서 봄날에 우연히 읊다[栗里春日偶吟]

꽃피는 시절은 정녕 태평스런 봄인데	芳辰正屬太平春
이 몸은 전원에서 일 없이 지낸다네	又是田園無事身
물 가득한 연못은 맑은 물결이 출렁이고	水滿蓮塘淸瀲灩
산을 가로지른 대숲은 푸르게 솟아있네	山橫竹塢碧嶙峋
달 아래 오동에서 여장156)을 의지하고	梧桐月下凭藜杖
바람 부는 버들 곁에서 복건을 젖혀 쓰네157)	楊柳風邊岸幅巾
고요한 속의 공부158) 비록 절로 즐거우나	靜裏工夫雖自樂
때로 감상하는 사람이 되어도 해롭지 않네	不妨時作賞心人

단구의 연못에서 지은 즉흥시[丹丘蓮塘 卽事]

작은 언덕의 연못이 섬돌을 둘렀으니	小塢蓮池繞曲除
죽헌은 깨끗하여 산에 있는 것만 같네	竹軒蕭灑類山居
벼슬에서 물러난 빈 뜰엔 한낮이 기니	吏退空庭晴晝永
두건 젖혀 쓰고 이따금 책상의 책을 펼치네	岸巾時閱一床書

밥과 한 표주박 물을 마시며 누항에 사는 것을 사람들은 근심하며 견디내지 못하는데, 안회는 그 낙을 바꾸지 않으니, 어질도다, 안회여.[賢哉 回也 一簞食 一瓢飮 在陋巷 人不堪其憂 回也 不改其樂 賢哉 回也]"에서 유래한다.(『論語』「雍也」)

156) 여장(藜杖) : 명아주로 만든 가볍고 단단한 지팡이이다. "위 문제가 산도에게 봄옷을 하사하고 또 어머니가 늙었다고 명아주 지팡이 하나를 함께 하사하였다.[帝以賜濤春衣 又以母老 並賜藜杖一枚]"에서 유래한다.(『晉書』「山濤傳」)

157) 복건 젖혀 쓰네 : 주102) 참조.

158) 고요한 속의 공부[靜裏工夫] : 고요한 가운데 하는 공부로, 잡념을 없애고 눈을 감고는 편안히 앉아서 자신을 찾는 수양 방법이다.

두류산[159] 천왕봉에 올라[登頭流山天王峯]

예전에 들었던 방장산을	昔聞方丈岳
오늘 비로소 올라왔네	今日始躋攀
해와 달은 원기의 밖에 있고	日月鴻濛外
강산은 아득한 사이에 있네	山河浩蕩間
안개와 구름 맑았다 흐렸다하고	烟雲互明滅
세상은 아득히 끝에 펼쳐 있네	寰宇杳倪端
이제야 가슴이 후련해지니	便覺胷衿盪
평생 하나의 큰 볼거리이네	平生一大觀

별좌공의 무덤을 살피고서[省別坐公墓]

산의 해는 밝고도 맑고	山日明還淡
찬 샘물은 졸졸 또 흘러가네	冰泉咽復流
그 당시 자취 남은 이곳에서	當時杖屨地
훌륭한 모습 다시 대하지 못하네	無復接英眸

단성의 여러분들과 이별하며 남겨주다[留別丹城諸君]

병들어 도움 못됨이 부끄럽지만	凋瘵慚無補
전원이 곧음을 지키기에 알맞네	田園合守貞
은근히 서로 보내는 자리에서	殷勤相送處
저물녘 정작 마음만 간절해지네	斜日正關情

159) 두류산(頭流山) : 지리산의 다른 이름이다. 그 외 지리산은 방장산(方丈山)·남악산(南岳山)·방호산(方壺山)이라고도 불린다.

삼가 도정절의 귀전원[160] 시 운을 사용하다[謹用陶靖節歸田園韻]

지방관이 평소의 바람과 맞아	奉檄諧素願
은혜를 받들어 단성을 다스렸네	承恩宰丹山
백성 보살핌에 마음만 수고롭고	撫字心徒勞
애써 힘쓰며 일 년을 보냈네	黽勉將一年
마음과 일이 절로 어긋났지만	心事自矛盾
취향은 참으로 드러났으니[161]	趣尚眞天淵
지체한들 끝내 무슨 도움이 될까	淹留竟何裨
인끈 풀고 고향으로 돌아왔네	解綬歸故田
농가는 한가하고도 비어 있어서	田廬閒且曠
시내와 산 사이에 터를 잡았네	卜在溪山間
거문고와 책은 자리 곁에 늘어 있고	琴書列座右
꽃과 대나무는 뜰 앞에 벌려 있네	花竹羅庭前
봄 햇살이 곱고 따사로워지니	春日向暄妍
동산 숲은 바람과 안개로 아름답네	園林媚風烟
물고기는 남쪽 물에서 헤엄치고	遊魚戲南渚
구름은 서쪽 봉우리에서 나오네	孤雲出西巓
몸과 마음 구속에서 벗어나니	形神免拘牽
내 마음 조용하고 한가해져서	襟期愜幽閒
모사람을 편안하게 여길 뿐	只爲安蹇劣
초탈함을 본받음은 아니라네	非敢效超然
바쁜 중추의 끝에	蒼茫仲秋末
고향으로 돌아왔네	故山稅歸鞅

160) 귀전원(歸田園) : 『도연명집(陶淵明集)』의 「귀원전거(歸園田居)」 시를 말한다. 이 시는 모두 6수(六首)인데 무첨재는 앞의 세 수, 즉 첫째 수[一首]의 '산(山)·연(淵)·전(田)·간(間)·전(前)·연(烟)·전(巓)·한(閒)·연(然)'운과 둘째 수[二首]의 '앙(鞅)·상(想)·왕(往)·장(長)·광(曠)·망(莽)'운과 셋째 수[三首]의 '희(稀)·귀(歸)·의(衣)·위(違)'운을 써서 세 수를 지었다.

161) 드러났으니[天淵] : '천연'은 드러난 그 모습 속에 천리가 들어 있음을 말한다. "『시경』에 이르기를 '솔개는 날아서 하늘에 이르고, 물고기는 못에서 뛴다.' 하였으니, 천지의 도가 위아래로 드러난 것을 말한 것이다.[詩云 鳶飛戾天 魚躍于淵 言其上下察也]"에서 유래한다.(『中庸章句』 12장)

동산 거닐며 그윽한 흥취 이루고　涉園成幽趣
구름 바라보며 아득히 생각하네　望雲起遐想
이웃 사람이 와서 물어보며　隣曲來問訊
밤낮으로 서로 오고 가네　日夕相還往
토론은 고금을 관통하고　討論貫今古
농담은 나이마저 잊었네　談謔忘少長
친척과 벗 모임을 좋아하고　旣愛親朋集
드넓은 강과 들을 기뻐하니　復喜川原曠
내 생애 참으로 만족스러워　吾生良以足
어찌 우거진 숲을 싫어하랴　何用厭林莽
농가에서 봄 일을 시작했기에　田家春事起
사립문을 찾는 이 드물어도　柴扉輪鞅稀
때때로 농부와 함께 가며　時與農夫往
나무꾼 따라 돌아오기도 하였네　或隨樵者歸
거친 음식162) 내 입에 알맞고　啜菽適我口
삼 심어 내 옷을 만들었네　種麻謀我衣
추위와 주림은 천명에 맡겨두어도　饑寒委我命
편협한 천성을 어기지 못하였네　褊性不可違

연못[蓮池]

연못이 내 오두막 둘렀으니　蓮池繞我廬
누워 쉬며 마음에 흡족하네　偃息愜心曲
하늘 높아도 기꺼이 머리 숙이고　天高肯低頭
땅 좁아도 발 뻗을 수 있네　地狹猶展足
굽어 올려보며 티끌세상 비웃으니　俯仰笑塵世
뒤집고 엎어짐이 장기 둠과 같네　翻覆如碁局

---

162) 거친 음식[啜菽] : '철숙'은 철숙음수(啜菽飮水)의 줄임말로 물을 마시고 콩을 먹는다는 뜻인데, 거친 음식을 먹으며 지내는 맑고 가난한 삶을 말한다. "콩을 먹고 물을 마시면서도 그 즐거움을 다해드리는 것을 효도라고 한다.[啜菽飮水盡其歡 斯之謂孝]"에서 온 말이다.(『禮記』「檀弓下」)

고서 읽으며 정신을 기르기에　　頤神讀古書
낮을 이으려 새 등불을 밝히네　　繼晷秉新燭
맑은 아침에 마음[163]을 단속하니　　淸朝檢靈源
동쪽 창에는 맑은 햇살 가득하구나　　東牕滿晴旭

명노 전익구[164]의 「초당」 시의 운을 써서 산에서 사는 뜻을 말하다[山居言志 用全明老翼耉草堂韻]

곡구[165]의 조부 집을 늙어서야 의지하니　　谷口先廬老始依
헤매다가[166] 다행히 돌아옴을 노래하네　　迷途幸已賦吾歸
섬돌 도는 돌 여울은 울다가 고요해지고　　循除石瀨鳴還靜
방 주변의 산 구름은 말았다가 떠가네　　傍戶山雲卷復飛
외길의 솔과 삼나무는 엇대어 짙푸르고　　一逕松杉交翠蔚
사계절의 꽃과 풀은 모두 향기롭구나　　四時花卉摠芳菲
느긋이 뜻을 얻었으나 알아주는 이 없어　　悠然意得無人會
천 년 전과 같은 증점의 비파[167]는 드무네　　千載沂雩點瑟希

---

163) 마음[靈源] : '영원'은 송 나라 소철(蘇轍)의 「유노재절구(遺老齋絶句)」의 "뭇 소리 내 귀에 들어오고, 온갖 빛깔 내 눈을 지나가네. 듣고 보는 건 늘 그렇게 지나가지만, 마음에 부딪힘은 없네.[衆音入我耳 諸色過吾目 聞見長歷然 靈源不受觸]"에서 온 말이다.

164) 전익구(全翼耉, 1615~?) : 자는 명로, 호는 가암(可菴), 본관은 축산(竺山)이다. 문학으로 이름났다. 숙종 때 소를 올려 성학(聖學)에 더욱 힘쓸 것을 주청하여 비답을 받았다. 음사(蔭仕)로 장사랑(將仕郎)을 제수받았다. 저서는 『가암집』이 전한다.

165) 곡구(谷口) : 서한(西漢)의 정박(鄭璞)을 말하는데, 지조를 지키기 위해 은거한 선비를 말한다. 자가 자진(子眞)이다. 성제 때에 외척 대신(外戚大臣) 왕봉(王鳳)이 예의를 다해 초빙해도 응하지 않고 곡구에서 살면서 호를 곡구자진(谷口子眞)이라고 하였다.(『漢書』「高士傳」)

166) 헤매다가[迷途] : '미도'는 생업을 목적으로 하는 벼슬살이에 헤매는 것을 말한다. 도연명의 「귀거래사(歸去來辭)」의 "실로 헤매던 길 멀지 않으니 지금이 옳고 어제가 그른 줄 알겠네.[實迷途其未遠 覺今是而昨非]"에서 온 말이다.

167) 증점의 비파[點瑟] : '점슬'은 자연과 일체감을 얻은 쇄락(灑落)한 기상을 말한다. 공자의 물음에 연주하던 비파를 내리고 증점(曾點)이 대답하였다. "늦은 봄날 봄옷이 이루어지거든 어른 대여섯 사람, 동자 예닐곱 사람과 함께 기수(沂水)에 목욕하고 무우에서 바람을 쐬고 시를 읊으면서 돌아오겠습니다.[春服旣成 冠者五六人 童子六七人 浴乎沂 風乎舞雩 詠而歸]"에서 유래한다.(『論語』「先進」)

지친 새를 읊다[詠倦鳥]

남교에서 마시고 쪼아 마음 벌써 풍족한데	飮啄南郊心已闌
서쪽 숲의 해지니 지쳐 돌아갈 줄 알았네	西林日暮倦知還
울타리이던 대접 받던[168] 분수 애초 정해졌으니	藩籬鍾鼓分初定
한 가지에 깃들어 쉬며 스스로 편안해하네	棲息一枝聊自安

농가의 궂은 비[田家苦雨]

지난해는 너무 가물더니	去年苦大旱
올해는 장마 비에 괴롭네	今年苦淫雨
유월에 비 그치지 않다가	六月雨不絶
칠월에 비는 더욱 궂어졌네	七月雨愈苦
주룩주룩 동이를 뒤집을 듯	聒聒如翻盆
쏴아쏴아 실오리 날릴 듯	灑灑如飛縷
짙은 안개 개이지 않으니	昏霧密不開
맑은 날을 언제 보았던가	白日何曾覩
처마 끝엔 낙숫물 이어지고	簷頭溜長懸
지붕 끝엔 구름이 일어나네	屋角雲常吐
밤의 한기는 닫힌 문으로 스며들고	夜凉侵閉戶
강물 넘쳐 돌아올 배 막혀있네	江滿滯歸艫
날개 젖은 오리와 기러기 울고	濕翅鳧鴈呼
넘실대는 파도에 교룡이 춤추네	噴浪蛟螭舞
모인 물은 지붕보다 높고	積水高於屋
세찬 파도 너른 포구에 넘치네	怒濤駕平浦
모래 논은 흐린 물에 잠겨있고	沙田沒溷濁
골짝 밭은 다 가시로 우거졌네	谷畬渾榛莽
진 나라 부엌 같이 개구리 낳고[169]	蛙產若晉竈

168) 대접 받던[鍾鼓] : 해조(海鳥)가 노(魯) 나라 교외(郊外)에 나타났는데, 노후(魯侯)가 그 새를 모셔다가 큰 상에 음식을 차리고 음악[鍾鼓]을 들려 주었다. 새가 놀라고 걱정하여 아무것도 먹지 못하더니 사흘 만에 죽었다는 고사에서 유래한다.(『莊子』「至樂」)

범염의 솥[170]처럼 이끼 끼었네	苔食若范釜
초가의 새는 비를 구태여 사양하랴	敢辭漏茅葦
두려운 건 벼가 녹는 것이니	所畏害稻稌
목면화는 모두 녹아 버렸고	木綿花盡死
비탈의 보리 이삭은 벌써 썩었네	陂麥穗已腐
곡식의 반을 이미 버렸으니	百穀半已棄
가을걷이에 거둘 것이 있으랴	秋穡能有取
어떻게 아이들을 먹여 살리며	何以飯我孺
무엇으로 어머님을 입혀드릴까	何以衣我姥
군에 보낼 비단이 없고	無帛輸戎庭
관청에 바칠 곡식이 없는데	無粟納官府
조세 군역이 이리도 사나운가	租役令何纍
주림과 추위를 헤아릴 수 없네	飢寒不可數
관리들은 채찍을 잡고 치면서	羣吏拈鞭扑
밤낮으로 우리 문을 두드리네	日夕叩我戶
근심과 원망 누구에게 호소하며	愁怨向誰訴
홀아비 과부는 누가 보살피랴	鰥寡復誰撫
울부짖으며 어디로 가는가	噭噭何所之
하늘을 향해 통곡하네	痛哭向天宇
더군다나 지난 겨울 초에는	況復前冬初
장정들 군대로 들어갔으니	丁壯籍軍伍
슬프게 어버이와 처자를 떠나	戚戚去親愛
씩씩하게 화살[171] 메고 길을 가네	行行道負羽

169) 진 나라…… 낳고 : 침수된 깊이가 매우 심한 것을 말한다. "세 집안(지씨(智氏), 한씨(韓氏), 위씨(魏氏))이 나라 사람들을 이끌고 (진양을) 포위하여 물을 끌어다 대니 성에서 침수되지 않은 곳이 3판(판은 석자 넓이)이요, 부엌이 잠겨 올챙이가 생겼지만 백성이 배반할 뜻이 없었다.[三家以國人圍而灌之 城不浸者三版 沈竈產鼃 民無叛意]"는 고사에서 유래한다.(『資治通鑑』「周紀·威烈王 23年」)

170) 범염의 솥[范釜] : '범부'는 가난하게 살면서 지조를 지닌 선비 혹은 선비의 청빈(淸貧)함을 말한다. 오경에 통달하였던 범염(范冉)은 당고(黨錮)의 화를 만나 양(梁)·패(沛)사이에 자취를 감추고는 점치는 것으로 생계를 삼았다. 청빈(淸貧)한 삶을 살자 동네에서 노래 부르기를 '범 사운의 시루에는 먼지가 나고, 범 내무의 솥에는 물고기가 산다네.'[甑中生塵范史雲 釜中生魚范萊蕪]"라고 하였다.(『後漢書』「獨行傳·范冉」)

171) 화살[負羽] : '부두'는 등에 깃 화살[羽箭]을 배었으니 종군(從軍)·출정(出征)을 말한다. 한 나라

백골을 아득한 강물에 맡기니 白骨委遼河
강물은 성내어 부르짖네 河水爲號怒
전쟁과 가뭄 장마에 시달리니 干戈兼旱潦
전에 없던 드문 재앙이라네 災害罕前古
구제할 어진 재상이 모자라니 扶顚乏賢輔
임금님만 근심하고 슬퍼하시리 軫憂惟聖主
어떻게 하면 번개를 채찍질하여 安得鞭雷公
바다에 물 부어 오랑캐 넘어뜨리고 灌海傾醜虜
불어난 요사스런 기운 다 씻고서 洗盡妖氛漲
호기롭게 학되어 기둥에서 날아볼까[172] 倚劍鶴飛柱

용호 노정보[173] 어른이 부쳐주신 시에 차운하다[次龍湖盧正甫丈寄贈韻]

멀리서 은근한 정 담은 편지 보내시니 千里般勤一札來
늘그막의 회포를 둘 다 맞추기 어렵네 暮年懷抱兩難諧
전원에 살리란 꿈으로 숲에 집을 짓고 田園夢想依林築
어루만지시던 솔과 대를 가득 심었네 松竹摩挲滿逕栽

– 공公이 새로 임정리林亭里에 있는 폐가弊家에 소나무와 대나무를 심고는 보내온 시에서 말하였기 때문에 언급하였다.

세상의 헛된 명성 노학[174]에 부끄럽지만 浮世虛名慚魯學
밝은 시절 벼슬살이 높은 재주를 시험하네 明時遊宦試高才
구구하게 고요함과 조급함 어찌 분변하랴 區區靜躁何容辨
내 마음 간직하여 한 점 티끌을 끊으리라 葆我靈臺絶點埃

양웅(揚雄)의 「우렵부(羽獵賦)」의 "분육의 무리들이 방패잡고 깃 화살 메고 막야검 집고서 벌려선 자들이 만 명이나 되네.[賁育之倫 蒙盾負羽 杖鏌邪而羅者 以萬計]"에서 온 말이다.

172) 학되어 …… 날아볼까 : 속세의 번거로움을 털고 신선이 되어 훨훨 날아오름을 말한다. 한 나라의 요동 사람인 정영위(丁令威)가 신선술을 배워 천년 만에 학이 되어 성문 앞의 큰 기둥인 화표(華表)에서 날아 오른 고사에서 유래한다.(「搜神後記」)

173) 정보(正甫) : 노경명(盧景命, 1609~1667)의 자이다. 호는 용호(龍湖), 본관은 광주(光州)이다. 음사(蔭仕)로 사헌부 감찰(司憲府監察)·봉화 현감(奉化縣監) 등을 역임하였다.

174) 노학(魯學) : 노 나라 학문, 공자가 노 나라 사람이므로 공자의 가르침, 즉 명리(名利)를 좇는 공부보다는 자신의 덕성을 쌓는 공부를 말한다.

산에서 지내며 우연히 읊다[山居偶吟]

책 읽다 마음이 잠시 지치면 讀書意暫倦
계정 동쪽을 산책하는데 散策溪亭東
모래와 물은 밝고 고우며 沙水互明媚
구름과 안개는 다시 아득하네 雲烟更冥濛
시냇가 나무엔 어린 새싹 푸르고 澗樹嫩新翠
바위 꽃은 늦도록 붉어 어여쁘네 巖花嬌晩紅
그윽한 곳을 누구와 찾아갈까 幽探誰與共
좋은 구경은 회포가 끝이 없네 良覿懷靡窮

시냇물 소리 들으며 감회가 있어서[聽澗有感]

뜰 가득한 솔과 회나무는 비로 어둑어둑 滿庭松檜雨冥冥
시냇물 졸졸거리며 밤새도록 울어대는데 澗水琮琤徹夜鳴
당시의 맑은 마음을 누가 이해할까 當日心情誰會得
남은 소리 이곳으로 들리니 견디지 못하네 不堪遺響此中聽

수회동으로 가는 도중에 전 명노의 시에 차운하다[水回洞途中 次全明老韻]

지팡이 짚고 함께 그윽한 곳 찾아 날 저물어 幷策尋幽至日斜
한 해의 맑은 흥을 산중의 집에 맡기네 一年淸興屬山家
봄 아직은 일러도 그대는 아쉬워하지 말게 煩君莫恨春猶早
시냇가에서 때로 목련꽃[175]을 바라본다네 澗畔時看木筆花

175) 목련꽃[木筆花] : '목필화'는 신이화(辛夷花)의 다른 이름이다. "신이는 꽃이 먼저 핀 뒤에 잎이 나니 바로 목필화이다. 봄에 가장 먼저 그 꽃이 핀다.[辛夷先花後葉 卽木筆花也 最先春以其花]"에서 온 말이다.(『證類本草』「衍義」)

한식날 감회가 있어서[寒食有感]

숨은 죄수 같이 산에 병으로 엎드려 있으니 病伏窮山類蟄囚
한 해의 좋은 때에 성묘[176]를 가지 못하였네 一年佳節阻松楸
살구꽃에 가랑비 내리니 마음이 쓸쓸하여 杏花微雨心悽感
머리 들어 호수구름 바라보며 눈물만 흘리네 矯首湖雲淚不收

봄날 명노를 추억하며[春日憶明老]

비 그치자 산골 샘물은 울어대고 雨罷澗泉吼
꽃이 피어나자 암대는 그윽하네 花發巖臺幽
이를 대하자 오랜 벗[177] 생각나 對此懷素友
밤낮으로 이별의 근심을 더하네 日夕增離憂

산속에서 지내며 지은 즉흥시[山居卽事]

천성이 본래 산수를 사랑하여 性本愛山水
오래 전 물러나서 쉬고 있는데 久已成退休
곡구의 조부 집은 그윽하여 谷口先廬幽
때로 세상 밖 유람에 알맞네 時諧物外遊

올해에는 식솔들을 이끌고 今年挈家累
시내 굽어보며 깃들어 사니 棲息臨溪流
시내에는 봄볕이 따스하고 溪流春景暄
솟구친 물새들 짝지어 날아가네 矯翼雙飛鷗

솔과 삼나무는 골에 그늘 드리우고 松杉翳澗壑

---

176) 성묘[松楸] : '송추'는 소나무와 오동나무인데, 무덤가에 많이 심었기 때문에 무덤을 말한다. 성묘한다는 뜻으로 널리 쓰인다.
177) 오랜 벗[素友] : '소우'는 정의(情誼)가 진실하고 순수한 벗이니 오랜 벗을 말한다.

꽃과 버들은 숲과 언덕에 곱네　花柳榮林丘
어른과 아이들 서너 무리와　冠童三數輩
훌륭한 짝이 되기에 충분하네　足以當高儔

흥이 오르면 문득 기뻐하고　興來輒共懽
술이 이르면 또 서로 따라주니　酒至還相酬
모르겠구나, 세상 사람들도　未知塵世人
이러한 즐거움을 갖고 있는지　能有此樂不

거눈고 책으로 흥취는 넉넉하고　琴書剩饒趣
밥과 국만으로도 근심을 잊으며　簞瓢亦忘憂
여유롭게 내 생애를 마치리니　優遊畢吾生
이밖에 다시 무엇을 구하리요　此外復何求

계정에서 지은 즉흥시[溪亭卽事]

시냇물 구비 돌아가는 작은 초당으로　溪水灣環小草堂
저녁 바람에 가끔 저 숲 향기 실려 오네　晚風時送隔林香
성큼 길어진 날에 달리 할일이 없어　翛然永日無餘事
오직 고상한 벗과 술상을 함께 하네　惟與高朋共一床

– 전 명로全明老가 좌중에 있었다.

시냇가를 산보하며[散步溪邊]

버들은 푸르디푸르고 꽃은 절로 붉으며　柳自青青花自紅
하늘에 날고 못에 뛰어 모두 무궁하기에[178]　天飛淵躍摠無窮
고요한 속에서 생동하는 천기를 느끼니　靜中會得天機活
만물과 나는 원래 하나의 공변된 이치라네　物我元來一理公

---

178) 하늘에 …… 무궁하기에 : 주 161) 참조.

계정의 뜰 나무가 녹음을 새로 드리운 것이 사랑할 만하여[溪亭庭樹綠陰新敷可愛]

뜰 앞의 높은 나무 어린 잎 가지런하니 　庭畔喬林嫩葉齊
산새가 때때로 작은 가지에서 우네 　山禽時點小枝啼
녹음이 우거진 시내 정자는 고요하여 　綠陰滿地溪堂靜
해질 때까지 편히 앉아 서책을 보네 　穩坐看書至日西

계정에 적다[題溪亭]

외진 곳에 솔 그늘이 이어지니 　地僻松陰合
사람 한가하고 한낮은 길구나 　人閒午景長
시원한 바람 북창 아래로 부니 　清風北牕下
베개만 베면 희황 시대로 간다네[179] 　一枕到羲皇

지가동을 찾아서[尋芝歌洞]

– 대臺에 명옥鳴玉이라 새겼다.

산 중에 장마가 걷히자 　山中積雨晴
우연히 남쪽 골짜기로 가는데 　偶向南谷行
노인과 아이 앞서거니 뒤서거니 　老幼忘後先
천 신발이 한층 더 가볍네 　巾屨增便輕

굽은 시내 징검다리 건너서 　逶迤度溪棧
골에 들어서니 길은 평평한데 　入谷路猶平
샘물 소리 홀연히 귀에 가득 차 　泉聲忽盈耳

179) 시원한……간다네 : 은거하여 혼자 즐기는 사람을 말한다. 도잠(陶潛)의 「여자엄등소(與子儼等疏)」의 "오뉴월 중에 북창 아래에 누워 있으면 서늘한 바람이 이따금씩 스쳐 지나가곤 하는데, 그럴 때면 내가 태고적 희황 시대의 사람이 아닌가 하는 생각이 들기도 한다.[五六月中 北窓下臥 遇涼風暫至自謂是羲皇上人]"에서 유래한다.

정신이 번쩍 들어 상쾌하네	爽然心神醒
폭포수는 옥 힘줄같이 드리우고	懸流玉筋垂
맑은 못은 은빛 거울처럼 밝은데	澄泓銀鑑明
물보라 하얀 눈송이처럼 흩날리고	飄灑素雪翻
시내는 옥패처럼 가볍게 울리네	鏗鏘輕佩鳴
바위는 하늘 높이 솟았고	有巖峙穹窿
두 갈래 시내는 돌아 흐르네	雙澗流回縈
늘어선 가파른 봉우리 올려보고	仰瞰危峯列
질러 흐르는 시내를 굽어보네	俯臨平川橫
푸른 솔들 그늘져 울창하고	蒼松互蔭鬱
자줏빛 지초는 피어 한창이라	紫芝方敷榮
이곳이 경치 가장 그윽하니	玆焉最幽勝
천혜의 비경을 누가 다시 다툴까	天秘誰復爭
바위에 앉아 맑은 물결 희롱하며	坐石弄淸漪
진세의 갓끈을 깨끗이 씻다가	洗盡塵世纓
해가 져도 담담히 돌아감을 잊으니	日夕澹忘歸
건너 숲엔 저녁 안개가 피어나네	前林暮靄生

수대동을 찾아서[尋水碓洞]

삼복에도 오히려 시원하여	伏日尙淸凉
어른 아이들과 함께 가는데	冠童聊同行
동행이 동쪽 골을 가리키고	同行指東谷
돌길엔 명아주 지팡이 경쾌하네	石路藜杖輕
곡구엔 두 봉우리 솟아 있고	谷口聳雙巘
봉우리밖엔 시내 고르게 흐르는데	巘外溪流平
숲으로 들어가며 시내를 따르니	穿林循碧澗
때 묻은 흉금이 말끔히 깨어나네	灑灑塵襟醒
바위 골짜기 그윽하고 고요하며	巖壑窈而靜
물과 돌은 맑고도 산뜻하네	水石淸且明

버려진 누대는 이끼에 묻혔고	遺臺綠苔沒
폐허에는 푸른 등나무 얽혀서	廢址蒼藤縈
옛 방아는 다시 찾을 수 없고	古碓無復尋
썩은 외다리만 가로 놓여있네	朽彴猶自橫
당시에는 관직[180]을 버리고	當時謝簪笏
은거하며[181] 영고성쇠 잊었네	考槃忘枯榮
태극의 깊은 이치 탐구하여	究盡太極蘊
세상의 다툼을 간파하였네	覷破羣動爭
다시 방외인을 초대하여	復招方外人
결사[182]를 이곳에서 맺었네	蓮社玆焉營
모시며 몇 번이나 오갔던가	杖屨幾來往
종유하며 마음을 다 쏟았네	從遊盡心傾
허망한 세월을 배회하니	徘徊歲月荒
눈물 콧물이 공연히 갓끈을 적시네	涕泗空沾纓
맹세하건대 초가집을 엮어서	誓言結茅棟
여유롭게 노닐며 여생을 마치리라	優遊畢餘生

차운하여 별제를 지낸 노 정보 어른에게 사례하다[次韻謝盧別提正甫丈]

밤낮을 수석 가운데에서 노니니	日夕徜徉水石中
천리 밖의 친구[183] 생각이 그지없는데	停雲千里思無窮

180) 관직[簪笏] : '잠홀'은 옛날 관직에 있는 벼슬아치가 쓰던 비녀와 홀을 말한다.
181) 은거하며[考槃] : 은둔(隱遁)할 집을 만들어 놓고 자락(自樂)하는 것을 말한다. "은거하는 집을 산골 냇가에 지으니, 석인의 마음이 넉넉하도다.[考槃在澗 碩人之寬]"에서 온 말이다.(『詩經』「衛風·考槃」)
182) 결사[蓮社] : '연사'는 뜻을 같이 하는 승속(僧俗)의 인사들이 모여 만든 불교의 결사체(結社體)를 말한다. 동진(東晉)의 고승 혜원(慧遠)이 당시의 현사(賢士) 유유민(劉遺民)·뇌차종(雷次宗) 등과 함께 승속 1백 23인을 규합하여 결사를 조직하고 그 정사(精舍)의 연못에 백련(白蓮)을 심었던 고사에서 유래한다.(『僧史略』下)
183) 친구[停雲] : '정운'은 친구를 그리워하는 마음을 말한다. 도잠(陶潛)의 「정운(停雲)」의 "뭉게뭉게 제자리에 서 있는 구름이요, 부슬부슬 제때에 내리는 비라.[靄靄停雲 濛濛時雨]"에서 온 말이다.(『陶淵明集』) 도잠은 자서에서 "정운은 친구를 그리워함이다.[停雲思親友也]"라고 하였다.

다정한 편지 읽으니 지나친 염려 알겠고	情緘讀罷偏承眷
꽃다운 시편 읊으니 얼굴 대한 듯하네	華什吟來怳接容
덧없는 세상 티끌 속에선 다 나그네이고	浮世塵埃俱是客
흐르는 세월에 귀밑털 세어 노인되었네	流年鬢髮各成翁
어찌하면 달 오른 계정에서 만나	何當邂逅溪亭月
산 막걸리 따르며 함께 솔숲을 바라볼까	共酌山醪看萬松

명로의 시에 차운하다[次明老韻]

십리 뻗은 산천은 세상과 동떨어졌기에	十里溪山隔世紛
쓸쓸한 초가집엔 사립문이 닫혀있네	草廬蕭灑掩衡門
유물184)은 다행히 조상의 유업을 보존하고	青氈幸保先人業
서책에서 옛 성인의 말씀을 깊이 탐구하네	黃卷深探古聖言
짙게 깔린 산 구름은 펴졌다가 말리고	靉霴山雲舒復卷
졸졸대는 바위여울은 고요하다 시끄럽네	琮琤石瀨靜還喧
이제 온 골짜기의 그윽한 흥취 차지했으니	從今一壑專幽趣
명예는185) 팔 내저어 뜻 바꾸지 않으리	掉臂名韁志不分

명로가 언명 홍도의 운자를 써서 지은 시에 차운하다[次明老用洪彦明覩韻]

궁벽한 산골 장마 비로 길이 끊어지니	窮峽淫霖斷客行
문을 닫고 마주 앉아 속마음을 나누네	閉門相對說衷情
반평생 산수에 고질병이 많이 들었고	半生多癖惟山水
말년에는 영리와 명예에 마음이 없네	末路無心是利名

---

184) 유물[青氈] : '청전'은 선대(先代)로부터 전해진 귀한 유물을 말한다. 진(晉) 나라 왕헌지(王獻之)가 누워 있는 방에 도둑이 들어와서 물건을 모조리 훔쳐가려고 하자 말하였다. "도둑이여, 푸른 모포는 우리 집안의 유물이니 그것만은 놓고 가는 것이 좋겠다.[偸兒 青氈我家舊物 可特置之]" 이를 들은 도둑이 도망쳤다는 고사에서 온 말이다.(『晉書』「王獻之列傳」)

185) 명예는[名韁] : '명강'은 명리(名利)의 굴레를 쓰고 이록(利祿)의 쇠사슬에 묶였다는 명강이쇄(名韁利鎖)의 줄임말이다.

시절은 빌리지 못하니 운명에 맡기고　時不假人堪委命
늙어 세상 잊어야 하니 모짊을 꺼리리요　老宜忘世豈嫌獰
날 듯한 좋은 감상을 누구와 분별할까　飄然勝賞知誰辨
사마천[186]의 높은 풍모 언명에게 있네　司馬高風有彦明

삼가 창석 선생의 시에 차운하여 명로에게 보이다[謹次蒼石先生韻 示明老]

세상 밖의 구름 낀 산은 깊고도 깊어　世外雲山深復深
문 앞 오솔길엔 초록 이끼가 깔려 있네　門前一逕綠苔侵
자주 찾아와 준 그대의 은근한 정 의지해　殷勤賴子頻來訪
마주 앉아 문장을 논하며 마음을 나누네　對榻論文更討心

아이들을 데리고 뒷산에 올라[携兒輩上後山]

지팡이 집고 집 뒤의 산봉우리에 올라서　理策來登屋後峯
두건 젖혀 쓰고 바위 속 소나무에 기대니　岸巾高倚石間松
눈 가득한 가을 풍경의 산수가 아름다워　秋容滿眼溪山好
끝없는 흥취타고 휘파람 불며 읊조리네　長嘯微吟興萬重

수회동을 유람하며[遊水回洞]

시냇물 맑고 밝아 옥거울처럼 투명하며　溪水澄明玉鏡空
바위산의 가을 풍경은 비단 병풍속이네　巖巒秋色錦屛中
흥취가 무르익어 못 가의 바위에 기대니　興闌徙倚潭邊石
단풍잎은 취한 얼굴처럼 발그레하네　楓葉還同醉面紅

---

186) 사마천[司馬] : 한 무제(漢武帝) 때 사람으로 남북으로 천하의 산천을 다니면서 호한(浩瀚)한 기운을 얻어 『사기(史記)』를 지었다고 한다.

구월 보름에 안 태화·홍 백원·최 여안을 데리고 선유동으로 향하다[九月望 携安太和洪伯源崔汝安 向仙遊洞]

맑은 강물은 콸콸 골짜기 속으로 쏟아들고　滾滾澄江注峽中
깎은 옥 같은 바위들 가을 하늘로 꽂히네　千巖玉削插秋空
조화옹이 나의 시흥을 보태주려고　化工爲我添詩興
바람과 구름을 몰아 무지개를 감싸네　驅使風雲繞彩虹

완장리에서[浣腸里]

봄 산이 비로 씻고 화장함을 보았더니　曾見春山雨洗粧
다시 찾은 가을 숲엔 누런빛이 가득하네　重尋秋葉滿林黃
내가 이 날에 어찌 꼭 씻어야만 하리요　區區此日何須浣
흙먼지는 원래 창자에 들어오지 않는 것을　塵土元來不入腸

백운대에서[白雲臺]

옥을 깎은 듯한 천길 암벽과　玉削千尋壁
구름 깊은 백 척의 누대에　雲深百尺臺
시선이 떠난 지 이미 오래지만　詩仙去已遠
내가 오늘 다시 찾아왔네　今日我重來

신 우첨의 계정에서[申友詹溪亭]

나귀 타고서 벗이 지내는 곳 찾아오니　鞭驢來訪故人居
비단 같은 가을 산이 집을 둘러 있네　繞屋秋山錦繡如
한평생 골 독차지하고서 높이 누우니　專壑一生高枕臥
그윽한 흉금은 응당 세태와는 멀리라　幽襟應與世情疎

정사를 향하면서 짓다[向精舍有作]

지팡이 손질하라고 아들 괴롭히고　理策煩癡子
술동이 내오라고 아내에게 부탁하네　呼樽荷老妻
눈이 녹으니 골짝엔 추위 물러가고　雪消寒盡壑
얼음 녹으니 풀이 시냇가에 자라네　冰泮綠生溪
물새는 저문 물가에서 한가롭고　晩渚鷗閒泛
학은 깊은 솔 둥지로 돌아가네　深松鶴返棲
정사를 찾아가는 길에　行尋精舍路
작은 다리 서쪽으로 노을이 지네　斜日小橋西

명로와 술상을 마주하고 기쁜 마음으로 짓다[與明老對床志喜]

늙어서 병으로 궁벽한 골에 머무는데　窮谷年來病蟄蹤
고마운 그대 지팡이 짚고 자주 찾네　荷君携策屢相從
헤어질 때에는 다시 은근한 뜻이 있으니　臨分更有殷勤意
강학함은 모름지기 시종일관하여야 하네　講學要須貫始終

설날에 회포를 쓰다[元日題懷]

산림에서 오늘 또 새해를 맞이하여　山林今日又迎新
동이 술을 찰랑찰랑 가득 따르네　尊酒深斟瀲灩春
어머님[187]께서 만수무강하심을 기뻐하며　敢喜北堂膺萬壽
색동옷 입고 길이 노래자[188]가 되었으면　彩衣長作老萊身

두 해 동안 우거하며 산허리에 머무니　二年僑寓滯山樊

---

187) 어머님[北堂] : 어머님이 거처하시는 곳이 북당(北堂)이다.
188) 노래자[老萊] : '노래'는 춘추 시대 초 나라의 은사(隱士)인 노래자(老萊子)를 말하다. 칠십의 나이에도 부모님을 기쁘게 해 드리기 위하여 색동옷을 입고 재롱을 떨었다는 고사가 전한다.(『小學』「善行」)

꿈속에 강과 대숲[189] 사이를 자주 지났네　魂夢頻穿水竹間
오늘 아침 차례 지내지[190] 못함이 한스러워　敢恨今朝違薦食
슬프고 두려운 마음으로 눈물만 흘리네　情懷怵惕淚成痕

평생이 한가롭기에 학문은 그 자리인데　悠泛平生學未新
어느덧 사십육 년 째 봄이 되었네　居然四十六年春
이제부터 어제 잘못을 깨닫고 반성하여　從今悟昨加循省
가문에 허물 줄이는 사람[191]이 되었으면　庶作家門寡過人

연정에서 저녁에 졸다가[蓮亭夕睡]

– 계묘년(1663) 창녕昌寧에 있었다.

일마치고 지팡이 잡고서 연정에 기대니　衙罷攜笻倚小亭
석양이 먼 숲과 들에서 흐려지고 있네　夕陽明滅遠林坰
사랑스럽기는 담장 너머 수많은 대나무　最憐墻外千竿竹
세모의 바람서리에도 푸름을 간직함이네　歲暮風霜不改青

회포가 있어[有懷]

서류는 넘쳐나고 몸에는 병이 들었건만　簿書叢沓病纏綿
소생할 계책이 없어 봉급받기 부끄럽네　無策蘇殘愧俸錢
어느 날 군친의 은혜 조금이라도 보답하고　何日君親恩少答
낙동강 배에 거문고 하나 싣고 돌아갈까　一琴歸載洛江船

---

189) 강과 대숲[水竹] : '수죽'은 물가에 대나무가 있는 한적한 곳을 말한다. 두보(杜甫)의 「봉수엄공기제야정지작(奉酬嚴公寄題野亭之作)」 시에, "습유가 일찍이 두어 줄의 서신 아뢰었거니, 게으른 성질이 본래 강과 대숲 곁에만 살 뿐이라오.[拾遺曾奏數行書 懶性從來水竹居]"라고 하였다.

190) 차례를 지내지[薦食] : '천식'은 음식을 올리는 것으로 일반적으로 제사를 말하지만, 이 시에서는 새해에 지내는 차례를 말한다.

191) 허물 줄이는 사람 : 거백옥(蘧伯玉)이 보낸 사자가 공자의 질문에 "허물을 적게 하려고 하시나 아직 능치 못하십니다.[欲寡其過而未能也]"라고 답하자 공자께서 "훌륭한 사자로다, 훌륭한 사자로다.[使乎使乎]"라고 한 데서 유래한다.(『論語』「憲問」)

반곡대를 유람하며[遊盤谷臺]

필마를 타고 반곡을 찾아	匹馬尋盤谷
꽃과 버들 속 돌다리를 지나네	石橋花柳間
촌아이들 서로 웃고 떠들기를	村童爭笑指
사또께서 오늘은 한가하시네	使君今日閒
백성의 고통 구할 방도 없는데	凋瘵捄無術
공무로 정신마저 고달팠더니	疲神簿領間
석 달의 봄이 이미 무르익은	三春已爛漫
오늘 저녁에야 여가가 생겼네	玆夕始偸閒
푸른 들에 봄 풍경은 펼쳐지고	綠野春光遍
저만치 꽃 핀 마을이 있으니	花村指點間
애오라지 술 한 동이로	聊將一尊酒
잠깐의 여가를 즐기려하네	賭得片時閒
시내와 산이 육칠 리 펼쳐지니	溪山六七里
정자는 그림 속에 있는 듯하네	亭在畵圖間
며칠 동안 관아를 떠나오니	幾日休官去
몸 한가롭고 일 또한 한가롭네	身閒事亦閒

동각의 화분에 핀 국화를 읊조리다[詠東閣盆菊]

동쪽 울타리에서 옮겨 심은 어여쁜 국화	移得東籬燦燦黃
영각[192]의 두 화분이 중양절에 아름답네	兩盆鈴閣媚重陽
분명 서리 맞은 빛깔과 한가지라서	分明一樣凌霜色
사립문에 가지 않아도 늦은 향기를 맡네	不及山扉嗅晩香

---

192) 영각(鈴閣) : 지방 장관이 거처하는 곳의 별칭이다.

비온 뒤 징원당에서 지은 즉흥시[澄源堂雨後卽事]

공무 중에도 오늘은 여가 많아	簿領今多暇
저물녘 오사모[193] 쓰고 당에 기대니	烏紗倚晩堂
단비가 가뭄 기운을 씻어서	甘霖洗旱氣
밝은 해가 맑은 햇살을 쏟아내네	白日透晴光
무논엔 벼가 자라기 시작하고	水壟秧初長
산밭에는 보리가 벌써 익었기에	山田麥已黃
주린 백성들 선해질 수 있으니[194]	飢氓行有賴
병든 수령은 미칠 듯이 기뻐하네	病守喜如狂

서헌에서 비를 보며 고향을 회상하다[西軒對雨憶故山]

주렴을 걷고 말없이 서쪽 누대에 기대니	捲簾無語倚西樓
비바람 쓸쓸하여 온갖 근심이 일어나네	風雨蕭蕭攬百憂
고향의 푸른 계수나무 숲[195] 더욱 생각나	倍憶故山叢桂碧
언제 수레[196]타고 가 그 언덕을 마주할까	巾車何日對林丘

193) 오사모[烏紗] : 검은 깁으로 만든 모자로 벼슬아치의 모자이다.

194) 선해질 수 있으니[有賴] : '유뢰'는 의지하여 선해짐을 말한다. "풍년에는 자제들이 대부분 넉넉하여 선해지고 흉년에는 대부분 궁하여 포악해지는데[富歲子弟多賴 凶歲子弟多暴]"에서 유래한다.(『孟子』「告子上」)

195) 계수나무 숲[叢桂] : '총계'는 은사가 세속을 피해 사는 산림을 말한다. 한(漢) 나라 회남왕(淮南王) 유안(劉安)의 「초은사(招隱士)」의 "계수나무 무더기로 자라누나 산골 깊은 곳에, 꼿꼿하고 굽은 가지 서로 얽히었네.[桂樹叢生兮山之幽 偃蹇連卷兮枝相繚]"에서 유래한다.(『楚辭』 권12)

196) 수레[巾車] : '건거'는 은거하는 이가 타는 작은 수레를 말한다. 동진(東晉)의 도잠(陶潛)의 「귀거래사(歸去來辭)」의 "어떤 때는 수레를 타고 또 어떤 때는 거룻배를 저으면서, 깊숙한 골짜기를 찾아도 가고 높다란 언덕에 올라 거닐어 보기도 한다.[或命巾車 或棹孤舟 旣窈窕以尋壑 亦崎嶇而經丘]"에서 온 말이다.

삼가 한강선생의 「아각」[197] 시에 차운하다[謹次寒岡先生衙閣韻]

형체를 따르던 어제 잘못 누가 깨달았나 形役誰能悟昨非
어설픈 나는 돌아간다고 읊음이 알맞네 才踈端合賦吾歸
은근하게 산속의 나그네에게 알리노니 殷勤爲報山中客
봄바람이 불면 옛 낚시터를 손질해두게 須趁春風理舊磯

「황산초당」의 시에 차운하다[次黃山草堂韻]

듣건대 새로 짓는다는 초당 聞說開新築
황산의 수석 사이라 하는데 黃山水石間
느긋이 걸으면 들 사슴이 따라오고 閒行隨野鹿
높이 읊조리면 숲 매미가 화답하리 高詠和林蟬

시냇물 마시며 굶주림도 즐기고 澗飮飢堪樂
돌밭 갈다가 피곤하면 잠잘 줄을 巖耕倦卽眠
가장 가까이에서 사귀어 알기에 從遊知最近
나도 빨리 전원으로 돌아가고 싶네 吾欲早歸田

을사년(1665) 정월 5일 사천의 고사[198]를 좇아 반곡대에서 노닐며 도연명의 시의 운자를 써서[乙巳正月五日 追斜川故事 遊盤谷臺 用陶韻]

봄철의 날씨 따스하기에 青陽風日暄
좋은 절기 한가로이 쉴만하네 勝節聊暇休
홀연히 사천의 시구를 찾아 忽尋斜川句
멀리 팽택령[199]의 유람을 따르네 遠追彭澤遊

---

197) 아각(衙閣) : 「창산아각우음(昌山衙閣偶吟)」 2수를 말한다.(『寒岡先生文集』 권1)
198) 사천(斜川)의 고사 : 도연명이 나이 37세 되던 해 정월 5일에 율리(栗里)와 가까운 사천(斜川)에 나가 노닐면서 「유사천(遊斜川)」을 지은 일을 말한다.(『陶淵明集』 권2)
199) 팽택령[彭澤] : 도연명의 별칭이니 팽택령(彭澤令)이 되었다가 그만두었기 때문이다.

대나무 언덕 따라 산보하며 散步循竹塢
두건 젖혀 쓰고 시냇물 굽어보네 岸幘臨溪流
처음엔 새장 벗어난 학과 같다가 初如出籠鶴
다시 파도를 헤치는 물새 같구나 還似凌波鷗

흰 구름 낀 산을 우러러 보고 仰眺白雲岑
푸른 숲과 언덕을 굽어보다가 俯瞰蒼林丘
시내 구비 차지한 그윽한 누대에 幽臺占澗曲
좋은 벗들과 모여 이야기 나누네 悟言集良儔

새로 난 산골의 쑥을 자르고 谷艾剪新荑
잔을 들어 서로 따라주니 擧觥乃相酬
서류 속에서 머리 센 이들은 白首簿書間
다시 이러한 즐거움이 있을까 復有此樂不

돌에 앉아 맑은 샘물로 이 닦아 坐石漱瑤泉
진세의 근심을 모두 씻어내네 滌盡塵世憂
행동은 처음으로 돌아가야 하지만 行當返初服
높이 누워 밖에서 구하지는 않네 高臥無外求

이은내에서[吏隱臺]

동각에 봄이 드니 여가가 많아 東閣春多暇
그윽한 기약에 몇 번이나 찾았나 幽期幾度尋
교외의 유람은 예절을 벗어나니 郊遊寬禮數
시골 노인과 화답하며 시를 읊네 村老和詩吟

푸른 암벽은 술동이 앞의 그림이요 苔壁樽前畵
맑은 샘물은 세상 밖의 음악이네 瑤泉世外音
새로 꾸민 대는 이름도 아름다워 新臺名更好
누가 다시 나의 마음을 알아줄까 誰復賞吾心

농사일을 살펴보고 마수진을 지나며[省稼過馬首津]

마수진으로 천천히 돌아오는데 馬首津頭緩緩廻

맑은 강 하얀 자갈에 두 눈이 열리네	澄江白礫兩眸開
삼호의 승경을 대한 듯하여 읊조리니	長吟宛對三湖勝
그윽한 흥취 표연하여 절로 가눌 길 없네	幽興飄然不自裁

– 삼호三湖는 고향에 있다.

서루에서 지리산을 바라보며[西樓望智異山]

아스라한 방장산[200] 의	縹緲方丈山
쌍 상투가 하늘 밖으로 드러나서	雙髻露天表
푸른빛이 끝없이 눈에 들어오니	入眼青未了
세속의 허물에 막힌 내가 부끄럽네	愧我滯塵累

명로의 시에 차운하다[次明老韻]

삼대에 걸친 임금과 신하의 의리	三世君臣義
백년을 이은 어미와 자식의 정	百年母子情
한평생의 충과 효	平生忠與孝
어떻게 나의 정성을 다할까	安得盡吾誠

집에 돌아와 회포를 적다[還家題懷]

율리로 돌아와 묵은 세 오솔길을 찾으며[201]	栗里歸尋三逕荒
남창에서 한껏 즐거워[202] 술병을 당기네	南牕寄傲引壺觴
전원에서 졸렬함을 기름이 나의 분수이니	田園養拙眞吾分
그때 세상으로 황망히 나간 일이 후회되네	却悔當年出脚忙

---

200) 방장산(方丈山) : 주 158) 참조.

201) 율리로 …… 찾으며 : 율리는 무첨재선생의 고향이다. 삼경(三逕)은 은자가 사는 곳에 만들어둔 세 오솔길이다.

202) 남창에서 …… 즐거워 : 은거의 생각을 실천함에서 얻어지는 즐거움을 말한다. 도잠의 「귀거래사(歸去來辭)」의 "남창에 기대어 오연히 즐거워하니, 무릎이나 들어갈 작은 집이 편안하기 쉬움을 알겠노라.[倚南窓以寄傲 審容膝之易安]"에서 유래한다.

점사에서 감회가 일어[簟寺感懷]

메마른 고목 속 오솔길엔 눈이 쌓였고　　古木蕭森雪逕層
선방엔 아직도 독서 등불이 걸려 있네　　禪龕猶掛讀書燈
의연하게 사십년 전의 일을 회상해보니　　依然四十年前事
쓸쓸한 여생으로 눈물이 가슴을 채우네　　孤露餘生淚滿膺

석가산을 읊조리다[詠石假山]

세상 사람들 자장의 유람[203]을 배워서　　世人爭學子長遊
천리 먼 곳의 유명한 산을 힘써 찾으니　　千里名山費遠求
방안의 베개에서 보는 것과 어찌 같으랴　　何似室中欹枕對
늘어선 돌 산 사이로 찬 시냇물 쏟아지네　　石峯森列瀉寒流

용주 조경[204] 공의 「적백마」 시에 차운하다[次龍洲趙公絅謫白馬韻]

풍모와 문장은 후산[205]을 본받았으나　　風節文章軼后山
위태롭게 서관에 갇혔던 일 차마 말하랴　　艱危忍說縶西關
공에게 맑은 복을 줌은 하늘의 뜻이니　　餉公淸福還天意
만년에 산림에서 한결 같이 한가하였네　　歲晏林泉一味閒

---

203) 자장의 유람[子張遊] : '자장'은 『사기(史記)』를 지은 사마천(司馬遷)의 자이다. 그는 유람을 좋아하여, 일찍이 남쪽의 강수(江水), 회수(淮水)로부터 북쪽의 양(梁)과 초(楚) 지방까지 두루 유람하였다.(『史記』「太史公自序」)

204) 조경(趙絅, 1586~1669) : 자는 일장(日章), 호는 용주·주봉(柱峯), 본관은 한양(漢陽), 시호는 문간(文簡)이다. 1612년 사마시(司馬試)에 입격하였으나, 광해군의 난정(亂政)으로 대과를 단념하고 거창에 은거하였다. 1623년 인조반정 후 유일(遺逸)로 천거되었다. 저서는 『용주집』·『동사록(東槎錄)』 등이 전한다.

205) 후산(后山) : 진사도(陳師道)의 호이다. 그는 송(宋) 나라 때의 시인인데, 특히 청빈(淸貧)하기로 이름이 높았다.

검호에서 감회가 일어[檢湖感懷]

물새는 넓디 찬 물결에 떠있고	鷗鷺寒波濶
산소는 저문 언덕 속에 있건만	松楸晩壟縈
해를 넘겨 성묘하지 못하였으니	隔年違展省
오늘의 심정이 어떠하겠는가	今日若爲情

율리잡영栗里雜詠

서녘 산[西山]

서녘 산은 높고 우뚝하니	西山高屹然
바라보지만 오를 수는 없네	可望不可攀
이 사람은 오래 전 떠났지만	斯人去已久
아직도 나의 완악함을 치유해주네[206]	尙能廉我頑

남쪽 시내[南溪]

남쪽 시내 작다고 말하지 말라	莫謂南溪小
비록 작으나 또한 높이 있으니	雖小亦占高
바다로 가려는[207] 뜻 그친 적 없어	朝宗意未已
밤낮 쉬지 않고 흘러가네	日夜流滔滔

벼 자라는 들판[稻郊]

가난할 적엔 농사일 배워도 되니	貧居學不妨
원량[208] 또한 몸소 농사 지었네	元亮亦躬稼
가을의 흥취 서쪽 밭[209]에 있으니	秋興在西疇

---

206) 이 …… 치유하네 : '서산(西山)'은 백이숙제가 은거한 수양산을 말한다. 그러므로 '사인(斯人)'은 백이숙제를 말한다. 렴(廉)은 완악함을 치유함을 말하는데, "백이의 풍도를 들은 자들은 완악한 지아비가 청렴해진다.[聞伯夷之風者 頑夫廉]에서 온 말이다.(『孟子』「萬章下」)

207) 바다로 가려는[朝宗] : '조종'은 물이 바다로 흘러감을 말한다. "모든 강물이 동해 바다로 들어가 인사드린다.[江漢朝宗于海]"에서 온 말이다.(『書經』「禹貢」)

208) 원량(元亮) : 도잠(陶潛)의 자(字)이다.

온 들판에 황금물결 일렁이네　黃雲沒高下

채소밭[菜圃]

연한 잎이 봄을 맞아 하늘거리고　嫩葉迎春媚
붉은 싹은 가랑비에 젖어 돋아나네　丹荑帶雨纖
정원에서 날마다 흥취를 이루었기에[210]　陶園日成趣
물동이 안음[211]을 어찌 꺼리리요　抱甕更何嫌

대나무 오솔길[竹逕]

무성하도다[212] 빽빽한 대나무여　猗猗森萬玉
바람서리에도 굳은 절개 지켰네　苦節風霜中
읊조림만으로 어찌 만족할까　吟嘯寧自足
위 무공의 절차탁마를 추억하네　切磋憶衛公

솔 숲[松林]

꿋꿋하여 동량이 될 재목이　亭亭棟梁質
추워진 뒤에도 푸름을 지키네　能保歲寒青
모산[213]의 은거가 가장 좋아　最愛茅山隱
기쁘게 누워 홀로 듣는다네　欣然獨臥聽

---

209) 서쪽 밭[西疇] : ‘서주’는 은자가 은거하는 전원(田園)을 말한다. 도잠의 「귀거래사(歸去來辭)」의 “농부가 봄이 왔다 내게 알려주니, 이젠 서쪽 밭을 갈아야겠네.[農人告余以春及 將有事於西疇]”에서 온 말이다.

210) 정원에서 …… 이루었기에 : 도잠의 「귀거래사」의 “정원을 날마다 거닐어 흥취를 이룬다.[園日涉以成趣]”에서 유래한다.

211) 물동이 안음[抱甕] : ‘포옹’은 채소밭에 물을 주기 위한 물동이를 안음인데, 힘들어도 본성을 지키는 삶을 살겠다는 뜻을 담고 있다. 자공(子貢)이 초(楚) 나라에서 노닐다가 진(晉) 나라로 돌아오는 길에 한음(漢陰)이란 곳에서 은자를 만났다. 그 노인은 우물을 파서 ‘항아리를 안고 그 속으로 들어가 물을 퍼서 밭에 붓고 있었다.[抱甕而出灌]’는 고사에서 온 말이다.(『莊子』「天地」)

212) 무성하도다[猗猗] : ‘의의’는 대나무가 무성하여 아름다움을 말한다. 위 무공(衛武公)을 칭송한 “저 기수 물굽이를 굽어다 보니, 푸른 대나무가 무성하도다. 아름답게 문채 나는 우리 님이여, 깎고 다듬고 쪼고 간 듯하네.[瞻彼淇奧 綠竹猗猗 有斐君子 如切如磋 如琢如磨]”에서 온 말이다.(『詩經』「衛風·淇奧」)

213) 모산(茅山) : 양(梁) 나라의 은자 도홍경(陶弘景)이 모산에서 살며 은거하였다.(『南史』「陶弘景傳」)

연못[蓮池]

더럽지 않고 또 의지하지 않으니	不汚亦不倚
정우[214]라는 이름을 줄 만하네	淨友名堪錫
염계 옹의 그 당시 뜻은	濂翁當日意
지금도 향기와 덕을 같이하네	至今同馨德

국화밭[菊畦]

이곳이 또한 율리이고	此地亦栗里
국화[215]는 고금이 없으니	寒花無古今
바람서리에도 만년의 약속 지켜	風霜托晩契
천년의 마음을 잊지 않으리라	耿耿千載心

매화창[梅牕]

하늘의 오묘한 뜻을 머금고	含得天心妙
어여쁜 옥설 같은 자태로다	嬌然玉雪姿
고산[216]에서 사람이 떠나간 뒤에	孤山人去後
누가 다시 마음의 기약을 부칠까	誰復寓心期

배나무 화단[梨塢]

짧은 뿌리 강릉[217]에서 가져와	寸根自臨瀛
손수 심어 이제 열매를 맺었네	手植今結子
따와서 맛보시게 올릴 만하니	摘來堪薦嘗
부모 잃은 슬픔[218]이 어떻겠는가	風樹悲何似

---

214) 정우(淨友) : 연(蓮)의 별칭이다. 송 나라 염계(濂溪) 주돈이(周敦頤)의 「애련설(愛蓮說)」에서 연의 맑고 깨끗함을 사랑하였으며, 송 나라 증조(曾慥)가 연을 정우(淨友)라고 칭했다.

215) 찬 꽃[寒花] : '한화'는 국화의 이칭으로 추운 계절에 피기 때문에 붙여진 이름이다.

216) 고산(孤山) : 서호처사(西湖處士)로 불린 북송의 임포(林逋)는 서호의 고산(孤山)에 은거하여 20년 동안 성시(城市)에 발을 들여놓지 않았으며, 행서와 시에 능하였는데, 특히 매화시가 유명하다. 장가를 들지 않아 처자 없이 매화를 심고 학을 기르며 즐기니, 당시에 '매처학자(梅妻鶴子)'라고 하였다. (『宋史』「林逋列傳」)

217) 강릉[臨瀛] : '임영'은 강릉(江陵)의 옛 이름이다.

218) 부모 잃은 슬픔[風樹悲] : '풍수비'는 풍수지통(風樹之痛)과 같은 말인데, 부모가 죽어 봉양하지

매호잡영梅湖雜詠

상령의 한가한 구름[商嶺閒雲]

한가한 구름 먼 봉우리에서 나오니	閒雲出遠岫
마음이 없는 듯해도 마음이 있다네	無心還有心
어찌 상산사호219) 만을 짝할까	豈徒伴四皓
때때로 큰 가뭄에 단비를 내린다네	時成大旱霖

병성의 가랑비[屛城細雨]

병성에 남은 옛 터는	屛城餘古址
어느 시대에 쌓았는가	不知何代築
그 속에 지키는 사람은 없고	無人守其中
비구름만 공연히 비를 뿌리네	雲雨空霏霏

초현의 저녁 낙조[草峴晩照]

지친 새는 모두 돌아가고	倦鳥歸飛盡
서녘 산엔 자줏빛이 겹겹인데	西巒紫翠重
한 조각 비낀 석양 너머에	一片斜陽外
어디서 방아소리가 들려오는가	數聲何處舂

매화 창에 뜬 흰 달[梅牕素月]

눈 속 한매의 봉우리 터지자	雪裏寒梅綻
창가 한 나무에 봄이 들었네	牕邊一樹春
은 두꺼비가 옥 같은 뼈를 섞으니220)	銀蟾雜玉骨

못하여 슬퍼함을 말한다. "나무는 고요히 있고 싶지만 바람이 그치지 않고 자식은 봉양하고 싶지만 어버이가 계시지 않는다.[樹欲靜而風不止 子欲養而親不待也]"에서 유래한다.(『韓詩外傳』)

219) 상산사호[四皓] : '사호'는 중국 진시황(秦始皇) 때 난리를 피하여 상산(商山)에 들어가 숨은 네 사람의 은사(隱士)로, 동원공(東園公)·기리계(綺里季)·하황공(夏黃公)·녹리선생(甪里先生)을 말한다. 모두 눈썹이나 수염이 흰 노인이었으므로 이렇게 불렀다. 이들은 한 고조인 유방이 여러 번 불렀으나 나오지 않다가 장량의 계책으로 태자의 스승이 되었다.

220) 은……섞으니 : 은 두꺼비는 달을 말하고, 옥 같은 뼈는 달빛을 말한다. 곧 달빛이 매화꽃 봉우리를 비추는 것을 말한다.

두 정신이 빛나고 깨끗하네	皎潔兩精神

낙동강의 물이 불어나는 것을 보고[洛江觀漲]

육지가 온통 강이 되어	平陸渾成江
파도치며 질펀하게 흐르네	波濤流浩漫
어찌하면 한 잎 뗏목을 얻어	安得一葉槎
곧장 은하수로 거슬러 올라갈까	直泝窮天漢

용연에 배를 띄우고[龍淵泛舟]

상락주[221]를 세 통 담고	桑落三樽酒
용연에 조각배를 띄워서	龍淵一葉舟
해마다 멋진 모임을 이루니	年年成勝會
매번 국화 피는 가을이라네	每趁菊花秋

남산의 철쭉[南山躑躅]

처음 터질 때는 비단처럼 붉고	初綻紅似錦
두루 피면 찬란한 노을 만드네	開遍爛成霞
유람하고 감상하는 봄의 흥취	遊賞三春興
모두 온 산의 핀 꽃에 부치네	都付一山花

동쪽 교외의 메벼[東郊秔稻]

황금물결 동쪽 교외에 넘치니	黃雲漲東郊
나는 메벼 익어감을 기뻐하네	喜我秔稻熟
이웃들 넉넉하고 풍요로워	穰穰四隣豐
닭고기와 술로 부르며 따르네	雞酒相呼逐

서쪽 동산의 오죽[西園烏竹]

두어 대에 쌀쌀한 바람 불어도	颯颯數叢寒

221) 상락주[桑落] : '상락'은 술 이름이다. 하동(河東)의 상락(桑落) 고을에 우물이 있는데, 뽕잎이 지는 시기에 그 물을 길어다 술을 빚으면 그 술맛이 매우 좋아 붙여진 이름이다.(『霏雪錄』)

눈 속에서 굳세고도 곧구나 雪中勁且直
누가 한 말의 먹물로 誰將一斗墨
기원[222]을 다 물들였나 染盡淇園色

북쪽 들의 푸른 소나무[北原蒼松]

늠름하게 서리를 이기는 절조요 凜凜凌霜節
우뚝하게 구름에 닿은 자태로다 落落干雲姿
파도 같은 소리 매우 세차게 들리고 海濤聞甚壯
교룡 같은 모습은 또한 기이하네 蛟形見亦奇

단촌의 맑은 연기[椴村晴烟]

비 개인 강촌의 저녁 雨霽江村夕
가벼운 연기 먼 공중에 어여쁘라 輕烟媚遠空
이내 같다가 안개 같기도 하여 似嵐還似霧
그림 속으로 들어가는 듯하네 堪入畵圖中

버드나무 못에서 노는 물고기[柳塘遊魚]

지팡이 짚고 굽은 물가 걸어가며 一筇遵曲渚
즐겁게 뛰노는 물고기 바라보네 潑潑觀魚嬉
나는 본래 낚시질을 잊었으니 我本忘綸餌
유연히 호상[223]을 생각하네 悠然濠上思

서산사에서의 연구[西山聯句]

아스라한 서산사에 縹緲西山寺

---

222) 기원(淇園) : 군자가 거처하는 동산을 말한다. 『시경(詩經)』 「위풍(衛風)·기욱(淇奧)」에서 유래한다. 군자가 끊임없이 자신의 덕을 수양하는 것을 찬미한 시이다.

223) 호상(濠上) : 호량의 다리 위를 말한다. 장자(莊子)가 혜자(惠子)와 함께 호량(濠梁)에서 물고기의 노는 것을 구경하며 "물고기들이 즐겁겠구나.[魚樂也]"라고 하자 혜자가 "자네는 물고기가 아닌데 어찌 물고기의 즐거운 줄을 아는가.[子非魚 安知魚之樂]"라고 하였다. 장자가 "자네는 내가 아니면서 어찌 내가 물고기의 즐거움을 알지 못할 줄을 아는가.[子非我 安知我不知魚之樂]"라고 한 데서 유래한다.(『莊子』 「秋水」)

네 벗이 함께 찾아왔네

來尋四友同

– 봉휘鳳輝

지팡이 짚고 깊은 골로 들어오니
양쪽 겨드랑이에 가벼운 바람이네

一筇穿絶壑
兩腋御輕風

– 광숙光叔

바라보아도 높은 뫼는 멀리 있고
가고 가도 좁은 길은 이어졌네

望望高峯遠
行行細路通

– 자목子木

구름 걷히니 봉우리 어지럽고
바위에 쉬며 기러기를 헤아리네

披雲延亂峀
憩石數飛鴻

– 봉휘鳳輝

무력한 몸이 위험한 곳 가는데
지팡이로 위태함을 넘어서네

履險身無力
憑危策有功

– 광숙光叔

훌훌 세상을 버리고
흡사 구름 속에 들어온 듯하네

飄然遺世界
宛若入雲空

– 자목子木

늙은 중은 오솔길에서 맞이하고
드문 종소리는 절에서 들려오네

老釋迎蘿逕
踈鍾出梵宮

– 봉휘鳳輝

대나무 걸상에 앉아 높이 읊조리고
창가에 기대어 길게 휘파람 부네

高吟坐竹榻
長嘯倚牕櫳

– 광숙光叔

누각은 푸른 언덕 아래에 있고
주렴은 비취빛 골짜기 속에 있네

貝閣蒼厓下
珠簾翠峽中

– 자목子木

규모를 새롭게 하여 지으니
금빛 옥빛이 영롱하게 비치네

規模新結構
金碧映玲瓏

– 봉휘鳳輝

삼존 불상은 엄숙하고	佛像三尊儼
벽에 걸린 선방의 등은 붉네	禪燈半壁紅
	－ 광숙光叔
머무는 중은 정다운 말이 많고	居僧多軟語
유람 온 객은 속마음을 풀어내네	遊客罄深衷
	－ 자목子木
질솥이 식자 차를 따르고	銼冷茶初點
향기 사라지자 밤은 이미 깊네	香銷夜已窮
	－ 봉휘鳳輝
빈 창틀에 바람 소리 거세고	虛櫺風淅瀝
그윽한 휘장엔 달빛 흐릿하네	幽幌月朣朧
	－ 광숙光叔
꿈을 깨니 동이 트려하고	夢罷大將曙
구름 짙더니 눈발이 날리네	雲沉雪正濛
	－ 자목子木
흩날리어 원근이 어렴풋하고	繽紛迷遠近
깨끗하여 동서가 모두 하얗네	皓潔遍西東
	－ 봉휘鳳輝
좋은 나무들 산골 단장하고	玉樹粧千窟
고운 꽃이 떨기마다 가렸네	琪花綴萬叢
	－ 광숙光叔
모진 바람은 하얀 땅을 흔들고	獰風掀白地
고운 눈은 푸른 하늘을 덮었네	瓊雪蔽蒼穹
	－ 자목子木
빼어난 자태를 하늘이 보여주니	異態天供賞
어떤 경치가 이보다 기이하랴	奇觀孰比雄
	－ 봉휘鳳輝
동쪽 누대에서 구절[224]을 잡고	東臺携九節
북륙[225]을 두 눈 들어 바라보네	北陸騁雙瞳
	－ 광숙光叔

늘어선 뫼엔 은빛 창이 빽빽하고 列峀森銀戟
외론 소나무엔 하얀 깃발이 섰네 孤松立素幢
– 자목子木

어룡은 푸른 바다에서 싸우고 魚龍戰滄海
비늘 갑옷은 험준한 산에 걸렸네 鱗甲掛崆峒
– 봉휘鳳輝

문득 꽃 찾는 나비인가 했는데 却訝尋花蝶
도리어 달려드는 병사인가 하네 還疑赴敵戎
– 광숙光叔

용문은 노닐기에 가장 뛰어나고 龍門遊最勝
잠악은 흥이 더욱 화락하네 潛岳興彌融
– 자목子木

다리 위엔 나귀 탄 나그네요[226] 橋上騎驢客
시내 속엔 노 돌리는 노인이라네[227] 溪中返棹翁
– 봉휘鳳輝

그 당시의 맑은 뜻을 當時淸意味
오늘 다 느낄 수 있네 今日盡收籠
– 광숙光叔

---

224) 구절(九節): 한 치마다 아홉 개 이상의 마디가 있는 창포인데, 창포 중에 이것이 가장 상품(上品)이라고 한다. "창포는 반드시 돌 위에서 난 것으로, 한 치마다 아홉 마디 이상인 데다 자줏빛 꽃이 핀 것이 좋다.[菖蒲生須得石上 一寸九節已上 紫花者尤善也]"에서 온 말이다.(『抱朴子』「仙藥」)

225) 북륙(北陸) : 이십팔수(二十八宿) 중 허수(虛宿)를 가리킨다. "해가 북륙에 가면 겨울이라 하고 서륙(西陸)에 가면 봄이라 하고 남륙(南陸)에 가면 여름이라 하고 동륙(東陸)에 가면 가을이라 한다."에서 온 말이다.(『漢書』「律曆志下」)

226) 나귀 탄 나그네요[騎驢客] : 시상에 빠져 있는 시인을 말한다. 성당(盛唐)의 시인 맹호연(孟浩然)은 눈발이 휘날리는 파교(灞橋) 위를 나귀 타고 지나갈 때 가장 멋진 시상(詩想)이 떠올랐다고 하는데, 소식(蘇軾)의 「증사진하충수재(贈寫眞何充秀才)」의 "그대는 또 못 보았는가 눈 속에 나귀 탄 맹호연을, 시 읊느라 찌푸린 눈썹 산처럼 솟은 두 어깨를.[又不見 雪中騎驢孟浩然 皺眉吟詩肩聳山]"에서 유래한다.(『蘇東坡詩集』)

227) 시내 …… 노인이라네 : 진(晉) 나라 왕자유(王子猷)가 눈 내리는 밤에 섬계(剡溪)에 있는 벗 대안도(戴安道)가 생각나서 작은 배를 타고 찾아간 고사에서 유래한다.(『世說新語』「任誕」)

바다를 보고 하백을 조롱하며 觀海嘲河伯
얼음 의심하는 여름 벌레를 비웃네[228] 疑冰哂夏蟲
– 자목子木

빼어난 회포는 도리어 넓고 넓으니 逸懷還浩浩
돌아가려는 마음으로 서둘지 마세 歸意莫忽忽
– 봉휘鳳輝

술 잔 드니 감회가 끝이 없으나 把酒情無極
시를 지어도 구절이 공교롭지 않네 題詩句未工
– 광숙光叔

이번 유람은 신이 빌려주었으니 玆遊神所假
머리 들어 하늘에 경하하네 矯首賀天公
– 자목子木

산행에서 지은 연구의 절구시[山行絶句聯]

산허리의 실 같은 길은 높다가 낮아지니 山腰線路任高低
– 광숙光叔

지팡이 짚고 승경 찾아 오르고 내리네 杖策尋幽降復躋
– 봉휘鳳輝

여기서 사원[229]까지 멀지 않은 줄 아노니 此去招提知不遠
– 광숙光叔

---

228) 바다를 …… 비웃네 : 황하 귀신인 하백이 끝이 보이지 않는 북쪽 바다에 처음 이르러서 자신의 좁은 소견을 탄식하며 "지금 내가 당신의 끝이 없음을 보니, 내가 당신의 문에 오지 않았더라면 거의 못 볼 뻔했구려. 그렇다면 나는 길이 대방가의 웃음거리가 되었을 것입니다.[今我睹子之難窮也 吾非至於子之門則殆矣 吾長見笑於大方之家]"라고 하자, 북해의 신이 "여름 벌레가 얼음을 말할 수 없는 것은 여름에만 집착하기 때문이며, 고루한 선비가 도를 말할 수 없는 것은 가르침에 속박되어 있기 때문이다. 지금 그대는 강물에서 나와서 큰 바다를 보고는 곧 그대의 부족함을 알았으니, 그대와 더불어 큰 진리를 말할 만하구나.[夏蟲不可以語於冰者 篤於時也 曲士 不可以語於道者 束於敎也 今爾出於涯涘 觀於大海 乃知爾醜 爾將可與語大理矣]"라고 한 데서 유래한다. (『莊子』「秋水」)

229) 사원[招提] : '초제'는 범어(梵語) caturdeśa의 음역(音譯)으로, 사원(寺院)의 별칭이다.

가끔 맑은 풍경 소리 숲 서쪽에서 들려오네	數聲淸磬出林西

– 봉휘鳳輝

남에게 준 배율[贈人排律]

부끄럽도다 얼굴에 땀이 먼저 나고	愧哉顔先汗
떠나갔구나 혀가 굳은 듯하네	逝矣舌若捫
용렬한 자들이 모두 벌려 있으니	闒茸盡布列
인재를 정밀하게 가리겠는가	才俊肯精掄
군자가 보배로움을 품지 않으니	君子非懷寶
옥인이 곤옥230)을 채취하지 않네	玉人不采崑
어떤 사람이 나라의 정권을 잡아서	何人秉國政
누가 다시 임금님을 도울까	誰復贊乾元
순일한 덕은 하늘의 법을 머금었으나	一德啣天憲
삼려대부231)는 임금의 궁궐에서 울었네	三閭泣帝閽
불 때며 끓는 물을 식히는 것232)과 같고	以薪似止沸
북을 향하며 남으로 가려는 것233)과 같네	向北如南轅
작은 아교로 맑게 함234)을 볼지언정	寧見寸膠湜

---

230) 곤옥[崑] : 곤산에서 나는 옥으로 훌륭한 인재를 말한다. 진 무제(晉武帝) 때 극선(郤詵)이 현량대책(賢良對策)에서 장원(壯元)을 하였는데, 소감을 묻는 무제의 질문에 "계수나무 숲의 가지 하나요, 곤륜산의 옥돌 한 조각입니다.[桂林之一枝 崑山之片玉]"라고 한 데서 유래한다.(『晉書』「郤詵列傳」)

231) 삼려대부[三閭] : 굴원을 말한다. 전국 시대(戰國時代) 초 회왕(楚懷王) 때에 삼려대부(三閭大夫)가 되었으나, 회왕은 참소하는 말을 듣고 그를 멀리하였다. 그는 『이소(離騷)』라는 장편 서정시를 지었고, 양왕(襄王) 때에 다시 참소를 당하여 강남(江南)으로 추방되었다. 굴원은 근심하던 나머지 마침내 멱라수(汨羅水)에 빠져 죽었다.

232) 불……것 : 임시방편으로 일을 처리하여 눈앞의 급한 일만 우선 모면하려고 하는 것을 말한다. 한(漢) 나라 매승(枚乘)의 「상서간오왕(上書諫吳王)」의 "끓는 물을 식히려 할 경우, 한 사람이 불을 때고 있으면 백 사람이 아무리 퍼냈다가 다시 담는다 하더라도 소용이 없으니, 장작에 붙은 불이 꺼지도록 하는 것만 같지 못하다.[欲湯之滄 一人炊之 百人揚之 無益也 不如絶薪止火而已]"에서 유래한다.

233) 북을……것 : 거꾸로 가면서 가까이 가고자 하면 갈수록 더욱 멀어짐을 말한다. "초 나라로 가면서 북쪽으로 가고자 하는 것과 같다[猶之楚而北行也]"에서 유래한다.(『國策』「魏策」)

234) 작은……함 : 부질없는 일을 말한다. "얼마 안 되는 아교로는 흐린 황하를 맑게 할 수 없다.[寸膠不

천 길의 흐린 물이 되지 않으리라	不爲千丈渾
몸을 닦으면 이에 비방이 그치니	修身乃止謗
도를 해치기에 말 많이 하지 말라	害道勿多言
정다운 눈[235] 길을 누가 나에게 줄까	青眼誰吾與
단심을 그대에게 의지해 보존하네	丹心賴子存
서책에서 바른 길을 찾고	簡編尋正路
가학은 참 근원을 거슬러 올라갔네	家學泝眞源
사숙하여 강호에서 일어났고	私淑起湖海
학문 닦아[236] 세속의 시끄러움 끊었네	藏修絶俗諠
의상은 깨끗한 것을 좋아했고	衣裳好皎潔
가슴에는 난초 향기를 이었네	佩服繼蘭蓀
반평생을 남양의 제갈량처럼 살고	半世南陽葛
일생을 화정 윤돈[237] 처럼 지냈네	一生和靖燉
잠심하여 충서로 일관하고	潛心忠恕貫
힘껏 실천하여 친척과 화목하였네	力踐睦姻敦
심은 나무는 먼저 뿌리를 북돋고	植木先培本
가시나무는 꼭 뿌리를 제거해야 하네	除荊必去根
여우처럼 의심하다 진퇴양난을 만나고	狐疑畏首尾
머뭇거리다가 평지풍파 일으키네[238]	猶豫尚平反
누가 모퉁이에 버티고 선 호랑이를 치랴	誰搏負隅虎
뛰쳐나간 돼지 잡아들이기는 어렵네[239]	難招放苙豚

能治黃河之濁]"에서 유래한다.(『抱朴子』「嘉遯」)

235) 정다운 눈[青眼] : '청안'은 정다운 눈길을 말한다. 진(晉) 나라 완적(阮籍)이 미운 사람을 보면 백안(白眼)으로 보고 반가운 사람을 보면 청안(青眼)으로 보았다는 데서 유래한다.

236) 학문 닦아[藏修] : 주 89) 참조.

237) 윤돈(尹燉, 1071~1142) : 자는 언명(彥明), 호는 화정, 낙양(洛陽) 사람이다. 정이(程頤)에게 수학하였다. 내성 함양(內省涵養)을 중시하고 박람을 추구하지 않았으며 오로지 경(敬) 공부를 위주로 하였다. 저서는 『논어해(論語解)』·『맹자해(孟子解)』·『화정집』 등이 전한다.

238) 여우처럼 …… 일으키네 : 마음의 의심으로 일을 제대로 처리하지 못함을 말한다. "마음은 머뭇거리며 여우처럼 의심함이여 스스로 가고 싶으나 가지 못하네.[心猶豫而狐疑兮 欲自適而不可]"에서 유래한다.(『楚辭』「離騷」)

239) 뛰쳐나간 …… 어렵네 : 잘못된 학설을 익히고 있는 것을 바로잡아 줌을 말한다. "한때 양주나 묵적을 추종하던 학자들과 변론하는 요즘의 유자들을 보면, 마치 뛰쳐나간 돼지를 쫓는 것 같다.

의로운 군대를 끌어 모을 사람이 없으니　無人糾義旅
어느 날에나 활집을 움직일까　幾日衅櫜鞬
우리의 도가 이미 어두워졌으니　吾道旣盲晦
사문의 모진 환난을 어이할까　斯文奈蹇屯
홀로 지내며 오래 만나지 못하니　索居阻面闊
이별의 한은 가슴에 가득하네　離恨滿胸呑
성실과 조화는 그윽한 학[240]처럼 하고　誠和在陰鶴
몸을 감춤은 절도 있는 자라처럼 하네　身藏逐節黿
때때로 정형관[241]의 북을 울려도　時鳴井陘鼓
항복의 깃발[242]을 내지 않네　不出石頭旙
초가에 누워 길게 휘파람 불고　長嘯臥茅屋
사립문 닫고 단정히 거처하며　端居掩蓽門
밭과 동산은 다섯 이랑씩 개간하고　田園五畝闢
솔과 국화는 정원 가득 심었네　松菊一庭蕃
우연히 산에 오를 흥이 일어나면　偶起尋山興
어찌 눈발 무릅쓰고 달려가길 꺼리랴　那嫌冒雪奔
나귀를 몰고서 곡구로 들어가니　驅驢入谷口
걸상을 내리고[243] 인사를 나누네　下榻敍寒暄
생각 속 내달리는 말은 몰아내고　斥去意中馬
마음 속 원숭이는 고요히 잠재우네　靜持心下猿

이미 우리로 돌아왔거던 또 따라서 묶어야 한다.[今之與楊墨辯者 如追放豚 旣入其苙 又從而招之]"에서 유래한다.(『孟子』「盡心下」)

240) 그윽한 학[陰鶴] : '음학'은 그윽한 곳에 머물며 신의를 잃어버리지 아니함을 말한다. "우는 학이 그윽한 데 있거늘, 그 새끼가 화답하도다. 나에게 좋은 벼슬이 있어, 내 너와 더불어 가지고자 한다.[鳴鶴在陰 其子和之 我有好爵 吾與爾靡之]"에서 유래한다.(『周易』「中孚」)

241) 정형관[井陘] : 관문이 있는 요새의 이름. 하북성(河北省) 정형현의 정형 산 위에 있다.

242) 항복의 깃발[石頭旙] : 진(晉) 나라 때 왕준(王濬)이 석두성을 격파하여 손호(孫皓)에게 항복을 받고 위명(威名)을 크게 떨쳤다. 유우석(劉禹錫)의 「서새산회고시(西塞山懷古詩)」의 "천 길의 쇠사슬은 강물 속에 잠겨버리고 한 조각 항복 깃발만 석두성에 나왔네.[千尋鐵鎖沈江底 一片降旙出石頭]"에서 유래한다.

243) 걸상을 내리고[下榻] : '하탑'은 반갑게 맞이함을 말한다. 한(漢) 나라 진번(陳蕃)이 예장 태수(豫章太守)로 있을 때에, 서치(徐穉)가 오면 걸상[榻]을 내려서 앉게 하고, 그가 가고 나면 다시 그 걸상을 달아두며 서치가 또 오기를 기다렸다는 고사에서 유래한다.

문장 근원인 상서와 주서[244]를 궁구하니	詞源窮灝玂
황하의 물이 곤륜산에서 달려오네	河水走崑崙
바라는 것은 종유하는 이와	所願從遊者
서로 꾀하여 이에 머무는 것이네	胥謀居處爰
초당에서 아주 평온하게 졸다가	草堂睡正穩
이윤[245]처럼 비로소 기치를 일으켰네	莘野起初幡
따뜻한 기운 찬 골짜기에서 생기니	暖氣生寒谷
햇볕이 엎어놓은 동이 속도 비추네[246]	光輝照覆盆
문 닫고서 마치 상제를 뵙는 듯하고	杜門如對越
일 하면서 제물[247]을 올리듯 하네	承事薦蘋蘋
바라건대 나약한 사내를 일으키고	庶使懦夫立
야박한 습속을 도탑게 한다면	便令薄俗惇
어찌 알리요 하늘을 나는 새가	安知冲漢翮
바다에 누워 있던 곤[248]이 아닌 줄	非是臥溟鯤
대낮인데도 우레가 성을 내고	白日雷霆怒
맑은 하늘이 비구름에 어두우니	青天雲雨昏
손에 『주역』 한 권을 잡고	手持一卷易
비개인 낮에 향 피우고 앉으리라	晴晝爐薰蹲

244) 상서와 주서[灝噩] : '호악'은 상서는 끝없이 멀고 아득하며, 주서는 엄숙하면서도 곧은 것을 말한다. 양웅(揚雄)의 "상서는 호호하고, 주서는 악악하다.[商書灝灝爾 周書噩噩爾]"에서 온 말이다.(『法言』)

245) 이윤[莘野] : '신야'는 유신국(有莘國)의 들로, 이윤(伊尹)이 이곳에서 농사지으며 살다가 탕왕(湯王)이 세 차례 정중하게 초빙하자 세상에 나와 상(商) 나라를 일으켰다.

246) 햇볕이 …… 비췄네 : 엎어 놓은 동이는 성군의 밝은 빛을 받지 못하는 쓸모없는 존재를 말한다. "해와 달과 별이라 할지라도 엎어 놓은 동이의 속까지 비춰 주지는 못한다.[三光不照覆盆之內也]"에서 유래한다.(『抱朴子』「辨問」)

247) 제물[蘩蘋] : '번빈'은 『시경(詩經)』「소남(召南)」의 편명인 채번(采蘩)과 채빈(采蘋)의 합칭으로, 번과 빈을 뜯어서 정결하게 제사를 받드는 것을 말한다.

248) 곤(鯤) : 북쪽 바다에 산다는 큰 물고기인데, 대붕(大鵬)으로 화하여 9만 리 장천을 날아간다고 한다.(『莊子』「逍遙遊」)

월간[249] 이선생을 애도하는 만사[月澗李先生輓詞]

매화 같은 격조에 학 같은 모습	梅花標格鶴儀形
높은 행실 고운 풍모 사람을 감동시켰네	卓行休風聳觀聽
학문은 서애 선생의 실마리를 이었고	學接西厓夫子緖
정력은 남극 노인성[250]의 기를 모았네	精鍾南極老人星
당시 산골엔 은혜로 송아지 남겼었고[251]	當年峽邑恩留犢
이날 고향에선 전형을 잃어 애통해하네	此日鄕閭痛失型
황천에서도 형제의 우애를 닦고 계시리니	泉裏定修昆弟誼
남기신 경서를 제가 안고 있다 전해주소서	倘傳孤露抱遺經

무주공 홍호[252]를 애도하는 만사[無住洪公鎬輓]

덕은 우뚝하고 기운과 도량은 온화하니	德宇軒然氣度溫
판서의 가문이 대대로 법도 보존하였네	尙書家世典刑存
당시 훌륭한 명망은 군주의 은총 받았고	當時雅望膺宸眷
은거할 적의 맑은 풍모는 여론과 어울렸네	臥閤淸風協輿論
귀감 잃은 세상은 선생 잃음을 슬퍼하고	亡鑑人間傷殄瘁
지하에선 글을 지어 원통함을 씻으시리	修文地下洗煩冤
영령께서 사라지지 않으실 줄은 알지만	從知精爽應難泯
맑은 하늘을 돌아보니 달빛만 비치네	回首晴空月一痕

249) 월간(月磵) : 이전(李㙉, 1558~1648)의 호이다. 자는 숙재(叔載), 본관은 흥양(興陽)이다. 임진왜란 때 동생 준(埈)이 의병을 일으켜 왜적과 싸우다 적중에 포위되었을 때, 병에 걸린 몸으로 동생을 데리고 적진 탈출에 성공하여 형제가 무사할 수 있었다. 1603년 소과에 입격하여 세마(洗馬)에 임명되었으나 나아가지 않았다. 저서는 『월간집』이 전한다.

250) 남극 노인성 : 수명과 장수를 맡은 별자리로 월간 선생은 구십의 장수를 하였다.

251) 송아지 남겼었고[留犢] : '유독'은 청렴한 지방관을 말한다. 후한(後漢) 때 수춘령(壽春令) 시묘(時苗)가 부임할 때는 허름한 수레에 누런 암소를 타고 갔는데, 1년 남짓 벼슬살이하는 동안에 그 암소가 송아지 한 마리를 낳자 임기를 마치고 돌아갈 때 그 송아지를 그곳에 남겨 두고 왔다는 고사에서 유래한다.

252) 홍호(洪鎬, 1586~1646) : 자는 숙경(叔京), 호는 무주(無住), 본관은 부계(缶溪)이다. 1606년 문과에 급제하여 병조 정랑(兵曹正郞)·사예(司藝)·대사간(大司諫) 등을 역임하였다. 저서는 『무주일고(無住逸稿)』가 전한다.

개호공 김추임을 애도하는 만사[開湖金公秋任輓]

효우는 선조의 아름다움 이었고 　孝友先徽續
시서는 가문의 전통 계승 하였네 　詩書舊業承
천품은 비록 본래 아름다웠지만 　稟資雖自美
가르침의 효과 또한 증명 되었네 　薰炙亦堪徵
마음은 잔잔한 우물과 같았고 　心似無風井
정신은 벽을 대한 스님과 같아 　神如面壁僧
기한에도 의리와 천명에 편안해했고 　飢寒安義命
깊이 감추며 재주와 능력을 사양하였네 　沈晦謝才能
태학[253]에 이름이 일찍부터 이었고 　璧水名曾綴
벼슬은 능참봉에 잠시 올랐네 　寢園跡蹔升
취미는 세상의 기호와 달랐고 　酸鹹違俗嗜
읊조림은 은거하는 벗들을 따랐기에 　吟弄逐溪朋
세상일에는 즐겨 입을 다물었고 　世事甘緘口
허튼 명성은 추구하기를 부끄러워하였네 　浮名恥鏤冰
말씀은 향촌의 본보기였고 　德音鄕里範
담박한 지조는 사림이 칭송하였네 　恬操士林稱
반드시 백수 누리시리라[254] 여겼는데 　謂必期頤享
어찌하여 고약한 병[255]이 침범했는가 　如何疢疾凌
부음이 이리도 갑자기 전해왔으니 　訃傳終太遽
슬픈 심정 참으로 이기기 어려워라 　情怛信難勝
교분은 돌아가신 아버님과 절친했고 　托契先人最
소자는 이어서 문하에 올랐네 　登門小子仍
깨우쳐주심이 너무나 정성스러워 　提撕何惓惓
감사하여 조심함을 배나 하였네 　感佩倍兢兢
끝났도다 장차 누구를 본받을까 　已矣將安倣

253) 태학[璧水] : '벽수'는 벽옹 주변의 물이니, 태학을 말한다.
254) 백수 누리시리라[期頤] : '기이'는 인간이 살 수 있는 최대한의 수명을 말한다. "백 년을 기이라고 한다.[百年曰期頤]"에서 온 말이다.(『禮記』「曲禮上」)
255) 고약한 병[疢疾] : '진질'은 "사람 중에 덕혜와 술지가 있는 자는 항상 진질이 있다.[人之有德慧術知者 恒存乎疢疾]"에서 온 말이다.(『孟子』「盡心上」)

허전하도다 다시 의지할 곳이 없네　　茫然更莫憑
산 자나 죽은 자나 천고의 한이니　　存亡千古恨
눈물만이 하염없이 흘러내리네　　惟有淚交膺

이시분[256]을 애도하는 만사[輓李時馩]

어려서부터 명성을 듣고　　聞風自髫日
봄날 적촌[257]에서 만났었네　　傾盖赤村春
언실에는 내가 비록 못 미치지만　　偃室吾雖忝
담대명멸은 그대가 진짜라네[258]　　澹臺子是眞
문장력은 그윽한 경지를 열었고　　文詞開窔奧
담론은 천인의 이치를 꿰뚫었네　　談論貫天人
끝났도다 황천이 가로막혔으니　　已矣重泉隔
어떻게 공의 뒤를 본받을까　　何從挹後塵

활재공 이구[259]를 애도하는 만사[輓活齋李公榘]

학문의 뜻 굳세어 채소 먹는 마음[260] 있었으나　　志學尙堅喫菜心

---

256) 이시분(李時馩, 1588~1663) : 자는 여문(汝聞), 호는 운창(雲牕). 본관은 장수(長水)이다. 1615년 들이 말라 농사를 지을 수 없는 것을 보고 500여보의 제방을 쌓아 완성하자, 인근에서 그의 공을 기려 공덕비를 세우기도 하였다. 1640년 고장의 인물, 호구, 풍속 등을 자세히 조사하여 『단구지(丹邱誌)』를 펴냈다. 저서는 『운창선생문집』이 전한다.

257) 적촌 : 이시분의 고향인 경상남도 단성(丹城)의 신라 시대 이름이다.

258) 언실 …… 진짜라네 : 수령으로서의 자신의 부족함과 백성으로서의 상대의 뛰어남을 말한다. 무성(武城)의 읍재(邑宰)가 된 자유(子游)가 담대멸명(澹臺滅明)의 아첨하지 않는 점을 칭찬하여 "한 번도 저 언의 집에 온 적이 없습니다.[未嘗至於偃之室也]"라고 한 데서 유래한다.(『論語』「雍也」)

259) 이구(李榘, 1613~1654) : 자는 대방(大方), 호는 활재(活齋), 본관은 전주(全州)이다. 병자호란에 거업(擧業)을 폐하고 학문에 전심하여 주렴계의 태극설의 뜻을 발휘하여 「태극도설」을 지었고, 아호(鵝湖)의 이기설을 극변(極辯)하였다. 저서는 『활재집』이 전한다.

260) 채소 먹는 마음 : 경서에 뜻을 두고 과거시험 공부에는 뜻을 두지 않았다는 말이다. 송대(宋代)에는 문장가인 소순(蘇洵)과 그의 두 아들인 소식(蘇軾)·소철(蘇轍)의 문장이 크게 행해져서 그 문장을 숙독(熟讀)하면 과거(科擧)에 급제할 수 있었다. 그래서 당시 사람들은 "소씨 글에 익숙하면 양고기를 먹고, 소씨 글에 서투르면 나물국을 먹는다.[蘇文熟喫羊肉 蘇文生喫菜羹]"라고 말하기도 하였다.

반평생 힘들여 공부한 것을 누가 알아볼까	半生攻苦孰知音
하늘 높아도 귀신 악하며 사람 믿기 어려우니	天高鬼惡人難恃
인간 세상 참혹한 화에 슬픔을 금하지 못하네	慘禍人間慟不禁

국창공 이찬[261]을 애도하는 만사[輓菊牕李公燦]

인끈 던지고 돌아와 쉬며 근 백세를 누렸으니	投紱歸休壽近頤
공은 서운할 게 없으나 나는 오히려 슬프네	在公無憾我猶悲
사암의 심학과 단계의 업[262]은	思菴心學丹溪業
지금 누가 유령[263] 같은 의발을 전할까	今世誰傳庾嶺衣
하상의 가문이 이 생질과 합치니	河上門庭合此甥
선인께서는 일찍이 공의 형을 곡하였네	先人曾以哭公兄
의범을 내가 어찌 감히 형용하리요	形容儀範吾何敢
당시에 스스로 자평하신 것들을 외우네	爲誦當時數自評

친척 곽 덕후 어른을 애도하는 만사[輓郭戚丈德侯]

– 사언시이다.

처음 그대와 알게 된 때는	始與子知
임신년 봄부터였지	自壬申春
나이는 나보다 많았지만	以年則長
정으로 말하면 친구였네	論情則親

---

261) 이찬(李燦, 1575~1654) : 자는 중명(仲明), 본관은 여주(驪州)이다. 젊어서 자주 병을 얻었으므로 스스로의 병을 고치기 위하여 독학으로 의술을 연구하여 명의(名醫)로 널리 이름을 떨쳤다. 왕의 특명으로 내의원(內醫院)에 나가 어약(御藥)을 바치다가 공조 정랑에 기용되고 이어서 김천 현감을 지냈다.

262) 사암……업 : 국창공이 의학과 소학에 밝았음을 말한다. 명(明) 나라 사암(思菴) 오눌(吳訥, 1372~1457)은 의학에 밝았으며, 『소학집해(小學集解)』를 저술하였다. 원(元) 나라 단계(丹溪) 주진형(朱震亨, 1281~1358)은 병든 어머니를 위해 의학을 배웠으며, 나중에는 벼슬을 그만두고 의학에 전념하였다.

263) 유령(庾嶺) : 중국의 오령(五嶺) 가운데 하나인 대유령을 말한다. 우뚝한 국창공을 상징하는 표현이다.

나는 그대의 고요함을 사랑했고　我愛子靜
그대는 나의 참됨을 취하니　子取我眞
은혜와 우호로 서로 따라　惠好相從
교분이 뇌씨와 진씨[264] 같았네　契擬雷陳

인생의 기박함이　人生奇蹇
누가 공만 같을까　誰與我公
원숭이 창자가 끊어지자[265]　猿腸纔斷
봉황 둥지가 바로 비었네　鳳棲旋空
바람 얽힌 나무에 슬퍼하고　悲纏風樹
뱀 그림자에도 깜짝 놀랐네[266]　驚倒蛇弓
누가 이렇게 참혹하게 했는가　孰使斯酷
푸른 하늘에 따지고 싶네　欲詰蒼穹

그대는 그 단아함을 바탕삼고　子質其端
나는 그 근면함을 배웠네　我學其勤
수명이 어찌 그리 인색하고　壽胡其嗇
운명이 어찌 그리 막혔는가　命胡其屯
눈 내리는 밤에 마음을 나누었고　雪夜論襟
달뜬 저녁에 술동이를 열었는데　月夕開樽

---

264) 뇌씨와 진씨[雷陳] : '뇌진'은 우정이 두터운 친구를 비유하는 말로 쓰인다. 동한(東漢) 시대의 뇌의(雷義)와 진중(陳重)은 같은 고을 사람으로 우정이 매우 돈독하였는데, 그 고을 사람들이 "아교풀이 견고하다지만 뇌씨와 진씨의 우정만은 못하다."라고 한 데서 유래한다.(『後漢書』「獨行列傳」)

265) 원숭이 창자가 끊어지자 : 죽은 자식에 대한 어버이의 비통한 심정을 말한다. 진(晉) 나라 사람이 산에 들어가서 새끼 원숭이를 잡아와 나무에 묶어 두었다가 마침내는 죽이고 말았다. 그 나무 위에서 계속 하소연하는 듯 슬피 울다가 끝내는 나무 위에서 몸을 던져 죽은 어미 원숭이의 배를 가르고 보니, '애가 마디마디 끊겨져 있더라.[腸皆寸寸斷]'는 고사에서 유래한다.(『世說新語』「黜免」)

266) 뱀 …… 놀랐네 : 진(晉) 나라 악광(樂廣)이 하남 윤(河南尹)으로 있을 적에 항상 친하게 지낸 손이 있었는데, 한참 동안 그 손이 다시 오지 않으므로 그 까닭을 물으니, 대답하였다. "지난번에 베풀어 준 술자리에서 갑자기 잔 속에 뱀이 있는 것을 보고는 몹시 혐오감을 느꼈는데, 그 술을 마신 뒤 병을 얻었다." 사실은 청사(廳事)의 벽 위에 걸린 각궁(角弓)의 그림자가 술잔에 뱀의 모양처럼 비쳤던 것이라, 다시 술자리를 마련하고 그 손에게 그 까닭을 일러 주니, 손의 병이 대번에 나았다는 고사에서 유래한다.(『晉書』「樂廣傳」)

끝났도다 다시 하기 어려우니　　已矣難再
강변에서 눈물만 뿌리네　　灑涕江濆

예전에 나의 할아버지께서　　昔我王考
침상에서 병을 앓으시니　　寢疾在床
어린 나를 불쌍히 여겨　　愍我穉弱
도와주던 공에게 감격하였네　　感公扶將
아침저녁으로 게을리하지 않아　　夙夜靡懈
먹고 잘 겨를이 없었으니　　眠食不遑
사람들도 감탄하는 일인데　　人所感歎
내가 하물며 감히 잊겠는가　　我況敢忘

처음 공이 병들었다 듣고부터　　始聞公病
공의 집에 두 번 가서는　　再造公室
비록 병이 심함을 근심했으나　　雖憂其苇
오히려 쾌차하리라 믿었었네　　猶恃其吉
어찌 알았으랴 이 이별이　　何知是別
마침내 영결이 될 줄을　　遂成永訣
잡고 싶어도 미치지 못하니　　攀袂不及
한스러운 마음 말하기 어렵네　　茹恨難洩

저 남쪽 언덕을 돌아보니　　睠彼南丘
공의 묘소가 있네　　寔公之宮
아득한 구천이여　　冥冥九泉
그윽한 두 무덤이여　　翳翳雙封
거친 잡초와 차디찬 안개에　　荒草寒烟
백양나무[267] 슬픈 바람에 흔들리네　　白楊悲風
훗날 이곳을 지난다면　　他日斯過
그 슬픔을 견딜 수 있으랴　　可堪其恫

---

267) 백양나무[白楊] : 버드나무와 비슷한 교목(喬木)으로, 옛날에는 무덤가에 이 나무를 심었다.

무첨재선생문집

無忝齋先生文集

제2권

무첨재선생문집 제2권

소疏

자의를 사직하며 올린 소[辭諮議疏]

– 기축년(1649) 7월

삼가 아룁니다. 신臣이 비루하고 못나서 뛰어난 것이 없는데도, 일찍이 이전 조정[仁祖]에서 외람되이 세록世祿[1])을 입었습니다. 그러나 신臣에게 늙어서 묵은 병으로 고생하는 홀로 된 어머니가 있어, 신만이 병구완할 수 있었기에 차마 멀리 떠나지 못하였습니다. 그러므로 벼슬살이 한지 오래지 않아 바로 사직辭職하고 돌아왔습니다. 신은 항상 은혜에 감사하면서도 죄를 풀길이 없음을 알고 있습니다. 때문에 성은盛恩에 보답하려 하였지만 하늘이 도우지 아니하여 갑자기 인조 임금님께서 승하하시니,[2]) 추모하며 흘리는 애통한 눈물이 여러 신하들보다 배나 더하였습니다. 그러니 마침 어머니의 병환이 깊어져 오히려 달려감을 지체하였습니다. 그래서 가슴을 쓰다듬으면서 하늘을 쳐다보며 간절히 서글퍼하고 울부짖었을 뿐입니다.

뜻하지 않게 이제 전하殿下께서 참혹한 슬픔의 속에서도 신의 선조先祖인 경세經世를 생각하여 자손까지 언급하고는, 저같이 못난이를 거두어 궁료宮僚[3])로 삼으셨습니다. 신이 어떤

---

1) 세록(世祿) : 대대로 이어서 받는 나라의 녹이니, 조부인 우복(愚伏)선생에 의해 받은 녹이기에 한 말이다. “대대로 받는 녹은 등나라에서 참으로 시행하고 있습니다.[夫世祿滕固行之矣]”에서 온 말이다.(『孟子』「滕文公上」)

2) 승하하시니[弓劍遽遺] : ‘궁검거유’는 임금의 갑작스러운 죽음을 말한다. 용이 수염을 드리우고 내려와 황제(黃帝)를 맞이하자 황제가 올라탔는데, 이때에 황제를 따랐던 신하들과 후궁들이 70여 명이었다. 나머지 사람들은 오르지 못하고 곧 용의 수염을 잡으니, 수염이 뽑혀 떨어지면서 황제의 궁검(弓劍)이 함께 떨어졌다는 고사에서 유래한다.(『史記』「封禪書」)

사람이기에 함부로 이런 선발을 받들겠습니까! 놀랍고 두려워 신은 몸 둘 곳이 없고 스스로 용납할 곳이 없을 뿐만 아니라, 신의 선조先祖의 영령 또한 반드시 지하地下에서 감읍하면서, 또 신이 착오로 내리신 은혜를 받는 것을 크게 두려워할 것입니다.

신은 본래 경력이 없음에도 갑자기 드러난 직분을 맡았으니, 신하된 도리로 헤아려 보면 회피回避하여야 할 일입니다. 부르시는 교지敎旨가 문에 이르니 포만逋慢의 죄가 두려워 조심스럽게 조정으로 나아가 이어서 분위奔慰[4])를 하였습니다만, 신의 사정事情을 한 번 전하殿下께 아뢰지 않을 수 없었습니다. 삼가 원컨대 자애로운 성군聖君께서는 살펴주시옵소서.

삼가 생각건대, 신은 불행하게도 일찍이 고아孤兒가 되어[5]) 오직 어머니를 의지하였습니다. 외로운 집안은 고독하고 괴로워 끝내 형제兄弟가 드물게 되었습니다. 기질氣質이 허약하고 천연두도 겪지 않았습니다. 신의 어머니는 자애하심[6])만을 알아 학업學業을 맡기지 않으니, 그럭저럭 포기暴棄하여 마침내 거친 사람이 되었습니다. 그러니 어찌 하나라도 취할 만한 실지實地가 있겠습니까? 신은 쓸모없고 실지가 없는 사람이니 비록 용관冗官의 여러 일이라도 오히려 받들어 감당하기 어려운데, 하물며 권면하고 강독講讀하는 직임職任을 맡은 궁료의 책임이 세자世子를 성취시키는 일에 있음이겠습니까? 이렇게 무거운 자리를 어찌 무지無知한 음관蔭官이 하루라도 함부로 맡을 수 있겠습니까?

신臣이 낭패를 당함은 참으로 아까울 것 없으나, 국체國體에 손상될까 마음이 서늘합니다. 소문이 실정實情을 넘어섰으니 부끄러움이 매우 심합니다. 선하고 복된 것을 능멸하면 화禍가 반드시 이르는 법입니다. 예전 사람들이 "영화를 두려워하라.[7])[以榮爲懼]"라고 한 것은

---

3) 궁료(宮僚) : 세자 시강원(世子侍講院)을 말한다. 자의(諮議)는 세자 시강원의 정7품 벼슬이다.
4) 분위(奔慰) : 위문 가는 것이니, 인조(仁祖)의 초상에 대한 분위(奔慰)이다.
5) 일찍이 고아가 되어 : 『우복선생별집(愚伏先生別集)』 권10의 「행장」을 살펴보면 을축년(1625, 인조3) 3월, 검열공(檢閱公)이 요절하였다고 기록이 나온다. 당시 무첨재는 8세였다.
6) 자애하심[舐犢] : 삼국시대 위(魏) 나라의 양수(楊修)가 일찍이 조조(曹操)에게 죽임을 당했는데, 뒤에 조조가 양수의 아비인 양표(楊彪)에게 왜 그토록 야위었느냐고 묻자, 양표가 "김일제와 같은 선견지명이 없었음은 부끄러우나 아직도 늙은 소가 송아지를 핥아 주는 애정만은 품고 있기 때문입니다.[愧無日磾先見之明 猶懷老牛舐犢之愛]"라고 한 데서 온 말이다.(『後漢書』「楊震列傳」) 김일제(金日磾)는 한 무제 때의 재상으로, 무제의 곁에서 총애를 받으며 자란 자신의 큰아들이 궁녀를 희롱하는 것을 보고는 죽여 버린 인물이다.
7) 영화를 두려워하라 : 경계어로 많이 사용한 말이다. 사마광(司馬光)의 소문(疏文)에도 보인다.

참으로 간절한 말입니다.

신은 대대로 국은國恩을 받았으니 거칠게나마 견마犬馬와 같은 정성을 품고 있습니다. 때문에 신의 조부祖父가 선왕先王께 특별한 대우를 받은 것에 감사하는 마음을 미루어 전하께 보답하고자 하니, 어찌 이 마음이 없겠습니까? 만일 신이 만에 하나라도 감당할 수 있다면 마땅히 은혜를 가슴에 담아 맡은 직분을 충실히 하기에 겨를이 없을 것인데, 어찌 함부로 말을 꾸며서 부질없이 사양하겠습니까?

다만 생각하건대, 신의 어리석음으로 일명一命을 받아 조정의 끝자리를 차지한 것은 이미 분수에 넘은 짓이었습니다. 혹시 성군聖君의 밝으심을 입어 분수에 따라 쓰여진다면 신은 마땅히 분골쇄신으로 기약할 것이니, 어찌 몸을 아끼겠습니까? 이번에 받은 직분과 같은 것은 근일近日에 새로이 마련하였기에 실지로 바르게 닦은 선비를 특별히 대우하는 것이지, 세록世祿을 자식에게 맡기는 유는 아닙니다. 자리가 청절淸切하여 시종侍從과 다름이 없습니다. 신이 만약 함부로 받으면 공의公議에서는 무엇이라 하겠습니까? 물의物議를 불러들임이 심할 뿐 아니라, 몰래 견책譴責을 당할까 염려됩니다. 이는 신이 간절하게 사직을 아뢰는 이유이며 스스로 벗어나는 천만 부득이한 계책이라고 여기지만, 더럽히고 흔들었다는 꾸지람은 피하지 못할 것입니다.

아비가 자식에게 대해 호소함이 있으면 번번이 들어주고 그 원하지 않는 것은 억지로 시행하지 않아서, 그 마음을 편안하게 한 뒤에 그만두었습니다. 군주君主께서 신하에 대해서 어찌 유독 그렇게 하지 않겠습니까? 삼가 바라건대, 성군聖君의 밝으심으로 특별히 자애로운 부모의 들어주는 정을 드리워 신의 위태롭고 절박한 간절함을 살피시어 빨리 신의 직분을 바꾸어 감당할 만한 사람에게 주는 것을 허락하신다면 공사公私간에 매우 다행이겠습니다. 신은 절박하고 지극히 간절한 심정을 감당하지 못하겠습니다.

사정을 진달하여 돌아가기를 비는 소[陳情乞歸疏]

삼가 아뢰니다. 신은 사람됨이 걸맞지 않고 정세情勢가 민망하고 박절하기에, 감히 죽음을 무릅쓰고 거듭 위태롭고 간절한 심정을 진달陳達하였습니다. 그러나 보잘 것 없는 정성이 전해지지 못하여 은혜로운 비답批答이 자주 내리니, 신은 참으로 황공하고 놀라워 몸 둘 곳이 없습니다. 그러므로 어쩔 수 없어 힘써 나아가 사례謝禮하며 신하된 자의 마음을 펴려고 하였습니다.

이제 막 성 밖에 도착하여 궁궐을 우러러 바라보게 되니, 어찌 빨리 대궐 문으로 들어가 은혜로운 명命에 감사하려는 마음이 없겠습니까? 그러나 돌아보건대, 신의 사정事情이 실지로 매우 불쌍하고 민망한 것이 있으니, 군부君父의 앞이라고 하여 어찌 감히 스스로 외면하고 진달하지 않겠습니까?

신의 나이 이제 마흔인데, 아직 천연두를 겪지 못하였습니다. 신의 집안에는 이 병이 대대로 전해오니, 호환虎患에 다름이 없습니다. 늙고 병들어 죽음의 기운이 드리운 신의 어머니는 항상 신을 가까이 두고 잠시라도 서로 떠나기를 원하지 않고 있습니다. 스승을 따라 학업을 하거나 과거에 급제를 하여 이름을 후세에 드날리는 것은 인정人情상 깊이 원하고 지극히 바라는 것입니다. 그런데도 신의 어머니는 일절 허락하지 않고, 다만 고요한 곳에 조용히 지내며 모자母子가 서로 의지하면서 여생餘生을 보존保存하려 할 뿐입니다. 신 또한 이를 스스로 분수라 여기고 세상에서 버려진 물건이 되어 보통 사람들의 유에 들려고 하지 않았습니다. 다만 허명虛名이 임금님께 전해져 은혜로운 명이 외람되이 이르게 되었습니다.

도성都城 안에 천연두가 조금 멈추었다고 소문을 잘못 들었기 때문에 신의 어머니는 정情을 나누어 눈물을 머금고 저로 하여금 잠시 사례하고 돌아올 것을 허락하였습니다. 그래서 신은 감히 멀리 떠나와서 저의 진심을 아뢰려고 하였습니다. 그런데 도성 밖에 도착하여 천연두가 최근에 다시 창궐하여 곳곳이 모두 그러하다는 소리를 비로소 들었습니다. 지나치는 도로에서 환자들을 만나지 않음이 없었으며, 지낼 만한 마르고 깨끗한 자리를 구하고자 하였으나 또한 발을 둘 곳이 없었습니다. 그래서 한 방에 웅크리고 감히 한 걸음도 엿보지 못하고 있으니, 신의 사정이 매우 어렵고 서글프기만 합니다.

신이 만약 영화榮華를 탐하고 위엄威嚴을 두려워하며 억지로 돌아가기를 늦추어 혹 후회할 일을 하게 된다면 신의 어머니가 평생토록 경계하고 조심한 뜻은 모두 부질없는 일이 되어버려서, 신은 끝내 불효不孝한 죄인이 될 것입니다. 게다가 맡기신 직분이 과분하여 감히 감당하지 못하는 것에 대해서는 번거롭게 아뢸 겨를이 없습니다.

바라건대, 성군聖君의 마음으로 불쌍히 여기시고 용서하심을 곡진히 내리시어 신의 직분을 바꾸어 주십시오. 신이 물러가는 것을 허락하시어 신의 모자母子에게 살아서는 목숨을 바치고 죽어서는 은혜에 보답하도록[8] 해주심이 실지로 천지天地·부모父母의 시종始終토록 생성生成해 주는 덕德입니다.

신은 은혜를 입고 따르지 않는 죄를 두려워하면서도, 지극히 바라는 심정을 견디지 못하겠습니다.

상소문上疏文이 담당 관서로 내려오자, 담당 관서에서 회계回啓[9] 하였다. "자의諮議 정도응鄭道應은 여러 번 소명召命이 내려오니, 은명恩命에 사례하기 위하여 와서 도성 밖에 있습니다. 그러나 천연두를 겪지 않았기에, 도성 안에 천연두가 창궐하고 있다는 소식을 듣고 이 사직소辭職疏를 올리니 실지로 사정의 절박함에서 나왔습니다. 여염閭閻간에 천연두가 비록 창궐하였지만 만약 춘방春坊[10] 으로 들어와 머물며 서연書筵에서 시강侍講을 하면 공사公私간에 모두 편리할 듯합니다. 신들의 부서에서 함부로 처리하지 못할 일이니, 주상께서 헤아려 주심이 어떠하십니까?"

말을 지급해주라는 명을 거두어 줄 것을 비는 상소[乞收給馬之命疏]

삼가 아룁니다. 신臣이 외람되이 사정事情의 간절함을 자주 진달陳達하여 성상聖上의 위엄을 더럽혔으니, 사실私室에 웅크리고 두려워하며 죄로 문책問責하시기를 기다리고 있었습니다. 그런데 하늘같은 성군聖君의 자애慈愛로 특별히 불쌍히 여기시어 이미 안전安全한 곳에 두리히시고, 이어서 말을 지급하라는 명命이 있었습니다. 신과 같이 보잘 것 없는 자가 어떻게 이런 일을 얻게 되었는지, 큰 은혜에 감격하여 눈물을 줄줄 흘렸습니다.

신은 태어나면서 받은 자질이 어둡고 비루하며 재주와 식견이 천박하여 어리석고 노둔함이 모두 남과 같지 못합니다. 그런데도 외람되이 궁료宮僚를 맡아 이미 훌륭한 자리를 어지럽혔습니다. 하물며 이번의 은혜로운 명命은 일반적인 경우를 벗어나니 놀라워 서성거리며 몸 둘 곳을 알지 못하겠습니다. 휴가에 말을 지급하는 것도 오히려 상례常例가 아닌데, 관직을 그만두고 역마驛馬를 타는 것은 더욱 전거前據가 없습니다. 이것을 어찌 보잘 것 없는 신이

---

8) 살아서는 …… 보답하도록 : 이영백(李令伯)의 「진정표(陳情表)」의 "살아서는 목숨을 바치겠고 죽어서는 결초하겠다.[生當隕首 死當結草]"에서 온 말이다.(『古文眞寶』) '결초(結草)'는 춘추 시대에 진(晉)나라 위무자(魏武子)가 아들 위과(魏顆)에게 자기 첩을 개가시키라고 유언하였다가 다시 죽으면서는 순장하라고 하였다. 위과는 차마 서모(庶母)를 순장하지 못하고 개가하도록 하였다. 그후 위과가 진(秦) 나라 두회(杜回)와 싸울 때 서모 아버지의 망령(亡靈)이 풀을 맺어[結草] 놓아 두회가 그 풀에 걸려 넘어져서 위과의 포로가 되었다고 하는 고사에서 유래한다.(『春秋左傳』「宣公 15년」)
9) 회계(回啓) : 임금의 물음에 대하여 심의하여 상주(上奏)함을 말한다.
10) 춘방(春坊) : 조선시대 세자 시강원(世子侍講院)의 변칭이다.

받들어 감당할 수 있겠습니까? 게다가 역로驛路가 이미 심하게 훼손되어 크고 작은 공무公務의 행차도 감당하지 못하고 있습니다. 이는 신이 올 때에 이미 눈으로 본 것이니, 어찌 쓸모없는 한 소신小臣이 앞서 없었던 폐단을 끼칠 수 있겠습니까?

군부君父께서 주심을 예禮에 비록 사양해서는 안 된다고 하지만 잘못 시행되어진 은혜는 의리상 감히 받지 못하겠습니다. 삼가 자애慈愛로운 성군聖君께서는 내리신 명命을 빨리 거두시어 국체國體를 보존하시고 저의 보잘 것 없는 분수를 편안하게 해주신다면, 다행스러움을 너무나도 감당하지 못할 것입니다. 신이 두 번이나 성문에 이르렀지만, 한 번도 나아가 사례하지 못하고 고개 들어 궁궐을 바라보며 마음만 날아 넘었습니다. 종이를 대하니 눈물이 흘러 무슨 말을 아뢰어야 할지 모르겠습니다. 밝으신 성군聖君께서는 헤아려 주십시오.

서書

대촌의 여러 사람에게 주다[與垈村諸人]

생각건대 전후로 부친 두통의 편지를 받아보셨습니까? 과연 진행津行을 하였습니까? 최근 여러분들의 동정動靜이 어떠한지 알지 못하여, 사모하는 마음이 구구區區합니다.

마침 시관諡官의 회보回報를 받들어 보니, 정월 10일에 현縣으로 들어와 11일에 예禮를 행하라고 윤허允許하셨다고 합니다. 바라건대, 여러분들은 반드시 때에 맞추어 와주십시오. 또 향당鄕堂과 향교鄕校 그리고 서원書院 등 여러 곳에 소식을 전하여서 정해진 날짜를 알게 하여 어기지 않고 와 모이도록 함이 어떠합니까? 오로지 주선해주심을 믿고 감히 이렇게 다시 알립니다.

적어 보낸 여러 곳은 바로 저의 조부祖父이신 문장공文莊公께서 노닐고 쉬시던 곳으로 손수 이름을 지으신 곳입니다. 당세當世의 명필名筆을 구하여 현판에 제액題額하고 또 벼랑에 새겨서 계산溪山을 빛내고 후손11)들에게 보여줌이 실지로 저의 구구區區한 바람입니다. 이제 한 묶음의 종이를 보내니, 바라건대 저를 위해서 전 진사全進士 족하足下에게 간청하여 붓을 놀리는 은혜를 입게 해주신다면 고마움을 어찌 말할 수 있겠습니까? 반드시 곡진히 도모해주심이 어떠하십니까? 아울러 돌에 새기는 일은 꼭 우암愚巖이 적어준 큰 글자를 따르려고 하니, 써서 보내주시기를 삼가 바라고 있습니다.

---

11) 후손[雲仍] : 자신으로부터 제8대가 잉손(仍孫)이고, 잉손의 아들, 곧 제9대 손자가 운손(雲孫)이다.

동춘당 송준길에게 올리다[上宋同春堂浚吉]

임금님께서 온천에 목욕하시어 평상을 회복하셨으니, 온 나라의 경하스러움이 마땅히 어떠하겠습니까? 요즈음 무더위 속에 삼가 생각건대, 태후台候의 동정動靜은 신神의 도움으로 만복萬福하십니까? 구구區區한 그리움으로 마음을 감당하기 어렵습니다.

저는 노둔함을 일깨워 일을 처리하고 있지만 임금님께서 특별히 맡기신 뜻에는 부응副應하지 못하여, 적이 스스로 부끄럽고 두려워서 아침저녁으로 편안해하지 못할 뿐입니다.

조부의 유고遺稿를 일찍부터 정성스럽게 찾으시는 것을 알고 있습니다만, 종이를 구하기 어려워 지금에야 비로소 인쇄하여 보냅니다. 장수匠手들 또한 재주가 부족하여 꾸며 만듦이 정미하지 못하니, 두려워 탄식하고 탄식합니다.

삼휴 이재박에게 답하다[答李三休在博]

쓸쓸히 홀로 앉았는데 막 멈춰 선 구름12)에 의하여 사모하는 마음이 간절하더니, 갑자기 정다운 편지를 받았습니다. 삼가 부모님을 모시고 만중萬重하시다니 위로되고 또한 기쁨이 실지로 보통은 넘었습니다.

저는 노모老母를 모시고 이전처럼 근근이 날을 보내고 있습니다. 그러나 두려움으로 문을 닫고 웅크리고 지내면서 계속 왕래하지 못하니, 이것이 민망하고 괴로울 뿐입니다.

성주城主께서 자주 불러주시어 어쩔 수없이 연악淵岳으로 나가 뵈었지만, 용사龍寺에는 지금 또 갑자기 천연두에 걸린 사람이 생겼기 때문에 가서 간역刊役하는 일을 살펴보지는 못하였습니다. 형兄 또한 꺼려하기에 우리 당중黨中에서 연고가 없는 사람이 가서 감독하여 일을 마치지13) 않을 수 없을 듯합니다. 홀로 앉아서 일을 함께 하지 못하니, 혐의스러운

---

12) 멈춰 선 구름[停雲] : '정운'은 벗을 그리워하는 마음을 말한다. 진(晉) 나라 도잠(陶潛)의 「정운(停雲)」의 "머물러 있는 뭉게구름, 때맞춘 보슬비, 먼 곳 친구, 생각하며 서성댄다.[靄靄停雲 濛濛時雨 良明悠邈 搔首延佇]."에서 온 말이다. 자서(自序)에서 "정운은 친우를 그리워하는 것이다."라고 하였다.

13) 일을 마치지[九成] : '구성'은 음악 아홉 곡을 연주하는 것으로, 음악 한 곡이 끝나는 것을 일성(一成)이라

탄식을 이기지 못하겠습니다.

옥성玉成[14]의 모임에 만약 오시어 가르침을 주신다면 매우 다행스럽겠지만, 감히 꺼림을 어기고 억지로 맞이하지 못할 따름입니다.

좌랑 이재용[15]에게 주다[與李佐郎 在容]

일찍이 경향京鄕으로 가는 두 인편人便을 통해 모두 안부를 올렸는데, 제대로 전해졌는지[16] 모르겠습니다. 얼마 전 보내주신 회신回信을 보고 비로소 한양으로 들어온 것을 알았습니다. 바로 저보邸報[17]를 접하고 또 옮겨 병조兵曹에 들었음을 알고는 입에 올리지 못할 정도로 기뻤습니다.[18] 가을 기운이 서늘한 지금 벼슬하며 지내는 정황이 더욱 복스러움을 생각하고는 위로됨이 배나 더하였습니다.

저는 가을이 오니 공무公務가 날로 바빠져 궁민窮民들의 호소와 상사上司[19]들의 책임 지운이

한다. 한 곡이 끝날 적마나 반드시 소리를 바꾸어서 연주하며, 구성(九成)이 되면 음악이 완전히 끝나니 일을 마치는 것을 말한다. "소소 9곡을 끝내니 봉황이 와서 춤춘다.[簫韶九成 鳳凰來儀]"에서 온 말이다.(『書經』「益稷」)

14) 옥성(玉成) : 잘 도와서 성취시켜 줌을 말한다. 장재(張載) 「서명(西銘)」의 "부귀와 복택은 장차 나의 삶을 두텁게 해 주고, 빈천과 우척은 이에 너를 옥으로 만들어 주는 것이다.[富貴福澤將厚吾之生也 貧賤憂戚庸玉女於成也]"에서 유래한다. 이 편지에서는 상주에 있는 옥성서원을 말하는 것으로 보인다.

15) 이재용(李在容, 1619~1671) : 자는 이능(爾能), 본관은 흥양(興陽)이다. 1651년 생원에 입격하고 1660년 문과에 급제하여 군수(郡守)·병조 좌랑(兵曹佐郎) 등을 역임하였다.

16) 제대로 전해졌는지[浮沈] : '부침'은 남의 서신을 제대로 전해 졌는지 아닌지 알 수 없음을 말한다. 진(晉) 나라 은선(殷羨)이 예장군(豫章郡)의 태수(太守)로 있다가 임기를 마치고 떠날 즈음에 사람들이 100여 통의 편지를 주면서 경성에 전달해 줄 것을 청하였다. 석두(石頭)까지 와서 모조리 물 속에 던져 놓고는 "가라앉을 놈은 가라앉고 떠오를 놈은 떠올라라. 내가 우편배달부 노릇을 할 수는 없다.[沈者自沈 浮者自浮 殷洪喬不能作致書郵]"에서 유래한다.(『世說新語』「任誕」)

17) 저보(邸報) : 법령·예산·조약·서임(敍任)·사령(辭令)등 승정원(承政院)에서 처리한 일을 날마다 적어서 반포(頒布)하는 관보(官報)를 말한다.

18) 정도로 기뻤습니다[栢悅] : '백열'은 백열(柏悅)과 같으니 가까운 친구의 좋은 일에 대하여 함께 기뻐하는 것을 말한다. 육기(陸機)의 「탄서부(歎逝賦)」의 "참으로 소나무가 무성하니 잣나무가 기뻐하고, 아! 지초가 불에 타니 혜초가 탄식하네.[信松茂而柏悅 嗟芝焚而蕙歎]"에서 온 말이다.(『文選』)

19) 상사(上司) : 상급 관청을 말한다.

모두 못난 자가 감당할 수 있는 것이 아니니, 민망해하고 괴로워한들 어찌 하겠습니까?

홍덕興德 형은 지금 어느 곳에 있습니까? 만약 이미 한양에 들어왔으면 이 그리워하는 뜻을 전해 주십시오. 영남嶺南의 벗들 중에 조정에 있는 자가 누구이며 또한 몇 사람입니까? 알려주시기를 바라고 있습니다.

재종숙 정타에게 올리다[上再從叔 椯]

최근에 삼가 내려주신 회신回信을 받들고 이별 뒤의 그리움을 위로하게 되었습니다. 서신이 온지도 이미 오래되어, 삼가 부모님을 모시고 기거하심이 어떠하신지 알지 못하여 그리움이 구구區區합니다. 저는 숙모의 병이 갈수록 점점 심해지고, 그 이외에도 이런저런 어려움이 있습니다.

막 사장辭狀을 보내고 나서 헤아리지 않고 망령되이 행동한 것을 스스로 후회하지만 망령된 행동을 어찌하고 어찌하겠습니까? 관官에 비축한 물건을 모두 소비하여 조석朝夕으로 관아에 조달하는 일을 오로지 하리下吏에게 요구하고 있으니, 그 어찌 감미로운 음식을 얻어 나누어 효주孝廚를 도울 수 있겠습니까? 다만 스스로 부끄럽고 한스러울 따름입니다.

소략하나마 간폭簡幅을 정성스럽게 보내드리니, 웃고 받아주심이 어떠하십니까?

비석 세우는 일은 이미 마쳤습니까? 멀기에 소식을 듣지 못하여 삼가 답답할 따름입니다.

제문祭文

월간 이선생[20]을 애도하는 제문[祭月澗李先生文]

아! 우리 조부祖父께서 평소 선생先生만을 지기知己로 여기셨고, 선생께서는 형제兄弟의 의리로 제문을 지어 우리 조부의 죽음을 애도하셨는데, 조부께서 돌아가신지 2년이 되지 않아 선생께서 또 세상을 버리시니, 어리석은 저는 누구를 본받아[21] 몸가짐을 정하겠습니까? 비록 선생께서는 덕德이 높고 복福이 융숭하시어 참으로 부끄럽고 서운할 것이 없으나, 오직 맑게 닦으신 지조志操와 효성스럽고 우애로운 실지와 간절하게 선善을 즐기는 정성과 부지런히 학문을 좋아하는 뜻을 다시 볼 수 없게 되었으니, 제가 어찌 오래도록 마음 아파하지 않겠습니까?

족조 생원 영세[22]공을 애도하는 제문[祭族祖生員榮世文]

저의 일생이 매우 어려워　　余生孔艱

---

20) 이선생 : 이전(李埈)을 말한다.
21) 본받아[安倣] : '안방'은 본받아 따름을 말한다. 공자께서 세상을 떠나기 일주일 전에 "태산이 무너지는구나. 들보가 쓰러지는구나. 철인이 시드는구나.[泰山其頹乎 梁木其壞乎 哲人其萎乎]"라고 노래하였는데, 자공(子貢)이 이 노래를 듣고는 "태산이 무너지면 우리가 장차 어디를 우러러보며, 들보가 쓰러지고 철인이 시들면 우리가 장차 어디에 의지하겠는가.[泰山其頹 則吾將安仰 梁木其壞 哲人其萎 則吾將安放]"라고 한 데서 온 말이다.(『禮記』「檀弓上」) '방(倣)'과 '방(放)'은 같은 뜻의 글자이다.
22) 영세(榮世, 1599~?) : 자는 경화(景華), 본관은 진양(晉陽)이다. 1624년 생원시에 입격하였다.

일찍 부·조를 잃었는데 早失父祖
조부 항렬에 공이 계셔서 祖行有公
공을 부모같이 믿었습니다 恃公猶父
공께서 또한 저를 대함에 公亦視我
아들과 손자 같이 여겨 以子以孫
어려서는 이미 이끌어주었고 幼旣提撕
자라서는 더욱 보살펴주셨습니다 長益眷存
못나다 않고 가까이하여 不鄙不遐
저를 경계하고 권면하니 警我勉我
공의 가르침을 따르고 公誨是遵
공의 보살핌을 받았습니다 公恤是荷
근심 있으면 함께 아파하고 有憂同慽
경사 있으면 함께 기뻐하며 有慶同喜
제가 가면 공께서도 왔으니 我往公來
거리의 서쪽과 동쪽이었습니다 巷西巷東
아침저녁으로 따르고 모시니 追陪昕夕
그 즐거움 다함이 없어 其樂靡窮
평생을 기약하였는데 百年爲期
하루아침에 잃어 버렸습니다 一朝相失
이내 몸 매우 외롭고 我身惸惸
이내 마음 베인 듯 하였습니다 我心如割
저번 을유년[23] 曩歲乙酉
부애에서 천연두를 피할 적 避痘釜崖
제가 참되게 공을 따르니 我實隨公
공께선 제가 함께 함을 기뻐하여 公喜我偕
침상을 나란히 하고 잤으며 寢必聯床
번번이 자리를 같이 하였습니다 坐輒幷席
돌 시내와 봄 꽃 石澗春花
소나무 단과 밤의 달을 즐기며 松壇夜月
경사를 토론하기도 하고 或討經史

23) 을유년 : 1645년 인조 23년을 말한다.

고금을 말하기도 하였기에	或談今昔
우거함이 오래 되었지만	寓滯雖久
답답함은 절로 풀렸습니다	幽鬱自釋
그 해 첫 여름이 되어	逮其首夏
제가 우곡으로 들어갈 적에	余入愚谷
공께선 보내고 저는 가며	公送我行
잠깐 언덕에서 이야기하면서	薄言于阿
암담하게 서로 이별하니	黯然相別
저의 마음이 어떠했겠습니까	我懷則那
공께선 시를 보내어	公投以詩
속마음을 다 말하였으니	敍盡衷曲
지금 와서 추억해보면	追惟至今
완연히 어제 일 같습니다	宛如其昨
아! 슬픕니다	嗚呼哀哉
공의 자질은	惟公之質
크고 두터우면서 순수하여	碩厚而醇
그 기운은 우뚝하고	軒然其氣
그 논의는 뛰어나셨습니다	偉然其論
선을 좇고 영화를 버리며	趨善遺榮
속임을 싫어하고 진심으로 하였습니다	厭矯任眞
형을 아버지같이 섬기니	事兄如父
공의 행실은 돈독하였고	公行其敦
책을 음식같이 즐기니	嗜書若飴
공께선 그 부지런함을 배웠습니다	公學其勤
어찌 공의 어짊만이겠습니까	豈特公賢
덕이 선대에서 쌓였으니	德積于先
응당 복과 녹을 받아	宜受福祿
문중을 크게 할 줄 알았는데	以昌吾門
어찌 알았겠습니까 한 번의 병으로	何知一疾
갑자기 돌아가실 줄을	遽爾不淑
일명[24]도 섬돌에 이르지 않았으니	一命未階
육십 노인에게 오히려 인색합니다	六耋猶嗇
하늘인지 사람인지	天耶人耶
누가 그 연유를 물을까요	孰究其由
하늘은 기필할 수 없고	天不可必

이치 또한 헤아리기 어렵습니다 理亦難推
인생이 갑작스러우니 人生奄忽
한번 이르면 어찌할까요 一至斯何
나그네들은 탄식하고 行旅咨嗟
벗들은 목이 메입니다 朋知嗚咽
아이는 울고 있고 有兒啼號
형은 마음 아파하지만 有兄忉怛
가신 분은 말이 없고 逝者冥冥
남은 사람 외롭기만 합니다 存者孑孑
서로 보며 참혹해하니 相視慘慘
두 줄기 눈물만 줄줄 흐릅니다 迸涕滂滂
저는 공께서 가시고부터 我自公逝
정신은 놀라고 혼백은 잃어 神驚魄喪
이제 한 달 남짓 되었지만 今將月餘
남은 불안으로 안정되지 않으니 餘悸未定
마음이 황홀하여 心焉惝怳
취한 듯 깬 듯 하고 있습니다 如醉如醒
돌아보니 누굴 의지할까요 回顧疇依
실지로 하늘이 저에게 화를 끼쳤습니다 天實禍台
누가 저의 잘못을 바로잡고 誰箴余過
누가 저의 의심 가려줄까요 誰辨余疑
마음에 가장 아픈 것은 心所最痛
세계가 성글고 사람이 바뀌니 世疎人易
예법을 넘기 어려워 禮制難踰
시복[25]을 벗게 된 것입니다 緦服亦闋
세월이 더욱 가니 日月逾邁
이미 상여에 고하였습니다 已戒靈輀

24) 일명(一命) : 처음으로 관계(官階)를 받는 것을 말한다. 중국 주(周) 나라 때의 임관(任官)은 일명(一命)부터 구명(九命)까지 있어 조선의 9품(九品)부터 1품까지 있는 것과 비슷하다. 벼슬아치로서 처음 받는 가장 낮은 품계의 벼슬이다.

25) 시복(緦服) : 시마(緦麻)로 된 상복을 입는 3개월의 상(喪)을 말한다. 족부모(族父母), 족형제(族兄弟) 등 가장 촌수가 먼 친척의 상(喪)이 이에 해당한다.

깜깜하게 어두운 밤에	重壚厚夜
다시 새벽의 기약이 없어도	再晨無期
그 모습은 완연하니	儀刑宛然
마음과 눈에 어찌 잊겠습니까	心目曷諼
한 잔으로 이별을 고하니	一酌告訣
오장이 찢어지고 타는 듯합니다	五內摧焚

무주[26] 홍공을 애도하는 제문[祭無住洪公文]

아! 저의 선친先親께서는 공公에게 배웠고, 공 또한 저의 조부께 배웠습니다. 조부께서는 공의 깨끗한 지조[27]와 매운 성품[28]을 항상 칭송하며 따라갈 수 없다고 하셨습니다. 저는 비록 불초不肖한 사람이지만, 일찍부터 조부의 말씀을 들어서 존경할 것을 알았습니다. 저는 조부께서 돌아가신 뒤로부터 혈혈단신으로 의지할 곳이 없었으나 공을 아버지처럼 믿고 따랐으며, 공께서도 저를 자식처럼 여겨 더욱 두텁게 돌보아 주셨습니다. 채찍질과 가르침을 베푸시니 끝이 없는 큰 덕德에 감격하였는데, 오늘 또 공께서 돌아가셨습니다. 하늘은 어찌하여 저에게만 재앙을 내려 마침내 의지할 곳이 없도록 하였습니까?

홍원 한극술[29]을 애도하는 제문[祭韓洪原克述文]

아! 슬픕니다. 공께서 어찌하여 갑자기 이 지경에 이르셨단 말입니까? 공께서 어찌하여

---

26) 무주(無住) : 홍호(洪鎬, 1586~1646)의 호이다. 자는 숙경(叔京), 본관은 부림(缶林)이다. 우복선생의 문인이다. 1606년 문과에 급제하여 병조 정랑(兵曹正郎)·대사간(大司諫)을 역임하였다. 이괄(李适)의 난에 공이 있다. 저서는 『무주일고(無住逸稿)』가 전한다.

27) 깨끗한 지조[氷蘗之操] : '빙벽지조'는 얼음물을 마시고 황벽나무를 식용으로 한다는 말로, 청고(淸苦)한 생활을 하며 절조(節操)를 지켜온 것을 뜻한다.

28) 매운 성품[薑桂之性] : '강계지성'은 성품이 매운 생강과 계피처럼 강직함을 가리킨다.

29) 한극술(韓克述, 1598~?) : 자는 광보(光甫), 본관은 청주(淸州)이다. 우복선생의 문인이다. 1630년 문과에 급제하여 병조 좌랑(兵曹佐郎)을 지냈다.

갑자기 이 지경에 이르셨단 말입니까? 공의 효성스럽고 우애로우며 충성스럽고 신의 있으심으로도 복을 오래도록 하지 못하셨습니까? 공의 참되고 순수하며 화락和樂하고 평이平易함으로도 수명을 오래 누리지 못하였습니까? 어찌 그리도 하늘의 뜻은 믿기 어렵고 사물의 이치는 알기 어렵단 말입니까? 여섯 해를 변방에서 보낸다고 풍상風霜과 풍토병에 기운을 손상함이 있었습니까? 연이어 상화喪禍를 당하여 근심과 슬픔으로 원기元氣를 손상함이 있었습니까? 아니면 수명이 이미 다하여 끝내 벗어나지 못했습니까? 이것이 제가 슬퍼하고 통곡함을 스스로 멈추지 못하는 이유입니다.

세상 사람들은 잘 꾸민 것을 솜씨가 좋다고 여기지만 공께서는 꾸밈을 버리셨고, 세상 사람들은 부지런히 이익을 도모하는 것을 현명하다고 여기지만 공께서는 홀로 청빈함을 지키셨습니다. 공의 마음가짐은 평안平安하고 사물을 대함은 화평和平하며, 직무를 수행함은 부지런하고 몸가짐은 맑게 하셨습니다. 공의 어짊이 누구만 못하겠습니까만 꺾이고 가로막혀 지위가 낭관郎官에 그치고 수명이 백세에 이르지 못하니, 어찌 보답함이 이리도 어긋났단 말입니까? 이것이 제가 슬퍼하고 통곡하며 하늘에 물어보고자 해도 그럴 수 없는 이유입니다.

공과 공의 막내아우께서는 어려서부터 저의 조부의 문하門下에서 수학하여 저의 부친과는 서로 사이가 좋았습니다. 연원淵源을 함께하여 무리를 같이하고 학업을 함께 하여 방榜을 같이 하였으니, 제가 공을 공경하고 사랑하며 공께서 저를 돌보아 아끼심이 어찌 보통의 경우와 견줄 수 있겠습니까? 십 수 년 이래로 문하의 여러 어른들이 날로 쇠약해져 돌아가셨습니다. 공의 막내아우께서 돌아간 지 얼마 되지 않아 지금 다시 공의 죽음에 곡哭을 하여 의지할 곳이 없는 지경이 되었으니, 제가 슬퍼하고 통곡함이 끝이 있겠습니까? 끝이 있겠습니까? 장례의 기한이 정해져 있어 상여가 이미 출발하니 삼가 이 하찮은 제물을 차려 와서 영전靈前에 곡을 하지만, 글은 말을 다하지 못하고 말은 뜻을 다하지 못합니다.

찰방 한극창[30]을 애도하는 제문[祭韓察訪克昌文]

아! 우리 공께서	嗟嗟我公
어찌 이 지경에 이르셨습니까	胡遽至斯
저의 심정을 아뢰면	我告我情

공께서 저의 말을 들어주고	公聽我辭
공께서 행하면 공의 뜻을	公行公志
저는 공경하고 알아차렸습니다	我欽我知
공의 영광과 몰락에	公榮公歿
저는 기뻐하고 슬퍼하였습니다	我喜我悲
생각하니 저의 조부와 부친께서는	念我父祖
실로 공의 벗이요 스승이시고	寔公友師
집안끼리 우호를 맺었으니	門闌契好
오래될수록 쇠하지 않았습니다	愈久靡衰
제가 때때로 찾아뵈면	我時趨隅
공께서는 그때마다 기뻐하며	公輒伸眉
저의 나약함을 채찍질하고	公策我懦
저의 의문을 풀어주고는	公析我疑
제가 해치지 않도록[31] 권면하고	勉我不忮
제가 무너지지 않기를 바라셨습니다	期我無隳
제가 비록 부족하지만	我雖澳劣
실로 공의 은혜를 입었는데	實荷公貽
제가 이제 공을 잃었으니	我今失公
아! 저는 누구를 의지할까요	噫我資誰
십년을 어렵게 학문을 닦고도	十載螢雪
반평생을 은둔하면서	半世棲遲
세상이 자신과 등져도	世與我睽
공께서는 교묘히 따르지 않았습니다	公不巧隨
도가 궁한 때의 얻고 잃음을	窮道得喪
공께서는 버리듯이 하였으니	公視若遺
공께서 무엇을 근심했겠습니까만	在公何慽
저는 공을 위하여 탄식합니다	我爲公嗟

30) 한극창(韓克昌, 1600~1650) : 자는 유백(裕伯), 호는 오주(鰲洲), 본관은 청주이다. 1633년 문과에 급제하였다. 1636년 병자호란 때 남한산성으로 왕을 호종하고, 1646년 세자빈 강씨의 사사를 반대하다가 유배당한 사람들을 옹호하는 소를 올린 적이 있다.

31) 해치지 않도록[不忮] : '불기'는 "그대 모든 군자들이여, 덕행을 모르는가. 해치지 않고 구하지 않는다면 어찌 선하지 않으리오.「百爾君子 不知德行 不忮不求 何用不臧」"에서 온 말이다.(『詩經』「邶風·雄雉」)

공에게는 아픔이 있으니　惟公有痛
듣는 자들도 눈물을 흘립니다　聞者涕涕
늙으신 어머니 홀로 계시고　親老偏闈
형님은 먼 변방에 있는데　兄滯遐陲
저승길에 원망을 닫으니　九京閉寃
새벽이 다시 올 기약이 없습니다　再晨無期
공께서 무덤으로 떠나는데　公將卽遠
저는 마침 일이 많아　我適多縻
직접 술 따라 올리지 못하고　奠不躬酹
글도 제대로 짓지 못하였습니다　文不成詞
공께서 저를 불쌍히 여기신다면　公能顧憐
저의 작은 정성을 흠향하소서　歆我蕉葵

울산 노준명[32]을 애도하는 제문[祭盧蔚山 峻命 文]

아! 아픕니다. 공으로 하여금 띠를 드리우고 홀을 바로하고서 대각臺閣의 위에 서게 하면 빠진 것을 보충하고 남겨진 것을 수습하기에 충분하며, 공으로 하여금 깃발을 세우고 변방을 다스리게 하면 은혜를 베풀고 풍속을 살피기에 충분합니다. 그런데 사람들은 공의 어짊을 알지 못하고 세상은 공의 재능을 알지 못하여, 등용하였다가 다시 엎어지게 만들고 이미 엎어지면 다시 쓰지 않았으니 공의 불행입니까? 세상의 불행입니까? 백성을 다스릴 때의 위엄과 은혜로는 공을 칭송하기에 부족하고, 몸가짐의 청렴함과 결백함으로는 공을 기리기에 부족합니다. 오직 하늘로부터 타고난 효성스럽고 우애로운 행실行實과 편안하고 고요하여 다툼이 없는 지조志操는 제가 매우 기뻐하며 마음으로 따랐는데, 이 세상에서는 다시 볼 수 없게 되었습니다.

아! 아픕니다. 못난 저는 어려서 고아가 되었기에, 외람되게도 공의 보살핌을 입어 평생토

---

32) 노준명(盧峻命, 1596~1652) : 자는 정이(正而), 본관은 광주(光州), 소재(蘇齋) 노수신(盧守愼)의 증손이다. 1634년 문과에 급제하였다. 1636년 병자호란 때 인조를 남한산성에 호종하였다. 홍원목사(洪原牧使)를 지냈다.

록 의탁하였습니다. 그런데 공께서 이리도 빨리 돌아가시니 누구인들 슬퍼하지 않겠습니까? 저의 마음은 더욱 슬프니, 한 잔 술을 공경히 올리며 만고토록 전해질 긴 이별의 말을 올립니다.

족조 죽헌 헌세공을 애도하는 제문[祭族祖竹軒公 憲世 文]

추위와 더위가 번갈아 지나가고 어느덧 일주기를 맞이하니, 공公의 모습은 점차 아득해지고 공의 가르침은 따르기 어렵게 되었습니다. 마을 사람들이 함께 슬퍼하지만, 저의 슬픔은 더합니다. 공께서 돌아가신 후로는 의지할 곳이 없으니, 누가 저의 잘못을 꾸짖어 주겠으며 누가 저의 의문을 풀어주겠습니까? 매번 생각이 여기에 미칠 때마다 가슴이 답답하여 입으로 탄식하였습니다. 화락和樂한 기풍氣風과 굳건한 자태 그리고 청빈淸貧한 지조志操와 정직한 말씀을 어디서 다시 모시겠습니까? 다시 뵐 수 없어 애가 탑니다. 공경히 한 잔 술을 올리고 슬픔을 글로 부치니, 어둡지 않은 영령英靈께서 계신다면 바라건대 이를 흠향하십시오.

열녀 곽씨의 묘제문[烈女郭氏墓祭文]

– 본손本孫을 대신하여 지었다.

한 집안의 충성과 절의가 一家忠烈
만고의 강상이 되니 萬古綱常
서리와 눈처럼 늠름하고 霜雪凜凜
소나무와 측백나무처럼 푸르네 松栢蒼蒼
문중이 의를 중하게 여기니 連門義重
훌륭한 절의가 진실로 깊구나 景節誠深
감히 향기로운 제수를 올리니 敢薦芬苾
바라건대 이르러 주소서 冀賜格臨

묵계 조희인[33] 공을 애도하는 제문[祭默溪曺公 希仁 文]

공께서는 태어나면서 惟公之生

기질이 따뜻하고 어질었는데	氣溫質良
어려서는 어른께서	幼被頤老
바른 도리로 인도해주셨고	導以義方
자라서는 더욱 겸손하고 공손하여	長益謙恭
정성스럽고 꾸밈이 없었습니다	悃愊無華
안으로는 진실한 행실을 보존하고	內葆實行
밖의 시끄러움을 다투지 않았습니다	不競外譁
일찍부터 서책을 좋아하니	夙耽竹素
뱃속이 시서로 가득 차서	滿腹詩書
박사의 업을 이루어	博士業成
자주 향시에 입격하였습니다	屢發公車
향기가 계적[34]에 퍼지니	播芬桂籍
대궐로 들어가서는	展步雲衢
국자감과 예조	國子南宮
병조와 홍로[35] 등	騎省鴻臚
계신 곳에서 직무를 다하며	所在盡職
절대로 명예를 구하지 않았고	確不求譽
외직으로 두 성을 다스릴 때	出專兩城
진심으로 백성들을 어루만지니	赤心撫慈
맑은 지조와 은택이	清操惠澤
높다란 비에 새겨졌습니다	有穹螭龜
향리로 물러나 쉴 적에	退休鄉曲
한 언덕과 한 골짜기에서	一丘一壑
서적을 가까이 하고	左右書史
가난에도 유유자적 하셨습니다	簞瓢自適
세속에는 거짓된 자들이 많은데	俗多矯僞
공께서는 함부로 따르지 않았고	公不詭隨
세속에서 꾸밈을 힘쓸수록	俗務媚飾

33) 조희인(曺希仁, 1578~?) : 자는 여선(汝善), 본관은 창녕(昌寧)이다. 1627년 문과에 급제하여 군수(郡守)를 지냈다.

34) 계적(桂籍) : 문과 급제의 방목(榜目)을 말한다.

35) 홍로(鴻臚) : 외국과 관계된 사항, 즉 조공(朝貢)·내빙(來聘)과 흉의(凶儀)·사묘(祠廟)를 관장하였다.

공께서 더욱 담담해하셨으니	公益恬怡
고을이 모두 달존[36]으로 추앙하고	鄕推達尊
선비들은 모범으로 우러렀기에	士仰典刑
갑자기 부음을 듣고는	幽聞遽騰
원근이 탄식하고 놀랐습니다	遠邇嗟驚
아! 슬픕니다	嗚呼哀哉
옛날 우리 조부께서	昔我先祖
우곡에서 도를 강론하실 때	講道愚谷
공께서는 약관의 나이로	公時弱冠
책 상자를 지고 와 배웠습니다	負笈從學
우리 조부께서	曁我先祖
율리로 돌아와 머무실 때에도	返居栗里
공께서는 바로 이웃에 자리하여	公乃卜隣
오래도록 의지하였습니다	永爲依庇
임자년에	歲在壬子
저의 조부께서 옥에 갇히셨는데	先祖逮獄
사건의 단서가 의심스러웠으나	事端惶惑
듣는 이들이 두려워 나서지 못했는데	聞者畏縮
공께서는 홀로 말을 빌려서	公獨賃騎
조부를 도우려 도성에 들어갔습니다	扶護入洛
고초를 두루 겪고도	備嘗艱辛
더욱 힘쓰고 게을리 하지 않았으니	益勵靡懈
어려움을 돕는 높은 의리는	急難高義
옛 사람들에게 부끄럽지 않았습니다	古人無愧
임신년 초봄에	壬申春孟
조부께서 공검지 쪽에 자리하셨는데	先祖卜湖
공의 거처 또한 가까우니	公居又邇
하늘도 그 즐거움을 허락하였습니다	天與其娛
날마다 곁에서 모시며	日侍燕申

---

36) 달존(達尊) : 천하에 두루 통하는 존귀함을 말한다. “천하에 공통으로 높여야 할 것이 세 가지가 있으니, 벼슬이 한 가지이고, 나이가 한 가지이고, 덕이 한 가지이다.[天下有達尊三 爵一齒一德一]”에서 온 말이다.(『孟子』「公孫丑下」)

규범으로 삼으셨으니	是範是軌
우리 집을 위하여 애를 쓰심에	拮据我家
마음 다할 것을 생각했습니다	思以盡己
그런데 겨우 일 년 만에	歲紀纔周
조부께서 돌아가셨습니다	我罹天蹙
공께서는 바로 돌아와서	公卽由還
산역에 정성을 다하니	殫誠兆宅
마지막을 보내는 큰 예법이	送終大禮
덕분에 부족함이 없었습니다	賴以無憾
남기신 글이 상자에 있었는데	遺文在篋
공께서 모두 교감하시고	公悉校勘
판각하는 일을 모두 마치니	剞劂功訖
공께서 실로 처음부터 도모하여	公實謀始
스승을 높이고 도를 지킴이	尊師衛道
여러 선비보다 빛이 났습니다	有光多士
아! 사우는	嗚呼師友
오륜 중에서 한 자리이지만	五倫居一
세월이 흐를수록 풍속도 무너져	世降俗漓
이 의리 거의 끊어졌습니다	斯義幾絶
저 세상 사람들을 보면	睠彼世人
이익만을 추구하여	執利是趨
어기고 배신하기도 하면서	或違或背
스승의 가르침을 더럽히는데	師訓是汚
공만은 스승에 대하여	惟公於師
시종토록 어기지 않고	終始不替
한 마음으로 따르기를	一心嚮往
물이 동으로 흐르듯 하였으니	如水之東
공께서 행한 의리는	惟公行義
제가 함부로 평할 것이 아닙니다	匪我妄評
아! 슬픕니다	嗚呼哀哉
아! 저 소자는	嗟余小子
어려서 공께 배웠는데37)	丱角趨隅
공께서는 저를 사랑하여	公輒見愛
어리석음도 비루하다 않고	不鄙其愚
학술을 가려 말미암게 해주며	擇術使由

땅을 나누어 먹여주고	割田使餔
더럽히지 말라 경계하며	戒以無忝
해치지 말라 일러주니	詔以不忮
홀로 된 저는 다행히도	自幸孤露
공의 보살핌을 믿었습니다	公眷是恃
이십년을 종유함에	從遊卄年
이끌어줌이 정성되고 지극했는데	誘掖諄至
열편의 주자서와	十篇朱書
한부의 심경을	一部心經
저를 만나면 꺼내어서	遇我輒抽
간곡한 뜻을 가르쳐 주셨습니다	指示丁寧
때때로 두 책을 열람하면	時閱兩編
마음과 정신이 상쾌해져서	心神有爽
말과 행동의 허물이 줄어들었습니다	言動寡愆
나의 말 늙은이의 말 아니니	我言匪耄
자네는 더욱 힘쓰도록 하게	子其勉旃
아! 공께서는 학문을 즐겨	嗟公嗜學
여든에도 오히려 독실하니	八耋猶篤
손에는 책을 놓지 않고	手不釋卷
입으로 읊고 마음으로 풀었습니다	口念心繹
귀와 눈은 밝고	耳目聰明
근력은 강건하여	筋力康勍
매번 좋은 계절을 만나면	每値令節
나귀를 타고 배를 띄워	策驢揚舲
봄 산의 아름다운 경치와	春山簇錦
가을 물가의 생동하는 풍경	등秋渚躍腥
대하는 사물마다 경치마다	卽物卽景
낱낱이 살피고 번갈아 읊으셨습니다	細討迭唱
제가 마침 단성의 수령되니	我適守丹
강과 고개가 너무나 넓어	河嶺倐曠

37) 배웠는데[趨隅] : '추우'는 학생이 공손한 모습으로 자리에 앉는 모습을 말한다. "옷깃을 걷어잡고서 한쪽에 앉아 반드시 응답을 신중하게 한다.[摳衣趨隅 必愼唯諾]"에서 온 말이다.(『禮記』「曲禮上」)

아름다운 소리 잇지 못하였기에	音徽莫嗣
밤낮으로 생각만 하였습니다	夙夜馳想
한 해 만에 공을 찾아뵈니	浹歲來拜
삼월 늦은 봄이라	暮春三月
옛 일을 이야기하느라	敍闊話舊
즐겁게 밤을 다하였지요	款款終夕
공께서 초여름이 되면	公謂夏初
먼저 서당을 찾아 갈 터이니	擬訪首塾
벗들과 경치 좋은 곳을 찾아	携朋選勝
며칠 노닐자 하기에	數日徜徉
말씀 듣고는 물러 나와서	奉言告歸
바쁘게 돌아왔습니다	行色被忙
수십 일이 되지 않아	而未數旬
공께서 위독하다는 소식을 듣고	聞公疾革
쾌차하시기를 바랐는데	尙冀勿藥
어찌 갑자기 돌아가셨습니까	胡遽不淑
정말입니까 꿈입니까	眞耶夢耶
하염없이 눈물만 흐릅니다	有淚懸泉
무슨 마음으로 이 이별로	何意斯別
영원히 헤어졌단 말입니까	而訣終天
평생을 의지하려 했는데	百年攸托
하루 저녁에 잃어버리니	一夕相失
외롭기만 한 이 몸은	我身惸惸
마음이 찢어지는 듯합니다	我心如割
어느덧 시간이 흘러	日月幾何
상여가 이미 엄정하니	靈輀已嚴
공의 풍모가 눈에 선한데도	風儀宛然
눈을 들어도 보이지 않습니다	擧目無瞻
영전에 이별을 고하고서	告訣筵前
한 잔 술을 따라 올리니	酹我一巵
강가의 구름은 고요하여	江雲黙結
저의 깊은 슬픔을 위로하지만	助我深悲
사라지지 않는 것은 마음이요	不泯者心
다하지 못하는 것은 말입니다	不盡者辭

묘지墓誌

조비이신 증 정경부인 전의 이씨의 묘지문[祖妣贈貞敬夫人全義李氏墓誌]

증 정경부인 전의 이씨全義李氏께서는 나의 조부이신 이조 판서吏曹判書 정공鄭公 휘諱 경세經世의 전前 부인이다. 증조고曾祖考는 휘 원源이고, 조고祖考는 현감縣監 휘 시민時敏이며, 선고先考는 부장部將 휘 해海이다. 외조부外祖父는 정랑正郎 류경원柳景源이다.

부인께서는 가정嘉靖 갑자년(1564)에 태어나 만력萬曆 계미년(1583)에 혼인하였다. 묘현례廟見禮[38]를 치르기도 전에 후사後嗣 없이 돌아가셨으니, 이때가 갑신년(1584) 6월이었다. 모셔 와서 찬성공贊成公의 묘소 다음 서남향의 언덕에 장사지냈다. 나는 어려서 조부를 여의었기에 부인夫人의 아름다운 덕德을 듣지 못하였다. 간략하게나마 그 세계世系를 적어 유당幽堂에 기록해둔다.

조비이신 정경부인 진성 이씨의 묘지문[祖妣貞敬夫人眞城李氏墓誌]

부인夫人의 성은 이씨李氏인데, 본관이 진보眞寶인 송안군松安君 자수子脩의 후손이다. 증조고 휘諱 우堣는 호조 참판을 지냈고 호는 송재松齋이며, 조고祖考 휘 수령壽苓은 황산 찰방黃山察訪을 지냈으며, 선고先考 휘 결潔은 충순위忠順衛[39]이다. 선비先妣는 동래 정씨東萊鄭氏 충순위 영英의 따님으로, 군수郡守를 지낸 광익光翼의 손녀이다.

---

38) 묘현례(廟見禮) : 신부가 혼례를 치른 이후 시댁에 당도하여 처음으로 사당에 배례(拜禮)하는 일을 말한다.

39) 충순위(忠順衛) : 조선시대 오위(五衛)의 후위(後衛)인 충무위(忠武衛)에 속하였던 군대를 말한다.

부인께서는 가정嘉靖 병인년(1566)에 태어났는데, 유순하고 어질며 착하고 현명하였다. 정해년(1587)에 판서공의 계실繼室이 되어서, 정성을 다하여 시부모를 모시고 제사를 받들었다. 군자君子의 배필이 되어 예禮를 어김이 없었고, 친지들에게도 돈독하여 비록 먼 친척이라 하여도 극진히 도와주었다. 첩妾의 자식들을 보살핌에 자기 자식들과 같이 하였다. 자녀子女들을 가르칠 때에는 반드시 올바른 방도로 하였고, 비복婢僕을 부릴 때에는 또한 공평과 용서로 하였다. 『열녀전烈女傳』과 『내훈內訓』 등의 서적을 즐겨 읽어 의리義理를 두루 깨쳤으니, 조부께서 항상 강보疆輔[40]라고 칭찬하였다. 숭정 을해년(1635) 10월에 돌아가시니, 조부와 같은 언덕에 장사지냈다.

2남 2녀를 두었는데, 장남은 나의 선고先考이신 휘諱 심杺으로 예문관 검열藝文館檢閱을 지냈으며, 차남 학樳은 선교랑宣敎郞을 지냈다. 딸들은 각각 생원生員 노석명盧碩命과 판서判書 송준길宋浚吉에게 시집보냈다. 부친께서는 1남 1녀를 두었는데, 아들은 바로 나이며 딸은 봉사奉事 조한수趙漢叟에게 시집보냈다. 선교랑께서는 불행하게도 후손이 없다. 생원生員께서는 1남 2녀를 두었는데, 아들은 사영思永이며 딸들은 각각 전익구全翼耉와 이송래李松來에게 시집보냈다. 판서께서는 1남 2녀를 두었는데, 아들 광식光栻은 세마洗馬이며 딸들은 각각 나명좌羅明佐와 헌납獻納 민유중閔維重에게 시집보냈다. 내외內外의 증손曾孫이 또한 남여 20여 명이 있다.

갑술년(1634)에 조부의 묘지墓誌를 지었는데, 바로 다음 해에 부인께서 돌아가시니, 세계世系과 규중閨中의 덕을 묘지墓誌 중에 기록하지 못하였으므로, 내가 어리석음을 헤아리지 않고 간단하게나마 이상과 같이 적는다.

종조이신 증 선무랑 사섬시 주부 부군의 묘지문[從祖宣務郎司贍寺主簿府君墓誌]

공公은 성이 정鄭이며, 휘가 흥세興世이며, 자가 경진景振이며, 성씨가 진양晉陽이다. 9대조 휘 택澤이 상주尙州 판관判官을 지내고 아들 한 명을 상주尙州에 머물게 하니, 마침내 상주 사람이 되었다. 증조고曾祖考 휘 계함繼咸은 증 좌승지이고, 조고祖考 휘 은성銀成은 증 이조 참판이며,

---

40) 강보(疆輔) : 내외가 서로 한없이 도덕성을 도우는 사이임을 말한다.

선고先考 휘 여관汝寬은 증 좌찬성이다.

공께서는 가정 병인년(1566)에 태어났는데, 성품이 뛰어나고 호쾌하며 얽매임이 없었으며, 천성이 지극히 효성스러웠다. 임진년의 난리에 어머님을 모시고 안령鞍嶺으로 피난하였는데, 갑자기 적을 만나게 되었다. 형 판서공判書公께서 화살을 맞고 쓰러지자 공은 적들과 싸움 끝에 어머니의 곁에서 돌아가셨으니, 6월 10일이었다. 이 일이 알려져 정려旌閭되고, 사섬시 주부司贍寺主簿에 증직되었다. 면지동綿枝洞 서쪽 언덕 어느 방향으로 언덕에 안장하였다. 공께서 상화喪禍를 자주 만나 미처 혼인婚姻하지 못하였기에 끝내 후사가 없으니, 슬프도다.

선고이신 내한 부군 묘지의 후지[先考內翰府君墓誌後識]

이상 선부군先府君의 묘지문墓誌文은 바로 조부이신 판서공判書公께서 지은 것인데, 부군의 생졸生卒과 관계官系 그리고 행적의 대략이 이미 갖추어져 있다. 이제 감히 쓸데없이 한 말을 덧붙이지 않고 다만 그 자손들을 다음과 같이 기록하여 둔다.

아들은 도응道應으로 선조께서 남긴 은택으로 누차 은명恩命을 받아 지금은 단성 현감丹城縣監이 되었다. 딸은 봉사奉事 조한수趙漢叟의 아내가 되었는데, 두 아들을 낳고 요절하였다. 나는 지평持平 류진柳袗의 딸에게 장가를 들어 2남 4녀를 두었다. 장녀는 이원지李元祉와 혼인하였으며, 나머지는 모두 어리다.

부군府君께서 돌아가신 을축년(1625)에서 35년이 지난 뒤인 기해년(1659) 7월, 불초不肖한 도응道應이 울며 삼가 적었다.

숙부 선교랑 부군과 의인 진산 강씨의 묘지문[叔父宣敎郎府君 宜人晉山姜氏墓誌]

공公은 휘가 학㮰이며, 자가 종직從直이며, 성이 정씨이다. 본관과 세계世系는 판서공判書公의 묘비에 상세히 드러나 있으므로 여기서는 다시 기록하지 않는다. 판서공께서는 도덕道德과 문장文章이 한 시대의 으뜸이어서, 세상에서 우복愚伏선생이라 일컬었다. 선비先妣는 정경부인 진성 이씨眞城李氏이다.

공께서는 만력萬曆 신축년(1601)에 태어났는데, 빼어남이 보통 아이들과는 달랐다. 15~6세에 비로소 학교에 나아가니, 발분發憤하여 각고의 노력을 다하였다. 특히 『심경心經』과 『주자서

朱子書』을 좋아하였는데, 몇 해 지나지 않아 학업이 크게 진전되고 문사文思가 깊이 발전하니, 판서공께서 자주 칭찬하였다. 그러나 뜻한 것이 과거 시험 공부에 있지는 않았다.

공의 풍모는 헌걸 차고 기질은 호쾌하여 밖으로는 관대한 듯하고 안으로는 지킴이 실지로 굳어 마음가짐과 몸가짐을 한결같이 부친의 가르침을 따랐다. 부모를 모실 때는 정성과 공경을 다하였고 형제를 수족과 같이 아꼈으며, 사람들을 부릴 때에는 너그러우면서도 엄격하였고 친족들에게는 돈독하면서도 의리가 있었다. 사람을 대할 때에는 반드시 겸손하고 공손하였으며 의義가 아닌 것을 보면 마치 자신이 더럽혀지는 듯이 여겼다. 을축년(1625)에 형인 검열공檢閱公의 상을 당하니, 슬픔이 예법에서 정한 법도를 넘겼다. 마침내 병에 걸려 다음해 11월에 돌아가시니, 불행하게도 후손이 없었다. 애통하도다. 판서공의 묘소 아래에 장사 지내니, 나의 선인先人의 묘소와 좌우로 나란히 하고 있다.

부인 진산 강씨晉山姜氏는 현감縣監 연淵의 따님으로 충신忠臣 존재存齋 곽준郭䞭 선생의 외손外孫이다. 단정하고 엄정하며 착하고 현명하여 부인의 도를 잘 닦았다. 군자君子의 짝이 됨에는 어김이 없었고 시부모를 섬김에는 정성으로 하였으며, 선조를 받들고 아래 사람을 이끌 때에는 힘써 예법을 따랐다. 존재선생의 묘갈墓碣을 세울 때에는 힘써 제전祭田을 마련하였고, 동서와 40년을 한 집에서 같이 살았어도 집안에는 이간질하는 말이 없었다. 항상 일찍 남편을 잃은 것을 슬퍼하여 반평생 채소만 먹었으며, 고운 명주 또한 몸에 가까이 하지 않았다. 거처할 적에는 항상 일찍 일어나 세수하고 머리 빗고는 단정히 앉아 종일토록 여자의 일을 하였다. 『열녀전烈女傳』·『내훈內訓』·『소학小學』 등의 책을 읽기 좋아하여 부인의 덕을 온전히 갖추었으며, 또 의리에도 밝아 사군자士君子의 풍모가 넉넉하였다. 공과 같은 해에 태어나시고, 공과 같은 묘소에 장사지냈다. 돌아가신 때는 기해년(1659) 5월이다.

행록行錄

선고이신 내한부군의 행년기[先考內翰府君行年記]

만력萬曆 25년 정유년(1597) - 선조대왕宣祖大王 30년 - 6월 20일 해시亥時, 부친께서 서울 소격서동昭格署洞의 우거寓居하는 집에서 태어났다.

당시 조부 문장공文莊公께서 조정에서 벼슬살이하고 있었다. 부군府君을 임신하였을 때 문장공께서 꿈에 계수나무 꽃을 보았기에, 어릴 때의 자字는 일계一桂였다.

무술년(1598) 4월, 문장공文莊公께서 외직으로 나이기 경상도를 다스리니, 부군께시는 이미님을 따라 예천醴泉의 화장花庄에서 지냈다. 12월, 문장공께서 체직遞職되어 돌아왔지만, 계속 화장에 머물렀다.

기해년(1599) 3월, 문장공께서 먼저 상주尙州로 돌아오고, 이달 27일 부군께서 어머님을 따라 상주로 돌아왔다.

경자년(1600) 4월, 문장공의 임소인 영해부寧海府로 따라갔다. 11월, 어머님을 따라 먼저 상주尙州로 돌아왔다.

신축년(1601) 이 해에는 내산內山의 별장別庄에 있었다.

살펴보니, 『문장공수록文莊公手錄』에 말하였다. "겨우 말을 배우자 내가 가르치며41) 말하였다. '효자는 부모님의 마음을 편안히 해 드리는 것을 방법으로 삼는다.' 마음에 합치하는 것이 있는 듯 그렇게 하였다. 화가 나서 울 때 말하였다. '너는 울지 마라. 내 마음이 편치 않다.'

---

41) 가르치며[提耳] : '제이'는 부모의 간절한 가르침을 말한다. "아아 젊은이여, 아직도 선악을 가릴 줄 모르는가? 손으로 잡아줄 뿐만 아니라, 일로 보여주며, 면전에서 가르쳐 줄 뿐만 아니라, 귀에 대고 말해 주노라.[於乎小子 未知臧否 匪手攜之 言示之事 匪面命之 言提其耳]"에서 유래한다.(『詩經』「大雅·抑」)

번번이 그치고 울지 않았다. 여지도輿地圖를 펼치고 가리키며 말하였다. '이것은 아무 읍邑이고, 이것은 아무 읍邑이다.' 뒤에 물어보면 메아리 같이 응답하여 하나도 어긋나지 않으니, 사람들이 지자指字와 무자無字를 알았던 백거이[42]에 견주었다."

임인·계묘년(1602·1603), 두 해는 혹 율리栗里에 있었거나 혹 산장山庄에 있었다.

살펴보니, 『문장공수기文莊公手記』에 말하였다. "7세 때 그 아우가 돌을 잘못 던져서 발을 다쳐 피가 났다. 내가 화가 나서 그 아우를 때리려고 하니, 바로 손을 모으고 슬피 부르짖으며 말하였다. '어려서 아는 것이 없는데 어찌 벌을 주겠습니까? 용서해 주십시오.' 내가 감동하여 그만두었다."

갑진년(1604) 부군의 나이 8세였다. 『양정편養正篇』을 배웠다.

문장공文莊公께서 명유明儒들이 지은 『향교례집鄕校禮輯』·『동자례童子禮』편의 내용을 가려서 약간 가감加減하여 『양정편養正篇』이라 고쳐 이름하고는 손으로 써서 부군에게 주었다. 이때부터 책을 읽고 학업을 부지런히 하니, 꾸짖거나 독려할 필요가 없었다. 또 아버님의 가르침을 복습하여 어버이의 뜻을 어긴 적이 없었다.

이 해에 또 『사략史略』을 읽었다.

「묘지墓誌」를 살펴보면, 처음 역사를 배웠다. '하후씨夏后氏인 우禹는 곤鯀의 아들'이라는 부분에 이르러 질문하였다. "이 윗부분의 글에서 '곤을 죽였다.'고 하는 바로 그 곤입니까?" 문장공께서 말하였다. "그렇다." 부군께서 말하였다. "그렇다면 우禹는 성인이 아닙니까?" 문장공께서 말하였다. "성인이시다." 부군께서 말하였다. "순舜임금이 그의 아버지를 죽였는데 신하가 되어 섬겼으니, 성인께서 참으로 이와 같이 하였습니까?" 문장공께서 말하였다. "임금과 아버지는 경중輕重이 없다. 이 때문에 아버지가 죄 없는데 임금이 죽이면 의리상 섬길 수 없지만, 아버지가 죄 있어 벌을 받았다면 임금을 원망할 수 없다." 부군께서 빨리 대답하지 않고 천천히 대답하니,[43] 문장공께서 말하였다. "이른바 '극殛'은 죽인 것이 아니라,

---

42) 지자…… 백거이 : 백거이(白居易)가 원진(元稹)에게 보낸 「여원구서(與元九書)」의 "내가 처음 태어난 지 6·7개월 되었을 때, 유모가 글씨 쓰인 병풍 아래서 나를 안고 어르면서 '무'자와 '지'자를 가리켜 저에게 보여주었다. 제가 그때 비록 입으로 말은 하지 못했지만, 마음 속으로는 이미 알고 있었습니다.[僕始生六七月時 乳母抱弄於書屛下 有指無字之字示僕者 僕雖口未能言 心已默識]"라고 한 데서 유래한다.

43) 빨리 …… 대답하니[諾而不唯] : 아직 의문이 풀리지 않았음을 말한다. "아버지가 말씀하시면 빨리

다만 구금하여 가두었을 뿐이다." 이에 의심이 풀렸다.

도간陶侃[44]이 꿈에 날개가 꺾인 일[45]에 이르러 말하였다. "이는 무고誣告이다. 도간은 어질기에 반드시 발호跋扈할 마음이 없었다. 가령 어질지 아니하면서 재앙을 일으키려는 마음을 품고 있었다면 반드시 꿈을 남에게 말하지 않았을 것이니, 누가 알 수 있었겠는가?" 영리하심이 대체로 이와 같았다.

을사·병오년(1605·1606) 두 해 동안은 율리栗里에도 계셨고 산장山庄에도 계셨다.

정미년(1607) 이 해에는 문장공의 임소任所인 대구부大丘府로 따라갔다.

부군께서는 온화하고 공손하며 겸손함으로 항상 어버이를 가까이에서 모시며 밖으로 나가 놀거나 장난한 적이 없었다.

무신년(1608) 5월, 문장공께서 언사言事로 파직되어 돌아와 산장山庄에 계셨다.

기유년(1609) 부군의 나이 13세였다. 창석蒼石[46]선생에게 배웠다.

이 해 4월, 문장공께서 왕명을 받들고 명明 나라에 사신으로 갔다. 부군께서 선생에게 수업하니, 선생께서 매우 칭찬하였다.

경술년(1610) 3월, 문장공께서 연경燕京에서 돌아왔다. 11월, 부군께서 문장공의 임소인 나주羅州로 따라 갔다.

이 해에는 문장공께서 조정에 계셨기 때문에 봄부터 겨울까지 창석선생에게 수학하였다.

신해년(1611) 1월, 문장공께서 전리 감사全羅監司에 임명되자 조정에 나아가 사은숙배를 하였다. 부군께서는 어머님을 모시고 상주尙州로 돌아왔다.

부군께서 일행을 단속하니 터럭만큼도 관官에 누가 되지 않았다. 심지어 집으로 자형[姊壻]

대답하고 천천히 대답해서는 안된다.[父命呼 唯而不諾]"에서 유래한다.(『禮記』「玉藻」)

44) 도간(陶侃, 259~334) : 자는 사행(士行)이다. 동진(東晉) 때의 명장(名將)이자 대사마(大司馬)였다. 진(晉) 나라 때의 유명한 은거 시인인 도잠(陶潛)의 증조(曾祖)이다.

45) 꿈에 …… 일 : "꿈에 여덟 개의 날개가 나서 날아 하늘로 올라갔다. 아홉 겹의 하늘 문을 보고는 이미 그 중 여덟은 올랐으나 오직 하나의 문에 들어가지 못하였다. 문지기가 지팡이로 그를 쳤는데, 그로 인하여 땅에 떨어져 왼쪽 날개가 부러졌다. 깨어나 보니 왼쪽 겨드랑이에 오히려 통증이 있었다.[夢生八翼 飛而上天 見天門九重 已登其八 唯一門不得入 閽者以杖擊之 因墜地折其左翼 及寤 左腋猶痛]"는 고사에서 유래한다.(『晉書』「陶侃列傳」)

46) 창석(蒼石) : 이준(李埈, 1560~1635)의 호이다.

을 맞이하여 안팎을 다스리되, 한결같이 가문의 법도를 따르고 조금도 어기거나 허물이 없으니, 진사進士 정영방鄭榮邦[47]이 감탄하여 말하였다. "노성老成한 인재이다." ◑ 당시 대간大諫 홍호洪鎬[48] 공公이 함창咸昌에서 시묘살이를 하니, 부군께서 아우와 함께 가서 수업하였다. 가을과 겨울에는 창석선생에게 수학하였다.

임자년(1612) 2월, 부군께서 관례冠禮를 치루셨다.

창석선생께서 빈賓[49]이 되어 자字를 지어 주었다. 그 자사字辭에 "우리 고을의 호걸스런 사람 중에 우곡공愚谷公[50]이 있는데, 자식이 착하여[51] 옥나무[52]가 바람을 쐬는 듯하네."라는 등의 말이 있었다.

3월, 문장공께서 체포되시니 부군께서도 연루되었다. 4월, 용서받아 돌아왔다.

이해 2월, 김직재金直哉[53]의 역모와 관련한 옥사獄事가 일어났다. 문장공께서 그 당黨인 류팽석柳彭錫의 무고를 받아 3월 21일에 체포하라는 명이 이르렀다. 부군과 아우께서도 모두 잡혀가서 25일에 옥으로 들어갔다. 28일 광해군光海君이 직접 국문鞫問을 하였는데, 부군께서 공초供招에 답하였다. "아버지께서 가르치는 것과 자식이 배우는 것은 다만 효孝·제弟·충忠·신信일뿐이니, 다른 것은 감히 알지 못합니다." 놀라거나 실수하는 일이 거의 없으니, 광해군이 기특하게 여겼다. 4월 3일에 풀려났다. 5일에 문장공을 따라 성城을 나와 두모포杜毛浦[54]에 머물다가 배를 사서 남쪽으로 돌아왔다.

---

47) 정영방(鄭榮邦, 1577~1650) : 자는 경보(慶輔), 호는 석문(石門), 본관은 동래(東萊)이다. 우복(愚伏)선생의 문인이다. 1605년 진사(進士)시에 입격하였다. 저서는 『석문집(石門集)』이 전한다.

48) 홍호(洪鎬, 1586~1646) : 자는 숙경(叔京), 호는 무주(無住), 본관은 부계(缶溪)이다. 우복선생의 문인이다. 1606년 문과에 급제하여 승문원 권지(承文院權知)·사예(司藝)·대사간(大司諫) 등을 역임하였다. 저서는 『무주일고(無住逸稿)』가 전한다.

49) 빈(賓) : 관례 행사를 주관하는 사람을 말한다.

50) 우곡공(愚谷公) : 우복(愚伏) 정경세(鄭經世)의 이칭이다.

51) 착하여[式穀] : '식곡'은 자식을 가르쳐 착하게 됨을 말한다. "그대 자식 잘 가르쳐 착한 것을 닮게 하라.[教誨爾子 式穀似之]"에서 온 말이다.(『詩經』「小雅·小宛」)

52) 옥나무[玉樹] : '옥수'는 옥수경지(玉樹瓊枝)의 줄임말로, 귀한 집의 재주 있는 자손을 말한다.

53) 김직재(金直哉, 1554~1612) : 자는 경어(景魚), 본관은 안동(安東). 1585년 급제하였다. 1612년 아들 김백함(金白緘)과 함께 진릉군(晉陵君)을 왕으로 추대하려는 역모를 꾸몄다는 이유로 투옥되었으며, 결국 아들·사위 등과 함께 능지처참되었다. 이 옥사(獄事)를 '김직재의 옥(獄)'이라 부르는데, 이는 소북파를 제거하기 위한 대북파의 조작극이었다고 알려져 있다.

54) 두모포(杜毋浦) : 지금의 옥수동 부근으로 수구(水口)가 있는 광희문으로 이르는 길에 있는 포구이다.

가을, 창석선생에게 수업하였다.

문장공께서 동지同知[55]에 서배敍拜[56]되어 조정으로 나아가 사은숙배하였다. 부군께서 창석선생에게 『시경詩經』·『서경書經』을 배웠는데, 창석선생께서 입에 넘치도록 칭찬하였다. 문장공께 답하는 편지에 말하였다. "그 아이는 스스로 경敬·근謹 두 글자에 힘을 써서 바로 잡을만큼 경박하거나 들뜬 곳이 없습니다." 또 삼가함과 부지런함의 뜻을 풀이 하여 부군을 힘쓰게 하였다.

계축년(1613) 3월, 문장공께서 강릉 부사江陵府使가 되어 서울에서 부임하였다. 4월, 부군께서 강릉으로 들어가 문장공을 뵈었다.

부군께서 관아 안에 있을 때에는 조용한 곳에 머물며 책을 읽었다. 용구用具를 만들거나 아전과 하인을 꾸짖은 적이 없으니, 고을 사람들이 모두들 어진 자제라고 칭송하였다.

갑인년(1614) 4월, 문장공을 따라 금강산을 유람하셨다.

이달 18일에 출발하여 양양襄陽 낙산사洛山寺를 지나 두루 호수와 바다의 뛰어난 경치를 보았으며, 고성高城에 이르러 삼일포三日浦[57]에 배를 띄웠으며, 사선정四仙亭[58]에도 올랐다. 통천通川의 총석정叢石亭[59]을 지나 금강산으로 들어가 꼬박 열흘을 둘러보고는 돌아왔다. 「유산일록遊山日錄」이 있다. 이 행차에 강릉부 사람인 김존시金尊詩·권정오權正午·최신숙崔信淑이 함께 유람하였다.

가을, 향시에서 진사시進士試에 입격하였다.

구산서원丘山書院[60]에서 공부를 하였는데, 바로 일이 생겨서 회시會試에 참여하지 못하였다.

12월, 천연두를 피하여 보현사普賢寺[61]에서 독서讀書하였다.

---

55) 동지(同知) : 이 해 윤 11월에 동지중추부사(同知中樞府事)에 임명되었다.
56) 서배(敍拜) : 잘못이 있어 파직되었다가 다시 벼슬에 제수되는 것을 말한다.
57) 삼일포(三日浦) : 강원도 고성군(高城郡)에 있는 호수로 사면에 산이 둘려 있고, 호면(湖面)이 거울과 같아서 경치가 매우 아름답다. 관동팔경(關東八景)의 하나이다.
58) 사선정(四仙亭) : 관동팔경 중 하나로, 강원도 고성의 삼일포에 있는 정자이다. 신라 때에 영랑·술랑·남석랑·안신랑 네 신선이 사흘 동안 삼일포란 호수에서 놀았다는 전설에 따라 지어진 이름이다.
59) 총석정(叢石亭) : 강원도 통천군 고저(庫底)에 있는 정자로 관동팔경의 하나이다. 주위에 현무암으로 된 여러 개의 돌기둥이 바다 가운데에 솟아 있어 절경을 이룬다.
60) 구산서원(丘山書院) : 강릉에 있으며 공자(孔子)를 모시고 있다.
61) 보현사(寶賢寺) : 지금의 강원도 강릉시 성산면에 위치하는 사찰로서 자장율사가 창건하였다는 전설이

을묘년(1615) 여름, 서원 혹은 산사山寺에 있으며 독서讀書하였다. ○ 9월, 문장공께서 체포되자 부군께서 따라갔다.

교관敎官 심경沈憬이 일 때문에 구속되었다가 풀려나면서 말하였다. "바깥에 돌아다니는 말에 장차 모후母后를 폐할 것이라고 합니다." 광해군이 매우 화내며 물었다. "너는 어디서 이러한 말을 들었느냐?" 심경이 대답하였다. "이명李溟[62]의 아들에게 들었습니다." 광해군이 다시 물었다. "너는 이것만을 듣지는 않았을 것이다. 숨기지 말아라." 심경이 또 대답하였다. "김몽호金夢虎[63]는 강릉 사람으로 장령이 되었는데, 당시 부백府伯에게 글을 보내어 역시 그렇게 말하였다고 합니다." 이에 잡아들이라는 명이 있었다. 9월 11일, 심문을 받았다.

10월, 문장공께서 보방保放[64]되어 옥에서 나왔다.

부군께서는 아우와 함께 낮이면 바쁘게 금오문金吾門 밖으로 가서 문장공의 안부를 살피고 음식을 때에 맞추어 들였으며, 밤이면 어머님을 모시고 다방면으로 위로하며 마음을 풀어드렸다. 늘 걸어서 오가면서 바람과 비를 피하지 않았으며 우중雨中에 밖에 서 있으면서 조금도 게을리하지 않으니, 보는 자들이 혀를 차며 칭찬하고 탄식하였으며 눈물 흘리는 자도 있었다.

병진년(1616) 10월, 문장공께서 용서를 받으니 부군께서 모시고 돌아왔다.

3월에 어머님을 모시고 남쪽으로 돌아왔다가 바로 돌아서 한양으로 들어갔다. 26일에 또 남쪽으로 돌아왔다가 얼마 되지 않아 한양으로 들어갔다. 10월 30일에 문장공께서 용서받으니 돌아왔다.

12월, 용담현龍潭縣의 관아에서 장가드셨다.

창석선생께서 시를 지어 주며 신행贐行[65]하였다.

있으며 913년 낭원대사가 중창하였다고 한다.

62) 이명(李溟, 1570~1648) : 자는 자연(子淵), 호는 구촌(龜村), 본관은 전주(全州)이다. 1606년 문과에 급제하여 세자 시강원 설서(世子侍講院 設書)·정언(正言) 등을 지냈다. 1613년 김제남(金悌男)의 옥사가 일어났을 때 인목대비(仁穆大妃)를 보호하였다. 저서는 『구촌유고』가 전한다.

63) 김몽호(金夢虎, 1557~1637) : 자는 숙무(叔武), 호는 옥봉(玉峰), 본관은 강릉(江陵)이다. 1609년 문과에 급제하여 호조 좌랑(戶曹佐郞)·사헌부 정언(司憲府正言) 등을 지냈다. 1515년 공조 참의로 있을 때 죄인(罪人) 심경(沈憬)의 모함으로 정경세(鄭經世)와 함께 심문을 받았으나, 사실무근으로 밝혀져 파직되는데 그쳤다.

64) 보방(保放) : 보증금을 받거나 보증인을 세우게 하고는 죄인을 구류(拘留)에서 풀어주는 것을 말한다.

65) 신행(贐行) : 길 떠나는 사람에게 노자로 주는 물건이나 비용으로 시를 지어 혼인하러 가는 것을

자네 집안은 원래 덕을 쌓았고 乃家元積德
신부도 재주가 많네 之子又多才
난새와 봉황이 처음 합하니 鸞鳳緣初合
웅비의 상서로움 벌써 잉태하였네 熊羆瑞已胎
자손에게 남기는 예전 말 들으니 貽孫聞古語
며느리는 시집올 적 가르친다기에[66] 教婦在初來
반드시 손님처럼 공경할 줄 알아서[67] 須識賓相敬
면면히 조상의 업을 열어가게 綿綿世業開

◑ 외조고外祖考 군수공郡守公께서 당시 본현本縣을 다스리고 계셨다. 부군께서는 사위가 머무는 방에서 문을 닫고 독서하면서 고요히 지내며 스스로를 단속하니, 군수공께서 애지중지하였다.

정사년(1617) 정월·4월·7월·11월, 용담龍潭에 있었다.

부군께서 집에서 날마다 문장공을 모시며 손님과 벗을 맞이하느라 학업에 전념하지 못하였다. 그러므로 문장공께서 자주 부군께 용담읍으로 가서 독서하도록 시켰다. 부군께서 매번 스스로 탄식하며 말하였다. "어릴 때에는 이유 없이 어버이 곁을 떠난 적이 없었는데 지금은 오래도록 혼정신성昏定晨省[68]을 하지 못하니, 옛 사람이 이른바 '처자식이 있으면 효심孝心이 쇠퇴한다.'는 것이 빈 말은 아닌 듯하다." 이어서 오래도록 눈물을 흘렸다.

무오년(1618) 4월·윤달·7월, 용담龍潭에 있었다. ◯ 9월, 부인이 용담에서 와서 전폐례奠幣禮[69]

축하함을 말한다.

66) 며느리는……가르친다기에 : 북제(北齊)의 안지추(顔之推)의 "며느리는 처음 시집올 때 가르치고 아이는 어일 때 가르친다.[教婦初來 教兒嬰孩]"에서 유래한다.(『顔氏家訓』「教子」)

67) 손님처럼……알아서 : 부부사이에 서로 공경하는 모습을 말한다. 춘추(春秋)시대 진(晉) 나라 대부인 서신(胥臣)이 사신이 되어 기(冀) 땅을 지나갔다. 한 농부가 김 메고 있고 그의 아내가 밥을 이고 오는데 서로 손님처럼 공경히 대하는 것을 보고는 진 나라 임금에게 그를 추천한 고사에서 유래한다.(『左傳』「僖公 33年」)

68) 혼정신성(昏定晨省) : 저녁에는 잠자리를 보아 드리고, 아침에는 문안(問安)을 드리는 일을 말한다. "무릇 자식된 자의 예는 겨울이면 따뜻하게 해 드리고 여름에는 서늘하게 해 드리며, 날이 저물면 자리를 정해 드리고, 새벽이면 안부를 살핀다.[凡爲人子之禮 冬溫而夏凊 昏定而晨省]"에서 유래한다.(『禮記』「曲禮上」)

69) 전폐례(奠幣禮) : 헌관(獻官)이 되어 세 번 향을 올리고 신주(神主) 앞에 폐백을 드리던 예를 말한다.

를 행하였다. ◯ 12월 6일, 아들 도응道應이 태어났다.

기미년(1619) 4월·5월, 산장山庄에서 독서하였다.

태창泰昌[70] 원년인 경신년(1620), 이 해에는 산장山庄에 있기도 하고 율리栗里에 있기도 하였다.

천계天啓[71] 원년인 신유년(1621) 2월, 공성功城[72]의 담사簟寺로 가서 독서하였다.

종일 단정히 앉아 책읽기를 그치지 아니하니, 밥 먹는 시간과 측간에 갈 때를 빼고는 조금도 게을리 하지 않았으며, 장기[73]도 손에 가까이 하지 않았다. 어떤 늙은 중이 감탄하여 말하였다. "제가 책 읽는 사람을 많이 보았지만 그대처럼 뜻이 독실한 사람은 보지 못하였습니다."

임술년(1622) 3월, 대구大丘의 문회文會에 참여하였다.

대구 유생이 한강선생寒岡先生을 연경서원硏經書院의 퇴계선생退溪先生 사당에 봉안하였는데, 부군께서는 도남서원의 원생으로 모임에 참여하였다. 부군께서 거동이 단아하고 의론議論이 공평하고 바르니, 많은 선비들이 받들어 중하게 여겼다. 이번 걸음에 이어서 경주慶州로 가서 회재선생晦齋先生의 사묘祠廟에 배알하고 옥산서원玉山書院을 심방尋訪하고는 4월에 돌아왔다.

계해년(1623) 7월, 식년式年의 동당시東堂試[74]에 입격하였다.

9월에는 회시會試에 참여하였다. 27일에는 한양으로 들어갔으나 이윽고 대론臺論[75]에 의해 생원·진사 회시의 방榜을 취소하였기 때문에 동당시東堂試도 취소되었다.

윤11월 1일, 한성부漢城府에서 증광시增廣試에 응하여 두 시험에 입격하였으며, 생원시는 1등하였다. 19일, 또 동당시東堂試에 입격하였다. ◑ 11월 1일, 식년시式年試에 응시하여 또 두 시험에 입격하였으며, 생원시는 1등을 하였다. 15일, 또 동당시東堂試에 입격하였다. 18일,

70) 태창(泰昌) : 명 나라 광종(光宗)의 연호이다. 신종이 1620년 7월에 죽고, 광종이 즉위했으나 9월에 광종이 죽었으니 8월 한 달 사용된 연호이다.
71) 천계(天啓) : 명 나라 희종(熹宗)의 연호로 1621~1627년 사이에 쓰였다.
72) 공성(功城) : 지금의 경북 상주시 공성면으로 상주의 가장 남단에 위치한다.
73) 장기[象戲] : 코끼리가 많고 코끼리를 숭상하는 인도에서 비롯되었다고 하여 붙여진 이름이다.
74) 식년의 동당시 : 지정된 해에 치르는 과거 시험을 말한다.
75) 대론(臺論) : 사헌부(司憲府)·사간원(司諫院)의 탄핵(彈劾)을 말한다.

고향으로 돌아왔다.

이 해 봄 부군께서는 창석선생에게 나아가 대책문을 지어 평가를 받았다. 선생께서 크게 칭찬을 하며 절구 한수를 지어 책문 끝에 적었다.

문창성[76]이 새로 장원봉을 비추니	文星新照壯元峯
후배의 아름다운 글 고풍이 있네	後輩詞華有古風
어젯밤 봄바람이 겨울잠을 깨우니	昨夜春風雷起蟄
잠긴 물고기가 대낮에 푸른 용 되리라	潛鱗白日化蒼龍

갑자년(1624) 1월, 회시會試에 참여하였다. 10일, 한양으로 들어가 문장공文莊公을 뵈었다. 24일, 이괄李适이 반란을 일으켰다는 보고가 이르니, 부군께서는 마침내 남쪽으로 돌아왔다.

어머니께서 고향에 계시니, 문장공께서 돌아가 모시라고 말씀하셨기 때문이다.

2월, 문장공께서 경상도를 단속하고 살피라는 주상의 명을 받들고 12일에 문경聞慶에 이르렀는데, 부군께서 도중에 맞이하여 뵈었다. ◑ 8월, 증광회시增廣會試에 참여하여 생원·진사 두 시험에 입격하였다.

생원시 윤형지尹衡志[77]의 방榜에는 2등 제4인을 차지하였고, 진사시 조석형趙錫馨[78]의 방榜에는 3등 43인을 차지하였다. 28일에 방방放榜[79]하였다.

9월, 급제출신으로 승문원承文院 권지부정자權知副正字에 임명되었다.

이달 20일에 증광 문과 회시增廣文科會試에 급제하였다. 28일에 전시殿試에서 김육金堉이

---

76) 문창성[文星] : '문성'은 문곡성(文曲星)이라도 하는데 문운(文運)을 맡은 별을 말한다. 당(唐) 나라 배설(裵說)의 「회소대가(懷素臺歌)」에 "두보·이백과 회소는, 문성·주성·초서성이네.[杜甫李白與懷素文星酒星草書星]"라고 하였다.

77) 윤형지(尹衡志, 1604~1634) : 자는 경가(景可), 본관은 남원(南原)이다. 1629년 문과에 급제하여 홍문관 정자(弘文館正字)·승문원 박사(承文院博士) 등을 역임하였다.

78) 조석형(趙錫馨, 1598~1656) : 자는 자복(子服), 호는 근수헌(近水軒), 본관은 임천(林川)이다. 일찍이 세자 익위사(世子翊衛司)의 세마(洗馬)·시직(侍直) 등에 임명되었으나 벼슬에 뜻이 없어 사직하고, 고향에 머물면서 스스로 당호를 '근수헌'이라 하고 그가 지은 시편을 모아 간행하는 등 학문에 정진하였다.

79) 방방(放榜) : 과거 급제자에게 증서를 주는 일로, 문무과(文武科)는 붉은 종이에 생원(生員)·진사(進士)는 흰 종이에 이름을 써 주었다.

장원을 하였고, 부군께서는 병과丙科 15인을 차지하였다. 10월 2일에 창방唱榜하였다. 8일에 선발되어 승문원承文院으로 들어갔다. 17일에 면신免身[80]을 행하였다. 26일에 한원翰苑[81]에 추천되어 의정부에서 응강應講하였다. 28일에 남쪽으로 돌아왔다.

12월 7일, 예문관검열 겸 춘추관기사관藝文館檢閱兼春秋館記事官에 임명되었다가, 얼마 지나지 않아 체직되었다.

당시 부군께서는 고향에 있어서 소명召命에 즉시 달려가지 못하였다. 전최殿最[82] 때에 이습관肄習官으로서 중中의 점수를 맞았으므로 체직되었다.

20일, 서부 부사용西付副司勇으로 보내졌다.

을축년(1625) 2월, 다시 검열檢閱[83]에 임명되어 부름을 받아 조정으로 나아갔다.

정월에 세자책봉으로 중·하등中下等을 반사頒赦[84]하고 또 죄명을 씻어주었다. 2월 4일에 복직하였다. 14일에 소명召命이 이르러 24일에 출발하였다. 3월 3일에 한양으로 들어갔다. 4일에 사은숙배하였다. 8일에 서경署經[85]을 하여 춘추관春秋館에 입직入直하였다. 9일에 주강晝講[86]에 입시入侍하였다. 10일에 입시하여 주강하였다. 11일에 입시하여 조강朝講[87]하였다가 임금을 모시고 윤대輪對[88]하였다. 12일에 입시하여 주강하였다. ◑ 부군께서는

---

80) 면신(免身) : 관아에 새로 출사(出仕)하는 관원이 구관원(舊官員)에게 허참례(許參禮)를 행한 뒤 다시 구관원(舊官員)을 청하여 음식을 차려 대접하는 일을 말한다. 이로부터 동석(同席)을 허락하였다.

81) 한원(翰苑) : 예문관(藝文館)의 별칭인 한림원(翰林院)을 줄여서 부르는 말이다.

82) 전최(殿最) : 관리의 공로나 치적을 고과(考課)하여 평가하는 것을 말한다. 전(殿)은 가장 못하다는 뜻이고, 최(最)는 가장 우수하다는 뜻이다.

83) 검열(檢閱) : 조선시대 예문관의 정9품 관직으로 춘추관의 기사관(記事官)을 겸직하는 요직이다.

84) 반사(頒赦) : 나라에 경사(慶事)가 있을 때 사유문(赦宥文)을 반포하여 중죄(重罪) 이외에는 용서하던 일을 말한다.

85) 서경(署經) : 임금이 관원(官員)을 서임(敍任)할 때 그 사람의 문벌·이력 등을 갖추 써서 대간(臺諫)에게 그 가부를 구하면, 대간에서 그 하자(瑕疵)의 유무를 조사하여 하자가 없어야 이조(吏曹)에서 비로소 사령장을 교부한다. 세 차례 서경을 구하여 통과되지 않으면 벼슬에 임명되지 못한다.

86) 주강(晝講) : 낮에 행하던 경연(經筵)이다. 법강(法講)의 하나로서, 경연 특진관(經筵特進官) 이하가 오시(午時)에 행하였다.

87) 조강(朝講) : 아침에 행하는 경연이다.

88) 윤대(輪對) : 문무 관원이 윤번으로 궁중에 들어가 임금을 대하여 질문에 응하고 또 소신을 피력하던 일이다. 동반(東班)의 6품 이상, 서반(西班) 4품 이상이 각기 그 관아의 차례에 따라 매일 윤대하게

스스로 학문이 넉넉하지 않는데, 입사入仕한 것을 경계하여 아우와 상床을 마주하여 『주서절요朱書節要』 읽으며 날마다 과정課程을 정하였다. 다시 은명恩命을 받들었으나 조정에 나아가고자 아니하고, 천연두 때문에 사유서를 써서 올리려고 하였다. 문장공께서 편지를 부쳐 말하였다. "벼슬에 나아간 처음에는 물러나 있어서는 안 되며 마땅히 급히 나아가야만 한다." 부군께서는 부득이하여 애써 소명을 따랐다. 사원史苑[89]에 있으면서 나아가고 물러나는 것이 온화하고, 기주記注[90]에 민첩하니, 보는 자들이 칭찬하였다. 문장공께서 그 사초史草를 보고는 편지를 보내어 말하였다. "기사記事가 명백하고 아주 자세하여 매우 기뻐할 만하다." 『사초史草』 2책冊이 있다.

3월 15일, 근무 중 천연두에 걸렸다. 28일, 진시辰時에 서학동西學洞의 우제寓第에서 돌아가셨다.

부군께서 병에 걸리시자 문장공께서 상소하여 직무를 그만두고 간호하기를 빌었지만, 주상께서 허락지 않고 마음을 편히 하여 병을 돌보라고 명하였다. 부군께서 돌아가시자 또 상소하여 직무를 그만두고 상여를 싣고 남쪽으로 돌아가기를 빌었다. 주상께서 답하였다. "정심鄭杺이 끝내 회생되지 못하는 지경에 이르렀으니, 매우 슬프고 애석한 일이다. 아들의 상을 당했다는 것 때문에 해직解職하는 것은 실로 법례法例가 아니니, 경卿은 지극한 감정을 억제하여 다시는 해직解職을 요구하지 말라.[91]" 동궁東宮께서도 놀라 애도해 마지않으며 쌀과 베, 그리고 관을 쌀 종이를 내하內下[92]하시니, 실로 이전에 없던 특별한 예우였다.

4월 19일, 발인發靷하여 남쪽으로 내려왔다.

그 당시의 명공名公과 대인大人들이 탄식하고 애석해하며 시詩로써 전송하였다.

산장山庄의 서실書室에 빈소를 차렸다.

7월, 문장공께서 휴가를 얻어 내려왔다.

되었는데, 그 인원은 원칙으로 5명을 넘을 수 없었다.

89) 사원(史苑) : 조선시대 춘추관(春秋館)의 딴 이름이다.

90) 기주(記注) : 주서(注書)가 사료(史料)로 삼기 위해 임금과 신하의 대화 등을 적은 기록이다.

91) 정심이 …… 말라 : 이 내용은 조선왕조실록(朝鮮王朝實錄) 『인조실록』 3년 4월 3일 기사에 더 자세히 실려 있다.

92) 내하(內下) : 임금이 신하(臣下)에게 비공식적으로 물건(物件)을 주는 일이다.

9월, 장지葬地를 함창현咸昌縣 남쪽에 있는 공검지恭檢池 서쪽의 동향東向의 언덕으로 정하였다. 11월 10일, 장사를 지내니 모인 사람이 백여 명이었다.

숭정[93] 3년 경오년(1630) 문장공께서 갈석碣石을 세우고 상석床石을 놓았다. - 족조族祖인 생원 영세榮世께서 갈지碣識를 지었다. -

부군께서는 나면서부터 영특하였다. 8세에 수학受學하면서 경전의 뜻을 가르쳐주면 즉시 스스로 깨달았다. 자라서는 책읽기를 즐겨 게을리 하지 않았으며, 정독程督[94] 하기를 기다리지 않고도 스스로 능히 준엄하게 힘써서 학업이 날로 나아가니, 명망이 날로 무거워졌다. 매번 과거에 참여할 때마다 앞자리를 차지하였으며, 문사文詞는 명백하고 전아典雅하여 문단에서 전송傳誦하는 일이 많았다.

천성이 효성스럽고 우애로워 부모님을 모실 때 사랑과 공경을 다하여 기쁜 낯빛과 부드러운 얼굴로 정성을 다하는 일에 힘썼다. 이유 없이는 하루라도 부모님 곁을 떠난 적이 없었으며, 아우와는 우애가 있어 손발과도 같이 여기셨고 혹 멀리 나가게 되면 그때마다 손을 잡고 눈물을 흘리며 차마 떠나지 못하셨다. 집에 있으면서 일을 처리하는 것은 자상하셨으며, 아랫사람을 다스리는 것은 법도가 있었으며, 친척과는 화목하고 벗과는 믿음이 있었다. 고을에서의 처신은 온순하고 공손하며 겸손하여 전혀 자랑하는 기색이 없었다. 자질이 명민明敏하고 재기才氣와 도량度量은 굳세고 반듯하였다. 평소 지낼 적에는 말이 적고 잠잠하며 삼가고 조심하여 비속하거나 도리에 어긋나는 말을 입에서 꺼내지 않았으며, 방종한[95] 습관을 몸으로 익히지 않았다. 남을 대하고 일을 접할 때면 화락하고 조용하며 너그러워 사납고 게으름으로 남에게 더한 적이 없으니, 모두 공경하고 두려워하면서도 아끼고 사모하였다.

어려서부터 화려하고 사치스러운 것을 좋아하지 않아서 입는 것은 무명옷에 지나지

---

93) 숭정(崇禎) : 명 나라 의종(毅宗)의 연호. 1627~1644년 사이에 쓰였다.
94) 정독(程督) : 교육의 과정(科程)을 독촉함을 말한다.
95) 방종한[頹放] : '퇴방'은 송(宋) 나라 범성대(范成大)의 「차운경충피서수서사(次韻慶充避暑水西寺)」의 "모자 벗고 날개달린 술잔 날리며, 방종하게 하늘의 법도를 벗어난다.[脫帽飛羽觴 頹放解天刑]" 에서 온 말이다.

않았고 오직 정결[96]하기에 힘을 쏟았다. 늘 행전行纏[97]을 착용하고 갓과 띠를 거두어 묶어서 비록 무덥더라도 잠시라도 웃통을 벗은 적이 없었다. 비록 집안의 규범이 평소 엄격하였기 때문이기도 하였지만, 또한 천성天性이 그러해서였다.

부군의 평소 아름다운 덕과 지극한 행실은 반드시 기록할 만한 것이 많겠지만, 불초不肖한 나는 어려서 일을 살피지 못하였기에 보고 들은 것이 없다. 지금 비록 친구들을 찾아가 여쭈어보고 대략 한 두 가지를 기록하지만, 내가 어리석고 글재주가 없어 또한 빠트린 것이 많으니, 나[98]의 부족함[99]이 더욱 심하도다. 아! 슬프도다. 아! 슬프도다.

---

96) 정결[完潔] : '완결'은 단정하고 깨끗하다는 뜻이다. 송(宋) 나라 장뢰(張耒)의 「쌍괴당기(雙槐堂記)」의 "남는 힘으로 평소 거처할 집을 짓고 물 뿌리고 쓸며 정결히 하니 손님을 맞이하고 책 읽기에 충분하다.[以其餘力作燕居之堂 灑掃完潔 足以燕賓客閱圖書]"에서 온 말이다.

97) 행전(行纏) : 바지·고의(袴衣)를 입을 때 갈무리하기 위하여 정강이에 꿰어 무릎 아래에 매는 물건(物件)이다.

98) 나[孤] : 아버지를 잃은 자식을 말한다.

99) 부족함[無狀] : '무장'은 자신에 대한 겸사의 말로 많이 쓰인다. "저는 모자라서 폐하를 저버렸으니 이 몸은 마땅히 죄를 받아야 합니다.[妾無狀 負陛下 身當伏誅]"에서 온 말이다.(『漢書』「東方朔傳」)

무첨재선생문집

無忝齋先生文集

제3권

무첨재선생문집 제3권

잡저雜著

한가히 지내면서 이것저것 기록하다[閒居雜記]

○ 조부께서는 겸허하며 낮추고 사양하여 스승으로 자처하지 않았기에, 무리를 모아 학문을 강론한 적이 없었다. 다만 가르침을 청하는 사람이 있으면 반드시 매우 정성스럽게 가르쳐 길을 열어주었다.

류 수암[1]柳修巖도 문하에 종유從遊하면서 글을 올려 선생이라 칭한 적이 있었다. 조부께서 편지에 답하였다. "평소 편지를 쓰면서 늘 '문하門下'라는 글자를 사용하기에 마음에는 편치 않았지만 감히 고치기를 말하지 못하였습니다. 이번 편지의 봉투에 또 감당치 못할 호칭을 사용하여, 나를 움츠러들고 부끄럽게 만들어 달아나 피하려 해도 그럴 수 없게 하였습니다. 이 뒤로는 바라건대, 이러한 글자를 사용하지 말고 관직명만을 적어 주면 참으로 서로 아낌이 될 것입니다."

그 뒤에 또 편지 하였다. "편지 봉투의 호칭은 단지 마음속으로 매우 편치 않으니, 어찌 다른 사람이 대처한 바를 논할 수 있겠습니까? 주자朱子께서 '부자夫子[2]'란 글자를 사양하였으며, 퇴계선생退溪先生께서 '선생先生'이란 글자를 사양하였던 것은 모두 지극한 마음에서

---

1) 수암(修巖) : 류진(柳袗, 1582~1635)의 호이다. 자는 계화(季華), 본관은 풍산(豊山)이다. 1623년 인조반정 뒤 학행(學行)으로 천거되어 봉화 현감을 지냈다. 고관대작을 역임하지는 않았지만 세신(世臣)의 후예답게 깨끗하고 성실하게 생애를 보냈다. 저서는 『수암집』이 전한다.

2) 부자(夫子) : 선생의 고대 호칭이다.

나온 것이지, 짐짓 사양해본 것은 아니었습니다. 더군다나 아무 것도 모르는 후학後學이 실질이 없으면서 그 이름에 근거하여 자신의 소유로 여긴다면 함부로 훔치는 자와 무엇이 다르겠습니까?" 겸손해하는 덕德이 이와 같았다.

○ 6대조 수의공修義公께서 처음 율리栗里에 터를 잡았을 때, 집안에는 깨진 항아리 하나만을 보관하고 있었다. 늙은 종이 말하였다. "깨진 물건을 어디에 쓰겠습니까? 청컨대 버리시지요." 공께서 말하였다. "부모님께서 남기신 것인데 어찌 버릴 수 있겠느냐." 마침내 가지고 왔다. 새집으로 와서는 동복僮僕들을 독려하고 농사에 힘을 쏟아 가업家業을 일으켰으며, 자식에게 책을 읽게 하여 대대로 전해지는 덕德을 세웠다.

○ 조부께서는 역사책을 읽으면서 충신忠臣과 의사義士의 일에 이르면 반복하여 읽으며 눈물을 흘리지 않은 적이 없었다. 내가 『사략史略』을 수학한 적이 있었다. 범방范滂이 옥에 들어가자 그 어머니가 이별하며 말한 "네가 이응李膺·두밀杜密과 이름을 나란히 한다면 죽더라도 무슨 한이 있겠느냐."[3] 라는 대목에 이르러서는, 조부께서는 목이 메어 차마 읽지 못하였으며, 나 또한 나도 모르게 눈물을 흘렸다.

○ 조부께서 일찍이 서애西厓 선생의 「소나무를 심다[種松]」라는 시를 반복하여 읊조렸다. 이어서 나를 불러 자세히 그 뜻을 풀이하여 쉽게 이해시키며 말하였다. "선생의 이러한 시는 옛사람의 작품에 부끄럽지 않다."

○ 조부께서는 심 일송[4]沈一松에게 매우 공경을 받았다. 일송이 일찍이 편지를 보내 말하였다. "산림山林이 날로 자라는 만큼 학문의 공功이 깊어지시니, 우러러 사모하는 사사로운 마음을 이길 수 없습니다. 조만간 죽을 저 같은 사람이 비록 나이를 줄여 선후배의 순서를 바꾸어 몸소 그대 밑에서 제자의 예를 행하고 싶지만 또한 그리할 수 없으니, 말하여 무엇하겠습니까? 저는 비록 늙어 정신이 매우 흐리지만, 어찌 감히 생각 밖의 말을 하여

---

3) 『후한서(後漢書)』「범방전(范滂傳)」에 나온다.
4) 일송(一松): 심희수(沈喜壽, 1548~1622)의 호이다. 자는 백구(伯懼), 본관은 청송, 시호는 문정(文貞)이다. 1572년 문과에 급제하여 승문원(承文院)에 등용되었다. 저서는 『일송집』이 전한다.

그대를 놀리겠습니까? 절대로 그렇지 않습니다." 그가 조부를 받들어 중히 여김이 이와 같았다.

○ 조부께서 병이 들어 누워 있었다. 하루는 밤 달빛이 대낮처럼 밝자, 마침내 옷깃을 바로하고는 단정히 앉아 옛사람의 시 세 편을 읊었다.

한 수는 다음과 같다.

거문고 줄이 없어지면 듣는 자 드물어도	琴到無絃聽者稀
고금에 오직 종자기[5]만은 있었네	古今惟有一鍾期
맑은 밤에 양춘곡[6]을 연주하려고	清宵擬鼓陽春曲
달빛 비추는 빈 당에서 서서히 퉁겨보네	月滿虛堂下指遲[7]

한 수는 다음과 같다.

낚시 마치고 돌아와 배를 매지 않았는데	罷釣歸來不繫船
강촌에 달이 지니 바로 잠들만하네	江村月落正堪眠
밤새도록 바람이 실컷 불어도	縱然一夜風吹去
갈대꽃만은 얕은 물가에 피어있네	只在蘆花淺水邊[8]

한 수는 다음과 같다.

밭가는 소에겐 묵은 풀이 없고	耕牛無宿草
창고의 쥐에겐 양식이 넉넉하니	倉鼠有餘糧

---

5) 종자기[鍾期] : 거문고를 잘 연주하였던 백아(伯牙)의 친구로 연주를 잘 이해하였다고 전해지는 인물이다.(『列子』「湯問」)

6) 양춘곡(陽春曲) : 전국시대 초(楚) 나라의 고아(高雅)한 악곡(樂曲) 이름이다. 송옥(宋玉)은 「대초왕문(對楚王問)」에서 "양춘곡·백설곡을 연주하면 온 나라 안에서 이어서 창화할 자가 수십 인에 불과하다. [其爲陽春白雪 國中屬而和者 不過數十人]"라고 하였다.

7) 시승(詩僧)인 조가(祖可)가 지은 「우제(偶題)」라는 시로, 본문의 시와는 셋째 구 '기회(幾回)'가 다르다.

8) 문징명(文徵明)이 「어주도(漁舟圖)」라는 시라고도 하고, 「강촌즉사(江村卽事)」라는 제목으로 최각(崔珏) 혹은 사공서(司空曙)가 지었다는 등 저자에 대하여 여러 가지 설이 있는 시이다.

모든 일의 분수는 이미 정해졌는데	萬事分已定
부평초 같은 삶은 공연히 바빠하네	浮生空自忙[9]

두세 번 읊조렸는데, 음운音韻이 맑고 컸다.

○ 조부께서 나주 목사羅州牧使가 되어 임지任地에 도착하자마자, 바로 전라 감사全羅監司[10]로 제수되니 즉시 조정으로 가서 사은숙배하였다. 부친께서 홀로 조모를 모시고 돌아오는데, 일행을 단속하여 털끝만큼도 함부로 하지 않았다. 집에 이르러 자형을 모셔와서는 안밖을 다스림에 한결같이 가르침을 따라서 조금도 어긋나거나 허물이 없었으니, 사람들이 모두 아름다운 일에 감탄하며 말하였다. "참으로 노성老成한 인재人才이다." 진사 정영방鄭榮邦[11] 어른께서 일찍이 나에게 하신 말씀이다.

○ 숙부께서는 효성과 우애가 도탑고 지극하여 잠시라도 어버이 곁을 떠나면 또한 슬퍼해 마지 않았다. 조부께서 일찍이 조정으로 나가자, 공께서 함창咸昌까지 따라가서 헤어지며 자신도 모르게 눈물이 흘렀다. 조부께서 한양으로 들어가서 편지를 부쳐 말하였다. "멀리 슬하를 떠나는 정이 참으로 이와 같다. 그러나 또한 낯빛에 드러내어 내 마음을 괴롭게 하고 아프게 하는 것은 마땅하지 않다."

내 부친의 상喪을 당하게 되자 마음이 꺾이고 아파서 슬피 부르짖음을 스스로 억제하지 못하였다. 그러나 조모祖母의 곁에서는 위로하고 마음 풀어드리기를 지극히 하였다. 혹 기쁜 낯으로 장난하고 웃기도 하였으며 혹 고금古今의 이야기를 말씀드려 모친의 마음을 기쁘게 해 드리기에 힘쓰니, 지극한 정성에서 나온 것이다. 밖으로 나가 사람이 없는 곳에 이르면 목 놓아 크게 울어 슬픔을 씻어내고는 그만 두었다. 공께서는 매번 남이 형이라고 부르는

---

9) 『전민시화(全閩詩話)』에서 주자(朱子)의 시라고 하였다.

10) 조부께서……전라감사 : 우복선생의 「연보」를 살펴보면, 선생께서는 48세 되던 해 10월에 나주 목사에 제수되고 그 해 12월에 전라도 관찰사에 제수되었다. 「한거잡기」에는 '본도 감사(本道監司)'라고 하여 경상도 관찰사가 된 것으로 나오나, 연보에 따라 고쳐 번역하였다.

11) 정영방(鄭榮邦, 1577~1650) : 자는 경보(慶輔), 호는 석문(石門), 본관은 동래(東萊)이다. 1599년 정경세에게 수학하였으며, 이후 학문에 정진하여 『중용』·『대학』과 경전에 통달했다. 1605년 성균 진사가 되었으나 광해군의 실정(失政)과 당파싸움에 회의를 느껴 은둔생활을 하였다.

것을 보면 역시 흐르는 눈물을 멈추지 못하였다. 일찍이 절구 한 수를 지어 말하였다.

인생살이 여린 풀에 머묾과 같거늘 人生棲弱草
어찌 굳이 길게 눈물 흘리리요 何必淚長流
살아서는 정을 다하기 어려우니 在世情難盡
죽어서 아름다움 함께 할 줄을 알겠네 方知死合休

○ 숙부께서 아내를 맞이하니, 부친께서 『소학小學』의 류개 중도柳開仲塗[12]의 말[13]을 들어서 다정하고도 친절하게 경계한 적이 있었다. 이후로 더욱 도탑고 화목하여 집안에 이간질하는 말이 없었다. 부친께서 먼저 돌아가시고 공께서 우연히 이 말을 읽고는 목이 메어 소리를 내지 못하였다.

○ 숙부께서는 기질이 호탕하고 시원시원하며 성정과 도량이 너그러워 겉으로는 온화하고 순한 듯해도 안으로는 지킴이 확고하였다. 뜻과 행실이 순수하고 독실하니, 동년배들이 받들어 중히 여기게 되었다. 나이 열 대여섯에 막 학문에 뜻을 두고는 발분發憤하여 독서하였다. 『주자서절요朱子書節要』와 『심경心經』 등의 책을 더욱 좋아하여 밤에는 반드시 새벽까지 계속해서 등불을 밝혔으며, 혹 책상에 기대어 선잠을 자서 흐리고 피곤한 기운을 풀었다. 매번 '만학晩學인 내가 어찌 감히 조금이라도 느슨히 하겠는가?'라고 말하며, 더욱 스스로 각고의 노력을 하였다. 이렇게 한지 한 두해 만에 학업이 날로 성취함이 있어 문장文章과 사색思索이 환연渙然히 드러나니, 부친께서는 "너의 글은 내가 미치지 못할 것이다."라고 말하였으며, 조부께서도 박식하다고 칭찬하였다. 그러나 과거 공부에는 뜻을 두지 않았다. 성품이 술 마시는 것을 좋아하였으나 절제하여 문란하지는 않았다. 노래를 잘 불렀는데, 음조가 맑고 뛰어나서 듣는 자들이 기뻐할 만하였다.

12) 류개 중도(柳開仲塗) : 류개(柳開, 947~1000). 송대(宋代)의 산문가. 원래 이름은 견유(肩愈), 자는 소선(紹先, 혹은 紹元)인데 이는 한유(韓愈)와 류종원(柳宗元)의 사업을 계승하겠다는 뜻이다. 뒤에 이름을 개(開), 자를 중도(仲塗), 호를 동교야부(東郊野夫)·보망선생(補亡先生)이라고 고쳤다.
13) 류개 중도의 말 : 형제가 화목하려면 부인들이 시샘하지 않고 화목하여야 한다는 등의 내용이다.

○ 세마洗馬 류단柳襦은 성품이 강직하여 인정해주는 일이 적었고 남의 과실過失을 보면 반드시 지적하였다. 일찍이 이강李茳·이필수李必壽 형제와 사이가 좋았는데, 뒤에 강茳이 이이첨李爾瞻[14]에게 아첨하며 붙었다. 처음에는 오히려 꺼리고 감추었기에 올적마다 은근히 대하였는데, 공이 경저京邸[15]에 이르러 그 실상을 알고는 준엄하게 꾸짖고 절교하였다.

공은 지극한 행실이 있어 아우 수암공修巖公과 매우 우애로웠다. 수암공이 임진년[16](1592)의 일에 연루되자 공이 보호하고 가서 일찍이 어려움을 두루 겪었으나, 꿋꿋하고 바름을 지키며 게을리 하지 않았다. 당시 옥사獄事가 매우 급박하니, 공은 묵묵히 정성을 다해 기도를 드리며 쓰지 않은 방법이 없었다. 바쁘게 움직이고 눈물을 흘리며 거의 먹고 자는 것을 폐하니, 병에 걸려 점차 위독해졌다. 수암공이 공에게 거처를 옮겨 조리하는데 편하도록 하시라고 자주 청하였으나, 공은 그때마다 말하였다. "내가 어떻게 차마 너를 버리고 멀리 떠나겠느냐!" 얼마 지나지 않아 수암공이 풀려나 공에게 말하였다. "이미 사면의 은혜를 입었으니, 형님께서는 모름지기 안심하시고 조리를 잘하십시오. 병이 나으면 함께 남쪽으로 돌아갈 수 있습니다." 공의 병이 이미 위독하여 숨이 곧 끊어지려고 하였지만 오히려 눈을 뜨고 손을 잡고는 말하였다. "과연 그렇겠느냐. 그렇다면 나는 여한이 없다." 말을 마치고 돌아가시니, 수암공은 공이 근심과 슬픔 때문에 돌아가시게 되었음을 마음 아프게 여겨 슬피 부르짖으며 기절하는 것이 마치 어버이를 잃은 듯하였다. 상례喪禮와 장례葬禮를 치를 때 반드시 정성과 진실함을 다하였으며, 1년 복을 예수禮數대로 하고, 3년 동안 여막을 떠나지 않았다. 아침저녁으로 전奠을 드리고 곡할 때 반드시 직접 하였다. 과부가 된 형수를 모심에 매우 공경하였으며, 후사가 없음을 마음 아프게 여겨 한 자식에게 제사를 받들도록 허락하였다.

---

14) 이이첨(李爾瞻, 1560~1623) : 자는 득여(得輿), 호는 관송(觀松), 본관은 광주(廣州)이다. 선조 때 대북의 영수로서 광해군의 왕위 계승을 주장하였다. 광해군 즉위 후 조정에서 소북파를 숙청했다. 영창대군을 유폐시켰다. 폐모론을 주장, 인목대비를 유폐시켰다. 인조반정 뒤 참형되었다.

15) 경저(京邸) : 조선시대 때 각 지방에서 서울에 파견(派遣)된 경저리(京邸吏)가 임시(臨時)로 묵으면서 그 지방(地方) 관청(官廳)의 일을 대행(代行)하던 곳, 또는 지방 사람이 서울에 두고 있는 집을 말한다.

16) 임진년 : 수암공(1582~1635)의 생애 속에 한번 있는 임진년은 공의 나이 10세였기에 사건에 연루가 될 나이는 아니다. 이 연도 기록은 오기(誤記)로 보이나 알 수 없다.

○ 수암공의 효성과 우애는 천성에서 나왔다. 학업學業을 일찍 이루어 경전과 역사에 무젖고 관통하여 귀착되는 취지를 궁구하였다. 늘 새벽에 자리를 바르게 하고 『중용』과 『대학』을 두루 외우는 일을 일상의 일로 삼았다.

집안을 다스리는 것은 너그러우면서도 예가 있으니, 집안이 숙연肅然하였다. 제사를 받드는 것은 매우 삼가서 반드시 대엿새 전부터 재계를 하며 비록 비복婢僕이라도 목욕하여 깨끗이 하고는 재갈을 물고서 반찬을 만들도록 하였다. 비록 자제子弟와 족당族黨이라도 만일 삼가지 않으면 반드시 내쳐서 제사에 참여하지 못하도록 하였다.

친족들에게 도탑게 하여 곤궁한 집이 혼인婚姻과 초상初喪을 치르면 반드시 힘을 다해 보살피고 도와서 비록 자신의 소유가 줄어들어도 근심하지 않았다. 사물을 대하고 사람을 만날 때는 겸손하고 공손하며 온화하고 두터움으로 하여 귀천貴賤 때문에 틈을 두지 않고 표리表裏가 한결같았다.

선한 것을 보면 반드시 칭찬을 하여 미치지 못한 듯이 여겼으며, 남의 의롭지 못함을 들으면 반드시 불쌍히 여겨 깨우쳐 이끌어주었다. 고을에 있을 때는 기쁘고 공손한 모습[17]을 지극히 하였으며, 늘 출입할 때 지나는 곳이 비록 가난한 마을이나 한미한 선비의 집일지라도 참으로 그가 가인可人[18]이라면 반드시 들러서 찾아보고는 공경함을 다하였다.

사람들 중에 찾아오는 이가 있으면 옛 사람의 말과 행실로 정성스럽게 권하였다. 혹 함께 고금古今을 담론하면 질려하지 않고 끊임없이 말하였으며, 혹 술자리를 마련하여 기뻐하고 전혀 격을 두지 않았다. 이로 말미암아 어진 자들은 그의 덕을 사모하고 불초不肖한 자들은 그의 의로움을 두려워하여 '군자다운 사람'이라고 말하지 않음이 없었다.

○ 수암공의 몸가짐은 두루 훌륭하고 도량은 듬직하며 걸음걸이는 완만하며 말은 삼가고 두터워 한 번 보면 덕스런 사람임을 알 수 있었다.

---

17) 기쁘고 공손한 모습[油油] : '유유'는 "예에 이미 세 잔을 마시게 되면 경의를 표하고서 삼가 자리로 물러난다.[禮已 三爵而油油以退]"에서 온 말이다.(『禮記』「玉藻」) 정현(鄭玄)은 주(注)에서 "유유는 공경을 표하는 모습이다."라고 하였다.

18) 가인(可人) : 재주와 덕이 있어 적합한 사람을 말한다. "그가 함께 노니는 사람이 편벽되지만 적합한 사람이다.[其所與游辟也 可人也]"에서 온 말이다.(『禮記』「雜記下」) 공영달(孔穎達)의 소(疏)에 "'가인'이라는 것은 그 사람의 성품과 행실이 적합한 사람임을 말한 것이다."라고 하였다.

○ 수암공은 총명함이 남달라 고금古今의 치란治亂과 득실得失 그리고 인물의 출처出處[19] 및 국가의 정례典禮와 고사故事에 대하여 널리 기억하고 있지 않음이 없었다. 입으로 말하는 것이 손바닥을 보는 것 같아서 말할수록 더욱 기이하니, 듣는 자들이 지치는 줄 몰랐다. 그러니 사람들이 모두 일 년 내내 역사책을 읽는 것이 공의 말을 하루 듣는 것만 못하다고 여겼다.

○ 수암공이 외직으로 나가 세 읍의 수령이 되어서는 백성들을 은혜로 다스리며 아전을 법으로 부렸다. 정성으로 선비를 아꼈고 몸가짐을 예로써 하며, 옥송獄訟의 처리는 매우 명쾌하였고 집안사람들을 단속하기는 매우 엄하게 하였다. 다스리고 있는 곳에서 잘 다스린다고 칭송하니 기리는 소리가 두루 미쳤다. 매번 고과考課에서 우수한 등급을 받으니,[20] 그때마다 포상褒賞을 받았다. 귀향을 할 적에 세 읍의 백성들이 모두 비를 세워 추억하였으니, 비록 옛날의 법을 잘 지키고 이치를 따르는 관리라고 하더라도 이보다 나을 수는 없었다.

○ 인조반정仁祖反正의 초기에 조부께서 왕명을 받들어 공을 문학文學과 품행[21]으로 추천하니, 마침내 발탁되어 봉화 현감奉化縣監에 임명되었다. 얼마 지나지 않아 경직京職[22]에 제수하려고 도성 근처에 있으라는 전교傳敎가 있었다. 조부께서는 또 계啓를 올리니, 봉화에 그대로 있으라고 명하였다.

자상하고 불쌍히 여기는 마음으로 정치를 하여 고을의 폐단을 다스려 고쳤으며 판결이 명쾌하니, 한 달 안에 온 경내의 백성들이 모두 칭송하였다. 조부께서 편지를 보내 축하하였다. "잘 다스린다는 명성이 성대하니, 사람들이 모두 도를 즐긴다고 합니다. 노선생老先生의 문하 사람이라면 어찌 기운이 나지 않겠습니까?"

다음 해 봄 이명준李命俊[23] 공이 암행의 명을 받들어 봉화현의 경내에 도착하였다. 공의

---

19) 출처(出處) : 나가서 벼슬하는 것과 은거하여 물러나는 것을 말한다.
20) 고과(考課) …… 받으니[政最] : '정최'는 치적의 우열을 매기는 고과(考課) 제도이다. 상등을 최(最)라 하고, 하등을 전(殿)이라 하였다.
21) 품행[行誼] : '행의'는 "오늘날의 세상에는 그만두고 닦지 않으니 백성을 교화시킬 수 없다. 백성이 이 때문에 품행을 버리고 재물의 이익 때문에 죽는다.[今世廢而不脩 亡以化民 民以故棄行誼 而死財利]"에서 온 말이다.(『漢書』「董仲舒傳」)
22) 경직(京職) : '경관직(京官職)'의 줄임말이다. 서울에 있던 각 관청(官廳)의 벼슬을 말한다.

선정善政을 알면서도 거짓으로 한 마을의 노파에게 말하였다. "듣자니 그대 고을 태수가 어사御史에게 쫓겨날 것이라고 하던데, 너희 백성들은 기쁘냐? 기쁘지 않으냐?" 노파가 막 쌀을 씻다가 갑자기 놀라 그릇을 던지며 말하였다. "어떠한 나쁜 어사가 우리 어진 현감을 내쫓는단 말인가?" 그리고는 탄식을 멈추지 않았다. 이공이 고을로 들어가 그 일을 말하고는 마침내 포문褒聞을 하였다.

○ 수암공의 집안은 대대로 청빈淸貧하였다. 두 형이 먼저 죽고 형의 한 아들이 어리니, 공이 자식과 같이 교육하였다. 재산을 나누어줄 때에는 스스로 허약한 종과 척박한 땅을 차지하였다. 이 때문에 집이 더욱 가난해져서 자급自給하지 못할 지경이 되어 곡식 단지가 자주 비었지만 오히려 편안해 하였다. 조부께서 일찍이 시를 부쳐서 말하였다.

하상 집안에 전함은 다만 책 뿐이니	河上傳家只墨庄
아이들은 거친 밥으로도 배를 못 채우네	兒孫疏糲不充腸
어떻게 십 년 세월 나라의 녹을 먹었는데	如何將相三千日
성도의 팔백그루 뽕나무[24]를 못 채웠는가	併欠成都八百桑

또 말하였다. "내 말이 비록 비속하지만 혓바닥만 놀리는 자들에게 듣게 한다면 또한 이마에 땀이 나도록 하기에 충분하리라."

○ 김인金鏔이라는 자는 김자점金自點[25]의 재종자再從子이다. 사람됨이 우직하였다. 여러 번의 과거에 입격하지 못하여 음직蔭職으로 벼슬하였지만, 자점에게 아부한 적이 없어서

---

23) 이명준(李命俊, 1572~1630) : 자는 창기(昌期), 호는 잠와(潛窩), 본관은 전의(全義)이다. 1603년 문과에 장원하여 성균관 전적(成均館典籍)·좌랑(佐郞) 등을 지냈다. 1623년 인조반정으로 장령에 복직되어 영남암행어사·호조 참판 등을 역임하였다. 저서는 『잠와유고』가 전한다.

24) 팔백그루 뽕나무 : 제갈량의 「자표후주(自表后主)」의 "성도에 뽕나무 800그루와 척박한 밭 15이랑이 있으니 자손들의 의식은 절로 넉넉함이 있습니다.[成都有桑八百株薄田十五頃 子孫衣食自有餘饒]"에서 유래한다.

25) 김자점(金自點, 1588~1651) : 자는 성지(成之), 호는 낙서(洛西), 본관은 안동(安東)이다. 음보(蔭補)로 등용되어 벼슬이 병조 좌랑에까지 올랐으나 광해군(光海君) 말년에 대북파에 의해 쫓겨났다. 1622년 이조반정에 참여하여 공신이 되었다. 손자 김세룡(金世龍)을 효명옹주(孝明翁主)와 혼인시켜 왕실의 외척이 된 이후 영의정까지 올랐다. 아들과 함께 역모죄에 걸려 사형 당하였다.

벼슬이 끝내 6품에 그쳤다. 강빈姜嬪의 옥사[26]가 일어났을 때, 자점은 당시 영의정이었다. 하루는 김인을 불러서 물었다. "내일 의義로 결단하시기를 주청하여야 하는데, 내가 어떻게 처리해야 되겠느냐?" 김인이 말하였다. "조정의 의논에 참여하지 않는 것이 옳습니다." 김자점이 말하였다. "참여하지 않으면 무거운 견책譴責을 받을 것인데 어찌하느냐?" 김인이 말하였다. "죽을 일이면 죽고 유배갈 일이면 유배가는 것이 대신大臣의 도道일 뿐입니다. 부자父子는 천륜天倫입니다. 나라의 대신이 되어 어찌 인륜의 변란變亂으로 군부君父를 인도할 수 있겠습니까? 더군다나 대신의 한 말과 한 행동은 실록實錄에 기록되어 후세에 전해지니, 더욱 두려워할 만합니다." 김자점은 곧장 누우며 말하였다. "썩은 선비가 지껄이는 케케묵은 말을 내가 따를 수 없다." 마침내 강빈姜嬪을 죽이라고 청하였다.

김자점의 손자인 김세룡世龍이 조 궁인趙宮人의 딸[27]에게 장가들었다. 옹주를 맞아들이는 날 치장하는 물건과 잔치 도구가 매우 호사스러웠으며, 비단을 잘라 꽃을 만드니 아찔할 만큼 눈부시고 찬란하였다. 김자점이 또 김인을 불러 과시誇示하며 말하였다. "어떠한가?" 김인이 말하였다. "비록 양제煬帝[28]의 비단을 잘라 만든 꽃[29]이라 해도 어찌 이 보다 더 했겠습니까? 나라의 혼란은 피할 수 없는 형세입니다만, 무익한 일을 하는데 재물을 써서 손상을 불러들이니 무엇 때문입니까?" 김자점이 크게 화를 내었다. 김인은 곧바로 지름길로 돌아와 사람들에게 일러 말하였다. "이 집안이 끝내는 반드시 망할 것이다."

김인이 일찍이 용주龍洲 조경趙絅[30]을 찾아 배우기를 청하였으나, 용주가 웃으며 말하였다.

---

26) 강빈의 옥사 : 1646년(인조24) 봄에 일어난 역모사건이다. 소현세자(昭顯世子)의 부인 강씨가 인조를 저주하고 인조의 수라상에 독을 넣었다는 혐의를 받아 3월에 사사(賜死)되었다. 세자의 어린 세 아들은 제주도로 귀양가게 되고 강씨의 노모와 4형제는 모두 처형되거나 장살(杖殺)되었으며 기타 많은 사람들이 처벌되었다.

27) 딸(?~?) : 조선 제16대 왕인 인조의 서녀이다. 본관은 전주(全州), 어머니는 귀인(貴人) 조씨(趙氏)이다. 1647년 옹주 책봉과 함께 반정공신 김자점(金自點)의 손자 세룡(世龍)과 혼인하였다.

28) 양제(煬帝, 569~618) : 중국 수(隋) 나라의 제2대 황제(604~618)이다. 만리장성을 수축하고 대운하를 완성하였다. 세 차례 고구려를 침입하였으나 대패하였고 각지에서 민란이 일어나 수나라가 멸망에 이르게 하였다.

29) 비단……꽃[剪采] : '전채'는 비단을 잘라 화려하게 만든 가화(假花)를 말한다. "궁중의 나무가 가을과 겨울이면 시들어 떨어지니 비단을 잘라 꽃잎을 만들어 가지에 붙였고, 색이 바래면 새것으로 바꾸어 늘 따뜻한 봄인 것처럼 조성하였다.[宮樹秋冬凋落 則翦綵爲華葉 綴於枝條 色渝則易以新者 常如陽春]"에서 유래한다.(『自治通鑒』)

"공의 학문이 이미 노성한데 배워서 무엇하겠는가?" 김인이 말하였다. "옛 사람이 '아침에 도를 들으면 저녁에 죽어도 좋다'[31]고 말씀하시지 않았습니까?" 마침내 그 문하를 출입出入하니, 이 때문에 김자점에게 더욱 미움을 받게 되었다. 김자점이 사형을 당하게 되자 족친들 중에 화를 벗어난 사람이 드물었는데, 김인만은 재앙을 면하였다.

◑ 어떤 한 재상[32]이 일찍이 연경燕京에 갔다가 낙양홍洛陽紅[33] 화분 하나를 가지고 돌아왔다. 인조仁祖께서 듣고 내시에게 그가 낙양홍을 진상하도록 만들라고 명하였다. 하루는 내시가 와서 뵙기를 청하였다. 재상은 명을 받을 일인가 생각하고 의관을 갖추어 나와서 맞이하였다. 내시가 말하였다. "듣자니 이름난 꽃을 갖고 계시다고 하던데, 한 떨기 얻어 궁중의 동산을 꾸몄으면 합니다." 재상이 엄한 소리로 말하였다. "내가 비록 용렬하고 못났지만 재상의 반열에 있는데, 네가 어찌 감히 사사로이 꽃을 구하여 총애를 견고히 하는 바탕을 삼고자 하느냐?" 내시가 두려워 땀을 흘리며 물러났다가, 얼마 되지 않아 내시가 다시 와서 사실대로 말하였다. "전날 온 것은 사실 주상께서 하교하신 것입니다. 두 번 세 번 명命이 있으시기에 어쩔 수 없어 다시 왔습니다." 재상은 즉시 시비侍婢를 불러 화분을 가져오게 하여 마루에 두고는, 마침내 마루에서 내려가 두 번 절하고 말하였다. "나라의 일이 어렵고 위험한 날에 임금과 신하 그리고 위와 아래가 마땅히 어지러움을 제거하고 잘 다스려지기를 구한다고 겨를이 없이 급급해야 하는데, 어찌하여 감상하고 애호하는데 마음을 두어 나라가 망하는 재앙을 재촉하겠습니까? 참으로 늙은 신하가 성스럽고 현명한 군주에게 바라는 것이 아닙니다." 칼을 가지고 꽃떨기를 남김없이 베어버리고 말하였다. "이 꽃을 가지고 있더라도 가까이

---

30) 조경(趙絅, 1586~1669) : 자는 일장(日章), 호는 용주(龍洲), 본관은 한양(漢陽), 시호는 문간(文簡)이다. 1626년 문과에 장원급제하여 정언(正言)·사간(司諫) 등을 지냈다. 병자호란 때 척화론(斥和論)을 주장하였다. 저서는 「동사록(東史錄)」·「용주집」 등이 전한다.

31) 아침에 …… 좋다 : 『논어(論語)』「이인(里仁)」 편에 나온다.

32) 어떤 한 재상 : 이시백(李時白, 1581~1660)을 말한다. 자는 돈시(敦時), 호는 조암(釣巖), 본관은 연안(延安), 시호는 충익(忠翼)이다. 인조·효종에 걸쳐 판서(判書)·좌참찬(左參贊)·영의정(領議政) 등을 지냈다. 이괄의 난, 정묘호란, 병자호란 등 나라의 위기마다 공을 세웠다. 위의 내용은 '조선왕조실록 『현종개수실록』' 1년 경자(1660) 5월 3일의 기사에 나온다.

33) 낙양홍(洛陽紅) : 원래 이름은 금사낙양홍(金絲洛陽紅)이다.

하며 아끼는 마음이 있거늘, 하물며 장차 재앙을 잉태한 것임에랴." 내시에게 일러 말하였다. "늙은 신하의 충심을 임금님[34]께 잘 말씀드려야 한다." 내시가 돌아가 그 말을 고하니, 주상께서 매우 가상히 여기며 감탄하였다.

○ 서산西山 민여해閔汝諧 공公은 선善을 즐기고 학문을 좋아하며 후진들을 잘 이끌어 주었다. 남계南溪 강응철康應哲[35]도 어릴 때에 가서 배웠다. 하루는 자주색의 비단 옷을 입고 가서 공에게 절을 하였다. 공이 엄히 꾸짖고는, 마침내 그 옷을 벗겨 불태워 버렸다. 남계의 아버지인 아무개가 즉시 몸소 찾아가 사과를 하였다. 선배가 검소함을 숭상하여 어린 사람을 조심시킨 것과 의리에 복종하고 허물을 알았던 풍도風度는 모두 후생들의 모범이 될 만하다.

◑ 사간司諫 김영金坽[36]은 광해조光海朝 때 급제하였다. 인조仁祖 때 여러 번 벼슬에 임명되었으나 병을 핑계로 물러났다. 어떤 한 훈구대신이 조정에서 드러내놓고 말하였다. "아무개가 벼슬하지 않는 것은 그가 의도가 있기 때문이니, 벌주지 않을 수 없다." 문숙공文肅公 정엽鄭曄[37]이 정색하며 말하였다. "다행스럽게도 한 사람이 있으니, 비록 벼슬하지 않더라도 무슨 의롭지 않음이 있겠습니까?" 듣는 자들이 두려워하였다.

---

34) 임금님[黈纊] : '주황'은 임금이 누런 비단으로 만든 작고 둥근 것을 말한다. 관면(冠冕)의 위에 걸어 양쪽 귓가에 드리워 이로써 함부로 시비의 말을 듣지 않겠다는 의지를 보여주었다. "옛날의 임금이 ……주광으로 귀를 막은 것은 찰찰히 듣는 것을 가리려는 까닭이었으며,[古之王者 …… 黈纊塞耳所以掩聰]"에서 온 말이다.(『淮南子』「主術訓」)

35) 강응철(康應哲, 1562~1635) : 자는 명보(明甫), 호는 남계, 본관은 재령이다. 임진왜란이 일어나자 향병을 모집하여 경상도 상주를 지켰다. 그 뒤 정기룡(鄭起龍)이 이끄는 의병에 참여하여 전공을 세웠다. 광해군의 폭정에 분개하여 은퇴하고 고향에서 독서와 저술로 일생을 보냈다. 저서는 『남계문집』이 전한다.

36) 김영(金坽, 1577~1641) : 자는 자준(子峻), 호는 계암(溪巖), 본관은 광산(光山), 시호는 문정(文貞)이다. 임진왜란에 17세의 나이로 류성룡(柳成龍)의 막하로 자진 종군했다. 광해군의 난정(亂政)을 보고 귀향하였다. 인조반정 후에 부름을 많이 받았으나 반신불수라고 핑계하여 자리에 누운 채 나아가지 않았다. 숙종이 교서를 내려 그 지조를 칭찬하였다. 저서는 『계암집』이 전한다.

37) 정엽(鄭曄, 1563~1625) : 자는 시회(時晦), 호는 수몽(守夢), 본관은 초계(草溪), 시호는 문숙이다. 1583년 문과에 급제하여 승문원을 거쳐 홍문관의 문한직(文翰職)을 맡았다. 저서는 『근사록석의(近思錄釋疑)』·『수몽집』 등이 전한다.

◑ 지중추부사 신식申湜[38] 공公이 예禮를 좋아하고 학문을 독실히 하니, 조부께서 아끼고 중히 여겼다. 정유년(1597) 급사중給事中 서관란徐觀瀾[39]이 일본의 침략을 조사하고 감찰하는 일로 한양에 도착하여 동궁東宮을 뵙고자 하였다. 선조宣祖께서 종가從駕[40]할 신하를 매우 잘 간택하라고 명하였다. 대신들이 승지承旨 한준겸韓浚謙[41]과 허성許筬[42]을 가려 계啓를 올리니, 주상께서 말하였다. "응대할 즈음에 말이 굼뜨거나 고루하여 막히면 안 된다." 또 명하여 중국어에 밝은 자를 뽑아 따르게 하였다. 신공申公은 당시 부제학이었는데 대신들이 또 천거하니, 주상께서 말하였다. "식湜은 서투른데 어찌하여 심희수沈喜壽[43]를 추천하지 않느냐?" 심공은 빈객賓客으로 이미 종사관에 포함되어 있으니, 바로 도승지都承旨 윤담무尹覃茂[44]로 배종陪從하게 하였다. 한공韓公이 허공許公에게 말하였다. "굼뜬 것은 나에게 해당되니, 고루한 것은 공이 벗어날 수 없소." 서로 언쟁하기를 멈추지 않았다. 신식申湜 공이 말하였다. "저를

---

38) 신식(申湜, 1551~1623) : 자는 숙지(叔止), 호는 용졸재(用拙齋), 본관은 고령(高靈)이다. 1576년 문과에 급제하여 경상도 안무어사(慶尙道按撫御史)·대사헌(大司憲)·경상도 관찰사 등을 역임하였다. 말년에는 지중추부사로 기로소(耆老所)에 들어갔다. 저서는 『의례고증(疑禮攷證)』·『가례언해(家禮諺解)』 등이 전한다.

39) 서관란(徐觀瀾) : 호는 함벽(涵碧), 산서(山西) 택주(澤州) 출신이다. 무술년(1598, 선조31) 9월 명나라에서 군액(軍額)의 있고 없음을 조사하고, 군공(軍功)을 심의하고 결정하기 위해 파견된 흠차사감 병과좌급사중(欽差査勘兵科左給事中)으로 왔다. 11월 영남(嶺南)으로 내려갔다가 4로 군병(四路軍兵)을 순시하고 기해년(1599, 선조 32) 2월에 명나라로 돌아갔다.

40) 종가(從駕) : 원래는 임금을 모시고 따라가는 신하를 말하는데, 여기서는 동궁을 모시고 따라갈 신하를 말한다.

41) 한준겸(韓浚謙, 1557~1627) : 자는 익지(益之), 호는 유천(柳川), 본관은 청주(淸州), 시호는 문익(文翼)이다. 1580년 문과에 급제하여 예문관검열이 되어 홍문록에 올리고 문장으로 이름을 날렸다. 인조의 장인이다. 1623년 인조반정으로 그의 딸이 인열왕후(仁烈王后)로 책봉되자 영돈령부사로 서평부원군(西平府院君)에 봉하여졌다. 저서는 『유천유고』가 전한다.

42) 허성(許筬, 1548~1612) : 자는 공언(功彦), 호는 악록(岳麓), 본관은 양천(陽川)이다. 1583년 문과에 급제하여 검열(檢閱)이 되었다. 1590년 전적(典籍)으로 서장관(書狀官)이 되어 일본을 다녀와 침략 가능성이 있음을 말하였다. 성리학에도 통달하였고 글씨에도 뛰어났다. 저서는 『악록집』이 전한다.

43) 심희수(沈喜壽, 1548~1622) : 자는 백구(伯懼), 호는 일송(一松), 시호는 문정(文貞), 본관은 청송(靑松)이다. 1572년 문과에 급제하여 응교를 지냈다. 중국어에 능통하여 도승지로 임명되어 명 나라 장군 이여송(李如松)을 영접했다. 호조 판서가 되어 접반사(接伴使)로 명 나라 경략(經略) 송응창(宋應昌)을 맞았다. 좌의정을 지냈다.

44) 윤담무(尹覃茂, 1555~1597) : 자는 중번(仲蕃), 호는 봉탄(鳳灘), 본관은 파평(坡平)이다. 1579년 문과에 급제하였다. 대사간(大司諫)으로 재직할 때 승문원 제조를 겸하여 전란 중의 외교문서 작성을 담당하였으며, 정유재란 때 선조를 호종하였다.

서투르다고 하신 말씀은 더욱 적절합니다. 한마디 말씀하시는 사이에 각각 그 사람의 실제 가치를 알맞게 평가하셨으니, 참으로 이른바 신하를 아는 것은 임금님만한 분이 없다는 것입니다." 마침내 재齋의 이름을 '졸拙'이라고 하였다. 조부께서 「졸재명拙齋銘」을 지었다.

◑ 장령掌令 조익趙翊[45] 공公은 사람됨이 엄하고 굳세며 강직剛直하여 자신을 다스리고 일에 대처하는 것이 서릿발처럼 엄하였다. 일을 이유로 남에게 요구한 적이 없었으며 남도 감히 개인적인 일 때문에 요구하지 못하였다. 남의 옳지 않음을 보면 반드시 엄하게 내치니, 사람들이 모두 공경하고 꺼려하였다. 성품이 소탈하여 사정에 우활迂闊하였지만 그가 사람을 대하고 사물을 대함은 한결같이 진실한 마음에서 우러나왔다. 양산 군수梁山郡守가 되었을 적에 참빗을 많이 만들어 족당族黨과 벗들에게 보내면서 멀고 가까운 사이를 따지지 않았다. 사람들이 이것은 비록 작은 일이지만 또한 공을 가늠하기에 충분하다고 여겼다.

◑ 남계南溪 강응철姜應哲 공公께서는 바로 조부의 자형姊夫이다. 나면서부터 총명하고 영특하여 6세에 능히 큰 글씨를 썼는데, 소재穌齋[46] 선생이 시를 지어 장려하였다. 이미 장성해서는 큰 뜻을 품고서 옛 것을 좋아하며 시속時俗을 따라 영합하지 않았다. 학문을 부지런히 하고 행실을 삼가니 여러 어른들에게 크게 중시를 받았다. 조부께서는 늘 공을 형과 같이 섬겼다. 또한 나의 증조할머니 제삿날이면 반드시 오셔서 제사를 도왔는데, 늙어서도 그만두지 않았다. 이는 공에게 있어서 비록 작은 일이지만 또한 각박한 시속時俗을 도탑게 하기에 충분하였다. 일찍이 사마시司馬試에 입격하여 천거로 찰방察訪에 제수되었으나, 곧바로 벼슬을 버리고 고향으로 돌아왔다. 조부께서 일찍이 시를 보내어 말하였다.

---

45) 조익(趙翊, 1556~1613) : 자는 비중(棐仲), 호는 가휴(可畦), 본관은 풍양(豊壤)이다. 1588년 문과에 급제하여 병조 좌랑(兵曹佐郞)·광주 목사(光州牧使) 등을 지냈다. 1592년 임진왜란이 일어났을 때에는 호남지방에서 의병을 일으키기도 하였다.

46) 소재(穌齋) : 노수신(盧守愼, 1515~1590)의 호이다. 자는 과회(寡悔), 본관은 광주(光州), 시호는 문의(文懿)·문간(文簡)이다. 1543년 문과에 급제하여 사가독서(賜暇讀書)를 하였다. 영의정까지 올랐다. 문장과 서예에 능하였고, 양명학을 연구하여 주자학파의 공격을 받았으며, 휴정(休靜)·선수(善脩) 등과도 교제하여 불교의 영향을 받기도 하였다. 저서는 『소재집』이 전하다. 소재(蘇齋)의 '소(蘇)'가 『무첨재선생문집』에는 '소(穌)'로 되어 있으니, 당시에는 통용한 것으로 보인다.

마름으로 가시연 만드는 것이 부끄러워[47]	耻將菱角作鷄頭
성균관[48] 영재[49]자리를 일찍 그만 두었네	璧水英遊早歲休
풍월이 가득한 시냇가에 편안히 누워서는	風月滿溪高枕臥
골짜기 독차지함이 장자방[50]보다 낫다하네	自言專壑勝封留

○ 김태金兌[51] 공公은 나의 조부와 동문同門의 벗이다. 도량이 넓고 크며, 뜻과 행실이 도탑고 정성스러웠다. 집은 풍산豐山에 있었다. 어떤 조정의 관리가 서애 선생을 뵈려고 고을을 지나다가 여관에서 공을 만났다. 모습이 뛰어나고 훌륭하며 담론談論이 매우 활달하고 트인 것을 보고는 글이나 읽는 유생이 아니라고 생각하였다. 마침내 물었다. "당신은 무인武人입니까?" 공이 답하였다. "저는 납성포 만호納成浦萬戶입니다." 조정의 관리는 그 말을 믿어 의심치 않고서 속으로 훌륭하다고 칭찬하였다. 선생을 뵙고는 공을 언급하여 말하였다. "마침 납성포 만호를 만났는데, 참으로 탁월하고 뛰어난 재주를 가진 사람이었습니다." 등용할 만한 인재라고 극력 칭찬하였다. 선생께서 웃으며 말하였다. "이는 사인士人[52] 김 아무개인데, 납성포는 그가 거주하는 곳이네." 이어서 그의 사람됨이 어짊을 말하자, 조정의 관원이

---

47) 마름으로 …… 부끄러워 : 반듯한 성정을 두루뭉술하게 바꾸는 것에 비유한 말이다. '능각(菱角)'은 물에서 따는 밤 같다고 하여 물밤 또는 말밤·말뱅이라고 하는데 열매의 생긴 모습은 삼각형으로 끝이 매우 길고 뾰족하게 나왔으며 말린 열매를 능실(菱實)이라고도 한다. '계두(鷄頭)'는 가시연밥을 말하며 감실(芡實)·계두미(鷄頭米)·계두포(鷄頭苞)·계두련(鷄頭蓮)이라고도 불리는데 열매의 모양은 동그란 것이 꿀밤처럼 생겼다.

48) 성균관[璧水] : '벽수'는 중국 고대의 태학(太學), 우리나라의 성균관을 말한다. 남조(南朝) 양(梁)나라 때의 하손(何遜)이 지은 『칠소(七召)』「치화(治化)」의 "태학은 상서의 기풍 말하고 석거각은 규장의 성대함을 열었네.[璧水道庠序之風 石渠啓珪璋之盛]"에서 온 말이다.

49) 영재[英遊] : '영유'는 영민하고 준수한 무리, 재주와 지혜가 걸출한 인물을 말한다. 송(宋) 나라 범중엄(范仲淹)의 「양문공사진찬(楊文公寫眞贊)」의 "당시 대각의 뛰어난 이들 모두 스승의 문하에서 나왔다.[當時臺閣英游 蓋多出於師門矣]"에서 온 말이다.

50) 장자방[封留] : '봉유'는 공신으로 자만하지 않고 유(留) 땅에 봉해진 것을 말한다. 한(漢) 나라 5년 정월 공신(功臣)을 봉할 때 고조(高祖)가 제(齊) 땅 3만호(戶)에 봉하자 장량이 사양하고 류(留)땅에 봉해달라고 하여 유후(留侯)에 봉한 일에서 유래한다.(『史記』「留侯世家」)

51) 김태(金兌, ?~?) : 자는 사설(士說), 호는 구봉(九峰), 본관은 안동(安東)이다. 우계(牛溪) 성혼(成渾, 1535~1598)을 따라 행촌(杏村) 민순(閔純, 1519~1591)의 문하에서 공부하여 벼슬에 나아갔다. 임진왜란 때 최황(崔滉, 1529~1603)을 따랐다. 마음이 너그럽고 막힘없이 탁 트여 장자(長者)의 기풍이 있었다.

52) 사인(士人) : 학식(學識)이 있되 벼슬을 하지 않은 선비를 말한다.

놀라며 감탄해마지 않았다.

○ 직강直講 이원규李元圭[53] 어른께서는 총명하고 조숙하며 문장이 전아典雅하고 굳건하였다. 한성시漢城試에 응시한 적이 있었다. 당시 조부께서 지공거知貢擧였는데, 그의 책문策文을 보고 기특하게 여기고는 뽑아내어 장원의 자리에 두었다. 창석蒼石[54] 선생에게 편지를 부쳐 말하였다. "둘째 아드님이 문장의 진보함이 있다는 것을 안 지 오래입니다만 또한 이러한 경지까지 이른 줄은 헤아리지 못하였습니다. 지난번 시험장에서 얻은 것은 비록 노형老兄이라 하더라도 마땅히 한걸음[55]을 양보하여야 할 것입니다." 그를 장려하고 허여許與함이 이와 같았다. 공이 일찍이 한강을 건너면서 지은 시가 있다.

산이 대륙을 둘러서 삼각산을 들었고 山盤大陸擎三角
바다가 강을 끌어서 오대에서 나오네 海曳長江出五臺

난리 뒤에 한양으로 들어가서 지은 시가 있다.

가을 뿌리에 사람 뼈는 하얗고 秋根人骨白
저녁 비에 귀신 등불은 파랗구나 暮雨鬼燈青

연악서당淵嶽書堂[56]에서 후계后溪[57]의 시에 차운하였다.

---

53) 이원규(李元圭, 1597~?) : 자는 기성(器成), 본관은 흥양(興陽)이다. 1639년 문과에 급제하여 직강(直講)을 지냈다.

54) 창석(蒼石) : 이준(李埈, 1560~1635)의 호이다.

55) 한걸음[一頭地] : '일두지'는 제일 처음[一着], 한 걸음[一步]을 말한다. 송(宋) 나라 구양수(歐陽修)의 「여매성유서(與梅聖兪書)」의 "소식의 편지를 취하여 읽으면 땀이 나는 줄도 모르겠으니, 시원하고 시원합니다. 저는 마땅히 길을 피하여 그에게 한 걸음 내주어야 할 것입니다.[取讀軾(蘇軾)書 不覺汗出 快哉快哉 老夫當避路 放他出一頭地也]"에서 온 말이다.

56) 연악서당(淵嶽書堂) : 상주(尙州) 삼악(三嶽)중의 하나인 갑장산(甲長山)을 연악(淵嶽)이라고 하니, 그 곳에 있었던 서당으로 여겨지나 자세히 알 수는 없다.

57) 후계(后溪) : 김범(金範, 1512~1566)의 호이다. 자는 덕용(德容), 본관은 상주이다. 1540년 진사시에 입격하고, 1566년 천거로 내시교관(內侍敎官)에 임명되었으나 사퇴하였다. 다시 학행(學行)으로 천거되어 옥과(玉果) 현감을 지냈다. 저서는 『후계문집』이 전한다.

당시 학제는 호 안정[58]의 정함과 같고　　一時學制胡安定
백대에 유종은 동중서[59]와 같은 분이네　　百代儒宗董仲舒

– 공이 스스로 주를 붙였다. 호안정胡安定은 신 영천[60]申靈川을 가리키며, 유종儒宗은 퇴계退溪와 서애西厓 그리고 우복愚伏을 가리킨다.

철령鐵嶺에 올라 지은 시가 있다.

천지의 사이에는 오직 바다가 크고　　天地之間惟海大
강원도 북쪽에는 이 산이 높구나　　江原以北此山高

모두 사람들에게 회자膾炙되었다. 공은 이렇듯 문장을 짓는 뛰어난 재주가 있었으나 매우 겸손하여 마치 재주가 없는 듯하였고, 이로써 스스로를 뛰어나다고 여기지 않았다. 남의 시구詩句나 시어詩語 중에 조금 범상치 않은 점을 보게 되면 번번이 칭송하고 드러내기를 그치지 않았으니, 이는 더욱 남이 미칠 수 없는 점이었다.

○ 미수眉叟 허목許穆[61]은 당대當代의 고사高士이다. 탁월하여 구속되지 않으며 뜻이 고상하고 고아하였다. 문장에 능하였고 전서篆書와 예서隸書를 잘 썼다. 성균관成均館에 있을 적에, 글을 올려 추숭追崇하려는 일에 대하여 간하니,[62] 인조께서 크게 노하여 과거 응시를 금지시켰

58) 안정(安定) : 송 나라 성리학자인 호원(胡瑗, 993~1059)의 호이다. 자는 실지(實之)이다. 범중엄(范仲淹), 손복(孫復)과 더불어 송초(宋初) 삼선생(三先生)으로 불린다. 저서는 『주역구의(周易口義)』·『홍범구의(洪範口義)』가 전한다.

59) 동중서(董仲舒, BC179~BC104) : 『춘추(春秋)』를 전공한 금문학자(今文學者)로, 한(漢) 나라 경제(景帝) 때 박사(博士)로 임명되어 『공양춘추(公羊春秋)』를 강하였다. 공자의 저술이 아닌 다른 학술들은 모두 배척하도록 건의한 결과, 무제(武帝)는 백가를 축출하고 육경을 드러내 밝히게 되었다.

60) 영천(靈川) : 신잠(申潛, 1491~1554)의 호이다. 자는 원량(元良), 본관은 고령(高靈)이다. 1519년 현량과에 급제하였으나, 기묘사화로 인해 파방되었다. 이후 아차산에 은거하며 서화에 몰두하였다. 인종 때 복직되어 상주 목사를 지냈다.

61) 허목(許穆, 1595~1682) : 자는 문보(文甫), 호는 미수, 본관은 양천(陽川), 시호는 문정(文正)이다. 과거를 보지 않고 유일(遺逸)로 정승의 반열에 올라 우의정까지 지냈다. 글씨에 전념하여 그의 독특한 전서(篆書)를 완성하였다. 저서는 『동사(東事)』·「방국왕조례(邦國王朝禮)」 등이 전한다.

62) 글을 …… 간하니 : 1626년 인조의 생모 계운궁 구씨(啓運宮具氏)의 복상(服喪)문제와 관련해 유신(儒臣) 박지계(朴知誡)가 원종의 추숭론(追崇論)을 제창하자, 동학의 재임(齋任)으로서 임금의 뜻에 영합해 예를 혼란시킨다고 유벌(儒罰)을 가하였다. 이에 인조는 그에게 정거(停擧, 일정 기간 동안

다. 이로부터 과거 공부를 그만두었다. 금령禁令이 풀렸음에도 과거에 참여하지 않았으며, 추천받아 재랑齋郎63)에 제수되었으나 역시 나가지 않았다. 세상일을 버리고 돌보지 않으며 산수山水를 마음껏 돌아다녔다. 아이 한 명과 당나귀 한 마리에 거문고와 젓대를 지니고 관동關東과 영남嶺南 지역을 두루 유람한 적이 있었는데, 마음에 딱 드는 곳을 만나면 즐거워하며 돌아가는 것을 잊었다. 흥이 일어나면 번번이 읊조리고 취하면 그때마다 일어나 춤을 추니, 생각은 훌쩍 먼지 낀 세속을 벗어나 있었다.

○ 수우당守愚堂 최영경崔永慶64)은 두류산頭流山에 은거하여 대나무로 정자를 짓고는 그 속에 정좌靜坐하였다. 의리義理에 관계된 책을 읽으며 세상과 어울리는 것을 기뻐하지 않았다. 혹 운치가 있는 사람이나 뛰어난 선비가 손님으로 오면 그와 말을 나누며 마음을 열고 기쁨을 다하였지만, 만약 속된 사람이면 비록 수 없이 왕복하더라도 한 번도 보지 않았으며 혹 담장을 넘어 달아 나니, 그 자가 뒤 따르면서 성을 내고 욕을 하더라도 돌아보지 않았다.

○ 대곡大谷65)선생은 속리산에 은거하며 함부로 교유하지 않으니, 문에는 잡된 손님이 없었다. 임 자순66)林子順이 방문한 적이 있었는데, 대곡이 말하였다. "그대가 어떻게 이 골짜기를 찾아왔습니까?" 임 자순이 말하였다.

나무꾼과 목동의 길에서 사람마다 물으며　　　　樵蹊牧路人人問

과거를 못 보게 하던 벌)를 명하였던 사건을 말한다.

63) 재랑(齋郎) : 1650년(효종 1) 이후 정릉 참봉·내시 교관·조지서 별좌·공조 좌랑·용궁 현감 등에 임명되었으나, 부임하지 않거나 곧 사직하였던 일을 말한다.

64) 최영경(崔永慶, 1529~1590) : 자는 효원(孝元), 본관은 화순(和順)이다. 초시에 입격한 이후 복시에 실패하였다. 학행으로 참봉에 임명되었지만 나가지 않고 은거의 삶을 살았다. 1576년 덕천서원(德川書院)을 창건하여 스승 조식을 배향하였다. 정여립의 난에 연루되어 옥사하였다.

65) 대곡(大谷) : 성운(成運, 1497~1579)의 호이다. 자는 건숙(健叔), 본관은 창녕(昌寧)이다. 중종 때 사마시에 입격하였다. 1545년 그의 형이 을사사화로 화를 입자 보은 속리산에 은거한 뒤 서경덕(徐敬德)·조식(曺植)·이지함(李之菡) 등과 교유하였다. 저서는 『대곡집』이 전한다.

66) 자순(子順) : 임제(林悌, 1549~1587)의 자이다. 호는 백호(白湖), 본관은 나주(羅州)이다. 일찍이 속리산에 들어가 성운(成運)에게 배웠으며, 문장(文章)과 시에 뛰어난 천재였으나 당파 싸움을 개탄하고 명산을 찾아 시문(詩文)을 즐기며 지내다가 37세에 요절하였다. 저서는 『수성지(愁城誌)』·『원생몽유록(元生夢遊錄)』·『화사(花史)』 등의 소설과 『백호집』이 전한다.

물에 복사꽃이 떠가면 곳곳을 의심했지요　　流水桃花處處疑

대곡이 웃으며 그와 함께 이야기 나누니, 묵었다가 떠났다.

○ 소재穌齋선생이 열너댓 살 때 두세 명의 동지同志들과 함께 한강에 배를 띄우고 경치가 뛰어난 곳을 유람하였다. 마침 호당湖堂[67]의 학사學士들도 뱃놀이를 하였는데, 기녀를 보내어 그들을 초청하였다. 소재는 가지 않고 시 한수를 읊어 보냈다.

누가 붉은 치마 보내 우리를 찾아 부르나　　誰遣紅裙訪我呼
우리들 취하여 기뻐 노는 것이 아니라네　　我曹非是醉歡娛
가벼운 배 짧은 노로 늦게 돌아와서는　　輕舟短棹歸來晚
뛰어난 산수에서 세상 밖 흥취를 꿈꾼다네　　勝水佳山世外圖

학사들이 아주 기특하게 여기고는 마침내 찾아와서 망년지교忘年之交를 맺었다.

○ 망우당忘憂堂 곽재우郭再祐[68]는 강가에 재齋를 짓고 날마다 그 속에서 노닐며 읊조렸다. 늘 비를 막는 삿갓을 걸치고 낚싯대를 잡고는 맑은 못을 내려다보며 노니는 물고기를 구경하였다. 때때로 서너 사람과 작은 배를 타고 달빛을 맞으며 물길을 거슬러 올라가서는 거문고와 책을 벌려놓고 술을 흠뻑 마셨다. 흥이 다하여 사람들이 흩어지면 홀로 노래를 부르고 춤을 추니, 사람들이 바라보고 신선 같다고 하였다.

○ 임호臨湖 조우인曺友仁[69]은 본래 산수山水를 좋아하였다. 노년이 되어 낙동강 가에 터를

---

67) 호당(湖堂) : 독서당(讀書堂)을 말한다. 연소한 문관 중에 특히 문학에 뛰어난 사람을 선발하여 휴가를 주어 학업을 연마하게 한 서재이다. 1426년(세종 8)에 사가독서(賜暇讀書)의 제도를 만들고, 1491(성종 22)에 시행하였다가 정조 때 없앴다.

68) 곽재우(郭再祐, 1552~1617) : 자는 계수(季綏), 호는 망우당, 본관은 현풍(玄風), 시호는 충익(忠翼)이다. 1585년 별시에 입격했으나 지은 글이 왕의 뜻에 거슬려서 발표한 지 수 일 만에 전방(全榜)을 파하여 무효가 되니 은거를 하였다. 임진왜란에 의병을 일으켰고, 정유재란 때는 화왕산성을 고수하였다. 저서는 『망우당집』이 전한다.

69) 조우인(曺友仁, 1561~1625) : 자는 여익(汝益). 호는 매호(梅湖), 본관 창녕(昌寧)이다. 1605년 문과에 급제하여 벼슬이 승지에 이르렀다. 글씨·그림·시에 능하여 삼절(三絶)이라 불렸다. 「매호별곡(梅湖

잡아 누대와 정자를 지었다. 꽃과 돌로 꾸며놓고 밭 갈고 낚시하며 지내면서, 거문고와 시를 즐겼다. 때로는 배를 저어가며 휘파람 불면서 구름과 물이 있는 사이를 찾아 감상하였다. 한 동네의 여러 벗들과 달빛에 배를 띄워놓고 논적이 있었는데, 절구絶句 한 수를 지어 부쳤다.

갑자년 가을이 임술년 가을[70]이 아니라도	甲子秋非壬戌秋
옛사람 비록 갔으나 일은 재현할 수 있네	昔人雖逝事堪修
맑은 바람 밝은 달은 지금이 예전 같으니	清風明月今猶古
소선이 적벽에서 노닌 일 저버리지 마세	休負蘇仙赤壁遊

그의 운치가 이와 같았다. 나의 조부께서 공의 5언 고시古詩는 자못 주자의 남은 운치가 있다고 말한 적이 있다.

○ 김대현金大賢[71] 공公은 평생 도정절陶靖節[72]의 사람됨을 사모하였다. 그의 당堂을 유연悠然[73]이라 편액하고는, 그 흥興을 스스로 술회述懷하여 기술記述하였다.

산에는 무심한 구름이 피어나고[74]	山有雲出無心
집에선 소리 없는 거문고를 어루만지네[75]	堂有琴撫無音

別曲)」·「자도사(自悼詞)」 등 2편의 가사(歌辭)가 필사본으로 전한다.

70) 임술년 가을[壬戌秋] : 당송팔대가(唐宋八大家)의 한 사람인 소식(蘇軾)이 임술년(1022) 가을에 적벽에 배를 띄우고 즐기면서 삼국시대 적벽대전을 회고하며 적벽부(赤壁賦)를 지었다.

71) 김대현(金大賢, 1553~1602) : 자는 희지(希之), 호는 유연당(悠然堂), 본관은 풍산(豊山)이다. 1582년 사마시에 입격한 이후 성현도 찰방(省峴道察訪)·상의원 직장(尙衣院直長)등을 역임하였다. 임진왜란 때 고향에서 향병을 모아 민심수습에 공헌하고 난이 끝난 뒤에는 기민구제에 전력을 기울였다. 저서는 『유연당선생문집』이 전한다.

72) 도정절(陶靖節) : 진(晉) 나라 처사 도잠을 말한다.

73) 유연(悠然) : 도잠(陶潛)의 「음주(飮酒)」의 "동쪽 울 아래에서 국화꽃을 따다가, 유연히 남산을 바라보노라.[採菊東籬下 悠然見南山]"에서 유래한다.

74) 산에는……피어나고 : 도잠의 「귀거래사(歸去來辭)」의 "구름은 무심히 산에서 나오고, 새는 날기에 지쳐서 돌아온다.[雲無心而出岫 鳥倦飛而知還]"에서 유래한다.

75) 집에선……어루만지네 : 집안에서의 자락(自樂)하는 삶을 말한다. "소금(素琴, 줄 없는 거문고) 하나를 두었는데 줄과 기러기발이 모두 없었다. 벗과 모여 술 마실 때면 늘 거문고를 어루만지며 화답하여 말하였다. '거문고의 정취만 느끼면 되지, 굳이 줄을 튕겨서 소리를 낼 것이 있으랴.'[畜素琴一張 弦徽不具

공은 바로 내 조부의 벗이다. 공이 돌아가시자 조부께서는 묘소의 지문誌文을 지었다.

○ 취병翠屛 고응척高應陟[76]은 천성이 소탈하여 일반적인 법도에 구속되지 않으니, 사람들이 그를 세상 물정에 어둡다고 지목하였다. 평생 산수山水에 노니는 것을 좋아하였다. 다음과 같은 시가 있다.

여러 편 성현의 말씀을 다 읽고	讀罷千篇聖賢
여섯 도의 산천을 두루 유람하고서	歷覽六道山川
돌아와 낙동강 가에 누우니	歸臥洛東江上
밝은 달 맑은 바람이 배에 가득하네	明月淸風滿船

방백方伯이 찾아온 적이 있었다. 공이 마침 땔나무를 하고 돌아온 참이라, 새끼 띠로 허리를 묶고 도끼를 들고서 맞이하니, 방백이 탄복해마지 않았다. 내 조부께서 지은 율시律詩로 된 만시輓詩가 있다.

여러 편 성현의 책을 다 읽고 나니	讀罷千篇賢聖書
태평시대 늙은 나무꾼과 어부에 맛이 있네	淸時有味老樵漁
세상이 우활[77]하다 조롱한들 무슨 상관이랴	何妨末俗嘲迂闊
고상한 성정은 진퇴[78]를 마음대로 하였네	自是高情任卷舒
원헌[79]은 헤진 옷[80] 입고도 괴로워 않았고	原憲懸鶉貧不病

每朋酒之會 則撫而和之曰 但識琴中趣 何勞弦上聲]"에서 유래한다.(『晉書』「隱逸傳·陶潛」)

76) 고응척(高應陟, 1531~1605) : 자는 숙명(叔明), 호는 취병(翠屛), 본관은 안동(安東)이다. 1561년 문과에 급제하여 함흥 교수로 부임하였다가, 1563년 사직한 뒤 시골에 묻혀 도학을 연마하였다. 저서는 『두곡집』·『대학개정장(大學改正章)』이 전한다.

77) 우활(迂闊) : 사리에 어둡고 세상 물정을 잘 모르는 것을 말한다.

78) 진퇴[卷舒] : '권서'는 벼슬살이에 나아가고 물러나는[進退]것과 은둔하거나 세상에 이름을 드러나게 하는[隱顯] 의미를 말한다. "군자들이 말하기를 왕장의 아내는 벼슬살이에 나아가고 물러나는 절도를 안다.[君子謂 王章妻 知卷舒之節]"에서 온 말이다.(『列女傳』「王章妻女」)

79) 원헌(原憲) : 춘추시대 노 나라 사람으로 자는 자사(子思) 또는 원사(原思)이며 공자의 제자이다. 너무 가난하여 토담집에 거적을 치고 깨진 독으로 구멍을 내서 바라지 문으로 삼았는데, 지붕이 새어 축축한 방에서 바르게 앉아 금슬(琴瑟)을 연주하였다고 한다.(『莊子』「讓王」)

80) 헤진 옷[鶉鶉] : '엄순'은 메추라기를 말하는데 메추라기는 원래 깃이 얼룩얼룩하고 꽁지털이 없어

영계기[81]는 새끼로 묶고도 즐거움 넉넉했는데 榮期帶索樂猶餘
한 번에 돌아가심을 내 어찌 안타까워하리 一遭觀化吾何恨
호연지기는 응당 자연으로 돌아가신 줄 아는데 浩氣應知返太虛

○ 조부께서는 월간月澗[82]·창석蒼石[83] 두 선생과 뜻이 맞고 도道가 합하여 종시終始토록 마음의 틈이 없었다. 매번 며칠의 말미가 생기면 반드시 말을 타고 오갔으며, 도의道義를 갈고 닦으며 고금古今을 토론하다가 번번이 몰입하여 돌아오는 것을 잊어버렸다. 일찍이 말하였다. "나와 두 사람은 성姓이 다른 형제이다." 그러므로 창석께서 시를 지은 것이 있다.

한 세상에 나서 성이 다른 형제 되었네 同世而生異姓兄

○ 창석蒼石선생께서는 천성이 효성스럽고 우애가 있었다. 늘 어버이를 끝까지 모시지 못한 것을 매우 마음 아파하였다. 매번 제삿날이 되면 월간선생과 서로 마주하여 눈물 흘리며 슬픔을 스스로 이기지 못하였다. 형 섬기기를 아버지 같이 하여 부드러운 낯빛으로 모시는 즐거움이 늙어서까지도 쇠퇴하지 않았다. 마침내 월간선생의 재 이름에 '목睦' 자를 넣어 그 덕德을 드러내었다.

○ 창석공蒼石公께서 가족이나 친족과 화목했던 것은 지성至誠에서 나왔다. 어떤 먼 친척 한 명이 호남지역을 떠돌다가 궁하여 스스로를 보존하지 못하는 지경이 되었다. 공이 데리고 돌아와 지극한 정성으로 보살피며 그의 자녀를 모두 교육시키고 시집 장가들게 하여 있을

헤진 옷을 걸친 것 같으므로 옷이 헤진 것, 또는 가난함을 비유한다.

81) 영계기[榮期] : '영기'는 춘추시대의 은사(隱士)인 영계기(榮啓期)를 말한다. 삼국시대 위(魏) 나라 혜강(嵇康)의 「금부(琴賦)」의 "이에 세상을 피하는 선비는 영계기와 기리계(綺里季)와 같은 무리는 서로 함께 하늘 높이 날을 듯 엮어놓은 다리에 오르고 그윽한 골짜기를 넘었다.[於是遯世之士 榮期綺季之疇 乃相與登飛梁越幽壑]"에서 유래한다.

82) 월간(月澗) : 이전(李㙉, 1558~1648)의 호이다. 자(字)는 숙재(叔載), 본관은 흥양(興陽)이다. 임진왜란 때 의병을 일으켜 왜군과 싸웠으며 평안도 찰방(察訪)과 현감을 지냈다. 이준이 백화산(白華山)에서 왜군과 싸우다 병으로 죽게 되었을 때 형 이전이 죽음을 무릅쓰고 동생 이준을 업고 전장을 빠져나와 생명을 건지게 했다는 내용이 「형제급난도(兄弟急難圖)」로 전한다.

83) 창석 : 이준(李埈, 1560~1635)을 말한다.

곳을 잃지 않도록 해주니, 사람들이 모두 탄복하였다.

○ 월간月澗선생께서는 풍채가 맑고 깨끗하며 덕스런 도량이 깊고 넉넉하니, 나이 90에 이르기까지 정신이 흐려지지 않았고 모습과 몸차림이 성대하였다. 부인 안씨安氏도 나이 80남짓에 곱게 늙고 머리는 하얗게 세었다. 두 노인이 서로 마주함에 좌우에서 부축하고 이끌며 자손들이 빙 둘러서 모셨다. 공이 일찍이 지은 시가 있다.

이수가 동쪽으로 흘러 낙동강에 들어가고	伊水東流入洛江
유산이 서쪽으로 솟아 헌함 창을 둘렀기에	酉山西聳繞軒牕
이 사이에 넉넉하고 한가한 즐거움 있으니	此間剩得閒居樂
백발[84]의 두 노인 곁에 자손[85]들 늘어섰네	彩服聯翩鶴髮雙

○ 임진년의 난리에 월간공 형제는 백화산白華山으로 왜군倭軍을 피하였다. 하루는 적병을 만났는데, 당시 창석께서 병으로 걷지 못하였다. 월간께서 마침내 등에 업고 산에 올랐다. 왜적이 칼을 뽑아 들고서 앞으로 나오니, 월간께서 하늘을 향해 슬프게 "원컨대 저의 아우를 살려 주십시오."라고 소리를 쳤다. 이어서 활을 당겨 왜적을 맞아 큰 목소리로 꾸짖기를 그치지 않았다. 왜적이 급히 물러나 마침내 온전할 수 있었으니, 사람들이 지극한 정성에 하늘이 도우신 것이라고 하였다. 뒤에 창석께서 그 일을 서술하여 「급난도急難圖」를 만드니, 당시의 명공名公과 대인大人들이 모두 시서序詩로 찬미하였다.

◑ 월간月澗께서는 사람을 대하는데 있어서 성의誠意가 대단하였다. 남의 선함을 들으면 칭찬하고도 부족한 것처럼 하였으며, 남이 법도대로 하지 않는 것을 보면 알려주는 말이 절실하고도 지극하여 기어코 고치기를 기약했다가 끝내 고치지 않으면 비루하게 여기고 멀리하였다. 그러나 너무 심한 말로 박절하게 대한 적이 없었기 때문에 사람들이 모두

---

84) 백발[鶴髮] : '학발'은 남조(南朝) 양(梁) 나라 유견오(庾肩吾)의 「팔관재야부사성문갱작사수(八關齋夜賦四城門更作四首)·제삼부 남성문노(第三賦南城門老)」의 "흰 머리 벼슬을 사양하고, 복어 등으로 아욱 쑥갓 끓이네.[鶴髮辭軒冕 鮐背烹葵菽]"에서 유래한다.

85) 자손[彩服] : '채복'은 나이 70에 어버이 앞에서 아이처럼 색동옷을 입고 재롱을 떨었던 노래자(老萊子)의 고사에서 유래한다.(『小學』「內篇·稽古」)

경애敬愛하였다. 초상을 치를 적에 가난하여 곤란한 사람이 있으면 그를 위해 반드시 슬퍼하고 고심을 하여 힘 닿는데까지 다하고서야 그쳤다. 새와 물고기의 미물微物에 대해서도 해치거나 함부로 죽이려는 마음을 가진 적이 없었다.

◑ 월간공月澗公[86] 께서는 일찍부터 서애西厓 선생의 문하에서 배웠는데, 독실한 뜻을 가지고 배웠다. 더욱이 『주자서朱子書』를 좋아하여 반복해서 연구하며 손으로 베껴 쓰고 입으로 외기를 늙어서도 게을리 하지 않았다. 주자 문집의 중요한 말 중에 몸과 마음에 가장 절실한 것을 편집하여 『구색록懼塞錄』이라 이름 지은 적이 있었다. 바로 조부에게 바로잡아 주기를 부탁하니, 조부께서 대답하였다. "노형老兄이 노년의 정력으로 이러한 일을 하였으니, 감탄해 마지 않습니다. 전날 저의 논의는 대개 『주자전서朱子全書』에 깊이 무젖어 더욱 그 맛의 무궁함을 알기 바랐던 것입니다. 그러나 노경老境의 정신은 쉽게 피로해집니다. 서애선생의 이른바 "중류에서 배를 잃으면 표주박 하나가 천금처럼 귀하다."[87] 라는 말씀이 바로 매우 적당할 뿐입니다."

◑ 월간공께서 '타고난 성품이 치우치고 급하다.'고 생각하여 늘 가죽을 차고서[88] 자신을 경계하였다. 『주서朱書』의 내용 중에 자기에게 절실한 것은 더욱 체득하려는 노력을 더하여 만년晩年에 기질이 변화하는 효험이 있었다. 내 조부께서 공에게 일러 말하였다. "요즘 이야기 나누는 사이에 형의 기상氣象을 엿보니, 전날과 매우 다릅니다. 이천伊川[89] 의 이른바 '배움에

---

86) 월간공 : 『우복선생별집(愚伏先生別集)』 권7 「부록(附錄)」에 이 내용이 실려 있다.
87) 중류에서 …… 귀하다 : 이 글에서는 서애의 말씀으로 나와 있으나, "중류에서 배를 잃으면 표주박 하나가 천금처럼 귀하다. 귀하고 천함은 늘 그대로가 아니라 시절이 그렇게 시키는 것이다.[中河失船 一壺千金 貴賤無常 時物使然]"는 것을 평소에 즐겨 말한 것으로 여겨진다.(『鶡冠子』「學問」) 육전(陸佃)의 풀이에서 "'호(壺)'는 표주박인데 허리에 차면 물을 건널 수 있어 남쪽 지방 사람들이 '요주'라고 말한다."라고 하였다.
88) 가죽을 차고서[佩韋] : '패위'는 가죽 껍질의 성질이 부드러우면서 질기기 때문에 성질이 급한 사람이 그것을 차고서 스스로를 경계함을 말한다. "서문표의 성격이 급했기 때문에 가죽을 차고서 스스로를 느긋이 하였으며, 동안우의 성격은 느긋했기 때문에 활시위를 차고서 스스로를 재촉했다.[西門豹之性急 故佩韋以自緩 董安于之性緩 故佩弦以自急]"에서 유래한다.(『韓非子』「觀行」)
89) 이천(伊川) : 정이(程頤, 1033~1107)의 호이다. 자는 정숙(正叔)이다. 그의 형인 정호(程顥)와 함께 유학 연구에 매진하여 북송(北宋)의 이학(理學)을 단서를 열어준 인물이다. 이들 형제를 '이정(二程)'이라고 부르며 학풍을 '정학(程學)'이라 한다.

진보가 있으면 식견識見에 진전이 있고, 식견에 진전이 있으면 도량度量이 넓어진다.'입니다. 형이 이러한 힘을 얻었으니, 공경하고 감복해마지 않습니다."

◑ 내가 이 휘언[90] 李徽彦과 시리柴里로 간 적이 있었다. 도중에 내가 말하였다. "사람의 자식이 말하고 행동할 때마다 부모父母를 잊을 수 없다." 휘언이 창석선생의 「한양길에 다섯 가지 경계[西行五戒]」란 시를 거론하였다. 그 시는 이러하다.

한양길에 다섯 가지 경계가 있으니	西行有五戒
생각마다 잊지 말아야 하리라	念念勿忘焉
좁은 길[91]에서는 말을 타지 말고	兎棧無騎馬
금탄[92]에서 배를 타지 말라	金灘莫上船
언강도 봄에는 조심해 건너고	江氷春愼涉
길이 막히면 밤에 쉬고 잠을 자라	路梗夜休眠
가장 걱정은 성에 들어가는 날	最怕入城日
번화함에 마음이 쉽게 옮겨감이네	繁華心易遷

아름답도다.[93] 가르침이여.

◑ 서대공西臺公 김충金沖[94]은 포의布衣[95]로 있을 적에 별로 알려지지 않았다. 알성과謁聖科에

---

90) 휘언(徽彦) : 이재관(李在寬, 1620~1689)의 자이다. 호는 신와(新窩), 본관은 흥양(興陽)이다. 유진(柳袗)의 사위이다. 저서는 『유고』가 전한다.
91) 좁은 길[兎棧] : '토잔'은 매우 좁은 길로 현재 문경에 남아 있는 토천(兎遷)을 말한다. 문경 마성면의 석현성(石峴城) 진남문(鎭南門) 아래 성벽을 따라 가다보면 이 길을 만날 수 있는데, 겨우 한사람이 지나갈 수 있을만큼 좁고 험하다. 관갑천잔도(串岬遷棧道, 관갑의 사다리길)라고도 하는 이 길은 조선시대 주요 도로 중 하나였던 영남대로 옛길 중 가장 험난한 길로 알려져 있다.
92) 금탄(金灘) : 충청도 충주에 있는 금탄(金灘)은 월악(月岳)에서 근원하는 여강(驪江)이 달천(獺川)과 합하여 이루어진 여울물을 말한다.
93) 아름답도다[旨] : '지'는 "왕께서 말씀하셨다. 아름답구나! 부열이여. 그대의 말은 행할 수 있겠구나. [王曰 旨哉說 乃言惟服]"에서 온 말이다.(『書經』「說命」) 공안국(孔安國)이 전(傳)에서 "지(旨)는 아름답다는 것이다."라고 하였다.
94) 김충(金沖, 1513~1572) : 자는 화신(和言), 호는 서대, 본관은 상산(商山)이다. 1551년 문과에 급제하여 함흥부 판관(咸興副判官)·호조 정랑(戶曹正郎) 등을 역임하였다. 저서는 『서대이문록(西臺異聞錄)』이 전한다.

장원을 하자, 여러 학사學士들이 그의 재주를 시험하기 위하여 벽송정碧松亭[96]으로 불러들여 운韻을 불러주고는 시를 짓게 하였다. 공이 불러주는 운에 따라 번번이 그에 맞는 시를 읊조렸다.

벽송정가에서 마의[97]를 벗어 놓으니	碧松亭畔釋麻衣
당년의 은총이 꿈인가 아닌가	恩雨當年夢也非
두견이 어떠한 새인지 물어보니	借問杜鵑何似鳥
온 밤 계속 불여귀라고 말하네[98]	終宵猶道不如歸

여러 학사學士들이 비로소 탄복하였다. 공은 말년을 대부분 서대西臺의 초당草堂에서 보냈다. 당시 종이학을 대臺위로 날리면 근처의 여러 노인들이 공이 온 것을 알고 반드시 찾아가 함께 승경지를 찾는 것을 일상으로 하였다. 공이 죽은 뒤에 승지承旨 권문해權文海[99]께서 시로써 곡하였다.

누가 서대[100]에서 학을 날릴꼬	誰放臺西鶴

---

95) 포의(布衣) : 옛날에 서민(庶民)은 비단옷을 입을 수 없었으므로, 포의는 벼슬이 없는 사람을 가리킨다. 급제하기 이전의 시기를 말한다.

96) 벽송정(碧松亭) : 경상북도 고령군 쌍림면 신촌리에 있다. 통일신라 말기에 축조된 건물이라는 설도 있으나, 확실한 근거가 있는 것은 아니다. 그러나 정자 안에 통일신라 말의 학자 최치원(崔致遠)의 시문이 있는 것으로 미루어 보아 유래가 오래된 건물인 것은 확실하다. 1985년 8월 5일 경상북도문화재자료 제110호로 지정되었다.

97) 마의(麻衣) : 포의와 같은 표현으로 벼슬하기 전에 입는 옷을 말한다.

98) 두견이……말하네 : 촉(蜀)나라 망제(望帝)가 임금 자리를 빼앗기고 도망칠 때에 두견이가 울었는데, 그 뒤로 촉 땅 사람들이 두견이의 울음소리를 들을 때면 망제를 생각한 나머지 비감에 사로잡히면서 마치 "어째서 빨리 돌아가지 않느냐.[不如歸去]"고 울어대는 것처럼 들었다는 고사에서 유래한다.(『蜀王本紀』). 황정견(黃庭堅)이 「제마애비(題磨崖碑)」에서 "신 원결은 용릉행 이삼책의 시를 읊었고, 신 두보는 두견에 재배하는 시를 지었었네.[臣結舂陵二三策 臣甫杜鵑再拜詩]"라고 한 이후, 우국충정(憂國衷情)의 의미를 담게 되었다.

99) 권문해(權文海, 1534~1591) : 자는 경원(灝元), 호는 초간(草澗), 본관은 예천이다. 1560년 문과에 급제하여 좌부승지(左副承旨)·대제학(大提學) 등을 역임하였다. 수천 년의 모든 전적을 집대성한 『대동운부군옥(大東韻府群玉)』 20권과 『초간집』이 전한다.

100) 서대 : 『무첨재선생문집』에는 대서(臺西)라고 되어 있으나 『초간선생문집』에는 서대(西臺)로 되어 있으니, 본 번역은 이를 따랐다.

한양에 머문 혼을 불러오기 어렵네　　難招漢北魂

공은 한양漢陽에서 객사客死하였다.

◑ 서대공西臺公은 처음 급제[101]해서도 알려지지 않았다. 하루는 삼각산三角山의 중흥사中興寺에 갔는데, 조정의 관료들 또한 많이 와 있었다. 마침 승려 중에 풍악산楓嶽山[102]으로 가는 자가 시축詩軸을 가지고 시를 구하니, 공이 바로 절구絶句 한 수를 적어 주었다.

천하의 이름난 산이 서른여섯인데　　天下名山三十六
해동의 개골산이 바로 선산이라　　海東皆骨卽仙山
십년 꿈속에서 비로봉만 맴도니　　十年夢繞毗盧頂
밤마다 솔 소리에 베갯머리는 차갑네　　夜夜松聲枕上寒

좌중이 모두 붓을 던지고 사귈 것을 청하였다.

◑ 청음淸陰 김상헌金尙憲[103]이 병자호란丙子胡亂 뒤에 남긴 시[104]가 있다.

꽃은 무심히 피고 새는 스스로 우는데　　花自無心鳥自啼
꽃 보고 새소리 들으려 센머리 숙이네　　看花聽鳥白頭低
무르익은 봄날 꾸벅꾸벅 졸다보니　　三春剩得昏昏睡
졸음에 몽롱하여 꿈 또한 어지럽네　　睡不分明夢亦迷

---

101) 급제[釋褐] : '석갈'은 갈옷을 벗는다는 뜻으로 과거에 급제하여 벼슬함을 말한다. 갈옷은 원래 천한 자가 입던 모포(毛布)인데, 이것을 벗으니 관복을 입는다는 것이다. 벼슬에 처음 입사(入仕)함을 말하였으나 후대에는 문과급제한 자에게 모두 새 옷을 입혀 유가(遊街)를 시켰으므로 문과에 급제함을 이르는 말로도 사용하였다.

102) 풍악산 : 금강산(金剛山)을 사철에 따라 봄에는 금강산, 여름에는 봉래산(蓬萊山), 가을에는 풍악산(楓嶽山), 겨울에는 개골산(皆骨山)이라 부른다.

103) 김상헌(金尙憲, 1570~1652) : 자는 숙도(叔度), 호는 청음(淸陰), 본관은 안동이다. 1596년 문과에 급제하여 사가독서(賜暇讀書)한 이후 대사간(大司諫)·좌의정(左議政)·영돈령부사 등을 역임하였다. 1636년 병자호란 때 주전론(主戰論)을 주장하였다가 청에 압송되었다가 소현세자를 수행하여 귀국하였다. 저서는 『청음집』·『야인담록(野人談錄)』·『풍악문답(豊岳問答)』·『독례수초(讀禮隨抄)』·『남한기략(南韓紀略)』 등이 전한다.

104) 시 : 『청음집』에는 「기현옹김포우거(寄玄翁金浦寓居)」로 되어 있다.

거듭 읊조리며 탄식하니, 그 심사心事를 알 수 있었다.

또 남긴 시[105]가 있다.

대명의 천자께서는 대명궁[106]에서	大明天子大明宮
해매다 정과 삭을[107] 해동에 내려주셨네	正朔年年下海東
오늘의 봄 햇살은 누구를 위해 좋은가	今日春光爲誰好
삼한의 초목은 피비린내를 머금었네	三韓草木帶腥風

◑ 참판參判 이만李曼[108]께서 해서海西를 다스릴 적에 정명수鄭命壽[109]를 매우 소홀히 대우하니, 명수가 노하여 파직시킬 것을 요청하였다. 대신大臣이 계啓하였다. "명수가 방면方面[110]을 교체해 줄 것을 한결같이 말하니, 일이 매우 중대重大합니다. 만약 따라 시행하지 않으면 저놈이 반드시 방백方伯을 욕보일 것이니, 어찌 처리하여야 합니까?" 주상께서 말하였다. "형세가 들어주지 않기는 어려우니, 이만李曼은 체직을 시켜라. 이 뒤로 평안도와 황해도의 백伯은 반드시 저 놈과 낯이 익은 사람으로 고르도록 하여라."

무자년(1648)간에 이공李公께서 영남의 관찰사觀察使가 되어 상주尙州로 들어와 나를 불러 말하였다. "계사년에 내가 선대부先大夫 및 박계영朴啓榮·이후양李後陽 여러 공들과 함께 해위解闈[111]에 들어가 서로 교분이 퍽 좋았다. 그러므로 평소에 자네를 보고 싶었다." 이어서 『주문작

---

105) 시 : 『청음집』에는 「입춘(立春)」으로 되어 있다.

106) 대명궁(大明宮) : 당 나라의 궁전 이름인데, 황제가 이곳에서 정무를 보았다.

107) 정과 삭을 : 정(正)은 1년의 시작을, 삭(朔)은 한 달의 시작을 의미한다. 달력이나 역수(曆數)이니 황제가 건국하면 연호를 바꾸고 이를 천하에 반포하여 통치지역 내에서는 모두 그 달력을 사용하도록 하였다.

108) 이만(李曼, 1605~1664) : 자는 지만(志曼), 본관은 전주이다. 1628년 문과에 급제하여 부수찬(副修撰)·도승지(都承旨)·병조 참판(兵曹參判) 등을 역임하였다.

109) 정명수(鄭命壽) : 평안도 천인(賤人) 출신으로 광해군(光海君) 때에 강홍립(姜弘立)의 군대를 따라 청(淸) 나라에 갔다가 포로가 되었다. 그곳에서 청나라 말을 배워 살면서 우리나라 사정을 자세히 밀고하였다. 병자호란 때에는 청장(淸將) 용골대(龍骨大)의 통역으로 입국하여 청 나라를 배경으로 우리 조정에 압력을 가해 영중추부사에까지 올랐다. 이 밖에도 청 나라를 배경으로 우리나라에 많은 행패를 부렸다.

110) 방면(方面) : 관찰사를 말한다.

111) 해위(解闈) : 해방(解榜)은 초시(初試)에 입격(入格)한 사람들의 이름을 붙이는 방이며, 해위(解闈)는 해방에 이름이 오른 사람들이 성균관에 모여 공부하는 일을 말한다.

해朱文酌海』112)를 가져가서 마침내 바로 간행하였다.

○ 진사進士 정영방鄭榮邦 공은 충신忠信하고 학문을 좋아하며 뜻과 행실이 순후하면서도 독실하였다. 후모後母를 잘 섬기니 효孝로써 알려졌으며, 형제兄弟간에 우애 있고 친족親族이나 인족姻族간에 화목하였으며, 향당鄕黨에서 대처함이 너그러웠다.

만년에는 영해寧海의 임천臨川에 자리 잡았다. 빼어난 석문石門과 바위·못이 있어 여러 칸의 오두막을 지었다. 그곳에 꽃들을 늘어 심고 도서를 가까이하며 읊조리고 유유자적한 것이 거의 20년이 되니, 영리榮利가 사모할 만한 것임을 알지 못하는 경지가 되었다.

공公은 나의 조모와 생질甥姪산이 되는데, 마침내 조부祖父에게 수학受學하였다. 조부께서 애지중지하시며 집안일을 대부분 공에게 맡겨 경영하였다. 공은 시 짓는 일을 즐겨하였다. 내가 소명召命을 따른다는 소식을 듣고 절구絶句시 네 편113)을 지어준 적이 있는데, 권면하고 경계한 뜻이 깊었다.

첫 번째

기원114)에서 자란추115)를 길러내니	淇園養得紫鸞雛
태평성대를 빛낼 오덕116)을 갖추었네	瑞世光輝五德俱

---

112) 주문작해(朱文酌海) : 16권 8책으로 목판본이다. 1648년 이만(李曼)이 간행하였다. 주자(朱子)의 문집인 『주자대전』의 분량이 방대하여 학자들에게 널리 보급하기 어려웠으므로, 긴요한 부분을 뽑아 만들었다. 송준길(宋浚吉)이 권말에 쓴 발문에 의하면 퇴계선생의 『주자서절요』를 참조하여 장기간 노심초사 끝에 이룩한 것으로, 주자의 글을 뽑은 책들 중에서 권위있는 것으로 인정되어 왔다.

113) 절구시 네 편 : 『석문선생문집(石門先生文集)』 권2에는 「송정자의도응부징부회사절(送鄭咨議道應赴徵賦懷四絶)」로 나온다.

114) 기원(淇園) : 훌륭한 정원을 말한다. "저기 기수 가 물굽이를 바라보니, 푸른 대나무 숲 아름답게 우거졌네.[瞻彼淇奧 綠竹猗猗]"라고 하였다.(『詩經』「衛風·淇奧」) 주희(朱熹)의 주(註)에 "기수 가에 대나무가 많아 한(漢) 나라 때까지도 여전하였으니, 이른바 '기원(淇園)의 대나무'라고 하는 것이 그것이다."라고 하였다.

115) 자란추(紫鸞雛) : 자란(紫鸞)은 붉은 난새로 신령스러운 새이며 추(雛)는 어린 새이다. 앞날이 창창한 젊은 무첨재를 말한다.

116) 오덕(五德) : 전국시대 말기의 음양가(陰陽家) 추연(騶衍)에 의하여 제기된 학설이다. 금(金)·목(木)·수(水)·화(火)·토(土) 등 다섯 종류의 물질에 덕성(德性)을 부여하여 이를 본체(本體)로 삼고, 여기에 운(運)이라는 음양 변화의 작용성을 부가한 뒤, 이 오덕(五德)이 상생(相生) 상극(相克)하며 자연의 명운(命運)과 왕조의 흥망을 결정짓는다는 '오덕종시론(五德終始論)'을 수립하였다.(『史記』

임금께서 서서 현자를 기다리신다니　聞說岐陽方佇待
한 소리로 대궐에 이르지 않겠는가　一聲能達九重無

두 번째

병자년에 나라일이 크게 어긋났지만　丙子年中事大謬
신민이 고생을 함께 못했음이 한스럽네　臣民恨未與亡俱
세상을 옹희[117]한 위에 두고자 한다면　欲令措世雍熙上
윤기[118]가 하루라도 없던 적이 있었던가　倫紀何嘗一日無

세 번째

보아라, 저 근원 있는 샘 콸콸[119] 흘러　相彼源泉混混流
고르고 먼 천지로 쉼 없이 감을　地平天遠去無休
오직 점점 모여 넘실거린 뒤　惟當積漸泓涵後
그제야 용양의 배를 움직인다네[120]　方運龍驤萬斛舟

네 번째

무정한 세월은 급한 물살과 같은데　無情歲月急如流
선과 리의 길목에서 일이 멈추지 않네　善利關頭役未休
십년을 자연에서 지내도 얻은 힘 없으니　林下十年無得力
어느 때 잔물결에 거룻배[121] 띄워볼까　幾時輕浪泛蘭舟

마지막 편은 공公이 스스로를 비유한 것이다.

「曆書· 三代世表」)

117) 옹희 : 나라 전체를 화락하게 하는 정치로 요순시대의 정치를 찬양하는 말에서 연유된 말이다.

118) 윤기 : 윤리와 기강이니 인륜을 말한다.

119) 콸콸[混混] : '혼혼'은 샘물이 용솟음쳐 콸콸 나오는 모양을 말한다. "근원이 좋은 물이 혼혼히 흘러서 밤낮을 그치지 아니하여 구덩이가 가득 찬 뒤에 전진하여 사해(四海)에 이른다.[原泉混混 不舍晝夜 盈科而後進 放乎四海]"에서 온 말이다.(『孟子』「離婁下」)

120) 용양의 배를 움직인다네 : '용양의 배'는 진(晉) 나라 용양장군(龍驤將軍) 왕준(王濬)이 오(吳) 나라를 정벌하기 위하여 만든 큰 배를 말한다. 배를 움직인다는 표현은 힘을 얻음을 말한다. 주자의 「관서유감(觀書有感)」의 "어젯밤 강가에 봄물이 흘러나와서, 크나큰 군함이 한 터럭처럼 가볍구나. 여태까지 잘못 미는 힘만 허비했어라, 이날에야 중류를 자유자재로 지나가네.[昨夜江邊春水生 艨衝巨艦一毛輕 向來枉費推移力 此日中流自在行]에서 유래한다.

121) 거룻배[蘭舟] : '난주'는 작은 거룻배의 미칭이다. 춘추시대 노반(魯般)이란 사람이 심양강(潯陽江)의 목란주(木蘭洲)에서 자라는 목란(木蘭) 나무를 깎아 배를 만들었던 데서 유래한다.

○ 참봉공參奉公 정영후鄭榮後[122]는 사람됨이 순후하고 신중하여 효도와 우애로운 행실行實이 있었다. 조상을 받드는 일에 매우 삼가여 반드시 앞서 목욕하고 재계齋戒를 하였는데, 비록 심한 추위라도 꺼리지 않았다. 일찍부터 학봉鶴峯[123]선생에게 수업을 하고, 또 조부祖父의 문하에 종유從遊하여 『예의문답禮疑問答』을 남겼다. 공이 죽자 국창菊窓 이찬李燦[124]이 지은 만시輓詩가 있다.

김학봉에게 옷자락 걷어 올리고[125] 摳衣金鶴老
정우옹에게서 의자를 내렸네[126] 下榻鄭愚翁

사람들이 사실을 기록한 것이라고 평가하였다.

○ 조부祖父께서는 엄정嚴正하며 차분하여 함부로 교유交遊하지 않았지만, 유독 창석蒼石 선생은 지기知己로서 허여許與하였다. 집에서 지내며 강학講學할 적에는 반드시 서로 분석하였고, 조정朝廷에서 벼슬하며 논주論奏할 적에는 또한 반드시 상의相議하였다. 심지어 혹 견해가

---

122) 정영후(鄭榮後, 1569~1641) : 자는 인보(仁甫), 호는 매오(梅塢), 본관은 동래(東萊)이다. 경사와 예학에 밝아 선조 때 사재감 참봉(司宰監參奉)을 제수받았다. 여러 차례 벼슬을 제수받았으나 부임하지 않고 오직 학문에만 전념하였다. 저서는 『매오집』이 전한다.

123) 학봉(鶴峯) : 김성일(金誠一, 1538~1593)의 호이다. 자는 사순(士純), 본관은 의성(義城), 시호는 문충(文忠)이다. 1568년 문과에 급제하여 봉교(奉敎)·장령(掌令) 등을 역임하였다. 임진왜란이 발발하자 초유사(招諭使)·순찰사(巡察使) 등을 역임하였다. 저서는 『학봉집』·『상례고증(喪禮考證)』·『해사록(海槎錄)』 등이 전한다.

124) 이찬(李燦, 1575~1654) : 자는 중명(仲明), 호는 국창, 본관은 여주(驪州)이다. 자주 병을 앓자 스스로 병을 고치기 위해 독학으로 의술을 연구하여 명의(名醫)로 널리 이름을 떨쳤다. 1632년 전의(典醫)도 못 고친 인조의 병을 완치시켜 음보(蔭補)로 종부시 주부(宗簿寺主簿)·군위 현감(軍威縣監) 등을 역임하였다. 저서는 『국창집』이 전한다.

125) 옷자락 걷어 올리고[摳衣] : '구의'는 제자가 선생의 앞으로 나아갈 때 긴 옷자락을 걷고 조심히 들어감을 말한다. "옷자락을 추어올리고 나아가며 구석으로 종종걸음 하고 반드시 응대함에 삼가해야 한다.[摳衣趨隅 必愼唯諾]"에서 온 말이다.(『禮記』「曲禮」)

126) 의자를 내렸네[下榻] : '하탑'은 빈객(賓客)을 맞아 머물게 함이니 만사에서는 나아가 기대를 받으며 종유하였음을 말한다. 후한(後漢) 때 진번(陳蕃)이 예장 태수(豫章太守)로 있으면서, 다른 빈객은 잘 접견하지 않았다. 유독 서치(徐穉)가 오면 특별히 한 의자[榻]를 내려 설치하여 앉게 하고 그가 돌아가면 다시 그 의자를 매단 고사에서 유래한다.(『後漢書』「徐穉傳」)

조금만 달라도 반드시 강마講磨하고 변론하여 하나로 결론지었는데, 또한 부화뇌동附和雷同하여 구차하게 합한 적은 없었다.

○ 조부祖父께서 말씀한 적이 있다. "문장文章과 절도 있는 행실은 사서沙西[127]가 창석蒼石에게 미치지 못하고, 기량과 재주는 창석이 또한 마땅히 사서에게 양보하여야 한다." 사람들이 말을 안다고[128] 여겼다.

○ 사서沙西 전全 공은 거동과 용모가 준걸하고 국량局量이 매우 넓었다. 평소에 화기和氣가 훈훈하여 비록 잡일을 하는 사람이나 천한 종이라도 인후仁厚함으로 대하였다. 남의 허물과 악행은 말하지 않았으며 불선不善함으로 자기에게 더하더라도 받아들일 뿐 되갚아 주지 않았다. 성품이 검소하여 지위가 통현직通顯職에 이르렀어도 스스로 봉양함에는 초라한 한사寒士와 같이 하였다. 아우·누이와 우애로움이 매우 독실하여 비록 임진년의 병란兵亂을 겪었지만 은의恩義를 더하여 조금이라도 어기거나 둘로 함이 없었다. 한 아우 아무개가 오만하여 길들이지 못하였는데, 혹 어려운 곳이 있으면 너그럽게 처리하고 사기辭氣에 드러내지 않으니, 사람들이 그 성대한 덕에 감복하였다.

○ 현감공縣監公 성협成浹[129]은 천품이 단정하고 순박하며 편안하고 차분하여 욕심이 적었다. 경사經史에 두루 통하고 게다가 의술[130]에도 정밀하였다. 사람들 중에 병든 자를 보면

---

127) 사서(沙西) : 전식(全湜, 1563~1642)의 호이다. 자는 정원(淨遠), 본관은 옥천(沃川)이다. 1603년 문과에 급제하여 울산 판관(蔚山判官)을 지냈다. 1624년 이괄(李适)의 난을 진압하고 1636년 병자호란 때 의병을 일으켜 적을 방어하였다.

128) 말을 안다고[知言] : '지언'은 상대의 말을 듣고 그 마음의 병폐를 아는 것을 말한다. 맹자가 자신의 장점을 묻는 제자의 질문에 "나는 말을 제대로 안다. 그리고 나는 나의 호연지기를 잘 기른다.[我知言 我 善養吾浩然之氣]"라고 한 데서 온 말이다.(『孟子』「公孫丑上」)

129) 성협(成浹, 1556~1620) : 자는 사열(士悅), 호는 청죽(聽竹). 본관은 창녕(昌寧)이다. 과거에 뜻을 두지 않고 성리학 연구에 몰두하였고 의학에도 밝아 많은 사람들의 질병을 치료하였다. 임진왜란 후에는 처가인 상주에 거처하였다. 효릉 참봉(孝陵參奉)에 임명된 이래 공조 좌랑(工曹佐郞)·무주 현감 등을 역임하였다.

130) 의술[岐黃] : '기황'은 의술(醫術)의 시조(始祖)로 추앙되는 기백(岐伯)과 황제(黃帝)를 말한다. 일반적으로 의술을 의미하게 되었다.

반드시 증세를 살펴 약방藥房을 지어주었다. 비록 길가는 중간이라도 반드시 말에서 내려 땅에 앉아 그 처방을 지시하니, 완전히 치료된 자가 몇 천 명인지 알지 못하였다. 일찍이 무주[131] 현감茂朱縣監이 되어 측은지심惻隱之心을 가지고 다스리니, 비록 죄가 있는 자라도 차마 벌을 시행하지 못하였다. 당시 혹 아전을 매질하고는 손상을 입을까 염려하여 약藥을 지급하여 치료하니, 비록 예전의 부들 채찍[132]의 정사라도 이보다 더하지는 못하였을 것이다.

조부祖父께서 심교心交를 맺고 참동계參同契를 논의하였다. 공의 병이 심해지니, 조부께서 가서 문병을 하였다. 공이 말하였다. "사생死生이 밤과 낮 같으니, 어찌 죽음을 두려워하겠는가?" 죽음에 임하여 뒷일을 처리할 적에 뜻과 모습이 차분하더니, 마침내 편안하게 세상을 떠났다. 조부께서 시詩로써 곡哭을 하였다.

맑은 물 고운 난초 같은 사십 생애	水淡蘭芳四十春
티끌 없이 밝은 그대 마음을 사랑하였네	愛君衿度瑩無塵
처음 벗이[133] 되어 항상 공경하였더니	始因偲切常加敬
세상살이 두루 겪고는 더욱 친해졌네	遍閱酸甛轉見親

◑ 석담공石潭公 이윤우李潤雨[134]는 한강寒岡[135]에게 수업하였다. 선생은 또 나의 조부와

---

131) 무주(茂朱) : 전라북도(全羅北道) 북동단(北東端)에 위치(位置)한다. 원래(原來)의 무풍(茂豊)·주계(朱溪) 두현(縣)을 합(合)한 것인데, 조선(朝鮮) 태종(太宗) 14년(1414)에 무주(茂朱)라 고치고 현감(縣監)을 두었다.

132) 부들 채찍[蒲鞭] : '포편'은 부들 채찍으로 부끄러움을 느끼게 하여 경각심을 일으키는 가벼운 책벌을 말한다. 후한(後漢)의 유관(劉寬)이 남양 태수(南陽太守)로 있을 적에, 관리가 잘못을 저지르면 포편을 써서 부끄러움을 느끼게 하고 고통은 가하지 않았다는 고사에서 유래한다.(『後漢書』「劉寬傳」)

133) 벗이[偲切] : '절시'는 간절하게 책선(責善)하는 친구 사이를 말한다. 자로가 선비의 조건을 묻자 공자께서 말하였다. "(붕우간에는) 간절하게 책선하며[切切偲偲]"에서 유래한다.(『論語』「子路」)

134) 이윤우(李潤雨, 1569~1634) : 자는 무백(茂伯), 호는 석담(石潭), 본관은 광주(廣州)이다. 1606년 문과에 급제하여 전적(典籍)·이조 정랑(吏曹正郎)·이조 참의(吏曹參議) 등을 역임하였다.

135) 한강(寒岡) : 정구(鄭逑, 1543~1620)의 호이다. 자는 도가(道可), 본관은 청주(淸州), 시호는 문목(文穆)이다. 1573년 김우옹(金宇顒)의 추천으로 예빈시 참봉(禮賓寺參奉)을 제수받았으나 부임하지 않았다. 1608년 대사헌(大司憲)이 되었으나 임해군의 옥사가 일어나자 이에 관련된 사람을 모두 석방하라는 소를 올리고 낙향한 뒤 향리에 백매원을 세워 향우문도를 모아 교육하였다. 저서는 『한강집』이 전한다.

벗이 되어 잘 지냈다. 조부께서 도시陶詩에 화운和韻[136]하여 회포를 부친 적이 있었다.

지초와 난초[137]는 기를 같이하는데	芝蘭諒同氣
난새와 학은 어찌 달리 지내는가	鸞鶴奈異棲
멍에하여 가서 따르고자 하나	命駕欲往從
시내와 길이 멀고도 거치네	川塗修且泥
거문고 당겨 그윽한 생각 펴니	援琴寫幽思
괴롭게도 음률이 고르지 않네	宮商苦不諧
누가 나의 겨드랑이에 깃 만들어	誰能翰我腋
헤매지 않고 천릿길을 가게 할까	千里去不迷

공은 온화하고 차분하며 배움은 독실하고 행동은 순수하였다. 광해군光海君 때에 한가한 변방 고을에 머물며 담아둔 것을 펴지 못하였다. 인조조仁祖朝에 비로소 청현직淸顯職[138]에 올라 맡은 바 직분을 잘 수행하니, 조부께서 더욱 중히 하였다.

○ 무주공無住公 홍호洪鎬[139]는 천품天稟이 활달하여 소절小節에 구애되지 않았으며, 용모는 대범하고 언어는 호방하여 자잘한 일에 구속된 적이 없었다. 마음가짐과 일을 처리함은 명쾌하고 매우 깨끗하였다. 지조는 확고確固하여 논의論議할 때에는 오직 지키는 것이 있으면 남을 좇아 흔들리거나 고치지 아니하였으며, 비록 세상에서 시기를 당하더라도 돌아보지

---

136) 도시(陶詩)에 화운(和韻) : 『우복선생문집(愚伏先生文集)』 권2에는 「석담자에 대한 그리운 마음이 일기에 벽에 걸려 있는 도연명(陶淵明)의 시에 화답하여 나의 뜻을 드러냈는데, 이는 반드시 석담자에게 보내어 보여 주고자 한 것은 아니다.[有懷石潭子 和壁上陶詩韻以見意 非必欲寄示也]」로 나오는데, 『무첨재선생문집』에는 일부만 나온다.

137) 지초와 난초[芝蘭] : '지란'은 친구사이를 말한다. "선인과 함께 지내면 지초와 난초의 방에 들어간 것 같아 오래되어 그 향기를 느끼지 못하니 바로 더불어 동화되어서이다.[與善人居 如入芝蘭之室 久而不聞其香 卽與之化矣]"에서 온 말이다.(『孔子家語』)

138) 청현직(淸顯職) : 학식과 문벌이 높은 사람으로 임명하는 벼슬로, 규장각(奎章閣)·홍문관(弘文館)·선전 관청(宣傳官廳) 등의 벼슬을 이름이다. 지위나 봉록은 높지 않으나 여기에 임용된 사람은 뒷날 고관(高官)이 될 수 있다.

139) 홍호(洪鎬, 1586~1646) : 자는 숙경(叔京), 호는 무주(無住), 본관은 부림(缶林)이다. 1606년 문과에 급제하여 병조 정랑(兵曹正郎)·대사간(大司諫) 등을 역임하였다. 이괄(李适)의 난에 공을 세웠다. 저서는 『무주일고』가 전한다.

않았다. 성색聲色과 권세·이익에 이르러서는 담박하여 흔들림이 없었다. 청렴淸廉과 삼가함을 지키니 관직이 점점 높아졌지만, 포의布衣의 유자儒者와 같이 행동하여 스스로 깊이 감추고서 이름나는 것을 부끄러워하며 남달리 꾸미지[140]는 않았다. 사람과 사물을 대접할 적에는 한결같은 정성으로 하였으며, 일족과 화목하여 궁함을 구휼할 적에는 친소親疎의 간격이 없었다. 옛 친구에게 더욱 독실하여 시종토록 은恩과 의義를 넘어서지 않았으며, 남의 말 때문에 멀리하거나 버리지 않았다.

○ 무주공無住公은 올곧고 물러나기를 좋아해 세속을 따라 움직이지 않았다. 사람 중에 함부로 허명虛名을 훔치고 녹리祿利를 취함이 있는 자를 보면 반드시 마음으로는 비루하게 여기고 입으로는 꾸짖었다. 평생 시끄러운 소리를 가장 꺼려하여 군읍郡邑에서 지내며 세상으로 나가는 일에는 마음을 접었다. 권세가의 길에 발걸음을 하지 않아 비록 말년이 되어 대각臺閣[141]에 출입하였지만, 또한 한 해를 마치도록 머문 적은 없었다. 공이 수십 년 동안 조정에서 생활하며 청직淸直 일절一節은 종시토록 변하지 않았다.

○ 무주공無住公이 영변寧邊[142]의 통판通判[143]이 되었다. 하루는 심하게 취하여 책상에 기대어 졸고 있었는데, 어떤 젊은 아전들이 공이 인사불성人事不省인 줄 생각하고 가짜 문서에다가 제 먼저 직인職印을 찍으려고 다투었다. 공이 천천히 말하였다. "어른이 먼저 찍는 것이 옳다." 아전들이 놀라고 두려워하며 땅에 엎드렸다. 공이 용시하고 묻지 않으니, 이로부터 아전들이 감히 속이지 않았다고 한다.

◑ 무주공이 나에게 말한 적이 있다. "일을 처리함과 자신을 행할 적에는 진실에 힘을 쏟아야만 할 것이요, 거짓되거나 꾸미는 것은 마땅하지 않다. 진실을 지나치면 거짓에 가깝고 거짓되면 소인小人이 됨을 면하지 못한다."

---

140) 꾸미지[邊幅] : 표폭(表幅)과 같은 말로 겉을 지나치게 꾸미는 것을 말한다.
141) 대각(臺閣) : 대간(臺諫)의 관아 또는 그 관원으로, 조선조 사간원과 사헌부를 합칭한 말이다.
142) 영변(寧邊) : 영주(寧州)를 달리 부르는 표현이다. 영주는 천안군(天安郡)의 구명(舊名)이다.
143) 통판(通判) : 감영(監營)과 유수영(留守營)이 있는 고을의 수령을 이르는 말로, 판관(判官)과 같다

○ 조부祖父께서는 젊어서 필법이 강하고 굳세었는데, 자세히 연마하여 동진東晉[144]의 남긴 필의筆意를 얻게 되었다. 중년에는 날카로운 예기를 갈무리하여 단정하면서도 엄밀하니, 편방偏旁[145]과 점点·획畫이 모두 정미하고 자세하여 함부로 속자俗字[146]를 쓴 적이 없었다. 왕명王命을 받들어 구사九思[147]와 구용九容[148]을 적어 올린 적이 있었는데, 주상主上께서 덕德이 있는 자의 글씨라고 칭찬하였다. 평생토록 잘 쓴다고 자처自處하지 않아 남을 위해 병풍이나 족자를 써준 적이 없으니, 비록 집안사람이라도 첩帖을 쓰서 남기려는 뜻을 보지 못하였다.

○ 조부祖父께서 강릉 부사江陵府使를 지내며 예학禮學으로써 다스렸다. 지성至誠으로 사람들을 가르치고 인도하니, 모두 감동하고 기뻐하여 습속習俗이 크게 변하고 문풍文風 또한 일어났다. 당시 공무公務를 보는 여가에 읍안의 뛰어난 선비들을 뽑아 산해山海의 승경지를 유람하고 읊조리며 돌아오니, 소연蕭然히 속세를 떠난 모습이 있었다. 체포당하여 돌아옴에 선비들이 각자 쌀과 포를 내어 옥중獄中으로 와서 위문하였다. 공께서 시詩[149]를 지어 사례하니, 다음과 같은 구가 있다.

예악은 선진에게 부끄럽고　　　　禮樂慚先進

---

144) 동진(東晋) : 동진 시대 사람으로 글씨를 잘 썼던 왕희지(王羲之), 종요(鍾繇) 등의 서체를 가리킨다. 동진 시대에는 예서(隷書)를 많이 썼다.

145) 편방(偏旁) : 한자(漢字)의 왼쪽인 편(偏)과 오른쪽인 방(旁)을 말한다.

146) 속자(俗字) : 세간에 널리 쓰이는 글자를 말한다. 병(竝)의 속자는 병(並)이다.

147) 구사(九思) : 군자의 훌륭한 아홉 가지 생각을 말한다. 공자께서 "군자가 아홉 가지 생각할 것이 있으니, 봄에는 밝음을 생각하며[視思明], 들음에는 밝게 들음을 생각하며[聽思聰], 낯빛은 온화함을 생각하며[色思溫], 모습은 공손함을 생각하며[貌思恭], 말은 충직함을 생각하며[言思忠], 일은 공경함을 생각하며[事思敬], 의심스러움은 물음을 생각하며[疑思問], 분함을 어려움을 생각하며[忿思難], 얻을 것을 보면 의리를 생각한다.[見得思義]"라고 한 데서 유래한다.(『論語』「季氏」)

148) 구용(九容) : 군자가 수신하고 처세할 적에 견지해야 하는 아홉 가지 몸가짐을 말한다. "발걸음은 무거우며[足容重], 손짓은 공손하며[手容恭], 눈길은 단정하며[目容端], 말짓은 경박하지 않으며[口容止], 목소리는 차분하며[聲容靜], 머리 자세는 곧으며[頭容直], 기운은 엄숙하며[氣容肅], 선 자세는 덕 있는 기상을 지니며[立容德], 낯빛은 장중하게 한다.[色容莊]"에서 유래한다.(『禮記』「玉藻」)

149) 시 : 『우복선생문집(愚伏先生文集)』 권2에 「강릉의 선비들이 각각 쌀을 한 말씩 내어 서신을 가지고 와 문안하였는데, 그 뜻이 아주 은근하였기에 단율을 지어서 사례하다[江陵士子輩 各出米斗 以書來問訊 其意甚勤 以短律謝之]」로 나온다.

총명은 후생이 두렵다네	聰明畏後生
따라준 세월 부질없어도	追從空歲月
다만 마음의 정성 드러내었네	披露但心誠

○ 조부祖父께서는 평생 점치기를 즐기지 아니하였지만 복서卜書에 제題한 적이 있었다. "점으로 화복禍福을 알 수는 있지만 화와 복이 되게는 하지 못한다. 화복이 앞서 정해져 있으니, 먼저 아는 것이 과연 무슨 이익이 있겠는가? 나에게 가장 기이한 점占이 있으니, 인사人事에서 점을 쳐 화복禍福을 안다네."

○ 서애西厓선생이 상주 목사尙州牧使로 부임하여 바로 일을 보았다. 아전이 공장公狀을 베껴 올렸는데, 장狀의 말미에 전임자의 성姓을 잘못 적었다. 선생께서 직인職印을 찍지 않고 조용히 돌려주었다. 아전이 살펴보고는 깨닫지 못하여 그 종이를 도로 올렸다. 선생께서 짐짓 다른 일을 검사하면서 부채로 날려 물리쳤다. 이와 같이 한 것이 세 번에 이른 연후에 아전이 비로소 잘못을 깨닫고 고쳐 석어서 올리니, 선생께서 바로 직인을 찍었다. 아전은 죄를 얻을까 두려워하였지만, 선생께서는 끝내 죄를 묻지 않았다. 부중府中이 감복하였고 식견이 있는 자들은 한 위공韓魏公150)이 소매로 덮어준 일과 같은 덕량德量이라고 하였다.

○ 사담沙潭 김공金公151)은 맑고 소탈하며 간소하고 담박하여 특별히 즐기고 좋아하는 것이 없었다. 관직 생활 중에 여가를 청하여 고향으로 돌아온 적이 있었다. 당시 공은 상처喪妻한 지 이미 오래되었고 첩妾도 없었다. 주목州牧은 바로 공의 친구였는데, 명기名妓를 꾸며 공에게 보내며 다비茶婢라고 부르니, 휴가 온 시종신侍從臣에게 사환使喚을 제공하여 모시고 따르게 한 예이다. 공은 사양하고 받지 않았지만 목사牧使가 억지로 기생에게 공의 가까이에서 떠나지 말고 잠자리를 보살피도록 하였다. 기생이 밤에 교태를 마음껏 부렸지만, 공은 끝내 가까이하지 않았다. 서애西厓선생이 듣고는 감탄하며 말하였다. "우리들의 스승이

---

150) 한위공(韓魏公) : 송 나라 위국공(魏國公)에 봉해진 명상(名相)인 한기(韓琦)를 말한다.
151) 김공(金公) : 김홍민(金弘敏, 1540~1594)을 말한다. 자는 임보(任甫), 호는 사담(沙潭), 본관은 상산(商山)이다. 1570년 문과에 급제하여 이조 좌랑(吏曹佐郞)·전한(典翰) 등을 역임하였다. 임진왜란 때 의병을 규합하여 상주에서 적의 통로를 막아 적이 호서지역으로 피해가게 하였다.

라고 이를 만하다.”

○ 개암開巖 김공金公[152]이 별서別墅를 낙동강의 개구암開口巖에 지었다. 항상 작은 배로 안개 물결의 사이를 가볍게 노질하며 한껏 읊조리니, 표연飄然히 세상을 벗어난 모습이 있었다. 못 가에 기둥처럼 깎아 서 있는 돌이 있었는데, 공이 '옥주봉玉柱峯'이라고 이름 짓고는 또 노래를 지어 뜻을 부쳤다. 정언正言 이로李魯가 강을 지나며 시를 지은 적이 있었다.

경천대 굽이의 옥주봉에서	玉柱擎天曲
저 사람의 의사는 무엇인가	夫人意思何
평생 이미 나라에 허락했으니	平生已許國
강 달빛에 원망은 많지 않네	江月怨無多

○ 동강東岡[153]은 선善을 즐기고 의義를 좋아하여 여러 선비들을 맞이하여 대접하였다. 개암開巖은 근후함으로 스스로를 지켜 교유交遊함을 기뻐하지 않았기에, 매번 겸손하고 감추는 것으로 동강에게 경계하였다. 동강이 과연 간인奸人들에게 모함을 받아 멀리 회녕會寧으로 귀양을 가니, 개암이 크게 아파하여 마침내 병이 들어 일어나지 못하였다. 병중病中에 동강에게 시를 부쳤다.

당공이 회수에서 노를 꺾었고	唐公淮水舟傾楫
한자가 조주에서 말을 멈추었네[154]	韓子潮州馬不前

---

152) 김공(金公) : 김우굉(金宇宏, 1524~1590)을 말한다. 자는 경부(敬夫), 호는 개암, 본관은 의성(義城)이다. 1566년 문과에 급제하여 대사간(大司諫)·홍문관 부제학(弘文館副提學) 등을 역임하였다. 사간원(司諫院)으로 있을 때 임금에게 직간을 자주 올려 미움을 받기도 하였다. 저서는 『개암집』이 전한다.

153) 동강(東岡) : 김우옹(金宇顒, 1540~1603)의 호이다. 자는 숙부(肅夫), 본관은 의성(義城)이다. 1567년 문과에 급제하여 여러 청요직을 거쳤다. 1592년 임진왜란으로 사면된 뒤, 병조 참판(兵曹參判)를 지내며 왜적을 막기 위한 방비책으로 비어기무(備禦機務) 7조를 건의하였다. 저서는 『동강집』이 전한다.

154) 한자가 …… 멈추었네 : 당 헌종(唐憲宗)이 일찍이 궁중에 불골(佛骨)을 들여오려고 하자, 이부시랑(吏部侍郞) 한유(韓愈)가 그 불골을 들여오지 못하게 하기 위해 헌종에게 「논불골표(論佛骨表)」를 올렸다가, 헌종의 진노를 사서 죄를 얻어 조주 자사(潮州刺史)로 폄척(貶斥)되어 나갔던 일을 말한다.

라는 구가 있으니 듣는 사람들이 슬퍼하였다.

○ 좌의정 정철鄭澈155) 은 천성이 술을 좋아하고 구속당하는 것을 싫어하였다. 문숙공文肅公 황신黃愼156) 이 대관臺官이 되어 우계牛溪 성공成公157) 을 방문하여 말하였다. "송강松江은 국사는 생각하지 않고 함부로 술을 마셔 거동을 잃어버리는 경우가 많습니다. 관리로 있으며 서로 바로잡아주는 의리와 붕우朋友 간에 선을 요구158) 하는 도리로 볼 때 어찌 한번 바로잡는 것이 합당하지 않겠습니까." 정철이 마침 이르니, 우계가 정철에게 말하였다. "어찌 스스로를 아끼지 않아 사람들의 이야기 꺼리를 만들어냅니까?" 마침내 황공黃公이 해준 이야기를 알려주었다. 정철이 웃기만하고 대답하지 않다가 천천히 말하였다. "근자에 지은 못난 시가 있으니, 탄장彈章159) 에 나란히 들 수 있을 것입니다." 마침내 그 시를 읊조렸다.

밤에 성긴 비는 대를 울리고	疎雨夜鳴竹
가을 귀뚜리 소리 당에 가까워지네	蟋蟀秋近堂
흐르는 세월 어찌 멈출 수 있으리	流年那可駐
백발의 자람을 막지 못하네	白髮不禁長

155) 정철(鄭澈, 1536~1593) : 자는 계함(季涵), 호는 송강(松江), 본관은 연일(延日)이다. 1562년 문과에 급제하여 여러 관직을 역임하였다. 정여립(鄭汝立)의 모반사건이 일어나자 우의정으로 발탁되어 서인의 영수로서 최영경(崔永慶) 등을 다스리고 철저히 동인들을 추방하였다. 임진왜란이 일어나자 경기도·충청도·전라도의 체찰사(體察使)를 지내고, 다음해 사은사(謝恩使)로 명나라에 다녀왔다. 저서는 『송강집』이 전한다.

156) 황신(黃愼, 1560~1617) : 자는 사숙(思叔), 호는 추포(秋浦), 본관은 창원, 시호는 문숙이다. 1588년 문과에 급제하여 정언(正言)·대사간(大司諫)·대사헌(大司憲) 등을 역임하였다. 저서는 『일본왕환일기(日本往還日記)』·『추포집(秋浦集)』·『대학강어(大學講語)』등이 전한다.

157) 성공(成公) : 성혼(成渾, 1535~1598)을 말한다. 자는 호원(浩原), 호는 우계(牛溪), 본관은 창녕(昌寧)이다. 1551년 생원·진사시에 모두 입격하였으나, 복시에 응하지 않고 학문에만 전심하였다. 과거를 거치지 않고 사헌부 지평(司憲府持平)에 제수되었지만 사임하였다. 이후 여러 관직을 두루 거쳤다. 저서는 『우계집』·『주문지결(朱門旨訣)』·『위학지방(爲學之方)』이 전한다.

158) 선을 요구[責善] : '책선'은 상대방에게 선행을 하라고 권면함을 말한다. "선을 요구함은 붕우간의 도리이다.[責善 朋友之道也]"에서 온 말이다.(『孟子』「離婁下」)

159) 탄장(彈章) : 죄상을 탄핵하는 상소를 말한다. 정철은 자신의 시가 자신의 심정을 알게 해 줄만한 내용을 담고 있다는 의미로 한 말이다.

이어서 말하였다. "인생이 이와 같은데, 취하지 않고 어찌하겠습니까?" 그리고는 술 당겨 마시기를 멈추지 않으니, 좌중이 모두 크게 웃으며 자리를 파하였다.

○ 연산군燕山君 갑자년(1504)에 우암寓庵 홍공洪公[160] 형제가 이용재李容齋[161] 등 여러 공들과 함께 진안眞安으로 귀양 갔다. 당시 주상의 학정이 날로 심해져 선비들을 거의 다 죽였다. 여러 공들이 두려워하며 조석朝夕으로 명命을 기다리고 있었는데, 홍공은 시를 지어 회포를 풀고 있었다. 하루는 급보急報가 북北에서 이르렀다는 소식을 들었다. 여러 공公들이 사사로이 모의하였다. "죄 없이 죽임을 당하는 것 보다는 차라리 일본日本으로 들어가 성명性命을 보전하는 것이 낫다." 마침내 배와 노를 준비하였다. 공의 아우가 그 일을 고하니, 공이 정색正色을 하고 꾸짖었다. "군신君臣간의 의리는 천지天地의 사이에 숨을 곳이 없는데, 어찌 망명亡命하여 다른 나라의 신하가 되겠는가? 여러 군들은 마음대로 하여라. 나는 따르지 못하겠다." 여러 공들이 놀라서 그만두었는데, 그 뒤로 끝내 아무 일이 없었다.

○ 지평공持平公 황뉴黃紐[162]는 신식神識이 총명하여 말을 배우면서 바로 책을 읽을 줄 알았다. 나의 조부祖父에게 수학受學하였는데 크게 칭찬을 들었다. 약관弱冠의 나이에 재기와 학문이 함께 이루어져서 명성과 칭찬이 성대하였다. 벼슬한 지[163] 오래지 않아 한양에서 세상을 떠나니, 조부께서 그 초상初喪을 살펴 처리하여 고향 산으로 반장返葬하였다. 또 만시輓詩

---

160) 홍공(洪公) : 홍언충(洪彦忠, 1473~1508)을 말한다. 자는 직경(直卿), 호는 우암(寓菴), 본관은 부계(缶溪)이다. 1495년 문과에 급제하여 부수찬(副修撰)·이조 좌랑(吏曹佐郎) 등을 역임하였다. 갑자사화 때 유배되었다가 중종반정으로 풀려났다. 이후 시와 술로 생을 보냈다. 예서(隸書)를 잘 써서 당대의 사걸(四傑)로 불렸다. 저서는 『자만사(自挽辭)』가 전한다.

161) 용재(容齋) : 이행(李荇, 1478~1534)의 호이다. 자는 택지(擇之), 본관은 덕수(德水)이다. 1495년 문과에 급제하여 검열(檢閱)·전적(典籍) 우의정 등을 역임하였다. 1504년 갑자사화(甲子士禍) 때 응교(應教)로서 폐비 윤씨(廢妃尹氏)의 복위를 반대하다가 유배되었다. 『신증동국여지승람(新增東國輿地勝覽)』을 찬진(撰進)하였다. 저서는 『용재집』이 전한다.

162) 황뉴(黃紐, 1578~1626) : 자는 회보(會甫), 호는 반간(槃澗), 본관은 장수(長水)이다. 1613년 문과에 급제하여 승정원 주서(承政院注書)·지평(持平) 등을 역임하였다.

163) 벼슬한 지[筮仕] : 처음 벼슬함을 말한다. 춘추시대 필만(畢萬)이 시초점을 쳐서 진(晉) 나라에 출사(出仕)하면서 길흉을 점으로 살폈다. 둔괘(屯卦)가 비괘(比卦)로 변한다는 둔지비(屯之比)의 점사(占辭)를 얻었는데, 신료(申廖)가 이를 풀이해 보고는 길(吉)하다고 판정을 내린 고사에서 유래한다.(『春秋左傳』「閔公 元年」)

를 지어 곡哭을 하고 제문祭文을 지어 조문하니, 지극히 아파하고 안타까워하였다.

공께서는 차분하고 굳세며 대범하고 묵묵하여 화려한 것을 좋아하지 않았다. 과거科擧에 급제하여 돌아올 적에 우인優人들에게 따르지 못하게 하고는 홍패紅牌와 잠화簪花를 전대 속에 담으니, 사람들이 새로 급제한 사람의 행차인지를 알지 못하였다.

○ 참봉공參奉公 김추임金秋任은 천성天性이 소탈하고 차분하며 뜻과 행동이 단아하고 깨끗하였다. 조부祖父의 문하에 종유從遊하니 조부께서 그 사람됨을 아꼈다. 천거를 받아 참봉에 제수되었지만 오래지 않아 돌아와서는 오두막을 개호開湖의 선장先庄가에 지었다. 그 방을 '외서암畏栖庵'이라고 편액하니, 두 자미杜子美[164]의

남이 두려워 작은 집을 지었더니 畏人成小築
치우친 성품에 그윽이 깃들어 맞네 褊性合幽栖[165]

라는 시어에서 취하였다. 문을 닫고 조용히 지내며 스스로 술과 시詩를 즐겼다. 집이 매우 가난하였음에도 불평하지 않고 재리財利와 화려한 것을 담담하게 보았다. 평생토록 여색女色을 가까이하지 않았다. 배다른 동생이 일 없이 궁하게 지냄에 공께서 재산을 나누어주어 살 곳을 잃지 않도록 해주니, 사람들이 탄미嘆美하였다.

○ 진사進士 김이형金以亨[166]은 정사년(1617) 방榜에 급제하였다. 그 해 방榜에서 장원한 이영구李榮久가 간신奸臣의 뜻을 따라 동방同榜에 급제한 이들을 거느리고 대비大妃를 폐할 것을 청하는 소疏를 올리려고 한다는 소리를 듣고는, 응방應榜[167]하지 않고 한양을 나와 돌아왔다. 뒤에 조부祖父께서 만시輓詩를 지었다.

---

164) 두자미(杜子美) : 시성(詩聖)으로 추앙받는 당 나라의 두보(杜甫)를 말한다.
165) 오언 율시인 「외인(畏人)」을 말한다.
166) 김이형(金以亨, 1501~?) : 자는 통백(通伯), 본관은 의성(義城)이다. 1617년 생원·진사시에 입격하였다. 이영구(李榮久)가 폐모(廢母)에 관한 상소를 하려하자 응방(應榜)하지 않고 돌아왔다.
167) 응방(應榜) : 방방(放榜). 행사에 응함을 말한다. 임금이 직접 나와 창방(唱榜, 과시에 입격자를 호명함)을 하고는 입격자의 숙배(肅拜)를 받고 상사(賞賜)하는 자리를 말한다.

눈앞의 도의는 천금같이 무겁고 眼前道義千金重
세상의 화려함은 터럭같이 가볍네 世上芬華一羽輕

○ 인조반정일仁祖反正日에 윤지경尹知敬[168] 공이 대궐에서 당직을 서는 중에 변고變故를 들었지만 조금도 움직이지 않았다. 주상께서 보위寶位에 올라 군신들의 하례賀禮를 받았다. 공이 물어서 인조仁祖께서 보위를 이었음을 알았지만, 오히려 평소처럼 서서 절하지 않았다. 주상께서 사람을 시켜 그 뜻을 물으니, 공이 천천히 말하였다. "궁정에 변고가 있음에 한번 천안天顔을 뵙기를 원합니다." 명命으로 공이 전殿에 올라 살펴본 연후에 마침내 계단을 내려와 절하였다.

○ 의거하는 날 선전관宣傳官 강익姜翼이 궁궐 문을 닫고 의사義師들을 막았다. 화살을 뽑아 어상御床을 쏘기까지 하다가 마침내 의사義師들에게 죽임을 당하였다. 이 사람이 비록 천인天人이 감응하는 이치를 알지 못하였으나 의義를 지키고 직분에 충실하여 죽음을 당하여서도 변하지 않았으니, 또한 열장부烈丈夫라고 할 만하였다. 인조仁祖께서 의롭게 여기시고 병조판서兵曹判書를 증직하라고 명하였다.

○ 명종조明宗朝의 간신 정순붕鄭順朋[169]과 윤원형尹元衡[170]·이기李芑[171] 등은 을사사화乙巳士禍를 꾸며 삼 대신三大臣[172]을 먼저 죽이고서 녹훈錄勳되고 상賞을 받았다. 적몰籍沒한

---

168) 윤지경(尹知敬, 1584~1634) : 자는 유일(幼一), 호는 창주(滄洲), 본관은 파평(坡平)이다. 1609년 문과에 급제하여 수찬(修撰)·사인(舍人)·사간(司諫) 등을 역임하였다. 청과의 척화를 주장하여 윤황(尹煌)·윤형지(尹衡志)와 함께 삼윤(三尹)으로 당시 사람들로부터 높이 칭송받았다.
169) 정순붕(鄭順朋, 1484~1548) : 자는 이령(耳齡), 호는 성재(省齋), 본관은 온양(溫陽)이다. 1504년 문과에 급제하여 경연 강독관(經筵講讀官)·형조 판서(刑曹判書)·우의정(右議政) 등을 역임하였다. 윤원형(尹元衡)과 함께 을사사화를 일으킨 간흉(奸凶)이다.
170) 윤원형(尹元衡, ?~1565) : 자는 언평(彥平), 본관은 파평(坡平)이다. 1533년 문과에 급제하여 교리(校理)·공조 참판(工曹參判)·영의정(領議政) 등을 역임하였다. 문정왕후의 동생으로 을사사화를 주도하였으며, 전횡을 저질렀다.
171) 이기(李芑, 1476~1552) : 자는 문중(文仲), 호는 경재(敬齋), 본관은 덕수이다. 1501년 문과에 급제하여 종사관(從事官)·공조 참판(工曹參判)·영의정(領議政) 등을 역임하였다. 명종 즉위년(1545)에 우의정에 올라 윤원형 등 소윤 일파와 손을 잡고 을사사화를 일으켰다.
172) 삼 대신(三大臣) : 을사사화 당시 반역음모죄로 유배되었다가 사사(死賜)된 윤임(尹任)·유관(柳灌)·유인숙(柳仁淑)을 말한다.

노비들을 공신功臣들의 집에 나누어 소속시키니 정순붕이 얻은 노비가 더욱 많았다. 어떤 어린 계집종이 슬기로우면서 재주가 많았는데, 실지 안으로 원망을 쌓아두고 밖으로는 충성을 다하는 것 같이하여 곡진한 마음으로 받들어 따르며 정순붕을 기쁘게 하는 일에 힘을 쏟았다. 정순붕이 신임信任하여 의심하지 않고 항상 가까이 두었다. 계집종이 은밀하게 저주咀呪의 주술을 행하였다. 정순붕이 마침 사기邪氣가 빌미가 되어 묵은 병으로 죽었다. 정순붕의 여러 아들들이 흉물을 찾아내고는 계집종이 한 것이라고 의심하여 매질하며 신문하니, 계집종이 사실대로 말하였다. "나는 주인을 위해 원수를 갚았을 뿐이다." 마침내 굽히지 않고 죽었다. 정순붕의 자식 렴䃏은 세상 사람들이 북창선생北窓先生이라고 하는 자이다. 그 일에 대해 말한 적이 있었다. "비록 원수가 한 일이긴 하지만 또한 선행善行을 없애지는 못할 것이다."

○ 송재宋齋 이공李公173)은 여덟 살에 시를 지을 수 있었다. 방백方伯이 청량산青凉山으로 데리고 들어가 한 구를 지었다.

언덕에 달린 폭포는 어느 해 비인가　　懸崖瀑布何年雨

공에게 이어짓게 하니, 공이 소리에 응하여 대답하였다.

나무 두른 푸른 등나무는 몇 년된 뱀인가　　繞樹青藤幾歲蛇

방백이 크게 기특해하며 소우小友라고 불렀다.

○ 조부祖父께서 젊어서 과장科場에 들어갔다. 막 시지試紙를 적고 있는 한 사람이 함께 앉은 유생이 실수로 묵통墨筒에 부딪쳐 종이를 다 버리게 되자, 바로 천천히 종이를 말며 조금도 낯빛을 움직이지 않는 것을 보았다. 조부께서 이상해 하며 그 성명姓名을 물으니, 바로

---

173) 이공(李公) : 이우(李堣, 1469~1517)를 말한다. 자는 명중(明仲), 호는 송재(松齋), 본관은 진성(眞城)이다. 1498년 문과에 급제하여 호조 참판(戶曹參判)·진주 목사(晉州牧使) 등을 역임하였다. 중종반정 때에 공을 세워 정국사등공신(靖國四等功臣)에 올랐다. 저서는 『동국사략(東國史略)』·『송재집(松齋集)』 등이 진한다.

오억령吳億齡174) 공이었다. 함께 평생의 교우交友가 되었다.

○ 권계權棨라는 자가 있었는데, 상공相公 오봉五峯의 생질이었다. 광해조光海朝에 급제하여 평해 군수平海郡守가 되었다. 당시 서양갑옥徐羊甲獄175)이 일어났는데, 그 무리인 박치의朴致義가 도망하니, 매우 급하게 잡아들이도록 하였다. 권계가 훈작勳爵과 상賞을 바라고 바로 한 죄수를 회유하여 박치의의 노비라고 하고는 가혹한 형벌을 가하며 심문하니, 죄수가 거짓으로 박치의가 대구의 팔공산八公山에 숨어 있다고 자백하였다. 이 일로 산 아래 여러 읍의 수령守令들을 잡아들이기도 하고 파직시키기도 하니, 듣는 사람들이 모두 통탄해 하였다.

반정反正 뒤에 권계는 오래도록 버려져 등용되지 못하였다. 조부께서 이조吏曹에 들어가니, 오봉五峯이 권계를 위하여 의도적으로 칭찬하고는 이어서 간절하게 말하였다. "이 생질의 궁핍함이 심하니, 매우 불쌍해할 만합니다. 보잘 것 없는 한 고을의 수령에라도 제수되어 그 굶주린 처노妻孥들을 구하게 되기를 바랍니다." 계속해서 자주 부탁하였다. 조부께서 정색正色을 하며 말하였다. "이 사람이 범한 것은 오히려 지금 생각해 보아도 내 마음이 타는 듯합니다. 감히 상공相公의 말씀을 따르지 못하겠습니다." 끝까지 들어주지 않았다. 그 뒤 조부께서 휴가를 받아 수로水路를 거쳐 돌아옴에 배가 충주忠州에 정박하니, 충주의 수령이 와서 자리하였다. 권계가 갑자기 와서 절을 하니, 조부께서는 두 눈을 감고 함께 말하지 않았다. 충주의 수령이 자못 권계를 위하여 주선을 하였지만, 조부께서는 또한 대답하지 않았다. 권계가 부끄러워 땀을 흘리며 물러갔다.

○ 홍명일洪命一176)이 일찍이 수운 판관水運判官이 되어 배를 한 나루에 정박하고 있었다.

---

174) 오억령(吳億齡, 1552~1618) : 자는 대년(大年), 호는 만취(晩翠), 본관은 동복(同福)이다. 1582년 문과에 급제하여 이조 정랑(吏曹正郎)·대사성(大司成)·개성 유수(開城留守) 등을 역임하였다. 문장과 글씨에 능하였다. 저서는 『만취집』이 전한다.

175) 서양갑옥(徐羊甲獄) : 광해군(光海君) 5년(1613)에 서얼(庶孼) 출신으로 벼슬을 할 수 없어 울분을 술로 달래던 서양갑 등이 조령(鳥嶺)에서 행상인을 죽이고 금품을 강탈한 사실이 드러나 구금된 옥사를 말한다. 당시 목숨을 살려 준다는 이이첨(李爾瞻) 등 대북파(大北派)의 사주를 받고, 한쪽에서 영창대군(永昌大君)을 옹립할 계획을 세웠다고 허위를 진술하여 큰 옥사가 일어났다. 이 일로 영창대군을 위시로 여러 사람이 참변을 당하였다.(『光海君日記』)

176) 홍명일(洪命一, 1603~1651) : 자는 만초(萬初), 호는 보옹(葆翁), 본관은 남양(南陽)이다. 1633년 문과에

어떤 노파가 한 여인과 함께 와서 건네줄 것을 청하였다. 여인이 미색美色이 있어 홍명일이 배가 좁은 것을 이유로 할미는 내치고 여인은 타도록 하였다. 여인이 젖먹이 아이를 안고 홍명일의 곁에 앉으니, 홍명일이 그 농염한 미색美色에 빠져 때때로 주목하였지만, 여인은 돌아보지 않았다. 홍명일이 저물어 촌집에 묵으니, 여인 또한 따라가서 홀로 떨어진 곳에 앉아 하인들 사이에 섞이지 않고 땔감을 주워 불을 피우며 밤 깊도록 잠들지 않았다. 홍명일이 사람을 시켜 억지로 잠자리에 들게 하니, 여인이 울면서 앞으로 나와 말하였다. "제가 청하여 공의 배에 오른 것은 공께서 의義를 안다고 믿어 행로行露[177]의 욕을 면할까 해서였습니다. 그런데 어찌 공이 이러한 일을 할 줄 생각이나 했겠습니까? 저는 지아비를 잃고 단지 한 아이만 남아 있습니다. 만약 더러움을 당한다면 저는 살 수 없고, 제가 죽으면 아이 또한 명을 보존할 수 없습니다. 공이 어찌 차마 한 사람의 욕심으로 두 사람의 명命을 해칠 수 있겠습니까?" 이어서 오열하며 소리 내지 못하였다. 홍명일이 그 말을 듣고는 자신도 모르게 송연해져서 일어나 도리어 빈말을 지어 말하였다. "내가 너를 시험해보았을 뿐이다. 어찌 감히 너를 더럽히겠느냐?" 마침내 새벽까지 촛불을 밝히고 예를 갖추어 전송하였다. 여인은 바로 서울 안의 양가良家의 딸이었는데, 과연 끝까지 수절할 수 있었다. 홍명일이 항상 남을 위해 말함이 이와 같았다.

○ 지평持平 이경상李慶相[178]은 판서 이정형李廷馨[179]의 손자이다. 지조와 기개가 있어 세상

급제하여 이조 정랑(吏曹正郎)·수찬(修撰) 등을 역임하였다. 호란 이후 척화론자들의 처벌이 논의될 때 응교로서 부제학 이목(李楘) 등과 함께 그들을 변호하였다. 시와 글씨에 뛰어났다.

177) 행로(行露) : 이른 새벽과 늦은 밤의 이슬이니, 이 시간에 여인이 다니면 능욕을 당할 우려가 있어 빌려 사용한 표현이다. "촉촉히 젖은 길가의 이슬, 어찌 아침저녁으로 다니지 않으리요마는, 길에 이슬이 많아서 못한다네.[厭浥行露 豈不夙夜 謂行多露]"에서 온 말이다.(『詩經』「召南·行露」) 여기서도 여인이 자신의 정절을 지키기 위해 빌려 사용하였다.

178) 이경상(李慶相, 1602~?) : 자는 여필(汝弼), 호는 천연(天然), 본관은 경주(慶州)이다. 1627년에 급제하여 한림(翰林)과 삼사(三司)를 역임하였다. 병자호란 이후 세자와 대군을 모시고 심양에 들어가 8년을 지냈다.

179) 이정형(李廷馨, 1548~1607) : 자는 덕훈(德薰), 호는 지퇴당(知退堂), 본관은 경주(慶州)이다. 1568년 문과에 급제하여 형조 좌랑(刑曹左郎)·형조 참의·사도 도체찰부사(四道都體察副使) 등을 역임하였다. 임진왜란에 공을 세웠다. 저서는 『용사기사(龍蛇記事)』·『수춘잡기(壽春雜記)』·『지퇴당집』 등이 전한다.

을 따라 영합하지 않고 술 마시기를 좋아하며 해학을 잘하였다. 사신使臣으로 역관譯官 정명수鄭命壽를 접대接待한 적이 있었다. 당시 정명수는 부차관副差官으로 차출되어 와서 주상主上께 함부로 하고 대신大臣들을 낮추어 보았다. 하루는 방자하게 소리치며 꾸짖어 구하기를 멈추지 않았다. 대신大臣 이하는 두려워하며 기氣를 잃고 감히 따지지 못하였다. 심지어는 뇌물을 주어 책망을 면하거나 사사로이 잔치를 열어 총애를 도모하는 자까지 있었다. 하루는 이경상이 술자리에서 정색을 하고 큰 소리로 말하였다. "정 동지鄭同知는 은산殷山180)의 관노로서 꺼림이 없이 본국을 업신여기고 있다. 때문에 나라 사람들이 정 동지의 고기를 먹고 싶어 한다." 정명수가 발끈 노하여 말하였다. "누가 먹고 싶어 하느냐?" 이경상이 말하였다. "누군들 먹고 싶어하지 않겠느냐?" 정명수가 말하였다. "청컨대 그 사람을 지적해 보아라." 이경상이 말하였다. "나 또한 먹고 싶어할 따름이다." 정명수가 비로소 낮은 소리로 말하였다. "나리181)께서는 어찌 이러한 말씀을 하십니까? 저의 이러한 행동이 어찌 저의 본심本心이며 으르는 것도 어찌 제가 하는 것이겠습니까?" 어감이 자못 비굴하였다. 이 일이 보고되자 명命으로 이경상을 옥에 가두니, 정명수에게 보여주기 위함이었다. 정명수가 성城을 나가자 바로 풀어주었다. 주상께서 정신廷臣들에게 말하였다. "이 때에 이 사람이 있으니, 어찌 가상嘉尙하지 않을 수 있겠는가?" 크게 쓰려고 하였지만 불행하게도 일찍 죽으니, 사람들이 모두 안타까워하였다.

○ 정명수鄭命壽가 청 나라 사람들의 이목耳目이 되니, 공갈하고 지적하며 꾸짖는 것은 모두 그가 하는 일이었다. 그러므로 조정朝廷에서는 정명수를 오랑캐보다 더 두려워하여 오직 그 말을 들어주며 감히 어기지 못하였다. 그 부모父母의 산소에 석물을 크게 갖추고 그 겨레붙이들 또한 변방의 장수나 수령守令으로 제수하였다. 봉일운奉一雲이라는 자가 있었는데, 그와 가까운 집안이었다. 조정朝廷에서 관직을 제수除授하니, 사양하고 받지 않으며 말하였다. "제가 본래 못난 놈인데 어찌 감히 관직을 차지하겠습니까?" 정명수가 먹을 것을 보내주니, 또한 받지 않았다. 현縣의 관리가 죄를 얻을까 두려워 억지로 받으라고

180) 은산(殷山) : 평안도(平安道)의 속현(續絃)이다.
181) 나리[進賜] : 이두(吏頭)인데 비천한 사람이 당하관(堂下官)을 부르는 존칭이다.

하니, 비로소 그 물목物目의 제첩題帖을 받고는 정명수에게 사례를 하고 먹는 것은 끝내 받지 않았다. 정명수가 패사敗死하자, 조정에서 상賞으로 실지의 자리를 내려주었지만 또한 명命을 따르지 않았다.

○ 병자년(1636) 봄, 청 나라 사람들이 존尊이라 일컫고 연호年號를 세우고는 사신을 보내와 협박하였다. 조정朝廷이 의義를 지켜 받지 않고 차인差人을 내쫓았지만 별도로 덕을 닦고 오랑캐를 물리치는 준비를 하지 않아 마침내 남한산성南漢山城의 변고를 불러들였다. 척화斥和를 주장하던 홍익한洪翼漢[182]·오달제吳達濟[183]·윤집尹集[184] 등을 모두 묶어 보내니, 청나라 사람에게 해를 입었다. 영의정을 지낸 최명길崔鳴吉[185]은 시종토록 화친和親을 주장하여 청 나라 사람들이 후하게 대우하였지만 얼마 지나지 않아 최명길 또한 잡혀서 심양瀋陽으로 들어갔다. 도중에 지은 시가 있었다.

내 비록 삼학사처럼 죽지 못했어도	吾雖不殺三學士
한밤중에 생각하면 마음 절로 놀라네	中夜思量心自驚
천도는 본래 바뀌기를 좋아하니	天道由來好互換
가을바람 속에 다시 이 길을 떠나네	秋風還復有斯行

듣는 자들이 비웃었다. 오래지 않아 풀려나 돌아왔다.

---

182) 홍익한(洪翼漢, 1586~1637) : 자는 백승(伯升), 호는 화포(花浦), 본관은 남양(南陽)이다. 1624년 문과에 급제하여 사서(司書)·장령(掌令) 등을 역임하였다. 병자호란에 척화론을 주장하다가 청으로 잡혀가 죽음을 당하니 '병자 삼학사'의 한 사람으로 불려졌다.

183) 오달제(吳達濟, 1609~1637) : 자는 계휘(季輝), 호는 추담(秋潭), 본관은 해주(海州)이다. 1634년 문과에 급제하여 수찬(修撰)·부교리(副校理) 등을 역임하였다. 병자호란에 척화론을 주장하다가 청으로 잡혀가 죽음을 당하니 '병자 삼학사'의 한 사람으로 불렸다. 저서는 『충렬공유고』가 전한다.

184) 윤집(尹集, 1606~1637) : 자는 성백(成伯), 호는 임계(林溪), 본관은 남원(南原)이다. 1631년 문과에 급제하여 설서(設書)·부교리(副校理) 등을 역임하였다. 병자호란에 척화론을 주장하다가 청으로 잡혀가 죽음을 당하니 '병자 삼학사'의 한 사람으로 불렸다.

185) 최명길(崔鳴吉, 1586~1647) : 자는 자겸(子謙), 호는 지천(遲川), 본관은 전주(全州)이다. 1605년 문과에 급제하여 성균관 전적(成均館典籍)·호조 판서(戶曹判書)·영의정(領議政) 등을 역임하였다. 병자호란에 화친을 주장하였으며, 이후의 정국을 수습하였다. 저서는 『지천집』·『지천주차(遲川奏箚)』 등이 전한다.

○ 감호공鑑湖公 여대로呂大老[186]는 우리 조부祖父와 임오년(1582)에 입격入格하였다. 타고난 자질資質이 활달하고 기상氣像이 헌앙하며 천진하여 매임이 없었다. 풍속과는 다르게 불학佛學을 좋아하였다. 20년 동안 벼슬이 주현州縣에서 막혔지만 승진을 요구하는 계책을 쓴 적이 없었다. 합천 군수陜川郡守가 된 적이 있었다. 공이 본디 정인홍鄭仁弘[187]의 사람됨을 미워하였기에, 어떠한 일로 인하여 정인홍의 종을 매질하면서 조금도 봐주지 않았다. 마지막으로 공물로 올리는 잣을 키우는 숲을 가서 살폈는데, 길이 정인홍의 집을 지나게 되었다. 공이 비로소 방문하니 정인홍이 관대冠帶를 갖추고 문 밖에서 절하여 맞이하는데, 예를 갖춤이 지극히 공손하였다. 공이 갑자기 말하였다. "옹翁께서는 어찌하여 시속時俗의 모습을 하고 있습니까?" 길게 읍만 하고 절은 하지 않았다. 대략 안부만 묻고는 떠나니, 정인홍이 마음에 품고서 대관臺官들을 사주하여 탄핵하니 파직되었다. 공은 더욱 벼슬에 마음을 접고 구원丘園[188]에서 느긋이 지내며 날로 시와 술로써 스스로 즐겼다. 돌아가셨을 때에 조부께서 아파하고 안타까워하며 만시輓詩 26운을 지었다.

탁월한 기남자	卓犖奇男子
헌걸찬 호장부	軒昂好丈夫
생강처럼 메우니 천성을 옮기기 어렵고	桂辣難移性
샘처럼 맑으니 어찌 더러워지겠는가	泉淸豈合汚

라는 구가 있으니, 사람들이 실지의 기록이라고 하였다.

---

186) 여대로(呂大老, 1552~1619) : 자는 성우(聖遇), 호는 감호, 본관은 성산(星山)이다. 1583년 문과에 급제하여 형조 좌랑(刑曹佐郞)·합천 군수(陜川郡守) 등을 역임하였다. 임진왜란 때에 의병장이 되었다. 저서는 『감호집』이 전한다.

187) 정인홍(鄭仁弘, 1535~1623) : 자는 덕원(德遠), 호는 내암(來菴). 본관은 서산(瑞山)이다. 1573년 학행(學行)으로 천거되어 황간 현감(黃澗縣監)·장령(掌令)·영의정(領議政) 등을 역임하였다. 광해군을 적극 지지하여 옹립시켰다. 1623년 인조반정으로 참형되고 가산이 적몰(籍沒)당했으며, 끝내 신원되지 못하였다. 저서는 『내암집』이 전한다.

188) 구원(丘園) : 황폐한 초야로서 은거하는 자가 머무는 곳을 말한다. 『주역(周易)』「비괘(賁卦)」 육오효(六五爻)에 "구원에서 꾸민다.[賁于丘園]"라고 하였다. 순상(荀爽)의 주에 "간(艮)은 산이고 진(震)은 숲이다. 바른 자리를 잃고 산림에 있으면서 언덕배기를 일구어 채마밭을 만드니, 은사(隱士)의 형상이다."라고 하였다.

○ 집안의 증조 항렬인 참봉공參奉公께서는 이름이 정이룡鄭而龍[189]인데, 총명함이 남보다 뛰어났다. 젊어서 산사山寺에서 책을 읽으니, 동년배들이 살단타殺但陀 - 한음漢音은 바로 사단도沙壇圖이다. - 를 뽑아내어 공을 시험하며 말하였다. "자네가 한번 보고 돌아서서 외울 수 있는가? 이는 불서佛書 중에 가장 구句를 이해하기 어려운 책이다." 공이 눈으로 본 것은 번번이 외우는데 한 자도 틀리지 않으니, 동년배들이 혀를 내두르며 탄복하였다. 공이 맑은 재주와 높은 명망이 있어 사람들이 높은 성취가 있을 것으로 기대하였지만 불행하게도 일찍 죽었다. 조부祖父께서 만시輓詩와 제문祭文을 지었는데, 지극히 아파하고 안타까워하였다.

○ 대사성大司成 황호黃㦿[190]가 명을 받들어 일본으로 가는 사신이 된 적이 있었다. 어떤 왜승倭僧이 화첩畵帖 두 장을 가지고 와서는 시를 구하였다. 하나에는 매화와 달이 그려져 있고 다른 하나에는 설중매와 꿩이 그려져 있었다. 상사上使 아무개가 먼저 매화와 달이 그려진 첩帖에 제題하였지만, 시어詩語가 놀랍지는 않았다. 황호가 드디어 상사의 시에 차운하여 설중매가 그려진 첩에 제하였다.

쌓인 눈은 깊은 골을 묻었고	積雪埋深壑
맑은 향기 한 가지에서 퍼져도	淸香發一枝
이 곳을 찾는 사람은 없어도	無人尋此景
오직 들 꿩은 알고 있구나	惟有野雞知

왜승이 탄복하며 감사하다고 인사하였다.

○ 동악東岳 이안눌李安訥[191]이 왕명을 받들어 조천朝天[192]하며 시를 지은 적이 있었는데,

---

189) 정이룡(鄭而龍, 1572~?) : 자는 견경(見卿), 본관은 진양(晉陽)이다. 문장이 뛰어났다. 음사(蔭仕)로 참봉을 지냈다.

190) 황호(黃㦿, 1604~1656) : 자는 자유(子由), 호는 만랑(漫浪), 본관은 창원(昌原)이다. 약관에 대과(大科)에 급제하여 사간(司諫)·대사성(大司成) 등을 역임하였다. 1637년 통신사의 종사관으로 일본에 다녀왔다. 문명이 높았던 인물이다. 저서는 『만랑집』이 전한다.

191) 이안눌(李安訥, 1571~1637) : 자는 자민(子敏), 호는 동악(東岳), 본관은 덕수(德水)이다. 1600년에 과거에 급제하여 언관직(言官職)을 거쳐 경주 부윤(慶州府尹)을 지냈다. 병자호란이 일어나자 병든 몸으로 왕을 호종하여 남한산성으로 들어갔다. 시 작품을 많이 남겼다. 저서는 『동악집』이 전한다.

화인華人들이 매우 칭찬하고 인정하였다. 병자년(1636) 겨울, 예조 판서로서 남한산성의 포위 속에서 죽으니, 바로 주상의 거가車駕가 성을 나서기 전이었다. 장사지낼 때에 어떤 사람이 만시輓詩를 지었는데, 그 한 연聯이 다음과 같다.

대명 천하에 문장의 으뜸은　　大明天下文章伯
정축년 전의 예조판서이네　　丁丑年前禮部卿

사람들이 실지의 기록이라고 하였다.

○ 이필수李必壽는 충정공忠正公 이준경李浚慶[193]의 손자이다. 문명文名이 있었는데, 진사시進士試에서 장원으로 발탁되었다. 사람됨이 탁월하고 매인 곳이 없어 방랑하며 시와 술을 즐겼다. 남을 인정하는 일이 드물어 비록 경상卿相이라도 오히려 오시傲視하였다. 하루는 나의 숙부와 개녕현開寧縣의 객사에서 만나 서로 의기意氣로써 허여許與하였다. 종일 담론談論을 하고 물러나 사람에게 말하였다. "아무개는 참으로 장부丈夫이다. 내 평생에 오직 이 한사람을 보았다." 숙부의 풍채와 기개가 남을 탄복시킴이 이와 같았다.

○ 승지承旨 안헌징安獻徵[194]은 변려문騈儷文을 잘 지었고 시에도 능하였다. 일에 연좌連坐되어 우리 상주로 유배된 적이 있었다. 하루는 김의남金義男에게 물었다. "우옹愚翁께서 지은 시구詩句 중에 자네가 혹 기억할 수 있는 것이 있는가? 내가 그 시의 운韻을 밟아 경앙敬仰하는 마음을 표현하려고 한다." 의남義男이 「분매盆梅」 한 절구를 외워 주었다.

먼저 핀들 빠르지 않고 뒤에 핀들 늦지 않으니　　先開非躁後非慵
조화옹의 들쭉날쭉함은 절로 같지 않네　　造化參差自不同

---

192) 조천(朝天) : 1601년 서장관(書狀官)으로 명 나라를 다녀왔다.
193) 이준경(李浚慶, 1499~1572) : 자는 원길(原吉), 호는 동고(東皐) 본관은 광주(廣州)이다. 1531년 문과에 급제하여 대사헌(大司憲)·영의정(領議政) 등을 역임하였다. 임종 때 붕당이 있을 것이니 이를 타파하여야 한다는 유차(遺箚)를 올려 이이(李珥)·유성룡(柳成龍) 등 신진사류들의 규탄을 받았다. 저서는 『동고유고』·『조선풍속(朝鮮風俗)』 등이 전한다.
194) 안헌징(安獻徵, 1600~1674) : 자는 성관(聖觀), 호는 구포(鷗浦), 본관은 광주(廣州)이다. 1621년 문과에 급제하여 이조 좌랑(吏曹佐郎)·승지(承旨)등을 역임하였다. 저서는 『구포집』이 전한다.

만약 한꺼번에 모두 터지게 한다면	若使一齊都綻了
이어 빛내는 신공을 어느 곳에서 볼까	緝熙何處見神功

안헌징이 쉼 없이 읊조리고는 말하였다. "참으로 이치에 합치하는 시어詩語이다. 감히 못난 나의 솜씨로는 이어 짓지 못하겠다."

○ 임 소암任疎庵은 지조가 매우 맑으며 문장이 기운 있고 화려하니, 사류士類들이 중하게 여겼다. 을묘년(1615)에 조부께서 구속을 당하였는데, 서로 친구가 된 적이 없었으나 자주 와서 위문하였다. 또 「길경桔梗」 시를 지어 부쳤다.

안은 누렇고 밖은 희니 문질을 겸하였고	中黃外白兼文質
처음에 쓰다가 끝엔 다니 험이를 통하였네	始苦終甘貫險夷

넌지시 뜻을 깃들인 것이다. 계해년(1623) 인조반정 이후 함께 조정에서 자리하니, 더욱 서로를 존중하였다.

○ 승지承旨 조우인曺友仁[195]은 여섯 살에 시를 짓고 초서를 잘 썼다. 하루 저녁은 냇가로 나가 노는데, 어른들이 풍광을 보고 바로 한수 지으라고 하였다. 한 연이 다음과 같다.

구름은 푸른 산머리에 머물고	雲囚碧山首
연기는 저녁 강 허리를 가르네	烟割暮江腰

보는 사람들이 신동神童이라고 칭찬하였다.

○ 노준명盧峻命[196] 공께서는 효도와 우애가 타고났다. 모부인의 성품이 엄하였으나 공이

---

195) 조우인(曺友仁, 1561~1625) : 자는 여일(汝益), 호는 이재(頤齋), 본관은 창녕이다. 1605년 문과에 급제하여 경기 판관(京城判官)·승지(承旨) 등을 역임하였다. 광해군의 잘못을 풍자하였다가 3년간 옥고를 치루었다. 시서화에 능하여 삼절(三絶)이라 일컬어졌다. 저서는 『이재집』·『이재영언(頤齋詠言)』 등이 전한다.

196) 노준명(盧峻命, 1596~1652) : 자는 정이(正而), 본관은 광주(光州)이다. 1634년 문과에 급제하여 홍원 목사(洪原牧使)를 지내고 이후 관직의 물망에는 올랐으나 모두 저지당하였다.

가르침을 받들어 어김이 없었으며, 동기同氣들과는 기쁨과 즐거움을 함께 하였다. 형의 상을 치를 때에는 예에 맞게 바깥 숙소에 머물며 내실內室로 들어간 적이 없었다. 어머니 상을 당하여 3년 동안 시묘살이를 하면서 슬픔과 공경을 모두 지극히 하니, 보는 이들이 탄복하였다.

정축년(1637)에 정언正言이 되어 재상 윤방尹昉[197]의 난잡한 일을 논할 때에 나라의 금령禁令을 피하지 않고 매우 정직하게 말하였다. 인조께서 달갑지 않게 여기고는 천박하고 경솔하다며 물리쳤다. 이로 말미암아 죄를 얻어 파직되었다. 오랜 뒤에 지방관으로 보임補任되었는데, 정사를 강직하고 명석하게 하였고 몸가짐이 청렴하고 검소하였다. 또한 빛나는 명성을 구하지 않았으나 당시 치적治積을 논할 때에는 반드시 공을 으뜸으로 삼았다. 공을 나의 조부께서 애지중지하였으며, 또한 나의 부친과는 어려서부터 교분이 두터웠다.

◑ 영창대군永昌大君의 옥사獄事[198]가 일어나자 여러 소인배들이 날뛰었다. 국사를 돌보던 한음漢陰[199]이 근심으로 음식을 먹지 못했다. 어느 날 자제를 오성鰲城[200]에게 보내 안부를 여쭈었다. 오성은 평소와 다름없이 먹고 자며 말하고 웃으면서 한음의 안부를 물었다. 자제가 사실대로 대답하자 오성이 말하였다. "너는 너의 어른에게 전하거라. '우리들이 어찌 곧장

197) 윤방(尹昉, 1563~1640) : 자는 가회(可晦), 호는 치천(稚川), 본관은 해평(海平), 시호는 문익(文翼)이다. 1588년 문과에 급제하여 병조 정랑(兵曹正郎)·철원 부사(鐵原府使)·영의정(領議政) 등을 지냈다. 인품이 중후하고 문장에 능하였으며 효성이 지극하였다. 저서는 『치천집』이 전한다.

198) 영창대군(永昌大君)의 옥사(獄事) : 1613년(광해군5)에 박응서(朴應犀) 등 강변칠우(江邊七友)의 강도사건이 발생하자, 이이첨(李爾瞻) 등이 이들에게 영창대군 추대 음모를 거짓으로 고변하도록 사주하여 영창대군을 강화에 가두었다가 이듬해에 죽이고, 대북(大北) 세력을 제거한 사건을 말한다.

199) 한음(漢陰) : 이덕형(李德馨, 1561~1613)의 호이다. 자는 명보(明甫), 본관은 광주(廣州), 시호 문익(文翼)이다. 1580년 문과에 급제하여 정자(正字)·대제학(大提學)·영의정(領議政)을 역임하였다. 임진왜란 당시 명에 구원병을 요청하여 성사시키고 난리 이후에도 민심 수습과 군대 정비에 노력하였다. 저서는 『한음문고(漢陰文稿)』가 전한다.

200) 오성(鰲城) : 이항복(李恒福, 1556~1618)의 호이다. 자는 자상(子常), 본관은 경주(慶州), 시호는 문충(文忠)이다. 1580년 문과에 급제하여 정자(正子)·호조 참의(戶曹參議)·영의정(領議政) 등을 역임하였다. 임진왜란을 당해 명에 원병을 용청할 것을 건의하였으며 난리 이후 민심을 수습하기 위한 안민방해책(安民防海策) 16조를 지어 올리기도 하였다. 저서는 『사례훈몽(四禮訓蒙)』·『주소계의(奏疏啓議)』·『노사영언(魯史零言)』 등이 전한다.

대군大君을 위하여 죽겠는가? 분명히 죽을 자리가 있게 될 것이다. 바라건대 애써 진지를 드셨다가 죽어야 할 곳에서 죽자.'라고" 자제가 돌아와 알리자, 한음이 탄식하며 말하였다. "이 노인의 역량은 내가 미치지 못하는 것이 있다." 한음이 마침내 병에서 일어나지 못하였다. 광해 5년 계축[201] (1613)에 폐모廢母의 의론이 결정나니, 오성은 반대의 뜻을 주장하며 간하다가 유배당했다. 과연 자신의 말과 같이 되었다.

◑ 정묘년의 변란[202]에 창석蒼石이 어려운 사명을 받고 참여하여 호서湖西를 경유하였다. 도로에 연해 있는 주州와 현縣이 모두 대접하지 못하였다. 당시 나의 조부께서는 의병義兵을 불러 모으라는 왕명을 받들고 경상도로 돌아와 창석과 석담石潭[203]을 불러 종사從事로 삼았다. 하루는 창석께서 우연히 호서의 고을에서 박하게 접대한 잘못을 말하였다. 석담께서 정색을 하고 말하였다. "지금이 어떤 시절인데, 신하가 편안함을 요구할 수 있겠습니까?" 창석께서 기쁜 마음으로 뉘우치고 사과하였다. 나의 조부께서 기뻐하며 말하였다. "무백茂伯의 경고하여 책망함과 숙평叔平의 마음을 비우고 받아들임은 둘 다 옳다고 할만합니다."

◑ 정묘년 가을, 조부께서는 고향으로 돌아와 우곡愚谷에서 지냈다. 나라에서 자주 불렀지만 나가지 않았다. 당시 친척 아무개가 『서전書傳』을 배웠다. 기삼백朞三百의 주석에 이르러 조부께서 입으로 한 번 읽어주기를 마치고는 이어서 스스로 보지 않고 외우는데, 한 글자도 틀리지 않았다. 친척 아무개에게 일러 말하였다. "예전에 읽은 것을 너로 인해 기억해 내었나. 네가 나에게 도움을 줌이 많구나." 선기옥형璇璣玉衡의 제도를 또한 하나하나 가르쳐 주며 말하였다. "서운감書雲監의 혼천의渾天儀는 또한 틀린 곳이 많이 있다. 내가 만들어서 후생後生에게 보여주려고 했지만 하지 못하였다."

임신년(1632) 겨울 병으로 자리에 누운 지 이미 오래되었다. 하루는 안석에 기대어 누워 있었는데, 친척 아무개가 『명신언행록名臣言行錄』을 소리 내어 열람하다가 잘못 읽는 곳이

201) 계축 : 『무첨재선생문집』에는 정축(丁丑)으로 되어 있으나 광해군 시절에는 없는 간지이다. 광해 오년은 계축(癸丑)년이기에 본 번역에서는 고쳐 번역한다.
202) 정묘년의 변란 : 1627년(인조 5) 후금(後金)의 침입으로 일어난 전쟁을 말한다.
203) 서단(石潭) : 이윤우(李潤雨, 1569~1634)의 호이다

있었다. 조부께서는 바로 병든 몸으로 소리 높여 전傳 한 편을 읽었는데, 조금의 실수도 없었다. 문하門下의 사람들은 모두 조부의 총명이 병중에도 감소하지 않았다고 생각하였다.

◑ 금남錦南 정충신鄭忠信[204]은 나주羅州의 향리鄕吏이다. 오성鰲城이 일찍이 왕명을 받들고 남쪽으로 왔을 때에 정충신은 아전으로서 가까이에서 복무하였다. 오성이 그의 사람됨을 알아보고 마침내 데리고 돌아가서 글과 역사를 가르쳐주니, 매우 총명하여 학문이 날로 증진하였다. 얼마 안 되어 무예를 익혀 무과武科에 급제하니, 활쏘기와 말 타기를 잘하였고 기운과 의리가 있었다. 조정과 지방의 관직을 역임함에 모두 명성을 쌓으니, 당시에 명공名公들이 장려하고 발탁하지 않는 이가 없었다. 갑술(1634) 연간에 통제사統制使가 되었다. 행차가 함창咸昌을 지날 적에 나의 조부 묘소에 참배하고 제문을 지어 제사를 지냈다. 제사를 마치자 제문祭文을 불살라 다른 사람들이 알지 못하게 하였고, 또 나를 만나보려고 하지도 않았다. 오직 자신의 정성과 공경을 다하고 떠나갔으니, 또한 나의 할아버지께서 자신을 알아주었기에 이렇게 제사를 지낸 것이다.

오성이 장공張公에게 부친 편지에서 말하였다. "가령 무술을 배우지 않고 학문을 닦았더라도 한 시대의 고사高士가 되는 일은 어렵지 않았을 것이다." 『계곡만필谿谷謾筆』[205]에는 다음과 같이 적혀 있다. "정묘년(1627)에 오랑캐가 쳐들어온다는 급보가 처음 이르자 정충신은 말하였다. '이 오랑캐가 이제 오는 것은 협박하여 화친하는 데에 뜻이 있으니, 모름지기 화친하면 곧 물러갈 뿐이다.' 뒤에 마침내 그의 말처럼 되었다." 두 공의 말로 보면 정충신의 사람됨을 대략 알 만하다.

---

204) 정충신(鄭忠信, 1576~1636) : 자는 가행(可行), 호는 만운(晩雲). 본관은 광주(光州)이다. 미천한 집에서 태어났으며 절도영(節度營)에 속한 정병(正兵)이었고, 부(府)에 예속된 지인(知印, 통인(通引))을 겸하였다. 임진왜란이 일어나자 광주 목사(光州牧使) 권율(權慄)의 휘하에서 종군하였다. 이때 권율이 장계를 행재소로 전달하게 하니 17세의 나이로 왜군이 가득한 길을 단신으로 뚫고 임무를 수행하였다. 이항복(李恒福)이 아껴 가르치고 무과에 응시하게 하니 입격하였다. 포도대장·경상도 병마절도사를 지냈다.

205) 『계곡만필(谿谷謾筆)』: 장유(張維 1587~1638)가 지은 책이다. 계곡은 장유의 호이다. 그는 정묘호란 때 왕을 모시고 강화도로 호종하였다. 뒤에 대제학이 되었고, 최명길(崔鳴吉)과 함께 화의론을 주장 하였다.

◑ 심대부沈大孚[206] 공은 우애가 독실하고 지극하였다. 어리석은 형 심대복沈大復은 아내의 하소연에 현혹되어 동생을 원수처럼 여기며 용납하지 않았다. 그러나 공은 형을 더욱 공경히 섬겼다. 인조반정 후에 대복은 지은 죄로 북쪽 변방으로 귀양 갔고 그의 아내 역시 곤장을 맞았다. 공이 지성至誠으로 눈물을 흘리며 구해달라고 소리치니, 보는 이들이 감탄하지 않음이 없었다. 공은 형을 보호하며 귀양지로 가서 온갖 어려움과 위험을 겪으면서도 더욱 게을리 하지 않았다. 도로에 연해 있는 고을의 수령들은 모두 공에게 도움을 많이 주었으며, 북병사北兵使 아무개 또한 많이 도와주었다. 공이 포의와 짚신 차림으로 몸소 나아가 사례를 하니, 북병사가 또 술을 준비하여 공을 위로하였다. 공이 시를 지어 마음을 다하였다.

비록 오늘 처음 뵙지만	奉袂雖今日
예전부터 소문을 들었네	聞風自昔年
장군은 참으로 아름다운 선비시니	將軍眞好士
나그네는 선계에 오른 듯하네	客子類登仙
변방에서 북과 나팔은 씩씩하고	鼓角邊聲壯
새벽빛 속에 깃발은 선명하네	旌旗曉色鮮
곤궁한 사람 누구를 의지할까	窮途人誰仗
여기 술 잔 앞에서 감격하네	感激此尊前

당시 사람들이 전하여 외웠다.

◑ 서상남徐尙男[207] 공은 바로 서극일徐克一의 아들이다. 성품이 지극히 효성스러워 아버지가 돌아가시자 삼년동안 시묘살이를 하며 죽을 먹었다. 하루에 세 번 무덤을 찾아갔는데,

---

206) 심대부(沈大孚, 1585~1657) : 자는 신숙(信叔), 호는 범재(泛齋), 본관은 청송이다. 1623년 선행(善行)으로 사포서 별제(司圃署別提)에 기용되었으나 부임하지 않았다. 봉림대군(鳳林大君)의 사부(師傅)를 거쳐 형조 좌랑(刑曹佐郞)으로 재임할 때 문과에 급제하여 정언(正言)·필선(弼善) 등을 역임하였다.

207) 서상남(徐尙男, ?~?) : 본관은 이천(利川)이다. 진사시에 입격한 이후 효행으로 천거되어 참봉(參奉)을 지냈다.

비바람이 치는 날에도 중단하지 않았다. 올라갈 때에는 항상 나무 아래에서 쉬었다. 학생 아무개는 나이가 겨우 십여 세였다. 하루는 잠시 잠을 자는데, 꿈속에 머리카락이 하얀 여섯 사람이 나무 아래에 모여서 공의 효성을 매우 칭찬하며 그 곳을 '관행정觀行亭'이라 명명하고는, 이어서 시를 지었다.

관행정 속에	觀行亭中
여섯 신선 모임이 참 즐거운 일이니	六仙會眞樂事
관행정이란 이름 영원히 전해지리	觀行亭名流百祀
낙동강 가에	洛江江上
육선사를 세울 수 있으니	可以立六仙社
낙동강은 넘실넘실 쉬지 않고 흐르네	洛水滔滔流不舍
청산의 아래에	青山之下
두어 칸 여막은 효자가 지은 것이니	數椽廬孝子營
효자는 계신 듯한 정성을 거의 다하네	孝子幾竭如在誠
효자는 계속하여	孝子不廢
비바람이 쳐도 매일 세 번 오니	風與雨日三來
울부짖는 소리 속에 선계의 꿈을 꾸네	號哭聲中冥夢回

아이에게 여러 번 읽으며 외우도록 하였다. 아이가 잠에서 깨어나 이 시를 전하였다. 아이는 당시 문자를 이해하지 못하여 한 번 전한 뒤에는 아득히 잊어버리고 다시 기억하지 못하였다. 여섯 사람은 모두 향촌의 어른이었는데, 한 사람은 그의 아버지였다. 뒤에 공은 사마司馬의 양시兩試에 입격하였다. 천거되어 강릉 참봉康陵參奉에 임명되었다.

○ 고려시대 수원부水原府의 벼슬아치 최루백崔婁伯은 그의 아버지가 사냥을 하다가 호랑이에게 물려 죽었다. 당시 최루백의 나이 15살이었다. 호랑이를 잡으려고 하니, 그의 어머니가 만류하였다. 최루백이 말하였다. "아버지의 원수를 갚지 않을 수 있겠습니까?" 즉시 도끼를 메고 호랑이를 추적하였다. 호랑이는 이미 사람을 잡아먹고 배가 불러 드러누워 있었다. 최루백이 앞으로 곧장 나서며 꾸짖어 말하였다. "네가 우리 아버지를 잡아먹었으니, 나는 마땅히 너를 잡아먹어야겠다." 호랑이가 바로 꼬리를 흔들며 엎드리니, 최루백이 대뜸

도끼로 호랑이를 찍어 죽이고는 배를 갈라서 자기 아버지의 뼈와 살을 그릇에 담아 장사를 지내고 시묘살이를 하였다. 하루는 꿈에 아버지가 나타나 시를 읊었다.

숲을 헤치고 효자의 여막에 이르니	披榛到孝子盧
정은 느낌이 많고 눈물은 한이 없네	情多感淚無窮
흙을 져다가 날로 무덤 위에 더하니	負土日加塚上
밝은 달과 맑은 바람은 마음 알아주리라	知心明月淸風
살아서는 봉양하고 죽어서는 지켜 주니	生則養死則守
누가 효도에 시종이 없다고 말하리요	誰謂孝無始終

최루백은 급제하여 관직이 한림학사翰林學士에 이르렀다. 예나 지금이나 효자의 효성에 대한 감응은 한가지라서 두 편의 시적 의미 또한 대략 서로 비슷하다. 천년토록 나란히 아름답게 전해질만하다.

○ 송오松塢는 어려서 독서를 좋아하였다. 날마다 『대학』 임송하는 일을 평생 멈춘 적이 없었다. 기유년 사마시司馬試에 입격하였다. 성품이 순박하고 검소하여 꾸미지를 않았다. 함께 입격한 아무개는 공과 교분이 두터웠는데, 충청도 관찰사觀察使가 되어 속리산俗離山에서 함께 입격한 사람들의 모임을 열면서 초청장을 보내어 공을 맞이하였다. 공이 포의布衣에 찌그러진 갓을 쓰고는 소를 타고서 도착하였다. 감영監營의 아전들이 하소연하려는 자인 줄 알고 공을 멸시하였다. 통기를 넣자 감사監司 이하 모든 사람들이 섬돌로 내려와 맞이하여 읍하고는 자리로 모셔서 공경을 다하니, 아전들이 놀라지 않는 자가 없었다.

○ 복재復齋[208]는 덕德의 그릇이 크고 깊으며 학행이 순수하고 독실하였다. 그가 사람을 접대함에 온화한 기운이 가득하여 등진 이를 만나더라도 말과 얼굴에 싫어하는 기색을 드러낸 적이 없었으며, 남의 의롭지 못함을 보더라도 또한 들추어내어 말한 적이 없었다. 보는 이들이 자연스럽게 공경하는 마음을 가지니, 비록 무사나 어린아이이지만 모두 후덕한 어른인 줄을 알았다. 만년에는 덕의德義로 사람을 감동시킴이 깊어서 향리鄕里에서 송사하는

---

208) 복재(復齋) : 정국성(鄭國成, ?~1592)의 호이다.

이들이 간혹 관아로 가지 않고 공에게 자문諮問하여 결단하였다고 한다. 공의 덕행德行은 이미 묘갈墓碣에 보이지만 만년에 한 가지 일은 빠져 있다. 그러므로 감히 들은 것을 이와 같이 기록한다.

○ 황여일黃汝一209)은 자가 회원會元이며 호가 해월헌海月軒이며 본관이 평해平海이다. 일찍 과거에 급제하여 청현직淸顯職을 역임하였다. 문장이 넉넉하고 아름다워 문단에서도 이름을 독차지하였다. 나의 조부께서 영해寧海에 계실 적에 하루는 절구 한 수를 부쳤다.

하늘이 명승지에 시선을 숨기고서	天敎勝地祕詩仙
풍운이 몰아치듯 날로 백편을 짓게 하니	驅駕風雲日210)百篇
동해를 만약 웅건한 붓으로 만다면	東海若將雄筆捲
월송정 가까지 모두 뽕나무 밭이 되리라	越松亭畔盡桑田

공은 술 마시기를 좋아하여 취하면 붓을 휘두르며 호방한 사람으로 자처하였다. 영천永川을 다스릴 적에 습지習池의 놀이211)를 하다가 절구 한 수를 지었다.

장군석 아래에서 아뜩하게 취하고	將軍石下昏昏醉
효자문 앞에서 술잔을 가득 채웠네	孝子門前滿滿觴
거꾸로 탈212) 새 없이 바로 눌러앉으니	不暇倒騎仍席地
영천의 풍미는 양양보다 뛰어나네	永陽風味勝襄陽

---

209) 황여일(黃汝一, 1556~1622) : 1584년 문과에 급제하여 이조 정랑(吏曹正郞)·이조 참판(吏曹參判) 등을 역임하였다. 임진왜란 때 선조를 호종하였고, 행주대첩과 진주성싸움에서 공을 세워 1607년 선무원종이등공신(宣武原從二等功臣)에 올랐다.

210) 日 : 『무첨재집』에는 '일(一)'로 되어 있으나 『우복집』에 근거하여 교감하였다.

211) 습지(習池)의 놀이 : 습지는 습가지(習家池)의 준말로 흥겨운 술자리를 열었음을 말한다. 술을 좋아한 산간(山簡)이 양양 태수(襄陽太守)가 되어 풍경이 좋은 습씨(習氏)의 양어지(養魚池)인 습가지에서 온종일 술을 마시고 취하여 풍경을 감상하였다고 한다.(『晉書』「山濤傳·山簡」)

212) 거꾸로 탈[倒騎] : '도기'는 아름다운 경치를 느긋하게 감상하는 모습을 말한다. 산간의 풍류를 보고 당시 아동들이 노래하기를 "산공이 어디로 나가는가 하면, 저 고양지로 나가는구나. 석양엔 꺼꾸로 타고 돌아오는데, 곤드레가 되어 아무 것도 모른다네. 때로는 말을 탈 수도 있지만, 백접리를 거꾸로 쓰고 온다네.[山公出何許 往至高陽池 日夕倒載歸 酩酊無所知 時時能騎馬 倒著白接䍦]"라고 한 데서 유래한다.(『晉書』「山濤傳·山簡」)

고을 사람들이 전하며 외웠다.

○ 안음安陰[213]이라는 고현古縣에 석림계石臨溪가 있는데, 속명은 수송대愁送臺이며 천석泉石이 가장 뛰어났다. 갈천葛川 임훈林薰[214]이 일찍이 이 대에서 노닐며 사람에게 지어준 시가 있다.

꽃은 강 언덕에 피었고 술은 동이에 가득하니　花滿江皐酒滿尊
유람 온 이들의 이은 소매가 분분하네　遊人連袂去紛紛
봄 떠나려 하는 이즈음 그대 떠나가기에　春將去日君將去
가는 봄을 아쉽지 않아도 그대 보내며 시름하네　不獨愁春愁送君

노선생老先生[215]께서 의춘宜春으로부터 이곳을 지나가며 둘러볼 겨를이 없음을 아쉬워한 적이 있었다. 또 그 이름이 고아高雅하지 못함을 꺼리어 마침내 이름을 수승대搜勝臺라고 고쳤다. 이어서 시를 남겼다.

수승대라고 이름을 바꾸니　搜勝名新換
봄 맞은 경치 더욱 아름답네　逢春景益佳
먼 숲에는 꽃이 피려하는데　遠林花欲動
그늘진 골짝엔 눈이 아직 남았네　陰壑雪猶埋
올라보려는 흥에 맡기지 못하니　未寓登臨興
상상하는 회포는 늘어만가네　惟增想象懷
다른 해에 한 잔 술을 마시고　他年一尊酒
큰 붓으로 깎아지른 벼랑에 쓰리라　巨筆寫懸崖[216]

213) 안음(安陰) : 안음현과 여선현(餘善縣)을 통합하여 거창군(居昌郡)이라고 하였다.
214) 임훈(林薰, 1500~1584) : 자는 중성(仲成), 호는 자이당(自怡堂), 본관은 은진(恩津), 시호는 효간(孝簡)이다. 1540년 생원시에 입격하여 전생서 참봉이 되었지만 80세가 넘은 노부를 봉양하기 위해 그만 두었다. 관찰사의 추천으로 효행의 정려를 받았다. 저서는 『갈천집』이 전한다.
215) 노선생(老先生) : 퇴계 이황을 말한다.
216) 『퇴계선생문집(退溪先生文集)』 별집 권1에 「기제수승대(寄題搜勝臺)」라고 나온다. 다만 시구는 약간의 차이가 있다.

시詩와 대臺의 이름이 지금까지 모두 전해온다. 이 대는 거칠고 한적한 곳에 있지만 땅이 훌륭한 사람으로 인하여 명승지가 되어 이름이 계속 남으니, 세상에 드물게 알아줌을 입었다고 할 만하다.

○ 명 나라의 방주芳洲 장녕張寧[217])이 우리나라에 사신으로 와서 지은 시가 있다.

물 위에 술잔 띄워[218]) 취해 돌아오는데 曲水流觴盡醉歸
풍광은 비록 좋지만 고향이 아니네 風光雖是故鄕非
복사꽃 가랑비에 객관은 흐릿하고 桃花小雨迷行館
가는 풀 봄 향기는 나그네 옷에 담기네 細草春香上客衣
그 누가 주렴 걷고 밝은 달을 바라보나 誰捲疎簾望明月
나 홀로 젓대 불며 석양 속에 기대어 섰네 自吹長笛倚斜暉
이 심정은 이별의 아픔 때문이 아니라 此情不爲傷離別
나라의 사신됨을 어길 수 없어서라네 王事驅馳惜重違

호방하고 유려하여 당唐 나라 시인의 풍모가 있다. 공은 절강浙江 사람으로 경태景泰 초에 진사시에 입격하여 급사중給事中이 되니, 일을 만나면 과감하게 직언直言하였다. 영종英宗이 장차 크게 등용하려 하였으나 권세가에게 미움을 받아 쫓겨났다. 직위는 지부知府로 끝났다.

○ 판곡板谷 성윤해成允諧[219])는 학문에 뜻을 독실하게 두고 명예와 영달을 구하지 않았다. 몸가짐과 집안 다스림은 예법으로 한결 같이하여 매번 국가의 기일忌日을 만나면 음악을 듣거나 고기를 먹지 않았으며 평생 그냥 넘긴 적이 없었으니, 비복婢僕들도 익숙히 보고 들어서 또한 어떤 날이 국가의 기일忌日인 줄을 알았다.

---

217) 장녕(張寧) : 세조 6년에 온 중국 사신이다.
218) 물……띄워 : 술잔을 채워 굽이 흐르는 물에 띄워놓고 마시는 것을 말한다. 진(晉) 나라 왕희지(王羲之)의 「난정서(蘭亭序)」의 "또 맑은 시내 여울물이 난정의 좌우에 서로 비치는지라, 이를 끌어들여 굽이쳐 흐르게 한다.[又有淸流激湍映帶左右 引以爲流觴曲水]"에서 유래한다.
219) 성윤해(成允諧, ?~?) : 자는 화중(和仲), 호는 판곡, 본관은 창녕(昌寧)이다. 상주의 원통산(圓通山) 밑에 집을 짓고 서책과 자연에 묻혀 일생을 보냈다. 추천을 받았지만 나가지 않았다. 조헌(趙憲)은 상소에서 숨은 선비 중에 언론과 풍지(風旨)가 바르고 굳센 최고의 인물이라고 평가하였다.

하루는 늙은 사내종이 외출했다가 길에서 선비들의 모임을 만났다. 의관을 갖춘 선비들이 모여 있었고 노래와 피리소리가 크게 울려 퍼졌다. 사내종이 나귀를 타고서 그 앞을 지나가니, 모여 있던 선비들이 사람을 보내 그를 잡아가서 말에서 내리지 않았다는 죄목으로 벌을 주려하였다. 사내종이 대답하였다. "오늘은 국가의 기일입니다. 그러므로 제 생각에는 무식한 아랫것들이 모여 노는 줄 알았습니다. 만약 사대부士大夫들의 모임인 줄 알았다면 쇤네가 어찌 감히 말에서 내리지 않았겠습니까?" 모여 있던 사대부들이 돌아보며 부끄러워하더니, 마침내 그냥 보내주었다.

○ 조부의 생신은 9월 14일이다. 그러므로 매년 이 날에 예제禰祭를 행하였다. 축문祝文의 내용은 '이제 늦가을 만물이 영글기 시작하는 때에[今以季秋成物之始]' 아래에 '이렇게 낳고 기르신다고 고생하신 분의 생신을 맞아[適此劬勞生育之辰]'라는 한 구절을 붙여 넣었다. '감시感時' 이하는 『가례』의 축문 내용을 사용하였다.

○ 조부께서는 일찍이 '시속時俗에서 시속의 절기節氣에 따라 묘소로 올라가 제사지내는 일은 융성하게 하면서 사시四時의 정제正祭[220]는 폐하고 행하지 않으니, 성인께서 예를 제정한 뜻을 잃어버림이 심하다.'라고 말씀하고는 『주자가례』와 동래東萊 여조겸呂祖謙[221]의 종법宗法에 의거하여 한식 및 10월 상정일上丁日[222]에만 묘소에 참배하였다. 그 나머지 절일節日에는 모두 사당에서 계절 음식을 올렸다. 정사년(1617), 가묘家廟에 고유告由하고 절일마다 묘소에 올라가 지내는 제사를 비로소 폐하였다. 사시四時의 정제正祭를 2월에는 상정일上丁日에, 5월에는 단오端午에, 8월에는 추석秋夕에, 11월에는 동지冬至에 행하였다. 이상의 날에 일이 생기면 중정일中丁日이나 하정일下丁日 혹은 제삿날에 행하였다.

○ 오봉五峯 이공李公[223]은 친척간의 친목을 독실하게 하였다. 가령 친척 중에 정의情誼로

---

220) 정제(正祭) : 사시(四時)의 중월(仲月)에 지내는 제사이다.

221) 여조겸(呂祖謙, 1137~1181) : 송대의 학자로 자는 백공(伯恭), 호는 동래(東萊), 시호는 성(成)이다. 『고주역(古周易)』·『동래박의(東萊博議)』·『춘추좌씨전설(春秋左氏傳說)』 등이 전한다.

222) 상정일(上丁日) : 그 달의 첫 번째 정일(丁日)을 말한다.

223) 이공(李公) : 이호민(李好閔, 1553~1634)이다. 자는 효언(孝彦), 호는 오봉, 본관은 연안(延安), 시호는 문희(文僖)이다. 1584년 문과에 급제하여 이조 좌랑(吏曹佐郞)·예조 판서(禮曹判書)·좌찬성

오는 자는 내외內外와 친소親疎를 불문하고 한결같이 정성껏 대접하였다. 공의 어머니 고향은 선산이었다. 무릇 영남 사람들 중에 한양에서 객지 생활을 한 자는 반드시 공에게 갔다. 머물게 하고 음식을 대접하며 안부와 있고 없고를 묻고는 그들을 위해 바라는 것을 이루어 줌이 모두 성의誠意에서 나왔다. 그러므로 사람들은 공을 영남의 경주인京主人[224]이라고 불렀다.

○ 신해년(1611) 정인홍鄭仁弘이 차자箚子를 올려 회재晦齋와 퇴계退溪 두 현신賢臣을 매우 비난하니, 태학太學의 유생들이 상소하여 변론하고 또 청금록靑衿錄[225]에서 정인홍의 이름을 삭제하였다. 정인홍의 무리인 지평持平 박여량朴汝樑[226]이 들추어내어 아뢰자 광해군光海君은 크게 성내며 논의를 앞장서 일으킨 자를 밝혀내고는 이윽고 금고禁錮를 명하였다. 태학의 유생 수백인이 서로 이끌며 수업을 거부하고는 떠나갔다. 당시 한음漢陰 이공李公[227]이 영상領相으로서 자주 소장을 올려 간사함을 억누르고 바름을 도울 것을 힘껏 아뢰었다. 말이 은근하고 간곡하여 광해군이 명을 거두어 금고하지 말도록 하였다. 공의 이 일은 묘지墓誌에서 이미 빠져 있고 그 차자는 문집 속에 또한 기록되어 있지 않으니, 큰 흠이 아니겠는가?

공이 조부께 답하는 편지에 말하였다. "어제 안부를 물어주시는 글을 받았습니다. 편지에 가득한 충고는 실로 저의 마음과 같으니, 더욱 그립고 위로됩니다. 평소의 계획은 이러한 상황을 기다리지 않고도 이미 결정했으니 어찌 중지할 까닭이 있겠습니까? 네 번째 차자에 대한 비답에는 '광간狂簡한 말은 개의치 말라'고 하교하셨으며, 여덟 번째 차자에 대한 비답에는 '내가 어두워 현명한 재상에게 죄를 얻었다'고 하교하셨습니다. 소장疏章과 차자箚剌로 점차 직간直諫을 하였으나 성교聖敎는 한결같이 형식적이며 박절하였습니다. 생각지도 못하게

(左贊成) 등을 역임하였다. 인조반정 이후 구신(舊臣)으로 우대를 받았고, 죽은 뒤 청백리에 올랐다. 저서는 『오봉집』이 전한다.

224) 경주인(京主人) : 아전 또는 서민(庶民)으로 서울에 있으면서 그 지방 관청의 사무를 연락하고 대행(代行)해서 보던 사람을 말한다. 오봉이 한양에서 영남을 잘 대해 주었음을 드러내는 말로 쓰였다.

225) 청금록(靑衿錄) : 유생(儒生)의 명부(名簿)를 말한다.

226) 박여량(朴汝樑, 1554~1611) : 자는 공간(公幹), 호는 감수재(感樹齋), 본관은 삼척이다. 1600년 문과에 급제하여 사간원 정언(司諫院正言)·세자 시강원 문학(世子侍講院文學) 등을 역임하였다. 저서는 『감수재문집』이 전한다.

227) 이공(李公) : 이덕형(李德馨, 1561~1613)을 말한다.

세간世間에 이러한 민망하고 슬픈 지경이 있게 되었으니 어찌할 바를 모르겠습니다. 저는 고향으로 돌아가 어버이를 봉양하는 소원을 이루었으니, 평소의 뜻대로 되었습니다. 다만 근일에 소식을 들으니 날로 더욱 두렵습니다. 사문斯文의 시비是非는 나머지 일일 뿐입니다. 무거운 짐을 벗어던진 뒤에도 마음을 놓을 수 없으니 매우 두렵습니다. 아! 어쩌면 좋겠습니까?" 내가 이 서신을 살펴보건대, 공이 차자로 진달한 것이 네댓 번에 그치지 않았으며, 다른 일이 생기기 전에 우려한 것이 또한 예사롭지 않았다.

○ 직제학直提學 조정립趙正立[228] 공은 평안 도사平安都事를 지낼 적에 몸가짐이 청고淸苦하였으며 여색女色을 마치 더러운 물에 물들까 염려하듯이 보았다. 당시 평양 서윤平壤庶尹[229]은 공의 친구였는데, 일부러 평양부에서 미색과 예능이 모두 뛰어난 기생을 뽑아 명하였다. "만약 도사都事에게 사랑을 받지 못하면 너희에게 벌을 내리겠다." 기생들이 하루 종일 온갖 방법을 동원하여 교태를 떨었지만 공은 끝까지 돌아보지 않으니, 서윤庶尹이 바로 기생에게 벌을 주었다. 공이 임기를 마치고 돌아가자 여러 기생들이 손가락질하고 비웃으며 말하였다. "박절하구나! 이 사람이여."

임자(1612) 연간에 공은 국사國事가 날로 잘못되어 가는 것을 보고 어떻게 할 수 없어서 드디어 병이 들었다고 아뢰고는 물러나 교하交河에 살았다. 모부인母夫人이 서울에 있었기 때문에 가끔은 도성으로 들어갔으나 문을 닫아 손님을 물리치고는 사람을 만나지 않았다. 당시에 조부께서 추함樞銜[230]으로 수개월을 조정에 있었는데, 밤낮으로 교유하며 도의道義를 절차탁마切磋琢磨하였다. 계축년(1613) 봄, 직제학直提學이 되었으나 사은숙배하지 못하고 댁에서 돌아가시니, 조부께서 매우 슬퍼하였다. 그 만시輓詩에 다음과 같은 구절이 있다.

맑은 시절 급류에서 용감히 물러나니[231] 淸時勇退急流中

---

228) 조정립(趙正立, 1560~1612) : 자는 여직(汝直), 호는 송호(松湖). 본관은 횡성(橫城)이다. 1591년 문과에 급제하여 정언(正言)·사간(司諫) 등을 역임하고 광해조에는 벼슬에 나아가지 않았다. 김직재의 일당이라는 의심을 받아 부득이 직제학에 취임하였으나 곧 병이 악화되어 죽었다.

229) 서윤(庶尹) : 서정(庶正) 즉 여러 관아의 장관을 말한다.

230) 추함(樞銜) : 중추부의 직함을 말한다.

231) 급류에서 용감히 물러나니 : 벼슬자리에서 과감하게 물러나는 것을 말한다. 송(宋) 나라 전약수(錢

천추토록 불어 나약한 사람을 일으키리라232)　　噓起千秋立懦風

○ 현감縣監 이대규李大圭 공은 젊어서부터 총명하고 재주가 있었다. 조부께서 연경燕京에 가실 적에 공이 전별시 40여 운을 지었는데, 견강부회牽强附會하는 뜻이 없었다. 조부께서 칭찬하고는 창석蒼石에게 편지를 보내어 말하였다. "이로부터 상주 고을이 쓸쓸해지지 않을 것입니다."

공은 효도와 우애의 품행과 겸양과 공손의 덕성이 있어 고향 사람들이 칭송하였다. 사마시司馬試에 입격하였다. 음직蔭職으로 두 고을을 다스리니, 자상하게 백성을 사랑하며 몸가짐을 청렴하고 결백하게 하였다. 공이 용궁龍宮에서 임기를 마치고 돌아올 때에 대간大諫 홍호洪鎬가 시를 지어 주었다.

태수의 행색은 갈 때나 올 때나 같으니　　太守行色去來同
곤궁 속 맑은 풍모 온 나라를 용동시키네　　冰檗清風聳大東
뜬 세상의 분분한 의견 말해서 무엇하랴　　浮世紛紜何足說
산 속에는 응당 전별하는 늙은이 있으리　　山中應有奉錢翁

– 당시 고을 백성들이 비석을 세워 덕을 기리고자 하였다.
그것을 막는 이가 있었기에 제3구에서 언급하였다.

○ 만력萬曆 임진년 난리에 중국 장수가 근체시 한 수를 지어 왜놈 우두머리에게 주었다. 그 시에서 말하였다.

늙은 조개 추워서 햇볕 쬐러 나왔는데　　老蚌覩陽爲怕寒
들새는 무슨 일로 괴로이 관여하나　　野禽何事苦相干
몸이 구멍을 벗어나니 붉은 껍질 부서졌고　　身離窟穴朱胎損

若水)를 어떤 도승(道僧)이 평가하며 "급류 속에서 용감하게 물러날 수 있는 사람이다.[是急流中勇退人也]"라고 하였다. 과연 그가 추밀 부사(樞密副使)에 이르렀을 때 40세도 안된 나이로 관직에서 물러났다고 전해진다. 『문견전록(聞見前錄)』 참조.

232) 나약한 사람을 일으키리라 : 그 사람의 의로운 행동을 보고 나약한 이가 뜻을 가지게 된 것을 말한다. "백이의 풍도를 듣는 사람은 완악한 사람이 청렴해지고 나약한 사람이 뜻을 세우게 된다.[聞伯夷之風者 頑夫廉 懦夫有立志]"에서 유래한다.(『孟子』「萬章下」)

모래 여울에 힘 다하니 날개를 상하였네	力盡沙灘翠羽殘
입 닫고 어찌 입 열 때의 화를 알겠으며	閉口豈知開口禍
머리 넣기 쉬우나 머리빼기는 어려워라	入頭雖易出頭難
모두 어부 손에 잡힐 줄 얼른 알았더라면	早知俱落漁人手
구름과 물에 날고 잠겨 각자 편안했을 것을	雲水飛潛各自安

인용한 두 늙은 조개와 들새는 우리나라와 일본을 비유하였고 어부는 자신을 가리켰다. 어떤 이는 중국 장수가 바로 제독提督 이여송李如松이라고 하였다.

○ 광해 계축년(1613), 영창대군永昌大君의 옥사가 일어나니, 동계桐溪 정온鄭蘊[233]은 상소하여 말하였다. "전하께서는 거칠고 사나운 무부武夫의 손을 빌렸습니다." 크게 노한 광해군이 바로 잡아들여 옥에 가두라고 명하였다. 이에 대사헌 박건朴楗·대사간 김치金緻[234]가 동료들을 이끌고 계문啓文을 지어서 죄를 청하려 하였다. 정언正言 이언영李彦英[235]이 붓을 잡고 쓰지 않자 박선이 장령掌令 배대유裵大維[236]를 돌아보고 말하였다. "정언이 시골에서 새로 와서 나라의 제도를 익숙하게 알지 못하고 있으니, 우호적으로 생각하는 것은 아닌가?" 배대유가 변소에 간다하고 밖으로 나가자 이언영이 또한 배대유를 따라 나갔다. 배대유가 말하였다. "그대는 어찌 그리도 생각을 하지 못합니까? 듣자니 휘원輝遠 - 동계의 표덕表德[237]이다. - 의 소장이 들어갔을 때에 주상께서 다 읽기도 전에 노하여 밥상을 집어던져 궁녀가 다쳤다고 합니다. 휘원이 만약 장형杖刑을 당해 죽는다면 우리는 그의 장례를 치루는 것은 괜찮습니다.

233) 정온(鄭蘊, 1569~1641) : 자는 휘원(輝遠), 호는 동계(桐溪). 본관은 초계(草溪), 시호는 문간(文簡)이다. 1610년 문과에 급제하여 사간원 정언(司諫院正言)·대사간(大司諫)·이조 판서(吏曹參判) 등 청요직(淸要職)을 역임하였다. 저서는 『동계집』이 전한다.

234) 김치(金緻, 1577~1625) : 자는 사정(士精), 호는 남봉(南峰), 본관은 안동이다. 1597년 문과에 급제하여 설서(說書)·이조 참의(吏曹參議)·부제학(副提學) 등을 역임했다. 저서는 『심곡비결』이 전한다.

235) 이언영(李彦英, 1568~1639) : 자는 군현(君顯), 호는 완정(浣亭). 본관은 벽진(碧珍)이다. 1603년 문과에 급제하여 사예(司藝)·사헌부 장령(司憲府掌令)·사간원 정언(司諫院正言) 등을 역임하였다. 영창대군(永昌大君)의 원사(寃死)를 주장하는 정온(鄭蘊)을 변호하였다가 삼사의 탄핵으로 삭직되었다. 저서는 『완정집』이 전한다.

236) 배대유(裵大維, 1563~?) : 자는 자장(子張), 호는 모정(慕亭). 본관은 김해이다. 1590년 사마시에 입격하여 정언(正言)·보덕(輔德)·병조 참의(兵曹參議) 등을 역임하였다. 저서는 『모정집』이 전한다.

237) 표덕(表德) : 자(字)를 말한다.

오늘 죄를 청하는 일은 어쩔 수 없어서 하는 일입니다." 언영은 대답하지 않고 도로 들어가 앞장서 말하였다. "마땅히 그 상소문을 내려주시기를 청하여 사실에 근거하여 죄를 논해야 할 것이니, 지금 급하게 형률刑律을 살피기를 청해서는 안 됩니다." 박건이 말하였다. "그렇다면 정언은 분명 이견異見을 세우려 하는 것입니다." 마침내 각자 피혐避嫌하여 물러가니, 옥당玉堂이 처리하였다. "박건 등이 논한 것은 급히 적자賊子를 성토하는 것이었고, 이언영이 제기하고자 한 것은 언로言路를 위해서였다." 이에 이언영은 배척을 받아 화가 장차 예측하지 못할 지경이었으나, 사위인 박종주朴宗胄[238]의 힘 덕분에 삭탈관직削奪官職만 당하였다.

그 당시 강대수姜大遂[239]는 정언이었으나 병장病狀[240]을 내고 출근하지 않았으니, 동계를 논죄하고 싶지 않았기 때문이었다. 이 때문에 죄를 입어 회양淮陽으로 유배 갔다. 강대수는 그의 아버지 강익문姜翼文[241]과 어려서부터 정인홍鄭仁弘의 문하를 출입하였다. 이때에 이르러 그 당류들과는 마음을 달리 먹고 동계의 정론正論을 돕고자 하였으니, 사람들이 더욱 기특하게 여겼다.

○ 효종孝宗 갑오년[1654] 여름, 서울에 큰비가 내렸다. 순식간에 도랑에 물이 크게 불어나 동대문을 통해 흘러가니, 상의원尙衣院 한 칸이 무너져 떠내려갔으며 물에 빠져죽은 사람이 매우 많았다. 삼각산도 한 쪽이 무너졌다. 주상께서 구언求言[242]의 명을 내리니, 황해 감사 김홍욱金弘郁[243]이 소장을 올려 강서인姜庶人이 반역했다는 것은 밝히기 어려움을 논하였다.

---

238) 박종주(朴宗胄, 1591~1623) : 자는 언중(彦仲). 본관은 고령이다. 1615년 문과에 급제하여 설서(說書)·헌납(獻納)·부교리 등을 역임하였다. 아버지와 형 종윤(宗胤) 등과 함께 정인홍(鄭仁弘)의 심복으로 이이첨(李爾瞻)과 결탁하여 탐학을 일삼았다.

239) 강대수(姜大遂, 1591~1658) : 초명은 대진(大進), 자는 면재(勉哉), 호는 한사(寒沙), 본관은 진주이다. 1612년 문과에 급제하여 세자 시강원 설서(說書)·사서(司書)·사간원 정언을 역임하였다. 저서는 『한사집』이 전한다.

240) 병장(病狀) : 병을 이유로 휴가 또는 사직을 청원하는 문서이다.

241) 강익문(姜翼文, 1568~1647) : 자는 군우(君遇), 호는 당암(戇菴). 본관은 진주이다. 1606년 문과에 급제하였다. 1618년 장남 대수(大遂)가 사간원에 있으면서 쟁론하다 유배되자 충원 현감으로 좌천되었다. 인조반정 뒤 1631년 아들 대수의 상소로 풀려나 전적(典籍)이 되었다.

242) 구언(求言) : 국가에 큰 일이 발생했거나 큰 재변이 일어났을 경우 임금이 신하(臣下)나 사림(士林)에게 국정에 대한 직언(直言)을 구하는 것을 말한다.

243) 김홍욱(金弘郁, 1602~1654) : 자는 문숙(文叔), 호는 학주(鶴洲). 본관은 경주이다. 1635년 문과에

주상께서 일이 인조仁祖와 관계된다고 보고 진노하여 잡아들이게 하고는 친히 국문하여 궁궐 뜰에서 장살杖殺하였다. 상소문의 논의가 반역을 보호하는 내용이었으므로 상신相臣과 대간臺諫이 모두 한 마디 말도 하지 못하였다. 오직 능성綾城 구인후具仁垕[244]가 간하여 말하였다. "어떻게 구언求言에 따라 말한 자를 죽여서 성덕聖德에 누를 끼칠 수 있겠습니까?" 주상께서 노하여 그를 내쫓았다. 사람들은 조정에는 무신武臣 한 사람만이 있다고 하였다.

◐ 합천陜川 사람 하용해河龍海는 효도와 우애로운 행실이 있었다. 조상을 받드는데 그 정성과 공경을 극진히 하여 나이가 80이 넘었어도 반드시 제수를 올리고 잔을 드리는 예절을 몸소 행하였다. 젊어서 정인홍을 스승으로 모셨는데, 자주 스승의 잘못을 간하자 정인홍이 노하여 그를 때렸다. 이로부터는 다시는 그의 문하를 출입하지 않았다. 수암修巖 류진柳袗이 합천군을 다스릴 적에 그의 사람됨을 알아보고는 자주 방문하였다.

○ 병마절도사兵馬節度使 이회李晦의 가계家系는 국성國姓[245]에서 나왔고 집은 아산牙山에 있었다. 어려서는 유학儒學을 배웠으나 이어서 붓을 던지고 활쏘기를 배워 무과武科에 급제하였다. 계속 승진하여 경상 좌상慶尙左廂에 이르렀다. 사람됨이 작달막한 체구에 날렵하고 근력이 뛰어났다. 병마절도사 문희성文希聖[246]의 딸에게 장가들어 인동仁同으로 와서 살며 성주星州 문사文士 정鄭 아무개에게 글을 배웠다. 금오산金烏山에 거처할 적에 고승高僧과의 내기로 열흘 간 먹지 않고 밤낮으로 쉬지 않으며 글을 소리 내어 읽었는데, 조금도 주리거나 피곤해하지 않았다. 매번 글을 읽다가 게으름이 나면 그때마다 칼을 들고 산성을 두루

급제하여 검열(檢閱)·정언(正言)·승지(承旨)를 역임하였다. 1654년 황해도 관찰사로 재직하며 천재지변으로 효종이 구언(求言)함에 8년 전 사사된 민회빈강씨(愍懷嬪姜氏, 소현세자(昭顯世子)의 빈)의 억울함을 말하고 그 원을 풀어줄 것을 상소하였다가 장살되었다.

244) 구인후(具仁垕, 1578~1658) : 자는 중재(仲載), 호는 유포(柳浦). 본관은 능성(綾城)이다. 인조의 외종형이다. 1603년 무과에 급제하였다. 1654년 사은사로 청나라에 다녀온 뒤, 소현세자빈(昭顯世子嬪)으로 처형당한 강씨(姜氏)의 신원을 요구하다 죄를 입은 김홍욱을 옹호하다가 삭직 당하였으나, 곧 복관되고 좌의정에 올랐다.

245) 국성(國姓) : 전주 이씨를 말한다.

246) 문희성(文希聖, ?~?) : 자는 경수(敬修), 본관은 남평(南平)이다. 1594년 무과에 급제하여 경상우수사(慶尙右水使)·안주 방어사(安州防禦使) 등을 역임하였다. 나라가 위태로울 때마다 무재(武才)에 뛰어난 장수로 인정받았다.

돌아다녔다. 산을 오르내리는 것이 마치 날아다니는 것 같았으니, 그의 날쌔고 힘차기가 이와 같았다.

내직內職과 외직外職을 두루 역임하여 모두 명성과 공적을 쌓았으며 세태를 따라 행동하지 않았다. 항상 서적을 가지고 다니며 공무를 마치고 물러나거나 한가로이 거처할 때에는 책을 펼쳐놓고 읽었다. 비록 여름밤에도 항상 몇 질의 서책을 보고나서야 잠자리에 들었다. 만년에 지례知禮의 대덕산大德山 아래에 터를 잡고 시내가 굽어보이는 곳에 몇 칸 집을 지었다. 수천 권의 책을 모아놓고 나물을 먹고 물을 마시며 한가로이 거닐며 마음껏 즐겼으니, 호젓하고 쓸쓸하기가 마치 가난한 선비와 같았다. 시인이나 학자가 오기라도 하면 신발을 거꾸로 신고 나가 맞이하여 경사經史를 토론했는데, 진지한 대화를 끊임없이 나누면서도 지칠 줄을 몰랐다. 항상 말하였다. "사람이 꼭 문장 실력을 길러 과거科擧에 급제할 필요는 없다. 다만 옛사람의 글을 읽고 옛사람의 일을 행할 수 있으면 충분하다. 짚신과 베옷은 천하지 않고 높은 벼슬아치의 깃발은 영화롭지 않다." 무예에 대하여 묻는 이가 있으면 말하였다. "나는 비록 무인이지만 익힌 적이 없다." 반드시 독서할 것을 권면하였다.

그는 관직에 있을 때에 청렴과 지조가 뛰어났다. 전라도 수군절도사水軍節度使에서 해직되어 돌아올 적에 아들 이정익李廷翼이 사사로이 베 몇 단과 쇠 몇 덩이를 가지고 왔다. 공이 그것을 우연히 보고는 여러 날 음식을 먹지 않으며 통렬하게 꾸짖었다. 아들 이정옥李廷沃도 무과에 급제하여 거창 부사居昌府使가 되어 약간의 음식을 보내온 적이 있었다. 공이 물리치고 받지 않으며 말하였다. "내가 어찌 내 입과 배를 채우기 위해서 내 아이의 정사에 누를 끼치겠는가?" 공은 이정옥이 세금을 독촉하여 원망을 샀다는 말을 듣고, 아들이 와서 뵈려고 함에 문을 닫고 보지 않았다. 이정옥이 또한 부친의 뜻을 잘 받들어 몸가짐을 검약儉約하게 하니, 거창의 백성들이 비석을 세워 떠나간 뒤에도 그리워하였다. 내가 일 때문에 평안도 구성龜城을 지나갔었는데, 구성 사람들은 입이 마르도록 공을 칭송하였다. 아! 공의 지조志操와 행실行實이 어찌 지금 세상에서만 보기 드문 것이랴! 또한 예전의 명장名將에게도 부끄럽지 않다고 할 만하다.

◑ 신유(1621) 연간에 간신 이이첨李爾瞻·박홍도朴弘道[247] 등이 권력을 다투었다. 박홍도가

247) 박홍도(朴弘道, 1576~1623) : 자는 자수(子修), 본관은 죽산(竹山)이다. 1610년 문과에 급제하여

이이첨이 관서關西로 중국 사신을 맞이하러 나간 틈을 타서 삼사三司를 부추겨 이이첨의 죄를 논하게 하니, 이이첨이 거의 패망하게 되었다. 당시에 강좌江左의 선비들이 여러 고을에 통문通文을 돌려 또한 이이첨의 죄상을 상소하여 몰아내고자 하였다. 우리 고을의 유생들이 거취를 여쭙고 의논하니, 창석蒼石·남계南溪 같은 여러 어른들은 참여할 만하다고 여겼으나 유독 조부께서는 "여러분이 첫 번째 의리를 행하고자 한다면 참여하지 않을 수 없습니다. - 첫 번째 의리는 이첨爾瞻이 모후母后를 폐한 죄를 논하는 것을 가리킨다. - 다만 그의 죄와 잘못을 대략 거론하여 박홍도의 논의에 붙인다면 이것이 어찌 초야草野의 공론公論이겠습니까?"라고 하였다. 이에 우리 고을의 유생들은 소회疏會[248]에 가지 않고 그 통문에 답하였는데, 대략 이러하였다. "이이첨이 쌓은 죄악은 하루에 이루어진 것이 아닙니다. 나라가 그의 손에서 망하지 않은 것은 또한 다행입니다. 그러나 적막한 초야에서 청의淸議가 겨우 윤선도尹善道[249] 한 사람에게만 있고 그친다면 참으로 이미 선비의 기운으로서는 매우 부끄러운 일입니다. 그러나 지금 조종祖宗께서 묵묵히 도와 국가의 복이 신령하게 자라며, 주상의 사총四聰[250]이 밝게 열려 사태의 본질을 속속들이 환하게 알아보시고[251] 삼사三司가 함께 발하여 일제히 간사함을 성토하고 있으니,[252] 저들의 실체가 다 드러나서 형벌을 받게 될 것입니다. 공론公論이

사헌부 지평(司憲府持平)·홍문관 수찬(弘文館修撰)·이조 정랑(吏曹正郞) 등을 역임하였다. 1617년 구천군(龜川君) 이수(李睟) 등 19인이 이이첨(李爾瞻) 무리들의 횡포를 탄핵하는 소를 올렸다가 오히려 삼사의 공격을 받아 이들과 함께 변방으로 위리안치 되었다. 그러나 뒤에는 오히려 이이첨의 무리들과 연루된 혐의로 1623년 좌부승지로 재직 중 참형 당하였다.

248) 소회(疏會) : 여러 사람이 상소를 하기 위하여 모이는 모임을 말한다.

249) 윤선도(尹善道, 1587~1671) : 자는 약이(約而), 호는 고산(孤山), 본관은 해남(海南)이다. 1628년 과거에 급제하여 사부(師傅)·동부승지(同副承旨) 등을 역임하였다. 급제 전에 이이첨을 죄상을 규탄하는 소장을 올렸다가 경원으로 유배되었다. 「산중신곡(山中新曲)」·「산중속신곡(山中續新曲)」·「고금영(古今詠)」·「증반금(贈伴琴)」·「어부사시사(漁父四時詞)」 등의 작품을 남겼다. 저서는 『고산선생유고』가 전한다.

250) 주상의 사총(四聰) : 사방의 말을 다 들을 수 있는 임금의 귀 밝음을 말한다. "사문을 열고 사목을 밝게 하고 사총을 달하게 한다.[闢四門 明四目 達四聰]"에서 온 말이다.(『書經』「舜典」) 그 주에, "보고 듣는 것을 사방에 넓히어, 천하로 하여금 옹색한 일이 없게 한 것이다."고 하였다.

251) 사태의 …… 알아보시고[照水之犀] : '조수지서'는 사태를 자세하게 파악하는 것을 말한다. 진 나라 온교(溫嶠)가 우저(牛渚)를 지나다가 깊은 물속에 기괴한 물건들이 있을 것이라 여겨, 서각(犀角)을 태워서 물에 비쳤더니, 기괴한 수족(水族)들이 보이는데 혹은 붉은 옷을 입고 말과 수레를 탄 것도 보였다. 꿈에 수신(水神)이 나타나서 "남의 비밀을 비추어 보는 것은 좋지 못하다."고 한 고사에서 유래한다.(『晋書』「溫嶠傳」)

조정에서 행해지니, 성대하다고 할 만합니다. 초야草野의 선비들이 그 사이에 끼어들어 쓸데없이 중언부언重言復言하는 것은 마땅하지 않는 것 같습니다. 대개 이이첨의 죄악은 한결같은데 수많은 사람이 입 다물고 있는 때에 그것을 드러내면 그것은 어쩔 수 없이 한 곧은 기개가 되겠지만, 오늘날 그것을 거론하면 부화뇌동附和雷同하여 하는 군더더기 말에 지나지 않습니다. 이른바 '중中은 일정한 체體가 없고 때에 따라 있다'는 것입니다." 이는 조부께서 유생들을 위하여 지은 것이다.

강좌江左의 선비들은 군자가 말하고 침묵하는 절도는 알지 못하면서 화를 두려워한다고 말하였다. 그러므로 일송一松께서 조부께 편지를 부쳐 말하였다. "조령鳥嶺 아래에서 소장을 올린 유생들이 다른 고을에는 절로 있으나 상주에는 절로 없으니, 또한 괴상한 일이 아닙니까? 요직要職에 있는 관리들은 영감令監께서 막은 일은 아주 잘한 일이라고 논의하지만 도내道內 선비들의 평에는 혹 조롱이 없지 않다고 합니다. 고명한 사람은 '둘 다 가소로우나 차라리 이렇게 해서 모욕을 받을지언정 저렇게 해서 비방을 면해서는 안 된다'고 합니다. 인심人心은 날로 떠나고 국사國事는 날로 그릇되어 가니, 이러한 때에 바른 논의가 세도世道에 어찌 조금이라도 도움이 되겠습니까? 영형令兄이 행하지 말라고 깨우쳐준 것은 마땅합니다. 이것이 돈괘遯卦에서 동인괘同人卦로 옮겨감[253] 이니, 선현께서 이미 갖춘 소장을 멈춘 이유입니다."

계해년(1623)이 되어 안음安陰[254] 의 선비가 일선一善의 시험장에 와서 우리 고을에 통문通文을 돌려 재임齋任을 벌주려고 하였다. 이에 우리 고을과 함창咸昌의 유생儒生 백 십여 인은 시비를 따지지 않았다. 다만 시험을 보지 않고 여러 고을에 통문을 보내 그 곡절曲折을 알렸다.

---

252) 간사함을 …… 있으니[觸邪之豸] : '촉사지치'는 일을 정확하게 판단하는 것을 말한다. 뿔이 하나인 신령한 동물 '해치'는 성질이 충직(忠直)하여 곡직(曲直)을 잘 분변할 뿐 아니라, 사람들이 서로 싸우는 것을 보면 그중에 사악(邪惡)하고 부정(不正)한 자를 뿔로 받아버린다는 전설(傳說)에서 유래한다.(『後漢書』「輿服志」)

253) 둔괘(遯卦)에서 …… 옮겨감 : 「주자행장(朱子行狀)」에서 "선생이 만언(萬言)의 상소문을 초안했으나 주장한 말이 너무나 통절(痛切)하였다. 문인들이 충고하여 점(占)으로 결정하기로 했는데, 계통이 점을 쳐서 '둔괘(遯卦)에서 동인괘(同人卦)로 옮겨 간다.'는 점괘를 얻자, 선생이 상소문 원고를 불사르고 둔옹(遯翁)이라 자호하였다."라고 한 데서 유래한다.

254) 안음(安陰) : 경상남도 함양군(咸陽郡)과 거창군(居昌郡)의 일부 지역의 옛 행정구역명으로 이안현(利安縣)과 감음현(感陰縣)을 병합한 이름이다.

"신유년의 상소는 어찌 한 도道의 성대한 의거義擧가 아니겠는가마는 다만 선비는 각자 견해가 있으므로 구차하게 같이 할 수 없습니다. 그러므로 당시 우리 고을은 바로 통문을 낸 곳으로 답변하였습니다. 이는 도내의 모든 사람들이 다 아는 것이 아닙니까? 예전 보우普雨[255]를 성토하자고 청할 때에 팔도八道가 모두 일어났으나 예안禮安 한 고을은 유독 참여하지 않았는데, 예안이 뒤로 물러나 관망했다고 하는 말은 아직 듣지 못하였습니다. 어찌 당시의 많은 선비들의 견해가 오늘날 안음 선비들에 미치지 못하여 그렇게 했겠습니까? 구실에 의거하여 받아들였다는 설에 이르러서는, 나 자신에게 이미 흠이 없다면 뜻하지 않게 찾아오는 모욕이 어찌 터럭 하나 움직일 수 있겠습니까? 만약 우리 고을에 정말 이런 잘못이 있다면 벌을 주는 것이 본래 마땅하고 벌을 받는 것도 마땅하니, 어찌 재임齋任 한 두 사람 만에게 해당될 뿐이겠습니까? 만약 잘못이 없다면 비록 수많은 사람이 막더라도 우리는 또한 홀로 갈 것이니, 어찌 머리를 숙이고 명령을 따라 마치 실제로 이런 일을 한 사람처럼 할 수 있겠습니까? 대저 논의하는 사이에 옳고 그름이 비록 차이가 있더라도 각자 자신의 소견所見을 지키는 것은 병통이 되지 않으니, 어찌 일정한 논의를 선시하면서 소견에 차이가 있음을 꺼려하겠습니까?"

○ 심 일송沈一松이 조부께 편지를 부쳐 말하였다. "요즘 예조禮曹에 공사公事가 있었습니다. 영백嶺伯 윤 정춘尹靜春[256]의 장계狀啓 때문에 예안의 유생들이 올린 글을 낱낱이 들어서 월천月川 조목趙穆 영공을 도산서원에 배향하고자 하는 일로 입계入啓하였는데 '대신들과 의논하라'고 재가하였습니다. 저도 헌의獻議[257]하는 자리에 있었는데, 조 영공은 이 일에 합당하기는 하지만 일종의 논의는 타당치 않다고 여겼습니다. 만년에 서애西厓와는 사이가 멀어져 성내는 기상氣象이 많았으므로 해조該曹에서 칭송하였던 면재勉齋 황간黃榦[258]과 주자

---

255) 보우(普雨, 1509~1565) : 호는 허응(虛應), 승려의 법명이다. 문정왕후의 비호 아래 불교의 중흥에 힘썼던 인물이다. 1504년에 폐지되었던 승과 제도(僧科制度)를 부활시키자, 유생들은 선교 양종과 도첩제·승과제의 폐지를 요구하고, 보우의 처벌을 주장하는 상소를 계속 올렸다.

256) 정춘(靜春) : 윤휘(尹暉, 1571~1644)의 자이다. 호는 장주(長洲), 본관은 해평(海平), 시호는 장익(章翼)이다. 1594년 문과에 급제하여 전라도·경상도 관찰사(觀察使)를 지낼 적에 치적(治積)을 올렸다. 저서는 『장주집』이 전한다.

257) 헌의(獻議) : 의논한 결과를 임금에 올림을 말한다.

258) 황간(黃榦, 1152~1221) : 송 나라 학자. 자는 직경(直卿), 시호는 문숙(文肅), 민현(閩縣) 사람이다.

의 관계와 완전히 같다고 한 설에는 아쉬운 점이 있었습니다. 그러므로 대신大臣들은 '다시 본도本道의 방백에게 근방 여러 고을의 유생들의 정론定論을 자세히 조사하여 치계馳啓하게 한 뒤에 처리하소서.'라는 뜻으로 아뢰었습니다. 서원書院의 유생 이립李苙 등 80여 인이 연명하여 올린 글 중에 사실 40여 인은 대부분 날조된 인물이라고 합니다. 김중청金中淸[259]은 막 예조 정랑이 되었고, 판서判書 성징聖徵 - 월사月沙 이정구李廷龜[260]의 자이다. - 이 또한 그 일을 주관하였습니다. 최근에 전 서천 군수舒川郡守 이광윤李光胤[261] 및 약간 명의 문인과 벼슬아치들이 대신의 집으로 긴 글을 올려 '본도를 다시 조사하는 것'은 온당하지 않다고 하였습니다. 태상太常 김공은 또한 거기에 참여하였으나 첨정僉正 이영도李詠道[262]는 참여를 꺼렸다고 합니다. 이 일은 처리하기가 매우 어렵습니다." 이 편지로 볼 때 당시 여론의 공사시비公私是非를 대략은 알 수 있다.

○ 오봉五峯[263]께서는 타고난 자질이 빼어났고 법도에 얽매이지 않았으며 농담을 잘하고 술 마시기를 좋아하였다. 조부께서 일찍이 술을 경계하라는 글을 주니, 공이 답을 하였다. "집이 가난하여 술이 없으니 한 잔도 마실 수 없습니다. 기력氣力으로는 견딜만하여 비록 그것을 바라지만 얻지 못하고 있습니다. 영공께서는 제가 아직도 누룩을 마련할 수 있다고 생각하십니까?" 또 편지하여 말하였다. "영감께서는 마시는 것을 경계하라 하시지만 지금은

주자와 유청지(劉淸之)에게 수학하였는데, 주희는 그의 능력을 인정하여 학문을 전수하고 사위로 삼았다. 저서는 『육경강의(六經講義)』·『예기집주(禮記集注)』 등이 전한다.

259) 김중청(金中淸, 1567~1629) : 자는 이화(而和), 호는 만퇴헌(晩退軒), 본관은 안동이다. 1610년 문과에 급제하여 전적(典籍)·정랑(正郎) 등을 역임하였다. 성절사(聖節使)의 서장관(書狀官)으로 명 나라에 다녀왔다.

260) 이정구(李廷龜, 1564~1635) : 자는 성징, 호는 월사(月沙), 본관은 연안(延安), 시호는 문충(文忠)이다. 1590년 문과에 급제하여 설서(說書)·부제학(副提學)·좌의정(左議政) 등을 역임하였다. 한문학의 대가로서 글씨에도 뛰어났고 신흠(申欽)·장유(張維)·이식(李植) 등과 함께 조선 중기의 4대 문장가로 일컬어진다. 저서는 『월사집』이 전한다.

261) 이광윤(李光胤, 1564~?) : 자는 극휴(克休), 호는 양서(讓西), 본관은 경주(慶州)이다. 1594년 문과에 급제하여 호조 좌랑(戶曹佐郎)·수찬(修撰)·부제학(副提學)을 역임하였다.

262) 이영도(李詠道, 1559~1637) : 자는 성여(聖與), 호는 동암(東巖), 본관은 진보(眞寶)이다. 퇴계 이황의 손자이기에 음보(蔭補)로 벼슬길에 올라 군자감 참봉(軍資監參奉)·청송 부사(青松府使)·사복시 첨정(司僕寺僉正) 등을 역임하였다.

263) 오봉(五峯) : 이호민(李好閔)의 호이다.

기력氣力이 이미 마시지 못할 지경이 되었습니다. 매우 근심스러운 일이 있어 비록 마시고 싶어도 또한 할 수 없습니다. 집 아이가 저의 생일이라고 술과 안주를 마련하고 손님을 맞이하여 매우 어수선하기에 예를 갖추지 못합니다." 오봉이 호방豪放하여 장난을 좋아함이 이와 같았다.

○ 조부께서는 한 구암韓久庵[264]·한 유천韓柳川[265]과 도의道義로 사귀었다. 무오(1618) 연간에 한 유천께서 조부께 서신을 보내 한 구암의 묘갈문을 지어줄 것을 청하였는데, 내용이 대략 다음과 같다. "영형令兄께서는 저와 서로 알고 지낸 것이 가장 가깝고 오래되었으며, 저의 망형亡兄과도 자주 책상을 마주해 놓고 학문을 강마한 적이 있었습니다. 교분이 또한 옛날 사람들이 이른바 '뜻이 합함에 학업을 같이하며 도예를 하는데 꾀를 같이 한다.'[266]고 한 것에 모자라지 않습니다. 그렇다면 제가 망형을 위하여 한 마디 말을 구할 적에 영형을 놔두고 누구에게 하겠습니까? 또 망형께서 학문하는 겨를에 저술한 논설은 이 시대를 다 둘러보아도 영형令兄이 아니면 그 순수함과 흠을 가려내고 그 시비를 논할 수 있는 분이 없습니다. 저는 이 때문에 더욱 영형令兄께 묘갈명[267]을 얻어서 묘도墓道에 새기는 일에 대비하고 후세의 자운子雲[268]을 기다리고자 합니다."

조부께서 묘갈문을 찬술하자, 한 유천께서 또 편지를 보내 말하였다. "선형先兄의 숨은 덕과 진실한 행동이 당세에는 알려지지 않았지만 다행히 영형令兄께서 뜻을 다하여 칭송하였습니다. 옛날에 채옹蔡邕은 곽유도郭有道를 위해 지은 비문에만은 부끄러움이 없었는데,[269]

---

264) 구암(久庵) : 한백겸(韓百謙, 1552~1615)의 호이다. 자는 명길(鳴吉), 본관은 청주(淸州)이다. 1579년 생원시에 입격하였다. 실학의 선구자로서 실증적이며 고증학적인 방법으로 조선의 역사·지리를 연구하고, 종래 역사가들의 학설을 비판·수정하였다. 저서는 『구암집』이 전한다.

265) 유천(柳川) : 한준겸(韓浚謙, 1557~1627)의 호이다. 자는 익지(益之), 본관은 청주(淸州), 시호는 문익(文翼)이다. 인조의 장인이다. 1586년 문과에 급제하여 예문관 검열이 되어 홍문록에 오르고 문장으로 이름을 날렸다. 저서는 『유천유고(柳川遺稿)』가 전한다.

266) 뜻이 …… 한다 : 『예기(禮記)』「유행(儒行)」에 나오는 말이다.

267) 묘갈명[顯詩之] : 묘갈명이 찬양하는 시이므로 한 말이다.

268) 자운(子雲) : 한(漢) 나라 사람 양웅(揚雄)의 자(字)이다. 양웅이 『주역(周易)』을 모방하여 『태현경(太玄經)』을 짓자 사람들이 말하기를, "이처럼 어려운 글을 누가 읽겠는가? 무용지물이 되고 말 것이다."고 하였다. 그러자 양웅은 "나는 후세의 자운을 기다린다."고 하였다. 이후로 후세의 훌륭한 학자나 문인을 일컫는 말로 쓰인다.

저는 영형께서 이에 대하여 부끄러움이 없으리라 생각합니다." 이분들이 도의로 사귄 깊이는 이 두 서신에서도 대략 볼 수 있다.

○ 김창일金昌一 공께서는 호가 사한정四寒亭이고 큰 키와 마른 체구에 정신과 기운이 빼어나니, 바라보면 신선세계 속의 사람처럼 보였다. 유일遺逸로 천거되어 관직이 합천 군수에 이르렀다. 조부와 서로 친하게 사귀어 두 분께서 만나면 반드시 학문을 논하였는데, 끊임없이 진지하게 하면서도 싫증내지 않았다. 성품이 고결高潔하고 선학禪學을 좋아하였으므로, 조부께서 시로 깨우쳐 주었다.

성인이 아니면 경서라도 중독이 되니	非聖書經眼中毒
말을 아는 사람270)을 세상에서 만나기 어렵네	知言人曠世難逢
청컨대 실지대로 더욱 따르고 살펴서	請從實地加循省
현허271)를 가지고 진실된 공부로 삼지 말라	莫指玄虛作實功

---

269) 채옹(蔡邕)은 …… 없었는데 : 우복선생께서 제문을 지음에 최선을 다하였음을 말한다. 채옹(蔡邕)은 후한(後漢) 때 학자이고, 곽유도는 후한 때의 은사(隱士)인 곽태(郭太, 128~169)를 말한다. 곽태의 자는 임종(林宗)이고 유도(有道)는 곽태가 도(道)를 지닌 사람으로 천거되었기 때문에 불린 이름이다. 곽태가 죽은 뒤에 채옹이 그의 비문을 지었는데, "내가 비문을 지은 것이 많지만, 다만 곽유도비명(郭有道碑銘)만은 부끄럽지 않다."고 한 고사에서 유래한다.(『後漢書』「郭太列傳」)

270) 말을 아는 사람[知言] : 주 128) 참조.

271) 현허(玄虛) : 현묘하고 허무함을 이르는 말로, 노장(老莊)의 학설을 말한다.

무첨재선생문집

無忝齋先生文集

제4권

무첨재선생문집 제4권

부록附錄

연보年譜

선생께서는 휘가 도응道應이며, 자가 봉휘鳳輝이며, 호가 무첨재無忝齋이다. 『시경詩經』의 "낳아준 부모를 욕되게 하지 말라.[無忝爾所生]"는 말에서 취하였다. 또 당 나라 사공도司空圖의 '쉬어야 하는 네 가지 이유[四宜休]'[1]라는 말에서 취하여 호를 휴암休庵이라고도 하였다.

명나라 신종神宗황제 만력 46년 - 조선 광해 10년(1618) - 무오 12월 6일 신유일 미시未時, 선생께서는 상주尙州 율리栗里의 집에서 태어났다.

시조始祖 어사부군御史府君[2]께서 상주 판관尙州判官 시절 아들 중에 휘 의생義生을 상주의 초전리草田里에 머물게[3] 하니, 후손들이 이곳에서 살게 되었다. 6세손 수의부위修義副尉 휘 번蕃이 율리栗里[4]에 처음 터를 잡았다.

---

1) 쉬어야……이유[四宜休] : '사의휴'의 의미는 정확히 알 수 없다. 다만 손방에게 지어준 황정견(黃庭堅)의 「사휴거사시서(四休居士詩序)」의 "거친 차와 싱거운 밥에 배부르면 곧 쉬고, 해진 옷 기워서 추위 가려 따스하면 곧 쉬고, 평평하고 온온하게 지낼 만하면 곧 쉬고, 탐하지 않고 시기하지 않으면서 늙으면 곧 쉬는 것이다.[麤茶淡飯飽卽休 補破遮寒暖卽休 三平二滿過卽休 不貪不妬老卽休]"에서 사휴(四休)가 보이며, 사공도(司空圖)가 지은 「휴휴정기(休休亭記)」의 "첫째는 재주를 헤아려 보니 쉬는 게 마땅하고, 둘째는 분수를 헤아려 보니 쉬는 게 마땅하고, 셋째는 귀 먹고 노망났으니 쉬는 게 마땅하다.[蓋量其才 一宜休也 揣其分 二宜休也 耄且聵 三宜休也]"에서 삼의휴(三宜休)가 보인다.

2) 어사부군(御史府君) : 휘는 택(澤)이다.

3) 머물게 : 상산군(商山君) 김득제(金得齊, ?~?, 고려무신)의 따님을 차자(次子)인 휘 의생(義生)의 부인으로 맞이하면서 초전리(草田里, 일명 초오리(草吾里))에 살게 하였다.

4) 율리(栗里) : 시거지(始居地)인 초오리(草吾里)의 북쪽에 있다.

기미년(1619), 광해 11년 선생 2세.

경신년(1620), 광해 12년, 선생 3세.

명나라 희종熹宗 황제 천계天啓 원년 신유년(1621), 광해 13년, 선생 4세.

임술년(1622), 광해 14년, 선생 5세.

계해년(1623), 인조 원년, 선생 6세.

○선생께서는 어려서부터 잡된 놀이를 한 적이 없었다. 대여섯 살 때에 같은 또래 아이들과 나가서 놀았다. 한 아이의 말이 매우 겸손치 않았지만 선생께서는 웃으며 따지지 않았다. 어떤 사람이 물었다. "치욕스럽지 않느냐? 어째서 따지지 않는 것이냐?" 선생께서 웃으며 대답하였다. "제가 만약 겸손치 않음을 따진다면 이는 저도 겸손치 않는 것이니, 제가 꾸짖을 수 있겠습니까? 단지 이 아이가 비록 어려서 아는 게 없지만 예의에 어긋난 행동을 남에게 하니, 깊이 사귈 수는 없습니다." 이후로 마침내 가까이하지 않으니, 듣는 이들이 남달리 여겼다.

3월, 인조대왕이 반정反正을 하였다.

갑자년(1624), 인조 2년, 선생 7세.

○조부 문장공文莊公에게 『사략史略』을 배웠다.

『사략』을 배우면서 범방范滂이 옥에 들어가니, 그 어머니가 이별하면서 "네가 이응李膺·두밀杜密과 이름을 나란히 한다면 죽더라도 무슨 한이 있겠느냐."라고 한 부분에 이르러 문장공께서 목이 메어 차마 읽지 못하였다. 선생 또한 자신도 모르게 감격하여 눈물 흘렸다.

을축년(1625), 인조 3년, 선생 8세.

○3월, 검열공檢閱公[5]의 상喪을 당하였다. 당시 검열공께서 천연두를 앓아 직소直所에서 돌아가셨다.

---

5) 검열공(檢閱公) : 무첨재 선생의 부친이신 정심(鄭杺)을 말한다.

병인년(1626), 인조 4년, 선생 9세.

정묘년(1627), 인조 5년, 선생 10세.

○ 선생께서 일찍 아버지를 여의였고 조부 문장공께서도 서울에서 벼슬살이를 하고 있었으므로 조모인 정경부인貞敬夫人께서 배울 시기를 놓칠까 걱정하였다. 문장공께서 선생을 가리키며 말하였다. "이 아이는 비록 늦게 배우더라도 뒤에 반드시 대성大成할 것이니, 걱정하지 않아도 됩니다."

5월, 3년 상을 마쳤다.

무진년(1628), 인조 6년, 선생 11세.

기사년(1629), 인조 7년, 선생 12세.

○ 현감공縣監公 노준명盧峻命에게 수업하였다. 선생께서는 학문에 뜻을 두고 깊이 사색하였으며 이해하는 것이 총명하고 판단이 분명하였다. 또래들과 오래도록 함께 있어도 능히 공경하며 게을리 하지 않았으니, 노공盧公이 매우 칭찬하였다.

경오년(1630), 인조 8년, 선생 13세.

신미년(1631), 인조 9년, 선생 14세.

임신년(1632), 인조 10년, 선생 15세.

계유년(1633), 인조 11년, 선생 16세.

○2월, 문장공께서 선생의 어릴 적 이름에 근거하여 이름을 짓고 또 자字를 지었다.

○6월, 문장공의 상喪을 당하였다.[6] 선생께서 상을 치루는 동안 예를 다하고 장례를 잘 마치니, 사람들이 노성老成함은 따르기 어렵다고 칭찬하였다.

○9월, 장례葬禮를 행하였다. 주상께서 관원을 보내 치제致祭[7]하였으며, 왕세자도 관원을 보내 치제하였다.

---

6) 당하였다[承重] : '승중'은 아버지를 여읜 맏아들이 당한 할아버지나 할머니의 초상(初喪)을 아버지 대신 치르는 것을 말한다. 무첨재선생이 1625년 8세에 아버지 상을 당하였기에 승중이라고 하였다.

7) 치제(致祭) : 임금이 제물(祭物)과 제문을 내려 제사(祭祀)지내게 하는 일을 말한다.

선생께서 응접함에 대례大禮가 모두 절도에 맞았다. 예관禮官이 행동거지에 법도가 있음을 보고는 나와서 사람들에게 말하였다. "노선생께서 비록 돌아가셨지만 또 어진 손자가 그 덕업을 잘 이어가니, 사문斯文의 다행입니다."

문정공文正公 송 동춘당宋同春堂[8]에게 편지를 올려 묘제墓祭에 대하여 논의하였다.

선생께서 부친의 묘사는 상복을 입고 직접 행하였으며 그 이외 여러 묘소는 족인族人에게 대신하도록 하였는데, 초헌初獻만 행하고 축문祝文은 읽지 않았다.

갑술년(1634), 인조 12년, 선생 17세.

을해년(1635), 인조 13년, 선생 18세.

○6월, 창석공蒼石公 이준李峻 선생이 돌아가시니, 곡을 하였다. ○8월, 복服을 마쳤다.

○10월, 조모인 정경부인 진성 이씨의 상을 당하였다.

병자년(1636), 인조 14년, 선생 19세.

정축년(1636), 인조 15년, 선생 20세.

○『주서朱書』를 읽었다. ○12월, 복服을 마쳤다. 송 문정공에게 편지를 올려 길제吉祭에 대하여 논의하였다.

당시 정경부인의 신주神主를 사당에 합사해야 했으므로 의절儀節에 대하여 문정공에게 여쭈어서 행하였다.

무인년(1638), 인조 16년, 선생 21세.

○2월, 부인 풍산 류씨豐山柳氏를 맞아들였다.

유일遺逸로 지평持平을 지낸 수암선생修巖先生 휘 진袗의 딸로 문충공文忠公 서애선생西厓先生의 손녀이다. 이전에 문장공께서 수암공에게 직접 혼인에 대하여 의논하였다. 수암공이 세상을 떠나자 조모 정경부인께서 시간만 가는 것을 염려하여 다른 곳으로 정하려 하였다. 선생께서 말하였다. "할아버지께서 정하셨던 것이니, 지금 저버릴 수 없습니다. 비록 10년을 지체하더라도 기다릴 수 있습니다." 정경부인께서 의롭게 여겨 허락하였다.

---

8) 동춘당(同春堂) : 송준길(宋浚吉, 1606~1672)의 호이다. 우복선생의 사위이다.

기묘년(1639), 인조 17년, 선생 22세.

○ 2월, 방백方伯이 유생들을 모아 놓고 강독하는 데에 참여하였다.

방백方伯의 강독 수업이 매우 엄격하니, 선비들이 모두 두려워하였다. 선생께서는『서전書傳』으로 강독에 응하였다. 문장의 뜻을 토론할 때 이치에 맞게 말하니, 방백이 칭찬을 그치지 않으며 말하였다. "정 아무개는 큰 선비이다."

경진년(1640), 인조 18년, 선생 23세.

신사년(1641), 인조 19년, 선생 24세.

임오년(1642), 인조 20년, 선생 25세.

계미년(1643), 인조 21년, 선생 26세.

갑신년(1644), 인조 22년, 선생 27세.

○ 명明 나라가 망하였다.

을유년(1645), 인조 23년, 선생 28세.

○ 8월, 무주無住 홍호洪鎬 공公이 돌아가셨다. 제문祭文과 만사輓詞가 있다.

병술년(1646), 인조 24년, 선생 29세.

○ 4월 4일, 아들 석교錫僑가 태어났다.

정해년(1647), 인조 25년, 선생 30세.

○ 월간선생月澗先生 이전李琠 공을 뵈었다. 월간 어른은 문장공과 동문同門의 벗인데 연세가 90에 이르러 덕이 깊었다. 선생께서 매번 가서 뵐 때마다 손을 잡고 힘쓰라고 타이르는 것이 매우 각별하였다.

무자년(1648), 인조 26년, 선생 31세.

○ 봄에 선유동仙遊洞으로 유람 갔다. 유람에 속리산俗離山을 올라 용유동龍遊洞까지 두루 둘러보았다. 지은 시가 있다.

9월, 어머니를 모시고 경주慶州로 갔다.

경주는 어머니의 고향이다. 경주의 여러 경승지를 두루 유람하고는 이어서 바닷가로 가서 해돋이를 보았다.

12월, 유일遺逸로 천거되어 내시부 교관內侍府敎官에 제수되었다. ○ 월간선생이 돌아가셨다.

제문祭文과 만사輓詞가 있다.

기축년(1649), 인조 27년, 선생 32세.

○ 정월正月, 목재木齋 홍여하洪汝河가 내방하였다. ○ 29일, 서울로 들어가 사은숙배謝恩肅拜하였다. ○2월, 천연두 때문에 사직서를 올리고 고향으로 돌아왔다. ○ 송 문정공文正公을 찾아뵙고 문장공의 「연보年譜」를 교정하였다. 이어서 머물며 『가례家禮』를 익혔다.

이전에 문장공께서 선생을 문정공文正公에게 부탁하였다. 문정공이 마음을 다해 이끌어 주고 가르쳐주니, 성취한 것이 많았다. 『예기禮記』와 『가례의절家禮儀節』에 이르러서는 빈번히 질문을 하여 의심을 풀었다.

범재泛齋 심대부沈大孚 공을 뵈었다.

범재도 문장공의 뛰어난 제자로 오랜 덕망과 맑은 명성이 있어 세상 사람들이 소중하게 여겼다. 문장공 유집遺集의 대부분을 손으로 베끼고 교정하였기 때문에 선생께서 가서 뵈웠다.

부사용副司勇[9] 이 되었다. ○4월, 매악서숙梅嶽書塾을 낙성하는 모임에 갔다. 이어서 달 뜬 밤에 호대湖臺에서 배를 띄웠다. ○11일, 대군사부大君師傅에 제수되었다. ○5월, 목재 홍여하가 내방하였다. ○8일 경인庚寅일, 인조대왕께서 승하하여 존애당存愛堂에서 거애擧哀[10] 하였다. ○6월, 발탁되어 세자 시강원 자의世子侍講院諮議에 임명되었다.

당시 동궁東宮[11]을 보필하고 양육하기 위해 관택官宅을 짓고서 당대의 뛰어난 이들을 선발하였다. 선생께서 먼저 발탁되니, 당시의 영광이었다.

○7월, 부름을 받들어 한양으로 들어가 사은숙배하였다. 홍 목재洪木齋가 선생의 자호自號인 무첨無忝의 뜻을 추론하고 연역하여 지어준 증행서贈行序[12] 가 있다.

사직 상소를 진달陳達하였으나 윤허하시지 않았다.

상소의 대략[13] 은 다음과 같다.

---

9) 부사용(副司勇) : 오위(五衛)에 속한 종9품 무관 벼슬이다. 현직에 있지 않은 문관·무관, 그리고 기타 잡직에 있는 사람 가운데서 등용하였다.
10) 거애(擧哀) : 국상(國喪)이 있을 때에 망곡(望哭)을 행하고 복을 입는 것을 말한다.
11) 동궁(東宮) : 뒤의 조선시대 제18대 왕으로 오르는 현종(1641~1674)을 말한다.
12) 증행서 : 『무첨재집』 권4 「자의소명시증행서(諮議召命時贈行序)」을 말한다.

"신은 불행하게도 일찍이 고아孤兒가 되어 오직 어머니를 의지하였습니다. 외로운 집안은 고독하고 괴로워 끝내 형제兄弟가 드물게 되었습니다. 기질氣質이 허약하고 또 천연두도 겪지 않았습니다. 신의 어머니는 자애하심[14] 만을 알아 학업學業을 맡기지 않으니, 그럭저럭 포기暴棄하여 마침내 거친 사람이 되었습니다. 그러니 어찌 하나라도 취할 만한 실지實地가 있겠습니까? …… 실지로 바르게 닦은 선비를 특별하게 대우하는 것이지, 세록世祿을 자식에게 맡기는 유는 아닙니다. 자리가 청절淸切하여 시종侍從과 다름이 없습니다. 신이 만약 함부로 받으면 공의公議에서는 무엇이라 하겠습니까? …… 삼가 바라건대, 밝으신 성군聖君께서는 특별히 자애로운 부모의 들어주는 정으로 신의 위태롭고 절박한 간절함을 살피시어 빨리 신의 직분을 바꾸는 것을 허락해 주십시오."

주상께서 이렇게 비답批答하였다.

"너는 능히 세자를 깨우쳐 인도하고 학문을 권하여 날로 성취시키는 공이 있으면 국가가 인재를 얻은 것일 뿐만 아니라 어찌 대대로 네 집안의 영광이 아니겠느냐? 사양하지 말고 힘쓰도록 하라."

이전의 간청을 다시 진달陳達하며 두 번 상소하였으나 윤허를 받지 못하였다.

승정원承政院에 올렸으나 물려졌고, 또 오랑캐의 사신이 왔기 때문에 다시 올리지 못하였다.

8월, 학사鶴沙 김응조金應祖[15] 가 내빙하였다. ○9월 정묘일, 장삿날 발인發引할 적에 제사 지내고 곡하여 보내고는 어가御駕를 호종하여 돌아왔다. ○ 병자일, 하현궁망곡례下玄宮望哭禮[16] 를 대궐의 뜰에서 지냈다. ○ 정축일, 반우反虞[17] 함에 어가를 교외郊外로 나가 맞이하여

---

13) 상소의 대략 : 『무첨재집』 권2 「사자의소(辭諮議疏)」의 내용을 부분 발췌하였다.

14) 자애하심[舐犢] : '저독'은 삼국시대 위(魏) 나라의 양표(楊彪)가 한 말에서 유래한다. 애정만 가지고 자식을 대하는 자세를 말한다.(『後漢書』「楊震列傳」)

15) 김응조(金應祖, 1587~1667) : 자는 효징(孝徵), 호는 학사(鶴沙), 본관은 풍산(豊山)이다. 1623년 문과에 급제하여 병조 정랑(兵曹正郞)·교리(校理)·공조 참의(工曹參議) 등을 역임하였다. 저서는 『학사집』·『사례문답(四禮問答)』·『산중록(山中錄)』·『변무록(辨誣錄)』 등이 전한다.

16) 하현궁망곡례(下玄宮望哭禮) : 국상(國喪)의 인산(因山) 때 직접 참여하지 못할 경우에 하관 시간에 맞추어 능소(陵所) 쪽을 향하여 곡하는 예를 말한다.

17) 반우(反虞) : 장사를 치른 뒤에 신주를 보시고 집으로 돌아오는 의식을 말한다.

곡하고는 호종하여 돌아왔다. ○ 용주龍洲 문간공文簡公 조경趙絅[18]을 우제寓第에서 뵈었다. ◐ 10월, 사부師傅 이욕李溽의 궤연几筵[19]에 나아가 곡哭하였다. ◐ 모친의 병환으로 사직서를 올리고 고향으로 돌아왔다. ○ 12월, 또 병장病狀을 올렸다.

경인년(1650), 효종대왕 원년, 선생 33세.

◐ 5월, 목재 홍여하를 방문하였다. ○ 6월, 도남서원道南書院을 찾아가 여덟 분 선생의 묘우廟宇에 배알하였다.

서원은 상주尙州 낙동강 가에 있으며, 문장공文莊公과 창석蒼石 등 제현諸賢이 창설하였다. 포은圃隱·한훤당寒暄堂·일두一蠹·회재晦齋·퇴계退溪 다섯 선생을 받들고, 소재蘇齋·서애西厓 두 선생을 배향配享하였다. 뒤에 사림士林들이 또 문장공文莊公을 올려서 배향하였다.

8월, 빈賓이 되어 조씨曺氏의 관례冠禮에 참여하였다. ○ 벗들과 옥성서숙玉成書塾에 모여 문장공의 문집을 교정校正하였다. ○ 목재 홍여하가 내방하였다. ○ 9월, 산장山庄에 들어갔다.

신묘년(1651), 효종 2년, 선생 34세.

○ 2월, 아들 석현錫玄이 태어났다. ○ 범재泛齋[20] 심공沈公을 뵈었다. ○ 4월, 매호梅湖로 갔다가 목재 홍여하가 지내는 영빈潁濱을 방문하였다. ○ 5월 8일, 선생의 대상大祥이라서 옥성서당에서 망곡례望哭禮를 행하고 복을 벗었다. ○ 8월, 도남서원을 심방尋訪하였다. ○ 중산中山에 들어가 옥봉玉峯·사담沙潭 등의 여러 경승지를 유람하고 반야사般若寺에 묵었다. 이 일로 인하여 냉천冷泉을 찾아갔다.

이번 길에 익성공翼成公[21]의 영당影堂과 묘우廟宇에 배알하였다.

9월, 사축司畜 이일규李一圭[22]를 곡哭하였다. ○ 매호梅湖를 찾아가 심 대부 어른을 모시고

---

18) 조경(趙絅, 1586~1669) : 자는 일장(日章), 호는 용주(龍洲), 본관은 한양(漢陽), 시호는 문간(文簡)이다.

19) 궤연(几筵) : 삼년 동안 신주를 모셔놓은 자리를 말한다.

20) 범재(泛齋) : 심대부(沈大孚, 1586~1657)의 호이다. 자는 신숙(信叔), 호는 범재, 본관은 청송(青松)이다.

21) 익성공(翼成公) : 황희(黃喜, 1363~1452)의 시호이다. 자는 구부(懼夫), 호는 방촌(厖村), 본관은 장수(長水)이다. 1389년 문과에 급제하여 세자 부정자(世子副正字)·이조 판서(吏曹判書)·영의정(領議政) 등을 역임하였다. 1431년 영의정이 되어 18년 동안 국정을 통리(統理)한 명망 있는 재상이었다. 저서는 『방촌집』이 전한다.

서 배를 타고 달을 감상하였다. ○ 연악淵嶽[23]을 찾아가 구곡九曲을 감상하였다. ○ 성불사成佛寺·갑장사甲帳寺 등 여러 암자를 찾아갔다. 이 일로 인하여 사인암舍人庵·향로봉香爐峯 등 여러 경승지를 올랐다. ○ 10월, 백원百源 신석번申碩蕃[24]이 내방했다. ○ 대부인大夫人을 모시고 경주로 갔다. 옥산서원玉山書院을 찾아가서 회재晦齋 이 선생李先生의 묘우에 배알하였다. ○ 12월, 김중현金重鉉의 관례를 행하고 자字를 지어 주었다.

임진년(1652), 효종 3년, 선생 35세.

계사년(1653), 효종 4년, 선생 36세.

○ 정월, 선조의 사당을 수리하였다. ○ 범재 심 대부가 내방하였다. ○ 3월, 정랑正郎 송광식宋光栻[25]이 내방하였다.

송공은 문장공의 외손外孫이 되고 선생에게는 고종 사촌 아우가 된다.

5월, 범재 심대부 공이 내방했다. ○ 8월, 조씨에게 시집간 누이를 곡하였다.

선생은 형제가 없고 단지 누이 한명이 있었다. 정암 선생靜庵先生의 후손인 봉사奉事 조한수趙漢叟에게 시집을 갔는데, 이때에 이르러 요절하였다.

양주楊洲 도봉서원道峯書院을 심방尋訪하고 정암靜庵 조 선생의 묘우에 배알하였다. ○ 용주龍洲 조 문간공趙文簡公을 찾아뵙고 문장공의 비명碑銘을 부탁하였다. ○ 봉산鳳山 나성두羅星斗[26]와 근곡芹谷 이관징李觀徵[27]을 두루 방문하였다. ○ 목재 홍여하가 내방하였다. ○

---

22) 이일규(李一圭, 1592~1651) : 자는 경여(敬輿), 본관은 흥양(興陽)이다. 사축(司畜)을 지냈고 정묘호란 때 의병을 창의하였다.

23) 연악(淵嶽) : 상주(尙州)에 있는 삼악(三嶽) 중 하나인 갑장산을 말한다.

24) 신석번(申碩蕃, 1596~1675) : 자는 중연(仲衍), 호는 백원(百源), 본관은 평산(平山)이다. 1633년 사마시에 입격하였다. 효종 때 유일(遺逸)로서 천거를 받아 형조 좌랑에 임명되었으나 부임하지 않았다. 1675년에 당상관에 올랐으나 교지가 도착하기 전 죽었다. 저서는 『백원집』이 전한다.

25) 송광식(宋光栻, 1625~1664) : 자는 희장(希張), 본관은 은진(恩津)이다. 동춘당(同春堂) 송준길의 아들이다.

26) 나성두(羅星斗, 1614~1663) : 자는 우천(于天), 호는 기주(棋洲), 본관은 안정(安定)이다. 1646년 음사(陰仕)로 세자익위사 세마(世子翊衛司洗馬)되어 호조 좌랑(佐郎)·봉산 현감·해주 목사 등를 역임하였다. 지방관이 되어 농사를 권장하고 공명정대한 정치를 해 백성들의 추앙을 받았고 향약을 실시하여 백성들의 삶을 윤택하게 하였다.

27) 이관징(李觀徵, 1618~1695) : 자는 국빈(國賓), 호는 근곡(芹谷), 본관은 연안(延安), 시호는 정희(靖僖)이다. 1653년 문과에 급제하여 장령(掌令)·내사성(大司成)·대사헌을 역임하였다. 해서(楷書)에

9월, 송 문정공宋文正公[28]을 뵈었다. ○ 탄옹炭翁 권시權諰[29]를 방문했다.

당시 탄옹도 유일遺逸로 부름을 받았다.

10월, 낙성군洛城君의 묘소에 배알하였다.

낙성군은 선생에게 외선조外先祖가 된다.

갑오년(1654), 효종 5년, 선생 37세.

을미년(1655), 효종 6년, 선생 38세.

○ 4월, 여러 벗들과 사회社會에 참여하였다. ○ 5월, 유계酉溪 이신규李身圭를 뵈었다. 천연두를 피하여 두곡杜谷에 거처하였다. ○ 7월, 석천石川의 옛 터를 방문하여 여러 사람들과 모여 이야기 나누었다. ○ 9월, 서곡鋤谷 이원규李元圭[30]를 뵈었다. ○ 11월, 서곡鋤谷이 내방했다.

병신년(1656), 효종 7년, 선생 39세.

○ 여러 유생을 모아 문장공의 문집을 교정하였다. ○ 9월, 예사禰祀를 지냈다. 선생께서 이 예를 반드시 해마다 행하였다.

12월, 황산 찰방黃山察訪에 임명되었다. ○ 목재 홍여하를 방문하고서, 삼강서원三江書院을 심방하여 포은圃隱·퇴계退溪·서애西厓 세 선생의 묘우에 배알하였다.

정유년(1657), 효종 8년, 선생 40세.

○ 정월, 서울로 출발하여 용인龍仁에 이르러 돌아왔다.

뛰어났으며 만년에는 김생(金生)의 필법을 연구하였다. 저서는 『근곡집(芹谷集)』이 전한다.

28) 문정공(文正公) : 송시열(宋時烈, 1607~1689)의 시호이다. 자는 영보(英甫), 호는 우암(尤庵), 본관은 은진(恩津)이다. 1633년 생원시에 입격하고 천거를 받아 관직에 나가서 사헌부 장령(司憲府掌令)·이조 판서(吏曹判書) 등을 역임하였다. 17세기 중엽 이후 붕당정치가 절정에 이르렀을 때 서인노론의 영수이자 사상적 지주로서 활동하였다. 저서는 『이정서분류(二程書分類)』·『논맹문의통고(論孟問義通攷)』·『송자대전(宋子大全)』 등이 전한다.

29) 권시(權諰, 1604~1672) : 자는 사성(思誠), 호는 탄옹, 본관은 안동이다. 사돈인 송시열의 추천으로 벼슬을 하여 한성부 좌윤까지 올랐으나 충남 공주로 물러나 학문에만 전념했으며 예론에 밝았다. 저서는 『탄옹집(炭翁集)』이 전한다.

30) 이원규(李元圭, 1597~?) : 1639년 문과에 급제하여 대구 부사(大邱府使)·주서(注書)·우통례 등을 역임하였다. 무첨재의 아버지인 정심(鄭杺)의 행장(行狀)을 쓴 사람이다.

선생께서 어머님 봉양[31]을 위해 숙배肅拜에 참여하려고 했지만 한양 아래에 천연두가 창궐하고 있다는 소식을 듣고는 그날로 남쪽으로 돌아왔다.

4월, 세자 익위사 부솔世子翊衛司副率에 임명되었다. ○8월, 다시 시강원 자의侍講院諮議에 임명하는 명이 이르렀다. ○9월, 상소를 올려 어머니의 병 때문에 체직해 주기를 빌었으나, 윤허하시지 않았다.

임금께서 이렇게 비답하였다. "너는 사양하지 말라. 조정의 지극한 뜻을 알아서 어머니의 병이 조금 차도가 있기를 기다렸다가 즉시 올라오라."

다시 상소하여 실정을 진달하고 체직遞職해 줄 것을 빌었으나, 윤허하지 않았다.

상소의 대략은 다음과 같다. "저의 어머니는 본래 현기증이 계속 일어나는 병이 있어 때로는 멍하니 막혀 인사불성人事不省의 지경이 됩니다. 저는 형제가 없는데다 한 명 있던 누이마저 잃었으니, 늙으신 모친은 오직 저를 의지하여 마음을 너그럽게 하고 위로받으며 지내고 있습니다. 혹시 제가 밖으로 나가면 어머니는 그때마다 신경을 써서 눈물을 흘리며 침식에 편안해 하지 않았습니다. 모자母子가 멀리 떨어져 있으면 마음이 어떠하겠습니까? 근심과 염려로 전전긍긍하다, 기필코 병이 덧나기에 이를 것입니다. 황급하고 황급한 저의 사정은 다른 사람과는 다릅니다.

엎드려 생각건대, 임금이 신하에 대한 마음과 부모가 자식에 대한 마음은 지극한 정이 있는 곳이면 그 마음을 빼앗지 않으며 바라지 않는 것을 억지로 하게 하지 않습니다. 이는 바로 자애로운 부모의 일인데, 제가 전하께 바라는 것은 오직 이러한 자부慈父의 마음입니다. 엎드려 바라건대, 밝으신 성상께서는 어서 체직을 허락하여 제가 어머니의 병을 간호할 수 있게 하여 불효자식이 되지 않게 해주십시오. 사정이 급박하여 말이 넘쳐나니 절제하여야 할 것을 알지 못하겠습니다."

임금께서 이렇게 비답하였다. "내가 너를 예로 대하는 것이 비록 지극하지 않다고 하겠지만, 또한 한 번 와서 사례할 수는 없는가? 너는 헤아려 보는 것이 옳을 듯하다."

12월, 천연두를 피해 도성 밖으로 나가 체직을 청하였으나 윤허하시지 않았다.

---

31) 이머님 봉양[榮養] : '영양'은 자식이 입신양명(立身揚名) 함으로써 부모님을 영광스럽게 하여 봉양하는 것을 말한다. 일반적으로 벼슬을 하는 것을 뜻한다.

상소문上疏文이 담당 관서로 내려오자, 담당 관서에서 회계回啓[32] 하였다. "자의諮議 정도응鄭道應은 여러 번 소명召命이 내려오니, 은명恩命에 사례하기 위하여 도성밖에 와 있습니다. 그러나 천연두를 겪지 않았기에, 도성 안에 천연두가 창궐하고 있다는 소식을 듣고 이 사직소辭職疏를 올리니 실지로 사정의 절박함에서 나왔습니다. 여염閭閻간에 천연두가 비록 창궐하였지만 만약 춘방春坊[33] 으로 들어와 머물며 서연書筵에서 시강侍講을 하면 공사公私간에 둘 모두 편리할 듯합니다. 신의 부서에서 함부로 처리하지 못할 일이니 주상께서 헤아려 주심이 어떠하십니까?" 임금께서 답하였다. "회계回啓한 대로 시행하라."

무술년(1658), 효종 9년, 선생 41세.

○ 정월, 다시 상소하여 간절하게 사직하니 비로소 윤허를 받았다. 이어서 말을 지급해주라는 명이 있었다.

임금께서 이렇게 비답하였다. "너의 형세가 과연 절박한 듯하여 이제 비로소 애써 너의 뜻에 따르려고 한다. 천연두가 잦아들기를 기다려 다시 올라와서 나의 지극한 뜻을 저버리지 말라." 그리고 이렇게 전교하였다. "정도응의 사정이 과연 절박한 듯하다. 그러므로 후회가 있을까 염려스럽다. 지금 우선 애써 그의 뜻을 따르니, 해당 관청에 명하여 말을 주어 보내도록 하라." ○ 당시 송문정宋文正이 입시하여 소대召對[34] 한 자리에서 계啓하였다. "지난 번 정도응을 대우하여 보내신 일은 매우 잘하셨습니다. 저는 바라건대 정도응이 조극선趙克善[35] 이 되는 것을 원하지 않습니다." 주상께서 말씀하셨다. "정도응의 형세가 매우 안타까워할 만하고 혹 후회가 있을 듯하여 보냄을 윤허하였다." 인하여

---

32) 회계(回啓) : 임금의 물음에 대하여 심의하여 상주(上奏)함을 말한다.
33) 춘방(春坊) : 조선시대 세자 시강원(世子侍講院)의 별칭이다.
34) 소대(召對) : 왕명(王命)으로 입대(入對)하여 정사(政事)에 관한 의견을 상주(上奏)하거나 경연(經筵)의 참찬관(參贊官) 이하를 불러서 임금이 몸소 글을 강론(講論)하는 것을 말한다.
35) 조극선(趙克善, 1595~1658) : 자는 유제(有諸), 호는 야곡(冶谷), 본관은 한양(漢陽), 시호는 문목(文穆)이다. 효종 때 장령(掌令)을 지냈다. 효행(孝行)으로 이조 참의에 추증(追贈)되었다. 저서는 『야곡집』·『야곡삼관기(冶谷三官記)』 등이 전한다. '조선왕조실록(朝鮮王朝實錄)' 『효종실록』 8년 9월 24일부터 효종 9년 1월 7일의 기사를 참조하면, 그는 장령(掌令)으로 제수된 뒤 몇 차례 사직 상소를 올렸으나 윤허하지 않았다. 얼마 뒤 병에 걸려 죽게 되며, 효종은 장례에 필요한 옷[衣衾]·관[棺槨] 등을 내리고[題給], 상구(喪柩)가 내려갈 때 양도(兩道)의 감사(監司)에게 호상(護喪)하게 하도록 하였다.

이렇게 계啓하였다. "이 사람은 저의 일가一家입니다. 훌륭한 선비이면서 고상한 척하며 벼슬하지 않으려는 생각은 없습니다만 늙으신 어머니가 있습니다. 관직官職의 품계가 비록 수령에는 미치지 못하지만 찰방察訪 등의 벼슬은 실지로 하려고 할 것입니다. 근년에 전조銓曹에서 그 뜻을 알고 도내 찰방道內察訪을 임명하였는데, 사은숙배하려고 서울로 들어왔다가 또 천연두 때문에 그만두었으니, 그 사정이 참으로 딱합니다." 임금께서 말하였다. "만약에 인근의 수령이라면 좋을 듯하구나."

상소하여 말을 지급하라는 명을 거두어줄 것을 빌었다.

임금께서 이렇게 비답하였다. "비록 사세의 부득이함 때문이지만 끝내 한 번도 내로 들어오지 않고 물러가니, 내가 매우 서운하고 아쉽구나. 이 지극한 마음을 알고 다시 올라와서 내내 멀리 떨어져 있지 않기를 바라노라. 사소한 말도 타고 가려 하지 않으니, 더욱 부끄럽구나."

이날 행장을 꾸려 남쪽으로 돌아왔다. ○3월, 상룡사上龍寺에서 문장공 문집 인쇄를 감독하였다. ○문장공의 시장諡狀을 우암 송 문정공에게 받았다.

먼저 동춘同春 송 문정공[36]宋文正公이 선생에게 편지를 보내왔다. "시장諡狀은 누구에게 부탁해야 할지를 알지 못하겠다. 내 생각에는 내가 초草한 행장行狀을 송 영보[37]宋英甫 영공令公께 보내려고 한다. 영공이 만약 빨리 지으면 이제부터라도 베껴 올릴 수 있다." 이에 이르러 우암이 비로소 초고草稿를 지었다.

10월, 청산재사靑山齋舍에 들어가 우암寓庵 홍언충洪彥忠[38]공의 묘에 전奠을 올렸다.

홍공은 곧은 절개로 연산군 때 화를 입었다. 그러므로 선생께서 깊은 감회를 이기지 못해 묘소에 제를 지냈다.

11월, 다시 시강원 자의侍講院諮議에 임명되어 소명召命이 이르렀다. ○ 12월, 소장을 올려 사정을 진달하고 사직하였다.

---

36) 문정공(文正公) : 송준길(宋浚吉, 1606년~1672)의 시호이다. 자는 명보(明甫), 본관은 은진(恩津)이다.
37) 영보(英甫) : 송시열(宋時烈)의 자이다. 주 28) 참조.
38) 홍언충(洪彥忠, 1473~1508) : 자는 직경(直頃), 호는 우암(寓菴), 본관은 부계(缶溪)이다. 1495년 문과에 급제하여 승무원부정자·저작(著作)·박사(博士) 등을 역임하였다. 갑자사화에 문외출송(門外黜送)되었다가 다시 진안에 유배되었다가 중종반정이 일어나 풀려났다. 『자만사(自挽辭)』가 전한다.

현도縣道39) 로 봉하여 올린 글이 미처 성상께 전달되기 전에 마침 단성 현감에 임명한다는 명이 있었다. 그래서 순영巡營에서 돌려보내왔다.

단성 현감丹城縣監에 임명되었다.

기해년(1659), 효종 10년, 선생 42세.

○2월, 사은숙배하고 폐사陛辭40) 하였다. ○11월, 집에 돌아왔다. ○22일, 경보京報를 듣고 행차를 멈추었다. ○ 다음날 순영巡營으로 병장病狀을 보내었으나 사직을 허락하지 않았다. ○3월, 부임하였다. ○ 윤달, 사직서를 보냈으나 사직을 허락하지 않았다. ○4월, 지리산 천왕봉에 올라 뛰어난 강산의 경치를 감상하였다.

지은 시가 있다.

5월, 영릉寧陵41) 께서 빈천賓天42) 하였다. ○ 숙모 강씨姜氏께서 돌아가셔서 호상護喪하고 돌아왔다.

강씨는 일찍 과부가 되어 자식이 없었다. 선생께서 지극한 마음으로 봉양하였다. 강씨에게 누군가가 후사를 권하니, 강씨가 대답하였다. "나에게 조카가 있는데 자식과 같습니다. 평생 조카를 의지하니 비록 효자孝子·자손慈孫이라도 이 아이보다 낫지 않습니다. 이런 말은 제가 듣고 싶지 않습니다."

9월, 사장辭狀을 보내었다. ○10월, 세 번이나 양영兩營으로 사장辭狀을 보냈다.

선생께서 벼슬자리에 있으면서 세금 거두는 것을 삼가고 군액軍額을 점고하는 데 마음을 다하며, 공사公事를 받들고 자신을 다스림에 맑고 아정雅正하게 하니, 당시 사람들이 이렇게 칭송하였다. "얼음 같이 맑은 마음을 지녔기에, 고을을 변화시켰다." 사장辭狀을 보내는 날 사민士民들이 모여서 머무르기를 권하였다.

29일, 진시辰時에 현궁玄宮으로 내려가 망곡례望哭禮를 지냈다. ○11월, 관직을 버리고

---

39) 현도(縣道) : 현도 상소의 줄임말로 향리(鄕里)에 있는 신하가 현(縣)이나 도(道)를 통하여 올리는 상소를 말한다.

40) 폐사(陛辭) : 신하가 임금을 작별하고 물러남을 말한다.

41) 영릉(寧陵) : 경기도 여주군 능서면 왕대리 산83-1번지에 있는 조선 제17대 왕 효종(1619~1659, 재위 1649~1659)과 비 인선왕후 장씨(1618~1674)의 무덤이다.

42) 빈천(賓天) : 천자나 왕, 고귀한 사람의 죽음을 말한다.

돌아왔다. ○12월, 서실書室을 수리하였다.

서실은 문장공이 거처하며 강학講學하시던 곳인데, 수천 권의 책이 보관되어 있었다.

경자년(1660), 현종 원년, 선생 43세.

○정월, 우산정대愚山亭臺를 수리하여 상사上舍 전극염全克恬[43]에게 십이경十二景의 편액을 부탁하여 걸어두려 했으나 하지 못하였다.

모두 문장공께서 명명命名하였던 것이다.

도정절의 「귀전歸田」시에 차운하였다. ○『소대명신행적昭代名臣行蹟』을 완성하였다.

선생께서 국조명신國朝名臣들의 행적이 많이 사라져 사람들이 증거를 내놓을 수 없었기에, 마침내 모아서 책으로 만들었으니 모두 8책이다. 주자朱子가 지은 『송조명신록宋朝名臣錄』의 예를 이어받았다. 목재木齋 홍공洪公의 제발題跋이 있는데, 공로는 역사책[44]의 백배나 된다고 칭송하였다.

남 추강南秋江[45] 사적의 후지後誌를 썼다. ○선대의 모든 묘지문墓誌문을 지었다.

신축년(1661), 현종 2년, 선생 44세.

○9월, 서곡鋤谷 이공의 부고를 받고 곡하였다. ○경주慶州로 가서 회재晦齋 이 선생李先生의 묘소에 참배하였다. ○지평持平에 부망副望되었다.

임인년(1662), 현종 3년, 선생 45세.

○9월, 선유동仙遊洞에 찾아갔다. 목재木齋와 함께 갔다.

12월, 공조 좌랑工曹佐郎에 제수되었다.

---

43) 전극염(全克恬, 1597~1660) : 자는 유안(幼安), 호는 창주(滄洲)이다. 1633년 진사에 입격하고, 1637년 경행(景行)으로 사산감역관(四山監役官)이 되었으나 벼슬하지 않았다. 은거하여 학문에 몰두하며 후진 교육으로 일생을 마쳤다. 저서는 『창주집』이 전한다.

44) 역사책[汗竹] : '한죽'은 옛날에 죽간(竹簡) 에다 글을 썼기 때문에 책의 의미를 가지게 되었다. 한청(汗靑)이라고도 한다.

45) 추강(秋江) : 남효온(南孝溫, 1454~1492)의 호이다. 자는 백공(伯恭), 본관은 의령(宜寧), 시호는 문정(文貞)이다. 생육신의 한 사람이다. 1504년 갑자사화 때 김종직의 문인이었다는 것과 또한 그가 소릉 복위를 상소한 것을 난신의 예로 규정하여 부관참시되었다. 저서는 『추강집』·『육신전(六臣傳)』·『추강냉화(秋江冷話)』·『사우명행록(師友名行錄)』·『귀신론(鬼神論)』 등이 전한다.

계묘년(1663), 현종 4년, 선생 46세.

○ 공조 좌랑工曹佐郎에 제수되었다. ○6월, 창녕 현감昌寧縣監에 제수되었다. ○7월, 부임赴任하였다.

갑신년(1664), 현종 5년, 선생 47세.

○ 정월, 사장辭狀을 보냈다. ○6월, 또 사장辭狀을 보냈다.

모두 네 차례나 사장辭狀을 보냈다. 당시 성묘聖廟에 변고變故가 있었기 때문에 책임을 지고 사직하였으나 허락하지 않았다.

반곡대盤谷臺를 찾았다.

지은 시가 있다.

아들 석교錫僑가 대사헌大司憲 이원록李元祿[46]공의 집안에 장가들었다.

을사년(1665), 현종 6년, 선생 48세.

○ 정월, 이은대吏隱臺[47]를 찾았다.

대臺는 관아의 서쪽 매우 후미지고 경치 좋은 곳에 있다. 선생께서 지은 시가 있다.

9월, 말미를 받아 고향으로 돌아왔다. 10월, 도남서원道南書院을 심방하였다. 이어서 낙동강에 배를 띄워 천인대千仞臺를 찾아갔다. ○ 다시 임소任所에 이르렀다.

병오년(1666), 현종 7년, 선생 49세.

○2월, 관묘헌觀妙軒을 엮고 척금대滌襟臺를 지었다.

선생께서 누각과 대를 짓고는 공무公務의 여가에 한가로이 쉬는 장소로 삼았다. 좋은 때를 만나면 반드시 현縣의 명사名士들을 불러 모아 거문고를 뜯고 시를 주고받으니, 훌쩍 속세를 벗어난 듯한 마음이 있었다. 지은 시가 있다.

---

46) 이원록(李元祿, 1629~1688) : 자는 사흥(士興), 호는 박곡(朴谷), 본관은 광주(廣州)이다. 1663년 문과에 급제하여 이천 현감(伊川縣監)·호조 참판(戶曹參判)·대사헌 등을 역임하였다. 1680년 경신출척(庚申黜陟)으로 관직에서 물러나 안동에서 은거하며 말년을 보냈다. 저서는 『박곡집(朴谷集)』이 전한다.

47) 이은대(吏隱臺) : 함양 군수인 김종직(金宗直)이 관찰사로 내려온 유자광(柳子光)을 만나기 싫어 피해 숨었다고 하여 붙여진 이름이다. 김종직은 그 뒤 이곳에 작은 당을 짓고 이은당(吏隱堂)이라 명명하였다.

겨울에 감흥시感興詩가 있다.

정미년(1667), 현종 8년, 선생 50세.

○ 정월, 관직을 버리고 고향으로 돌아왔다. ○4월 27일, 율리栗里의 바깥사랑채에서 돌아가셨다. ○8월, 현縣의 북쪽인 가도佳道의 동향東向에 장사지냈다.

경신년(1680) 숙종 6년, 선생 53세

11월, 산장山庄의 서쪽 기슭의 동향으로 이장移葬하였다.

행장行狀

부군府君은 휘諱가 도응道應이며, 자字가 봉휘鳳輝이며, 성姓이 정鄭씨인데, 선조는 진주인晉州人이다. 문장공文莊公 우복愚伏 휘諱 경세經世 선생의 손자이며, 검열공檢閱公 휘諱 심杺의 아들이다. 문원공文元公 회재晦齋 이언적李彥迪 선생의 외현손이다. 부군府君께서는 만력萬曆 무오년(1618) 12월 6일에 태어났다.

자태가 옥과 같이 맑고 빼어났으며, 어려서부터 단정하고 중후하여 희롱하기를 좋아하지 않았다. 5~6세 경에 여러 아이들과 모여 놀았는데, 한 아이의 말이 매우 거만하였지만 부군께서는 웃기만 하고 따지는 일 없이 지내고는 이어서 단교斷交를 하였다. 어떤 이가 그 이유를 물으니, 부군께서 말하였다. "함께 따지면 저와 똑 같아집니다." 사람들이 모두 기특해하였다. 당시에 검열공檢閱公께서는 일찍 세상을 버렸고 조부祖父 문장공께서는 조정에서 벼슬살이를 하고 있었으니, 조모祖母께서 배울 때를 잃을까 염려하였다. 문장공께서 부군府君을 가리키며 말하였다. "이 아이는 마땅히 성취함이 있을 것인데, 무엇을 근심하십니까?"

12세, 비로소 입학入學하여 총명하게 분변하니, 학업이 날로 증진하였다. 16세, 문장공의 상喪을 당하였다. 상을 치르는 의식이나 절차를 한결같이 『주자가례朱子家禮』를 따랐다. 장사를 치를 때에 조정에서 사제賜祭[48]를 거행하였는데, 부군府君께서 맞이하여 응하고 처리하는 것이 모두 곡진曲盡하고 마땅하였다. 예관禮官이 남에게 말하였다. "노老선생이 비록 돌아가셨으나 뒤를 이은 손자가 선대의 업業을 이을 수 있으니, 사문斯文의 다행입니다." 앞서 문장공文莊公께서 부군을 위하여 수암공修巖公 류진柳袗[49]공의 집안과 혼사를 의논하였다. 복제服制를 마치니, 수암공께서 또 돌아가셨다. 조모인 정경부인貞敬夫人 이씨李氏께서 시간만 보내는

---

48) 사제(賜祭) : 임금이 죽은 신하에게 제사를 지내 주는 일이다. 단문(袒免) 이상의 종친, 시마(緦麻) 이상의 이성 왕친(異姓王親), 종2품 이상의 문무관, 공신(功臣) 및 공사(公事)로 외방(外方)에서 죽은 자와 전사자 등에게 지내 주었다.

49) 류진(柳袗, 1582~1635) : 자는 계화(季華), 호는 수암, 본관은 풍산이다.

것을 안타까워하며 의논하여 다른 곳에 정하려고 하였다. 부군께서 불가함을 주장하며 말하였다. "비록 10년 늦어지더라도 어찌 할아버지의 명을 어기겠습니까?" 할머니께서 의롭다 하시고 그만 두었다. 이 해에 할머니의 승중承重[50] 상복을 입었다.

21세가 되어 마침내 류씨柳氏를 부인으로 맞이하였다. 무자년(1648) 유일遺逸[51]로 선발되니 임금께서 내시부 교관內侍府敎官[52]에 제수하였다.

기축년(1649) 4월, 임금께서 대군 사부大君師傅에 제수하였다. 6월, 발탁되니 임금께서 세자 시강원 자의世子侍講院諮議에 임명하였다. 당시 동궁東宮을 보양輔養하기 위하여 특별히 이 관직을 맡기니, 한 때의 더할 수 없는 선발이었다. 부군府君께서 맨 먼저 선발되었다. 소명召命이 또 내려오니, 세신世臣[53]의 의리 때문에 부득이하게 사은숙배한 뒤에, 소장을 진달陳達하여 사양하였다. 임금께서 넉넉한 비답을 내려 말하였다. "너가 권강勸講[54]하여 개도開導할 수 있으면 빠른 시간 안에 성취의 공효가 있을 것이니, 이는 국가가 사람을 얻음 만이 아니요, 어찌 너의 집안 대대로 영광이 있지 않겠느냐? 사양하지 말고 힘써 노력하여라." 10월이 되어 어머니 병환을 이유로 시직소를 올리고 고향으로 돌아왔다.

병신년(1656) 임금께서 황산 찰방黃山察訪에 제수하였지만 부임하지 않았다.

정유년(1657) 4월, 임금께서 익위사翊衛司[55] 부솔副率에 제수하였다. 8월, 다시 자의諮議에 임명하였다. 거듭 상소하여 체직遞職을 구하였지만 윤허하시지 않았다. 비지批旨에 "나의 예우함이 지극하지 못하였다."는 등의 말이 있다. 마침내 성 밖까지 나가서 천연두를 이유로 사직하니, 특별히 들어와 춘방春坊에 머물 것을 명하였다. 춘방은 자리가 격리되어 있어

---

50) 승중(承重) : 제사(祭祀)를 받드는 중한 책임을 입는다는 뜻이다. 아버지가 먼저 죽은 뒤에 할아버지나 할머니의 상을 치르는 것을 말한다.

51) 유일(遺逸) : 포부(抱負)가 있는 선비로서 과거(科擧)를 보지 않고 산림(山林)에 은거하는 지내는 이를 말한다. 국가에서는 간간이 유일이란 명목으로 사람을 추천하게 하여 불러서 조정에 등용하였다.

52) 내시부 교관(內侍府敎官) : 내시부는 궁궐안의 식사 궁궐문의 수비 궁궐의 청소 등을 맡아 처리하는 관청이다. 내시부에는 교관(敎官)이라는 직급이 없다. 여기서는 내시들을 가르치기 위해 둔 종9품의 벼슬인 내시교관(內侍敎官)을 말하는 것으로 여겨지나 자세히 알 수 없다.

53) 세신(世臣) : 여러 대(代)를 중요한 지위(地位)에 있어서 나라와 운명을 같이 하는 신하(臣下)를 말한다.

54) 권강(勸講) : 세자로 하여금 강독하게 하는 것은 말한다.

55) 익위사(翊衛司) : 왕세자를 호위하는 일을 맡은 관청이다.

천연두를 피할 수 있었기 때문이지만, 부군府君께서는 끝내 나가지 않았다.

무술년(1658) 정월, 거듭 소장을 올려 실정을 진달陳達하니 체직되었다. 임금께서 명命으로 말을 주어 돌아가게 하였다. 부군께서 환수還收해 줄 것을 비니, 넉넉한 비답優批을 내려 "한결같이 돌아보지 않으니 더욱이 부끄럽다."는 등의 말이 있었다. 11월, 다시 자의諮議에 제수되었고 이어서 단성 현감丹城縣監에 제수한다는 명이 있었다. 부군府君께서 어머니를 모시기 위해 기해년(1659) 정월, 부임하였다가 11월에 버리고 돌아왔다.

임인년(1662) 지평持平의 부망副望에 올랐다. 공조 좌랑工曹佐郎에 제수되었다.

계묘년(1663) 또 공조工曹에 제수되었다. 얼마 지나지 않아 임금께서 창녕 현감昌寧縣監에 제수하였다.

정미년(1667) 관직을 버리고 돌아왔다. 4월 22일에 돌아가시니 향년 50이었다. 8월, 상주尙州 북쪽 가도佳道의 동향에 자리 잡아 장사를 지냈다. 모여든 선비들이 수백 인이었다. 뒤에 산소를 북당北堂의 동남향에 자리잡아 이장移葬하였다.

부군府君께서는 천자天資가 빼어나고 아름다우며 기량器量이 단정하고 엄하였다. 어릴 때부터 가정에서 가르침을 받아 성리학性理學에 마음과 힘을 다하였다. 매번 책을 읽을 적에 반드시 읊조리고 찾아보아 깨치지 못하거든 놓지 않았다.[56] 경전經傳 외에 역사책과 백가百家들을 관통하지 않음이 없었다.

약관弱冠의 나이인 도백道伯이 선비들을 모아 통독通讀함에 과조科條가 매우 엄격하였다. 부군府君께서 강講하여 풀어냄이 매우 정미하고 행동거지가 법도 있으니, 도백이 대유大儒라고 칭찬하였다. 평소 항상 의관衣冠을 바르게 하고 종일토록 꼿꼿이 앉아 있으니, 비록 항상 모시는 자제子弟라도 게으른 모습을 보지 못하였다. 매일 아침 반드시 남보다 먼저 일어나 세수를 하고 가묘家廟에 참배한 뒤 침실에서 문안問安을 하고는 찬거리를 살폈다. 부드러운 낯 빛으로 말씀을 받들어 따랐다. 출입出入할 적에는 반드시 아뢰었으니. 비록 가까운 곳이라도 또한 그렇게 하였다.

56) 깨치지 못하거든 놓지 않았다[不得 不措] : 백배의 공부를 더하여 자신의 이해를 높이는 행위를 말한다. "생각하지 않음이 있을지언정 생각을 할진댄 깨치지 못하거든 놓지 않는다.[思之 弗得 弗措也]"에서 유래한다.(『中庸』 20장)

숙모叔母 강씨姜氏께서는 일찍 홀로 되시어 자식이 없었기에 부군府君을 의지하였다. 부군께서 섬기기를 어머니같이 하고 강씨께서도 아들같이 여겨 양자를 들이지[57] 않고 말하였다. "죽어도 이 아이에게 제사를 받으면 충분하다."

매번 어렵게 나아가고 쉽게 물러나는[58] 절도를 지켰다. 바야흐로 부르심이 자주 내려와서 비록 부득이하게 명命에 응하였지만 반년 이상을 머문 적은 없었다. 외직으로 여러 고을 다스림에 청고淸苦하다는[59] 명성이 있었으며 간척인干尺人[60]들을 통렬히 끊으니, 감히 사사로움으로 요구하지 못하였다. 단성 현감丹城縣監으로 있을 때에 어떤 동향인同鄕人이 오래도록 과일을 보내왔다. 부군府君께서 처음에는 받았다가 사사로운 부탁을 하자 불가不可하다고 꾸짖고는 돌려보냈다.

평소 산수山水를 좋아해서 공무工務의 여가에 번번이 나가 경내境內의 경승지景勝地를 유람하고 읊조리며 스스로 만족스러워 하였다. 고향으로 돌아오자 각閣에 발을 치고 종일토록 보내니 문門에는 잡스러운 손님이 없었다. 오직 한 때의 훌륭한 분들과 도의道義의 교우交友를 맺고 서로 천석泉石의 사이에서 강마講磨할 따름이었다. 문장文章은 간결簡潔하였는데, 찬술한 『소대명신행적昭代名臣行蹟』과 『소대최어昭代稡語』·『유집遺集』 약간 권이 집에 보관되어 있다.

배配는 바로 수암공修巖公의 따님으로 문충공文忠公 서애西厓 류성룡柳成龍 선생의 손녀이다. 공보다 나중에 돌아가시니, 율리栗里의 남향에 잡아 장사를 지냈다. 2남 4녀를 두었다. 맏이인 석교錫僑는 학행學行으로써 바로 육품六品에 올라 현감縣監으로 마쳤다. 둘째는 석현錫玄이다. 딸은 각각 참봉參奉 이윤해李允諧·참봉參奉 이원지李元祉·사인士人 황종대黃鍾大·신강제申

---

57) 양자를 들이지[祝螟] : 명(螟)은 뽕나무벌레의 유충인데, 나나니벌이 데려가 새끼로 삼는다고 한다. "뽕나무벌레의 새끼를 두거늘 나나니벌이 업고 가는구나. 너도 자식 잘 가르쳐 선을 써서 너와 똑같게 하라.[螟蛉有子 蜾蠃負之 教誨爾子 式穀似之]"에서 유래한다.(『詩經』「小宛」)

58) 어렵게 …… 물러나는[難進易退] : '난진이퇴'는 "신하가 군주를 섬길 적에 나아가는 것을 어렵게 여기고 물러가는 것을 쉽게 여기면 지위에 차서가 있게 된다.[事君 難進而易退 則位有序]"에서 유래한다.(『禮記』「表記」)

59) 청고하다는[冰蘗] : '빙벽'은 얼음물을 마시고 황벽나무를 식용함을 말한다. 청고(淸苦)한 생활을 하며 절조(節操)를 지키는 것이다.

60) 간척인(干尺人) : 신분은 양인(良人)이면서 천역(賤役)에 종사하는 사람을 말한다.

康濟에게 시집보냈다. 현감공縣監公은 대사헌大司憲 이원록李元祿의 따님을 맞이하였다. 딸 한 명만 낳았는데, 황종수黃鍾粹에게 시집보냈다. 다시 증참판贈參判 신형구申衡耉의 따님을 맞이하여 2남 4녀를 두었다. 맏이인 주원冑源은 참봉參奉을 지냈다. 둘째인 달원達源은 양자를 나갔다. 딸은 각각 황연黃沇·김양현金良鉉·홍수귀洪守龜·강진익姜晉益에게 시집보냈다. 참봉공參奉公은 문강공文康公 여헌旅軒 장현광張顯光61) 선생의 5세 손녀를 맞이하였다. 4남 2녀를 두었다. 맏이는 인모仁模이다. 둘째인 의모義模는 학행이 있어 추천을 받았다. 셋째는 예모禮模이다. 넷째인 지모智模는 생원시生員試에 입격하고 현감을 지냈다. 딸은 각각 류성헌柳聖憲·김제동金濟東에게 시집보냈다.

현손玄孫 종로宗魯는 삼가 적었습니다.

---

61) 장현광(張顯光, 1554~1637): 자는 덕회(德晦), 호는 여헌, 본관은 인동이다. 1595년 학행으로 천거되어 공조 좌랑(工曹佐郎)·의성 현감(義城縣令)을 역임하였다. 인조반정 후 대사헌(大司憲)·이조 참판(吏曹參判) 등을 제수 받았으나 모두 나가지 않았다. 저서는 『우주요괄첩(宇宙要括帖)』·『만각요회(晩覺要會)』·『역괘총설급구설(易卦總說及究說)』·『우주설(宇宙說)』·『태극설(太極說)』·『도서발휘(圖書發揮)』·『여헌집』 등이 전한다.

묘지墓誌

공께서는 휘諱가 도응道應이며, 자字가 봉휘鳳輝이며, 무첨無忝은 스스로 경계하여 호로 삼은 것이다. 우리 정씨鄭氏의 본관는 진주晉州인데, 고려말高麗末에 판상주 목사判尙州牧事를 지낸 휘 택澤께서 시조가 된다. 이후로 관리로 크게 이름난 분은 없었지만 대대로 덕德과 선행善行으로 가문을 이었다. 조선 선조宣祖와 인조仁祖 때의 휘 경세經世께서는 경학經學으로 나아가 관직이 이조 판서로 마쳤다. 시호는 문장공文莊公이요, 세상 사람들이 우복선생愚伏先生이라고 일컬었다. 공에게는 조부가 된다. 부친이신 휘 심杺은 문과文科에 급제하여 관직이 검열檢閱에 올랐지만 천연두 때문에 세상을 마쳤다. 어머니인 단인端人 여주 이씨驪州李氏는 문원공文元公 회재선생晦齋先生의 손자인 군수공郡守公 휘 의활宜活의 따님이다.

공公께서는 만력萬曆 무오년(1618) 12월 8일, 율리栗里의 집에서 태어났다. 자품資稟이 순수하고 아름다우며 성품과 도량은 단정하고 반듯하였다. 일찍이 문장공의 가르침을 받들어 몸가짐이 매우 독실하였다. 16세 때 승중상承重喪을 치르면서 예에 따라 처리하기를 게을리 하지 않았다. 내장大葬[62]으로 사제賜祭를 지내자 응접應接함이 곡진하고 마땅하니, 예관禮官들이 연거푸 칭송하였다.

무자년(1648) 선발되어 교관敎官에 제수되었다. 다음 해에 임금께서 사부師傅를 제수하였다. 곧이어 세자 시강원世子侍講院 자의諮議에 발탁되었으니, 더할 수 없는 선발이었다. 공께서 소장을 올려 사직하였지만 윤허하시지 않고 직분에 나아가 힘쓰라고 당부하였다. 얼마 지나지 않아 어머니의 병을 이유로 사직소를 올리고 돌아왔다.

병신년(1656) 임금께서 황산黃山 수령에 제수하였지만, 부임하지 않았다. 또 익위사 부솔翊衛司副率을 제수하였다. 그리고 자의에 두 번이나 임명되었는데, 또 소장을 올려 사정을

62) 대장(大葬) : 예장(禮狀)과 같은 말로 국가에서 예(禮)를 갖추어 장사(葬事)를 치르는 것이다. 왕실의 종2품 이상, 문무관(文武官) 종1품 이상 및 공신(功臣)에 대한 국장(國葬)의 다음 가는 국가장(國家葬)을 말한다.

진달하니 체직되었다. 신축년(1661) 지평持平 부망副望을 통과하였다. 연이어 임금께서 공조좌랑工曹佐郎을 제수하였다. 단성丹城·창녕昌寧 두 고을의 수령을 역임하니, 모두 치적治績이 있었다. 숭릉崇陵 정미년(1667) 4월 22일, 돌아가시니 향년 50이었다. 처음에는 상주 북쪽 가도佳道의 뒤편에 장사를 지냈다가, 경신년(1680) 우산愚山의 왕모봉王母峯 아래의 동향東向에 자리 잡아 이장移葬하였다.

공께서는 총명하고 영오한 자질을 갖고서 성리서性理書에 마음과 힘을 다하였으며, 경·사·자·집經史子集을 통하지 않음이 없었다. 평소 항상 가지런하고 엄숙한 자세로 꼿꼿이 앉아 있었다. 어버이를 섬김에 있어 한 가지라도 뜻을 어기는 것이 없었다. 숙모인 강씨姜氏가 일찍이 홀로 되어 공에게 의지하여 봉양 받았다. 공께서 어머니 같이 섬겼으며, 강씨께서도 아들처럼 대하여 마침내 양자養子를 들이지 않았다. 문장은 간결하며 시어詩語는 맑고 담박하였다. 유집遺集이 2권 있으며, 찬술한 『소대명신행적昭代名臣行蹟』·『소대칭어昭代稱語』 등의 책이 있는데, 모두 건연巾衍[63]에 있다.

배 공인恭人 풍산 류씨豐山柳氏께서는 지평持平 류진柳袗의 따님으로 2남 4녀를 두었다. 장남인 석교錫僑는 현감縣監을 지냈다. 차남인 석현錫玄은 사복정司僕正에 증직되었다. 딸은 각각 참봉參奉 이원지李元祉·이윤해李允諧·사인士人 황종대黃鍾大·신강제申康濟에게 시집보냈다. 손자는 2명이다. 장남인 주원胄源은 참봉參奉을 지냈다. 차남인 달원達源은 좌승지左承旨에 증직되었는데, 양자를 나가 사복정司僕正의 후손이 되었다. 손녀는 5명이다. 각각 황종수黃鍾粹·황연黃沇·강진익姜晉益·김양현金良鉉·홍수귀洪守龜에게 시집보냈는데 모두 사인士人이다. 여남餘男은 석윤錫閏이다. 증손과 현손 이하는 많아서 기록하지 않는다. 류씨柳氏에게는 별도의 묘지墓誌가 있다.

오대손인 상구象屨가 삼가 지었습니다.

63) 건연(巾衍) : 천을 바른 책 상자를 말한다.

만사輓詞

장응일張應一64)

세덕의 남겨진 가풍을 사람마다 칭송하니	世德遺風衆口喧
어여쁘다 조상께 부끄러움 없는 자손이었네	愛君無忝父師孫
평생토록 지키니 겸양과 공손한 행실이요	一生持守謙恭行
두 고을을 다스리니 교화의 근원이 되었네	兩縣施爲敎化源
율리에서 따르던 일 마음으로 기억해보고	栗里踵門心竊記
매호에서의 가르침 귀에 아직 쟁쟁한데	梅湖承誨耳猶存
어느덧 지난날의 묵은 자취가 되었으니	居然往事成陳跡
오늘의 슬픈 만사 다시 애간장이 끊어지네	此日哀詞更斷魂

또[又]

이관징李觀徵65)

남쪽 땅에 어진 선비 많은데	南紀多賢士
우복 어른께 이런 손자가 있었네	愚翁有是孫
시와 예로 선조의 업을 전하였고	詩禮傳素業
선비의 고아함 명문을 계승하였네	儒雅繼名門
하늘이 우리 도를 궁하게 하려고	天欲窮吾道
그대를 지금 무덤에 가두었네	君今閟九原
그 나이에 어찌 닭 꿈66)을 재촉하고	年何促鷄夢

64) 장응일(張應一, 1599~1676) : 자는 경숙(經叔), 호는 청천당(聽天堂), 본관은 인동(仁同), 시호는 문목(文穆)이다. 1629년 문과에 급제하여 정언(正言)·공조 참의(工曹參議)·대사간(大司諫) 등을 역임하였다. 청렴하고 강직하였다.

65) 이관징(李觀徵, 1618~1695) : 자는 국빈(國賓), 호는 근옹(芹翁), 본관은 연안(延安), 시호는 정간(貞簡)이다. 1653년 문과에 급제하여 사헌부 장령(司憲府掌令)·대사성(大司成)·이조 판서(吏曹判書)를 지냈다. 저서는 『근곡집』이 전한다.

벼슬은 겨우 지방수령[67]에 그쳤나　　官僅凭熊轓
같은 해[68]에 태어난 못난 나는　　薄劣同庚甲
형제와 같은 친한 정이 있었네　　情親卽弟昆
헤어져 오래도록 안타깝더니　　睽違長恨別
생사의 기로에 이내 혼 녹는다오　　存歿暗消魂
나의 마음[69]을 누가 알아줄까　　漫堊從誰斲
외로운 마음을 말할 수 없네　　孤懷不可論
가장 코끝을 찡하게 하는 것은　　最堪酸鼻處
늙으신 어머님이 계신 것이네[70]　　西日北堂萱

또[又]

김응조金應祖[71]

삼대 째 집안간의 분수와 의리 깊으니　　三世門屛分義深
그대의 고아한 지조 유림에 우뚝하네　　多君雅操聳儒林
경연에서 잠시 감반[72]같은 학문 시험했고　　書筵蹔試甘盤學

---

66) 닭 꿈[鷄夢] : '계몽'은 죽음의 조짐을 말한다. 진(晉) 나라 사안(謝安)이 꿈에 환온(桓溫)의 수레를 타고 16리를 가다가 흰 닭을 보고 수레를 멈추었는데, 그 후 환온의 지위를 대신한 지 16년 만인 유년(酉年)에 죽은 고사에서 유래한다.(『晉書』「謝安傳」).
67) 지방 수령[熊轓] : '웅번'은 수레 앞 가로나무를 엎드린 곰의 형상으로 만든 수레이다. 옛날에 공경(公卿)과 지방관이 탔던 것으로, 널리 지방관의 벼슬을 가리킨다.
68) 같은 해[同庚甲] : '동경갑'은 경갑이 같음이니 태어난 해가 같음을 말한다. 예전에 사람이 태어난 년·월·일·시(年月日時)를 간지(干支)와 배합하여 8개의 글자로 조합하여 그 사람의 운명을 추측하였는데, 이것을 경갑(庚甲) 또는 연경(年庚)이라고 하였다.
69) 나의 마음[漫堊] : '만악'은 호적수(好敵手)인 동시에 뜻이 맞는 동지로서 나의 마음을 알아주는 사람을 말한다. 영 지방 사람이 코끝에 백토를 파리 날개처럼 묻혀 놓고 장석(匠石)을 시켜 그것을 깎아 내게 하였다. 그러자 장석이 바람을 일으키며 도끼를 휘둘러 마음대로 깎아 내기 시작하였는데, 백토를 다 깎았는데도 코를 다치게 하지 않았고 그 영 지방 사람도 조금도 동요하지 않고 그대로 서 있었다. 일단 호적수(好敵手)이던 영인이 죽고 나자 장석이 그 기술을 일체 발휘하지 않았다는 고사에서 유래한다.(『莊子』「徐無鬼」)
70) 늙으신 …… 것이네 : '서일(西日)'은 서쪽으로 지는 해이니 늙음을 말하고, '북당(北堂)'은 어머니가 거처하는 곳이니 어머님을 말한다.
71) 김응조(金應祖, 1587~1667) : 자는 효징(孝徵), 호는 학사(鶴沙), 본관은 풍산(豊山)이다.
72) 감반(甘盤) : 무첨재께서 감반처럼 자의가 되어 세자를 훈육하였음을 말한다. 은(殷) 나라 무정(武丁)의 현신(賢臣)이 감반이다. 예전에 무정이 감반에게 글을 배운 일이 있었는데, 뒤에 왕이 되자 그를

읍으로 내려와 복자의 거문고[73] 뜯었네	下邑來彈宓子琴
벼슬길 오르내림 원래 운수가 있고	宦路升沉元有數
인생의 장수와 요절을 어찌 감당할까	人生脩短奈難堪
뜰에 남은 자손[74] 일찍부터 명성이 있으니	庭畱玉樹芳聲早
남은 경사에[75] 벗의 마음 겨우 위로 받네	餘慶聊寬故舊心

또[又]

송준길宋浚吉[76]

자네가 우복 어른의 어진 손자로	爾是愚老之賢孫
아름다움 드리웠기에 천도가 있었네	錫衍垂休天道存
어찌 알았으리 사람 일 이 같을 줄을	那知人事遽如許
하늘에 묻고 싶어도 하늘은 말이 없네	我欲問天天不語
집에 백빌 노모와 두 고아가 있으니	堂中鶴髮二孤兒
길가는 사람들도 슬픔을 더하는구나	行路亦爲增凄悲
꿈에서 정한 산소 하늘이 준 것이라	山陽夢卜天所畀
십리 길에 핀 연꽃은 어울려 기이하네	十里荷花共奇異
푸른 노을의 기이한 뜻 개이지 않으니[77]	靑霞奇意鬱不暘
야대[78]에 새벽 다시 오기를 언제 바랄까	夜臺再晨何時望

등용하여 정승으로 삼았다.

73) 복자의 거문고 : 공자의 제자 복자천(宓子賤)처럼 고을을 잘 다스린 수령이었음을 말한다. "복자천(宓子賤)이 단보 고을의 수령이 되었을 때에 마루 아래로 내려오는 일이 없이 거문고만 연주했는데도, 잘 다스려지며 교화가 이루어졌다.[宓子賤治單父 彈鳴琴身不下堂 而單父治]"에서 유래한다.(『呂氏春秋』「察賢」)

74) 자손[玉樹] : '옥수'는 훌륭한 자손을 말한다. 숙부 사안(謝安)이, 사현(謝玄)의 기량(器量)을 중하게 여겨서 무엇을 원하느냐고 물었더니, 사현이 "지란·옥수가 뜰에서 나듯 사씨 집안에 훌륭한 자제가 나게 하는 것입니다.[譬如芝蘭玉樹 欲使其生於階庭耳]"라고 한 데서 온 말이다.(『晉書』「謝玄列傳」)

75) 남은 경사[餘慶] : '여경'은 선조의 선행 덕분에 자손들이 받는 길한 복을 말한다. "선을 쌓은 집에 반드시 넉넉한 경사스러움이 있다.[積善之家 必有餘慶]"에서 온 말이다. 『주역(周易)』「문언(文言)」 참조.

76) 송준길 : 우복 정경세의 사위이다.

77) 푸른……않으니 : 무첨재 선생께서 높은 뜻을 이루지 못했음을 말한다. 강엄(江淹)의 「한부(恨賦)」의 "푸른 노을의 기이한 뜻을 막았다[鬱靑霞之奇意]"에서 유래한다.

78) 야대(夜臺) : 무덤 또는 저승[陰間]을 말한다. 남조(南朝) 양(梁) 나라 심약(沈約)의 「상미인부(傷美人賦)」의 "그 아리따운 웃음 웃기도 전에 갑자기 몸은 무덤에 잠겨 버렸네.[曾未申其巧笑 忽淪軀於夜臺]"

우복 어른의 문하에서 오직 나만이 남아　愚老門生唯我在
생사를 생각하니 두 줄기 눈물만 흐르네　靜念存沒雙垂涕
자네 집안 어른들께서 나를 묻는다면　君家諸老若問我
머잖아 지하로 따라간다고 말해주게나　爲言幾何隨泉下

또[又]

김휘金徽[79]

태평성대 유학에 힘 쏟으니　聖世敦儒術
어진 집안에 다시 인물이 나서　賢門更有人
시서로 조상의 유업을 이었고　詩書承祖業
자질은 하늘의 참됨을 얻었네　資質得天眞
고을에서는 명망이 무거웠고　鄕黨聲名重
조정에서는 자주 예우를 받았네　朝家禮遇頻
봉황은 가시나무에 앉지 않건만　鳳棲元不棘
자네 어머니 봉양으로 뜻 굽혔네　毛屈爲緣親
날개 활짝 펴고서 막 날려 하는데　逸翮方飛展
밝은 구슬의 광채가 어두워졌네　明珠晦彩珍
돌아가신 넋은 응당 눈물 삼키리니　歸魂應飮泣
어머니를 모시지 못해서라네[80]　堂上隔昏晨

또[又]

이경징李慶徵[81]

끊어진 학문 지금 누가 이었나　絶學今誰繼

에서 온 말이다.

79) 김휘(金徽, 1607~1677) : 자는 돈미(敦美), 호는 사휴정(四休亭), 본관은 안동(安東)이다. 1642년 문과에 급제하여 정언(正言)·도승지(都承旨)·경상도 관찰사(觀察使) 등을 역임하였다. 그림을 잘 그렸다.

80) 모시지 못해서라네[隔昏晨] : '격혼신'은 혼정신성(昏定晨省)을 제대로 하지 못함이니, 아침저녁으로 안부를 여쭈며 보살펴드리지 못하였음을 말한다.

81) 이경징(李慶徵, 1600~?) : 자는 군선(君善), 본관은 경주(慶州)이다. 1633년 문과에 급제하여 현감(縣監)을 지냈다.

어진 손자에게 전형이 남아있었네	賢孫尙典刑
단아하게 지냄은 세상 피함이 아니요	端居非遯世
효도의 마음은 수령이 되었네	孝理許專城
먼 길의 멍에를 벗지도 못했는데	未稅長途駕
갑자기 돌아가심[82]을 탄식하네	忽嗟厚夜扃
평소 두 집안이 화목하였기에	平生兩家誼
만사를 보며 절로 울음을 삼키네	臨輓自呑聲

또[又]

박장원朴長遠[83]

수령이 되어 덕 있는 이를 찾았는데	出宰尋通德
내가 오히려 훌륭한[84] 이를 알게 되었네	吾猶識小同
성전은 참된 은자와 합하였고	傳經契眞隱
조서는 고아한 풍모를 씻었네	奉檄灑高風
홀연히 하늘로 숨은 봉황이 되었고[85]	倏作藏霄鳳
멀리 날아간 눈을 밟는 학이 되었네[86]	遙飛踏雪鴻
북당에 남으신 백발의 어머니	北堂餘鶴髮
차마 저물녘 빈 문을 보시겠는가	忍見暮閭空

82) 돌아가심[厚夜扃] : 후야경은 깊은 밤의 빗장으로 닫는 것을 말한다. 사람이 죽은 뒤에는 영원히 지하(地下)에 묻혀 암흑(暗黑) 속에 있는 것이 긴 밤과 같기에 한 말이다.

83) 박장원(朴長遠, 1612~1671) : 자는 중구(仲久), 호는 구당(久堂), 본관은 고령, 시호는 문효(文孝)이다. 1636년 문과에 급제하여 검열(檢閱)·상주 목사(尙州牧使)·대사헌 등을 역임하였다. 저서는 『구당집』이 전한다.

84) 훌륭한[小同] : 위 나라 고귀향공(高貴鄕公)이 감로(甘露) 3년(258)에 태학(太學)에 친림하여 왕상(王祥)을 삼로로, 정소동(鄭小同)을 오경으로 삼았다. 훌륭한 인물을 말한다.

85) 홀연히 …… 되었고 : 무첨재선생의 죽음을 말한다. 두보(杜甫)의 「증촉승여구사형(贈蜀僧閭丘師兄)」의 "봉황이 숨자 하늘도 어둑어둑, 용이 떠나자 백수도 흐릿흐릿.[鳳藏丹霄暮 龍去白水渾]"에서 유래한다.

86) 멀리 …… 되었네 : 인생의 종적(蹤跡)이나 사업(事業)의 덧없음을 말한다. 소식(蘇軾)의 「화자유민지회구(和子由澠池懷舊)」의 "인생이 가는 곳마다 그 무엇과 같을꼬. 응당 눈 진창 위에 기러기 발자국 남김 같으리. 진창 위에 우연히 발자국만 남겼을 뿐이니, 기러기가 날아간 곳을 어찌 다시 알쏜가.[人生到處知何似 應似飛鴻踏雪泥 泥上偶然留指爪 鴻飛那復計東西]"에서 유래한다.

또[又]

민유중閔維重[87]

우복선생의 아름다움 멀리 흘러	愚老流徽遠
부름 받은 그대 전형이 있었네	徵君尙典刑
일찍이 시강원[88]에 간택되니	胄筵曾睿簡
가학을 어릴 때부터 익혔다네	家學自齠齡
어머니 모시기 위해 수령[89] 되었고	乞養重分竹
전원에 돌아와선 경서만을 익혔네	歸田獨抱經
어머니께서 아직도 계시는데	萱闈猶夕照
풀 이슬 아침에 뚝 떨어지듯 하였네	草露奄朝零
정겨운 편지로 겨우 안부 물었는데	情札纔相問
흉한 소식을 어찌 차마 듣겠는가	凶音詎忍聽
상자 속엔 색동옷[90]이 남아있고	篋塵藏戲綵
유업은 아들[91]에게 전해졌네	氈業付寧馨
늦게 사귀어 자주 만나지 못했는데	晩契多違濶
맑은 자태 끝내 아득해져 버렸네	淸姿竟杳冥
관직에 매여 상여줄도 잡지 못하니	縻官孤執紼
뜬 세상의 수고로움[92]을 부끄러워하네	浮世愧勞形

---

87) 민유중(閔維重, 1630~1687) : 자는 지숙(持叔), 호는 둔촌(屯村), 본관은 여흥(驪興), 시호는 문정(文貞)이다. 인현왕후(仁顯王后)의 아버지이다. 1650년 문과에 급제하여 예문관을 거쳐 호조 판서(戶曹判書)를 지냈다. 1681년 딸이 숙종의 계비가 되자 여양부원군(驪陽府院君)이 되었다. 노론(老論)에 속했으며, 경서(經書)에 밝아 사림에 명망이 높았다. 무첨재선생의 숙부인 정력(鄭櫟)의 사위이다.

88) 시강원[胄筵] : '주연'은 왕세자(王世子)가 독서(讀書)·강론(講論)하는 자리를 말한다. 이연(离筵)이라고도 한다. 세자 익위사 부솔(世子翊衛司副率), 시강원 자의(侍講院諮議)로 부름 받은 적이 있었다.

89) 수령[分竹] : '분죽'은 지방관의 상징으로 주는 죽사부(竹使符)를 받았음을 말한다. 무첨재선생은 단성 현감(丹城縣監)·창녕 현감(昌寧縣監)을 역임하였다.

90) 색동옷[戲綵] : '희채'는 춘추시대 노래자가 효심으로 색동옷을 입고 어버이 앞에서 아이처럼 장난하였던 고사에서 유래한다.

91) 아들[寧馨] : '영향'은 영향아[寧馨兒]의 준 말인데, 진송(晉宋) 시대의 속어로, '이러한 아이'라는 감탄사로 쓰이는 말이다. 진(晉) 나라 왕연(王衍)이 어려서 매우 총명하고 풍채가 뛰어났다. 왕연을 본 산도(山濤)가 감탄하며 말하기를 "그 어떤 아낙네가 이러한 아이를 낳았단 말인가?[何物老媼生寧馨兒]"라고 한 데서 온 말이다.(『晉書』「王衍傳」)

92) 수고로움[勞形] : '노형'은 몸을 수고롭게 함이니 벼슬살이에 매여 일에 수고로움을 말한다.

또[又]

류원지柳元之[93)]

덕업은 명현의 후손이요	德業名賢後
시서엔 도의 기풍 남아 있네	詩書道氣存
지란의 벗은 원래 많지 않고	芝蘭元不茂
천지는 말하려하지 않네	天地欲無言
학 울음은 신선세계에서 끊어지고[94)]	鶴斷三淸響
붕새는 만리 하늘을 날지 못했네	鵬乖萬里騫
죽음 애도하고 포부를 아쉬워하며	悼亡兼惜志
슬픈 울음소리를 삼키지 못하네	聲竄未容呑

또[又]

이덕규李德圭[95)]

지난날 우복선생께서 떠났으나	梁木摧前日
가풍은 흘러와 후손이 있었네	風流有後人
맑은 자태는 물에서 나온 구슬이요	淸姿珠出水
상서로운 빛은 대에 머문 봉황이네	瑞采鳳棲筠
도학이 삼 대를 전해져서	道學傳三世
그대에게 발휘 되었는데	發揮在一身
아! 하늘이 빨리 목숨을 거두니	嗚呼天奪速
이 이치를 어디에 물어볼거나	此理問何因

---

93) 류원지(柳元之, 1598~1674) : 자는 장경(長卿), 호는 졸재(拙齋), 본관은 풍산(豊山)이다. 1636년 의병을 일으킨 외사촌 이홍조(李弘祚)를 도왔고, 뒤에 황간 현감(黃澗縣監)·진안 현감(鎭安縣監) 등을 역임하였다. 저서는 『졸재집』이 전한다.

94) 학 …… 끊어지고 : 삼청(三淸)은 신선이 살고 있다는 옥청(玉淸)·상청(上淸)·태청(太淸)을 말한다. 학은 죽음을 말하는데, 학이 되어 날아간 정영위의 고사에서 유래한다.

95) 이덕규(李德圭, 1598~?) : 자는 여윤(汝潤), 호는 우곡(午谷)이다. 우복(愚伏) 정경세(鄭經世) 선생의 동문 친구였던 월간(月磵) 이전(李㙉) 선생의 아들이다. 1627년 진사시 입격하여 지례 현감(知禮縣監)을 지냈다.

또[又]

신후재申厚載[96]

경사에 침잠하고 효성과 의리 도타우니　經史沈潛孝義敦
오래 된 집안에 법도가 있음을 알았네　故家知有典刑存
벼슬길 마다하고 스스로 유인이 되었건만　辭榮自得幽人吉
봉양을 위해 번거로운 관리가 되었네　爲養還從吏事煩
늙어서의 낮은 벼슬살이 가련터니　遲暮可憐棲枳棘
풍류가 어찌 황량한 무덤에 막혔는가　風流何遽隔荒原
도성에서의 이별이 영원하게 되었으니　都門一別成千古
서글퍼 남쪽 구름 바라보며 마음 아파하네　悵望南雲倍斷魂

또[又]

이신규李身圭[97]

노선생의 후손으로 어진 자손이 있으니　老先生後有賢孫
곤산의 상서로운 옥이 빛 다투듯 보았네　瑞采爭看玉出崑
뜬세상 이익과 명예를 티끌처럼 여기고　浮世利名同草芥
집안에 전하는 시례의 연원을 찾아 갔네　傳家詩禮泝淵源
한가한 서재의 이야기는 옥 날리듯 했고　閒齋會話瓊飛屑
좋은 계절의 유람엔 동이 술 가득 하였네　令節從遊酒滿樽
사람 떠났다고 우리 도 막혔다 말하지 말라　莫謂人亡吾道否
집안의 훌륭한 자손이 법도를 지키고 있네　庭中寶樹典刑存

---

96) 신후재(申厚載, 1636~1699) : 자는 덕부(德夫), 호는 규정(葵亭), 본관은 평산(平山)이다. 1660년 문과에 급제하여 지평(持平)·도승지(都承旨)·한성 부판윤 등을 역임하였다. 저서는 『규정집』이 전한다.

97) 이신규(李身圭, 1600~1681) : 자는 용빈(用賓), 호는 유계(酉溪), 본관은 흥양(興陽)이다. 1633년 생원시에 입격하였다. 효성스러워 10세 때 모친의 병을 돌보았다. 저서는 『유계유고』가 전한다.

또[又]

홍여하洪汝河

달을 넘겨 곡을 하니 눈물 자국은 말라도	哭君逾月淚痕乾
모든 일 아득하여 그저 하늘에 맡겼는데	萬事茫茫只付天
저문 비 속 외로운 산의 시든 풀길로	暮雨孤山秋草路
붉은 만장이 문 앞 지나감을 어찌 견디랴	可堪丹旐過門前

또[又]

이원록李元祿

가정의 가르침98)이 이 사람에게 있으니	鯉庭詩禮屬斯人
얽혀 지내는99) 친지들 덕스런 이웃이네	瓜葛情親擬德鄰
잠시의 벼슬살이는 어머니 봉양 때문이었고	暫屈一官惟爲養
고향100)으로 와서는 평생을 지낼 듯하였네	却來三逕若終身
선한 집의 경사로 뛰어난 두 자손101) 나더니	善家有慶抽雙玉
인수102)의 말이 효험 없어 오십에 그쳤구나	仁壽無徵止五旬
늙으신 어머님 계시고 부인103)은 남았으니	鶴髮在堂鸞影隻
생각하면 길가는 사람도 눈물이 수건 적시리	想應行路亦沾巾

98) 가정의 가르침[詩禮] : 공자가 자신의 아들인 리(鯉)에게 시례를 배웠느냐고 질문함으로 집안에서 가르침을 베푼 일에서 유래한다.(『論語』「季氏」)

99) 얽혀 지내는[瓜葛] : '과갈'은 나무를 타고 올라가는 오이와 덩굴처럼 서로를 의지하는 친족 관계나 사회적 인간관계들을 말한다.

100) 고향[三逕] : 은자의 정원을 말한다. 도잠(陶潛)의 「귀거래사(歸去來辭)」의 "세 오솔길은 묵어가는데 솔 국화는 그대로 있네.[三逕就荒 松菊猶存]"에서 온 말이다.

101) 두 자손[雙玉] : '쌍옥'은 뛰어난 두 자손을 말한다. 송(宋) 나라 설계선(薛季宣)의 「이녀편(二女篇)」의 "두 아들 끝내 효성스럽고 자애로우니, 쌍옥이 맑은 강 비추네.[二子終孝慈 雙玉澄江映]"에서 온 말이다.

102) 인수(仁壽) : 어진 사람이 장수함을 말한다. "지혜로운 자는 즐겁고 어진 자는 장수한다.[知者樂 仁者壽]"는 말에서 유래한다.(『論語』「雍也」)

103) 부인[鸞影] : '난영'은 훌륭한 부인을 말한다. 원(元) 나라 대표원(戴表元)의 「욕잠사계수위상요진열부작(浴蠶沙溪水爲上饒陳烈婦作)」의 "열부는 무어라 말하나, 거문고 줄 속에 마음이 얽혀 있네. 처음에는 외롭게 된 몸을 말하고, 다음으로 집의 아이들을 말하네.[烈婦何所言 絃中意纏綿 一說鸞影孤 二訴雛巢穿]"에서 온 말이다.

또[又]

황면黃緬[104)]

태어나 겨우 여덟에 고아 되어	生纔八歲孤
구년 동안 집에서 조부에게 배웠네	庭逮九年趨
훌륭한 집안의 아이라 불리니	蘭茁家兒稱
빼어난 자태와 학문을 갖추었네	英姿學力俱
몇 번이나 이부자리에서 울었던가	幾從衾席泣

– 지난 정묘년[1627] 우복선생께서 호소사號召使로써 조정으로 돌아갈 때 군君을 데리고 갔다. 사곡沙谷에 이르러 가슴에 품고서 잤다. 다음날 아침 군君이 일어나고 싶어하지 않으며 이불을 끼고서 울었다. 선생께서 등을 어루만지며 말하였다. "네 아버지가 생각나서이냐? 할아버지를 떠나야 하기 때문이냐?" 이어서 오열하였다. 내가 막 모시고 자다가 차마 듣지를 못하였던 것이 지금도 눈에 선하여 마음이 슬프다.

슬프게 「육아」[105)]편을 읊었네	哀詠蓼莪劬
세업은 연과 대[106)]를 겸하였고	世業蓮兼竹

– 선생 정침의 상량문에 이런 말이 있다. "천 줄기 대나무 만 자루 연꽃이면, 가난하지도 않고 부유하지도 않은 생계라네.[千竿竹萬柄蓮 不貧不富之生業]"

마음은 아름다운 옥[107)]과 같았네	奇懷瑾與瑜
오직 독서의 즐거움만 알았고	惟知讀書樂
과거하는 선비는 본받지 않았네	不效決科儒
화정[108)]과 같이 잘 봉양하고	養善追和靖
백유[109)]처럼 울며 노쇠함을 걱정하였네	憂衰泣伯兪

---

104) 황면(黃緬, 1600~1670) : 자는 원보(遠甫), 호는 만오(晩悟), 본관은 장수(長水)이다. 1624년 생원·진사시에 입격하였다. 저서는 『만오집』이 전한다.

105) 육아(蓼莪) : 부모에게 효도하지 못한 슬픔을 말한다. "슬프고 슬픈 부모여, 나를 낳으시느라 몹시 수고하셨도다.[哀哀父母 生我劬勞]"에서 유래한다.(『詩經』「小雅·蓼莪」)

106) 연과 대 : 연(蓮)은 군자의 덕을 말하며 대[竹]는 군자의 지조를 말한다. 덕이 있고 지조 있는 삶을 말한다.

107) 아름다운 옥[瑾瑜] : '근유'는 도량이 너그러움을 말한다. "아름다운 옥은 흠결을 숨겨 간직하고, 나라의 임금은 더러운 것을 포용하나니, 이것이 바로 하늘의 도이다.[瑾瑜匿瑕 國君含垢 天之道也]"에서 유래한다.(『春秋左氏傳』「宣公 15年」)

108) 화정(和靖) : 윤돈(尹焞, 1071~1142)의 호이다. 자는 언명(彦明)이다. 내성함양(內省涵養)을 중시하고 박람(博覽)을 추구하지 않았으며 오로지 경(敬) 공부를 위주로 하였다. 어머니를 잘 봉양하였다고 한다. 저서는 『논어해(論語解)』·『맹자해(孟子解)』·『화정집』 등이 전한다.

109) 백유(伯兪) : 한 나라 때 효자이다. 잘못이 있어 어머니가 매질을 하니 울었다. 어머니가 그 연유를 물으니 "제가 죄를 지어 매를 맞을 때면 매가 항상 아팠는데, 지금은 어머니의 힘이 쇠하여 아프게

집안의 명성은 영남에 자자하였고	家聲藉嶺土
훌륭한 명망은 한양[110]에 통하였네	聞望徹天衢
부름을 받들어 동궁[111]을 모셨고	承召倍青邸
지방관이 되어서는 자애로웠네[112]	臨民用綠蒲
홀연히 팽택의 녹미[113]를 사양하며	忽辭彭澤米
장한의 농어[114]를 그리워하였네	長戀季鷹鱸
율리[115]의 소나무와 국화를 찾고	栗里尋松菊
우산의 화도암에서 노닐었네	愚山玩畫圖

– 우산의 상류에 화도암畫圖巖이 있다.

어진 자가 장수함을 기약했기에	將期仁必壽
병들어 못 일어남을 생각했겠는가	誰謂病難蘇
부음 이르자 속이는 줄 여겼지만	訃至如訛耳
놀라 부르짖으며 통곡을 하였네	驚號有慟乎
거백옥이 그릇됨을 알았던 나이[116]이니	知非伯玉歲
대붕의 길을 반도 오르지 못하였네	未半大鵬途

하지 못하십니다. 이 때문에 웁니다.[兪得罪 笞常痛 今母之力 不能使痛 是以泣]"라고 대답한 데서 유래한다.(『說苑』「建本」)

110) 한양[天衢] : '천구'는 장형(張衡)의 「서경부(西京賦)」의 "어찌하여 오식 이러한 때 공경히 낙양에 있고 싶어 하지 않으랴![豈伊不虔思於天衢]"에서 유래한다. 유량(劉良)은 천구(天衢)는 낙양(洛陽)이라고 하였다.(『文選』)

111) 동궁[青邸] : 세자궁이 동쪽에 있다 해서 동궁(東宮)이라 하는데, 동방의 색이 청(靑)이므로 청저라고도 불렀다.

112) 자애로웠네[蒲] : '포'는 포편(蒲鞭)으로, 때려도 아프지 않도록 부들 가지로 만든 회초리를 말한다. 후한(後漢) 때 유관(劉寬)이 남양 태수(南陽太守)로 있을 적에 인후(仁厚)한 성품으로 사람들의 과실을 많이 용서하였다. 아전이나 백성들이 혹 과실을 지었을 경우에는 포편으로 다스려서, 모욕적인 것만 느끼게 하고 고통을 주지 않았던 고사에서 유래한다.(『後漢書』「劉寬列傳」)

113) 팽택의 녹미 : 도잠(陶潛)이 팽택 현령이 되어 부임한지 81일 만에 물러나 고향으로 돌아온 고사에서 유래한다.

114) 장한의 농어 : 고향으로 돌아옴을 말한다. '계응(季鷹)'은 진(晉) 나라 장한(張翰)의 자(字)이다. "장한이 가을바람이 부는 것을 보자 오중 의 순채국과 농어회가 생각났다. …… 마침내 관직을 버리고 고향으로 돌아갔다.[翰因見秋風起 乃思吳中菰菜蓴羹鱸魚膾 …… 遂棄官而歸]"에서 유래한다.(『晉書』「文苑傳·張翰」)

115) 율리(栗里) : 진(晉) 나라 때의 은거처사인 도잠(陶潛)의 고향과 무첨재선생의 고향의 이름이 같다.

116) 거백옥이 …… 나이 : 무첨재선생께서 50의 나이로 세상을 떠났음을 말한다. 춘추시대 위(衛) 나라 거백옥(蘧伯玉)의 "나이 50이 되어 49년의 잘못을 깨달았다.[年五十而知四十九年非]"는 고사에서 유래한다.(『淮南子』「原道訓」)

노모께서 마을 문에서 기다리고[117]	鶴髮閭猶倚
신도비를 세우지 못함이 한스럽네	龜碑恨莫趺

– 선생의 신도비 돌을 운반하여 무덤 아래에 도착해서 아직 돌에 새기지 못하였다.

여섯이서 입격하였던 때를 말하자니	忍言六人榜

– 나와 무첨재의 선고인 공은 함께 소과에 입격하였는데, 우리 고을의 여섯 사람 중에서 나만 남아 있다.

일찍부터 제자[118]가 되었었네	早忝萬章徒
삼대의 초상에 곡을 하였는데	奄忽哭三世
지리한 나는 백발만이 남았네	支離餘白髮
어진 천도가 끝내 어그러졌지만	仁天終豈舛
선함에 보답함은 속이지 않아	善報未應誣
효자[119]에게 면면한 경사가 있으니	錫類綿綿慶
봉황의 두 새끼[120]가 보이네	須看鳳二雛

또[又]

박신규朴信圭[121]

– 경신년[1680] 천장遷葬할 때에

일찍이 심학으로 시강원에 계셨더니	曾將心學近离筵

117) 마을 …… 기다리고 : 자식이 돌아오기만을 간절히 기다리는 모습이니 노모가 살아계심을 말한다. 춘추시대(春秋時代) 위(衛) 나라 왕손가(王孫賈)의 모친이 아들이 아침에 나갔다가 늦게 돌아올 때면 문에 기대어 기다리고[倚門而望] 저녁에 나가 돌아오지 않으면 동구 밖에까지 나가서 기다렸다[倚閭而望]는 고사에서 유래한다.(『戰國策』「齊策 六」)

118) 제자[萬章] : '만장'은 맹자(孟子)의 고족(高足) 제자의 이름이다. 황면이 우복 정경세 선생의 제자였음을 말한다.

119) 효자[錫類] : '석류'는 "효자가 끊어지지 아니하니 길이 너와 같은 좋음을 주리로다.[孝子不匱 永錫爾類]"에서 유래한다.(『詩經』「大雅·旣醉」)

120) 봉황의 두 새끼 : 무첨재선생과 숙인(淑人) 풍산 류씨(豐山柳氏) 사이에 난 두 아들 정석교(鄭錫僑)와 정석현(鄭錫玄)을 말한다.

121) 박신규(朴信圭, 1631~1687) : 자는 봉경(奉卿), 호는 죽촌(竹村), 본관은 밀양, 시호는 청숙(淸肅)이다. 1660년 문과에 급제하여 전주 판관·경상도 관찰사(慶尙道觀察使)·호조 판서(戶曹判書) 등을 역임하였다. 경술·문학·서예에 뛰어났다.

떠나신지 오늘까지 십사년이 되었네　長逝如今十四年
사귄 교분 본래 삼대의 두터움이기에　交誼由來三世厚
새 무덤을 보며 주룩주룩 눈물 흘리네　秖望新隴淚漣漣

또[又]

이복李馥[122]

대현의 뒤에 어진 손자가 있었으니　大賢之後有賢孫
오래된 물건 중에 청전[123]만은 남았네　舊物特置青氈存
가슴에 우뚝함이 있으니 호련[124]이요　中藏嶷嶷瑚璉器
꽃 같은 재능 발하니 맑고도 온화하였네　英華發外清而溫
광중[125] 같이 가학을 캐내지 못했지만　廣仲家學見不鑿
빼어난 실력은 조야에 떠들썩하였네　茂實飛騰朝野喧
소 잡는 칼을 앞뒤로 닭에서 시험하여[126]　牛刀前後試割雞
두 고을 다스리니 은혜를 오로시 하였네　坐令二州專其恩
사람들의 바람 어찌 이에서 그쳤으랴　人之望之豈止是
유림은 마음을 기울여 믿고 있었는데　儒林傾心如有恃
구름 위로 나래 펴고 날지 못하고　凌雲遠翰不盡飛
골짜기 그윽한 난초는 먼저 시들었네　幽蘭谷口芳先萎
자감에서 기미 속의 마음을 통하였고　蔗甘瓴通氣味中

---

122) 이복(李馥, 1626~1688) : 자는 면여(勉餘), 호는 양계(陽溪), 본관은 성산(星山)이다. 1654년 문과에 급제하여 동부승지(同副承旨)·형조 참의(刑曹參議)·동래 부사(東萊府使) 등을 역임하였다.

123) 청전(青氈) : 푸른 담요로 집안에 전하는 구물(舊物)을 말한다. 왕헌지(王獻之)가 누웠는데 도둑이 들어와 청전을 훔쳐가니, 천천히 말하기를 "도둑아. 청전은 우리 집에 대대로 전해온 물건이니, 그것만은 놓아 두어라.[偸兒 青氈 我家舊物 可特置之]"라고 한 데서 온 말이다.(『晉書』「王獻之傳」)

124) 호련(瑚璉) : 종묘(宗廟)에서 서직(黍稷)을 담는 그릇으로 그릇 중에 귀중하고 화려한 것이니, 뛰어난 인물을 말한다. 공자께서 자공을 호련이라고 평가한 일에서 온 말이다.(『論語』「公冶長」)

125) 광중(廣仲) : "살펴보니 광중의 이름은 식인데 호문정공의 아우이며 호안정공의 아들이다. 호는 광재이다. 벼슬은 영산현 주부를 하였다.[案廣仲名寔 文定弟 安定子 號擴齋 仕止靈山縣主簿]"에 나오는 인물이다.(『退溪先生文集攷證』 권4) 일생이 어떠하였는지는 자세히 알 수가 없다.

126) 소……시험하니 : 가진 재주에 맞지 않는 자잘한 일을 하였음을 말한다. 자유(子游)가 무성(武城)의 읍재(邑宰)가 되어 예악을 가르쳐 고을 사람들이 모두 현악(弦樂)에 맞추어 노래를 불렀는데, 공자가 무성에 가서 그 소리를 듣고는 빙그레 웃으며 "닭을 잡는 데에 어찌 소 잡는 칼을 쓰느냐?[割鷄焉用牛刀]"라고 한 데서 유래한다.(『論語』「陽貨」)

옛날 그곳에서 문장과 어진 덕을 보았네	古處相觀文又仁
각자 문을 나와 세상에서 반평생 보내며	風塵半世各出門
헤어진 뒤로도 자주 그리워하였네	離合由來回首頻
몇 해 전 창현을 다스리실 적에는[127]	去年視篆在昌縣
서쪽 가는 인편에 자주 편지를 부쳤고	尺素屢寄西歸便
한가위에 드디어 고향으로 가서	中秋遂作故園行
풀 덮인 길 헤치고 와서 만나 보았네	爲披草逕來相見
상을 펼쳐서 갑 속의 책을 다 보다가	攤床閱盡一褒書

– 당시 나는 무첨재가 편찬한 『대동유선행적大東儒先行蹟』이라는 책을 가져다 보았다.
공이 책을 메면서 서로 강론하고 틈틈이 바로잡았다.

날 저물어 헤어지며 너무도 아쉬웠기에	日昃解携多眷戀
말하기를 이제부터 매인 고삐 벗었으니	爲言從今脫馽羈
지척 간에 자주 오가기를[128] 기약했었지	咫尺可續源源期
어찌 그리 세상의 일 끝없이 이어지는지	如何世故荐相仍
좋은 일은 걸핏하면 어긋나 버려서	好事動見成差池
금오산[129]을 유람할 때 그대는 없었고	金烏探勝子不臨
자소봉[130] 찾을 때 나는 따르지 못했네	紫霄尋眞吾未隨
애타는 아쉬움으로 뒷날을 기약했더니	耿耿幽恨待後會
어찌 알았으랴, 만나지 못하고 죽을 줄을[131]	焉知未副催陽離
게다가 벗[132]에게는 노모께서 계시니	況復知仲有老親
효성스런 마음 황천에서 어찌 잊으리	孝思及泉何相忘
아! 영남의 거리에 사람 없어졌으니	嗚呼南嶺巷無人
우리들은 맹인처럼 서성대기만[133] 하네	吾黨倀倀瞽失相

127) 다스리실 적에는[視篆] : '시전'은 전문(篆文)으로 새겨진 관인(官印)을 가지고 업무를 보고 일을 살피는 것을 말한다. 무첨재선생이 1633년 6월 창녕 현감(昌寧縣監)에 제수되었으므로 한 말이다.

128) 자주 오가기를[源源] : '원원'은 끊임없이 자주 만나며 친히 사귀는 모습을 말한다. "그를 늘 보고 싶었으므로 늘 오게 하였다.[欲常常而見之 故源源而來]"에서 온 말이다.(『孟子』「萬章上」)

129) 금오산(金烏山) : 경상북도 구미시에 있는 산 이름이다.

130) 자소봉(紫霄峯) : 안동의 청량산(淸凉山)에 있는 12봉우리 중의 하나이다.

131) 죽을 줄을[陽離] : '양리'는 음양의 도를 떠난다는 뜻으로 죽음을 말한다. "하늘의 법은 음양 종횡이니, 음양의 도를 떠나면 죽음을 받으리.[天式縱橫 陽離爰死]"에서 온 말이다.(『楚辭』「天問」)

132) 벗[知仲] : '지중'은 자신의 사정을 잘 알아주는 벗을 말한다. 포숙아(鮑叔牙)가 그의 벗인 관중(管仲)의 행위를 다 이해해 준 고사에서 유래한다.

그대를 곡함에 어찌 사사로운 마음뿐이랴　哭公奚但哭吾私
산 남쪽의 구름을 바라보며 곡을 하노라　哭向山陽雲入望

또[又]

송덕부宋德溥134)

공문을 하늘도 감동하여　孔門天亦感
손자에게 도가 전해졌다네135)　傳道在於孫
옛 자취 오늘날에 드러나　古跡徵今代
선생에게 관대한 후손이 있었네　先生裕後昆
용처럼 일어나 잠깐 선조를 잇더니　龍興才述事
순식간136)에 돌아가고 말았네　駒隙奄招魂
율리의 바람 안개는 쓸쓸하고　栗里風烟慘
만사를 지으니 눈물이 흐르네　題詞淚有痕

또[又]

화락한 그대 같은 이 옛날에도 드물었으니　愷悌吾君古所稀
어여쁘도다, 광채 머금은 봉황인 것이　爲憐斯世鳳含輝
동향137)은 백성 새롭게 함을 본 적 있었고　桐鄉曾見新民化

---

133) 서성대기만[倀倀] : '창창'은 걸음을 어디로 두어야 할지 모르는 모습이다. 따라 본받을 만한 사람이 없음을 말한다.
134) 송덕부(宋德溥, 1603~1674) : 자는 유함(儒咸), 호는 취은(醉隱), 본관은 여산(礪山)이다. 향풍(鄕風)을 바로잡으려다 당로자(當路者)들의 모함을 받아 함북(咸北) 문천(文川)에 유배되었다가 풀려난 이후 교유(交遊)도 끊고 후진 교육에 여생을 바쳤다. 저서는 『취은일고』가 전한다.
135) 공문 …… 전해졌다네 : 공자(孔子)의 집안을 말한다. 공자의 도가 손자인 자사(子思)에게까지 전해졌듯이, 우복선생(愚伏先生)의 학문이 무첨재선생에게까지 전하여졌다는 의미에서 한 말이다.
136) 순식간[駒隙] : '구극'은 너무나 짧은 시간을 비유한 말이다. "사람이 천지간에 사는 것이 백구가 담장의 틈새를 지나가는 것과 같다.[人生天地之間 若白駒過隙]"에서 유래한다.(『莊子』「知北游」)
137) 동향(桐鄕) : 옛날 수령의 은혜로운 정사를 잊지 못하고 있는 고을을 말한다. 한(漢) 나라 주읍(朱邑)이 젊은 시절 동향의 색부(嗇夫)로 있으면서 덕정(德政)을 남겼는데, 그 후 대사농(大司農)이 되었다가 병으로 죽을 무렵 자기를 동향(桐鄕)에다 묻어달라고 부탁하였다. 아들이 말대로 동향에다

율리는 이제 옛 주인 돌아옴을 기뻐하였네 栗里今欣舊主歸
국화꽃 서리 뒤에 빼어남을 이제 믿겠는데 方信秋花霜後傑
아침 잎에 이슬 먼저 마를 줄 어찌 알았으리 豈知朝葉露先晞
뜰에는 보수[138]와 빼어난 연리지[139] 남으니 庭留寶樹連枝秀
도의 줄기가 본래 미약한 적이 없었다네 道脈從來未必微

또[又]

이진李袗[140]

영남에 인재가 많은데 山南富人士
자네가 그중 으뜸이라네 我君爲之冠
시와 예는 유업에 뿌리 두고 詩禮本遺業
남긴 실마리로 도산을 이었네 緖餘接陶山
상서로운 깃[141] 세상에 있어 瑞羽在下土
맑은 울음 구관[142]에 통하였네 淸唳徹九關
어머니 위해 벼슬살이[143] 나갔다가 軒裳爲親屈
고을에서 잠시 머물렀다네 縣邑蹔盤桓
팽택에서 귀거래사 읊고 돌아오니 歸來彭澤賦
안연처럼 그릇 자주 비었네[144] 屢空顔淵簞

장례를 치렀는데, 과연 그곳 백성들이 모두 나서서 무덤을 일으키고 사당을 세워 제사를 지냈다는 고사에서 유래한다.(『漢書』「朱邑傳」)

138) 보수(寶樹) : 주74) 참조.

139) 연리지[連理] : '연리'는 뿌리가 서로 다른 두 나무의 가지 결이 서로 연하여 하나가 된 것으로, 전하여 애정이 깊은 부부의 관계를 비유한다. 당(唐) 나라 백거이(白居易)의 「장한가(長恨歌)」의 "하늘에서는 비익조가 되고 땅에서는 연리지가 되기를 바랐다네.[在天願爲比翼鳥 在地願爲連理枝]"에서 유래한다.

140) 이진(李袗, 1600~?) : 자는 자회(子晦), 호는 고산(孤山), 본관은 연안(延安)이다. 1635년 문과에 급제하여 정언(正言)·수찬(修撰)·광주 부윤(廣州府尹) 등을 지냈다.

141) 상서로운 깃[瑞羽] : '서우'는 상서로운 깃을 가진 새로 봉황(鳳凰)을 말한다. 남조(南朝) 양(梁) 나라 심약(沈約)의 「양비무가(梁鞞舞歌)」의 "영사와 봉황은 흰 빛깔 나누고 붉은 빛 머금었네.[靈蛇及瑞羽 分素復銜丹]"에서 온 말이다.

142) 구관(九關) : 아홉 겹의 하늘 문으로 저 세상을 가리킨다.

143) 벼슬살이[軒裳] : '헌상'은 수레와 옷으로 관위(官位)와 작록(爵祿)을 말한다.

144) 그릇 …… 비었네 : 공자의 제자였던 안연의 가난함을 말한다. 단사(簞食)는 가난한 살림살이이며

떨어져 있어[145] 늘 근심했는데　　恒愁斗箕濶
갑자기 삶과 죽음으로 갈라졌네　　遽隔幽明間
사문[146]이 큰 선비 잃었는데　　斯文失碩儒
나의 통곡이 가장 늦었네　　私慟最慵頑
어머니는 자식을 잃으시니[147]　　萱闈割猿腸
길가는 사람도 찡하여 슬퍼하네　　行路亦悲酸
세상에 늙고 추한 내가 남으니　　乾坤餘老醜
아는 이가 새벽 별처럼 드무네　　親知曉星殘
만사를 지으며 슬피 곡하니　　臨輓一慟哭
글자마다 눈물이 흘러 내리네　　字字淚潸潸

또[又]

손만웅孫萬雄[148]

큰 어르신의 유풍은 세상이 본받고　　大老遺風世所師
징군[149]의 자태[150]는 더욱 어질었네　　徵君符采更賢姿
단정한 몸가짐은 얼음과 옥[151] 같고　　端方操履冰兼玉

누공(屢空)은 자주 끼니를 굶는 것을 말한다.(『論語』)

145) 떨어져 있어[斗箕] : '두기'는 두 별의 이름으로 은하(銀河)를 사이하고 있다. 서로 왕래가 뜸하였음을 비유한다.

146) 사문(斯文) : 유도(儒道)를 말한다. 공자께서 말하였다. "문왕(文王)이 이미 돌아가셨으니, 문(文)이 이 몸에 있지 않겠는가. 하늘이 장차 사문을 없애려 하였다면 내가 사문에 참여할 수 없었을 것이다.[文王旣沒 文不在玆乎 天之將喪斯文也 後死者 不得與於斯文也]"에서 온 말이다.(『論語』「子罕」)

147) 자식을 잃으시니[猿腸] : '원장'은 죽은 자식에 대하여 비통해하는 어버이의 심정을 말한다. 진(晉)나라 사람이 산에 들어가서 새끼 원숭이를 잡아와 나무에 묶어 두었다가 마침내는 죽이고 말았는데, 그 나무 위에서 계속 하소연하는 듯 슬피 울다가 끝내는 나무 위에서 몸을 던져 죽은 어미 원숭이의 배를 가르고 보니 '애가 마디마디 끊겨져 있더라.[腸皆寸寸斷]'는 이야기에서 유래한다.(『世說新語』「黜免」)

148) 손만웅(孫萬雄, 1643~1712) : 자는 적만(敵萬), 호는 야촌(野村), 본관은 경주(慶州)이다. 1669년 문과에 급제하여 오수 찰방(獒樹察訪)·형조 좌랑(刑曹佐郎)·경주 부윤(慶州 府尹)등을 역임하였다.

149) 징군(徵君) : 학문과 덕행이 있어 나라의 부름을 받았으나, 벼슬하지 않은 선비의 존칭이다.

150) 자태[符采] : '부채'는 옥(玉)이 띠고 있는 은은한 문채이다. 내면에서 충분히 길러져 쌓인 덕이 밖으로 나타나는 자태를 말한다.

학문의 연원은 낙수와 이수[152]라네	學問淵源洛與伊
이 나라의 사문이 의지하려 했는데	東土斯文將有賴
남쪽 선비들 갑자기 슬픔을 머금었네	南州多士遽含悲
뜰의 매화엔 지난 풍모가 남아 있고	庭梅向見餘標格
책들은 부질없이 예전 시례를 남겼네	縹帙空畱舊禮詩
모자랐던 젊은 시절엔 가르침 입었는데	蒙陋早年承獎誨
허물 많은 나는 오늘 누구를 본받을까	愆尤今日孰箴規
새로운 터에 다시 강학할 곳을 지어도	新阡更築藏修地
눈 속의 달은 쓸쓸하여 옛날과 다르네	雪月凄凄異昔時

151) 얼음과 옥[氷玉] : '빙옥'은 맑고 깨끗하여 아무런 티가 없음이다. 고결한 지조를 말한다.

152) 낙수와 이수[洛與伊] : 정주학(程朱學)을 말한다. 이수(伊水)·낙수(洛水) 사이에서 두 정자(二程子)가 강학(講學)을 하였고, 뒤에 주자(朱子)가 정자의 학통을 계승하였다.

제문祭文

홍여하洪汝河

아! 우리 봉휘여　嗟吾鳳輝
나를 버리고 가심이　去我而逝
어찌 이리 빠른가　一何速耶
하늘이 나를 슬프게 함이　天之慼我
어찌 이리 혹독한가　一何酷耶
처음 듣고 놀라 두려웠다가　始聞驚惕
중간에 스스로 애써 눌렀지만　中自寬抑
끝내 매우 아프더니　卒乃痛慘
아직까지도 풀리지 않네　迄猶未釋
예전 우리 선공[153]께서는　昔我先公
우복선생을 스승으로 섬겼고　師事愚伏
내한공[154]께서는　維內翰公
선공을 따라 배웠네　從先公學
우리 두 사람은　維我兩人
미더운 정 참 독실하여　情孚信篤
젊어서부터 자연스럽게　自在童年
도의로 서로 힘썼네　道義相勖
자네 여럿 모인 자리에서도　子在稠中
옷 깃 여미고 단정히 앉으니　整襟端坐
동료들이 함부로 하여도　儕流褻狎
감히 더럽히지 못하였네　不敢相浼

---

153) 선공(先公) : 홍여하의 부친인 홍호(洪鎬, 1586~1646)를 말한다. 자는 숙경(叔京), 호는 무주(無住), 본관은 부계(缶溪)이다.

154) 내한공 : 무첨재선생의 부친을 말한다.

자네를 아끼고 공경하여　愛子敬子
마음속으로 담아 두고서　中心藏之
학교나 선찰에서　黌舍禪宮
움직일 적마다 서로 따랐네　動輒相隨
자네 집안은 오로지　子家專門
예로써 몸가짐을 지켰네　以禮自持
자네도 어려서부터 따랐기에　子幼服膺
차고 밟음이 법도 있었네　佩繩蹈規
재에는 무첨이라 걸고서　揭齋無忝
선조의 공열을 이으려 했었네　冀紹先烈
자네 처음 소명을 받았을 때　子初赴召
나는 마음의 말을 하였지　余贈以說
허물이 많은 나 같은 이를　若余多愆
자네 드러내어 꾸짖지 않고　子不顯斥
온화한 낯빛으로 넌지시 하니　微以色諷
나는 부끄러워하며 고쳤는데　余愧以革
지금부터 이후로는　自今以後
허물은 누가 독책해 줄까　過將誰督
그러니 자네 이제 떠남을　子今亡矣
어찌 놀라 슬퍼하지 않겠는가　胡不驚慽
중년에 소식이 뜸했던 것은　中間契濶
각각 벼슬살이 때문이었네　各牽宦遊
나는 변방을 다스리고　余綰邊綬
자네는 남쪽 고을 수령되니　子宰炎州
남북이 만 리 길이라서　南北萬里
겨우 편지 한 통 뿐이었네　僅達一書
잠시 뒤 나는 쫓겨나　俄余廢逐
황계에 유폐 되었고　拘幽黃溪
자네도 바로 귀거래사 지으며　屬子賦歸
말을 타고 찾아 왔었네　命駕而至
환한 얼굴로 문에 들어서서　入門敷腴
위로할 여가도 없이　不暇唁慰
술을 잡고 시를 평하며　把酒評詩
먼저 유람한 일 늘어놓았지　首敍遊賞
나는 봉래산을 올랐고　余陟蓬萊

자네는 방장산[155]을 올랐네	子躋方丈
각자 유람하며 지은 것 내어	各出遊槖
서로 평가하며	互相評騭
특이하고 훌륭한 것 겨루니	較奇角壯
종일토록 말하며 웃었네	終日談噱
내가 숨어듦을 말하니	謂余抹摋
자네도 은둔[156]을 이야기하며	子亦遯肥
그윽한 맹세 보존하여	庶保幽盟
늙어 의지하길 바랐었네	白首相依
은혜로운 조서 갑자기 입어	恩詔遽被
선생에게 시호를 주시고	錫先生謚
자네에게 한 현을 주니	畀子一縣
욕의[157]를 거행하였네	縟儀斯擧
내 당시 홀로 가서	余時獨往
거의 우산에 닿았더니	幾到愚山
잔나비 학[158]이 탄식을 일으켜	猿鶴興咨
서글퍼하며 발길을 돌렸네	惆悵言旋
일 마치고 벼슬을 그만두고서	竣事投紱
내가 빨리 가서 쉬니	速余往棲
좋은 친구들 모여 와서	佳朋鼎來
경서를 토론하였네	談經討書
언 시내는 녹지 않고	冰溪未瀜
눈 산이 우뚝 마주한 곳에	雪岑對矗
십일 동안 함께 지내니	聯床十日

155) 방장산[方丈] : 경상남도 산청군에 있는 지리산의 또 다른 이름이다.
156) 은둔[遯肥] : '둔비'는 은둔하며 여유롭게 사는 생활을 말한다. "살진 은둔이니 이롭지 않음이 없다.[肥遯 無不利]"에서 온 말이다.(『周易』「遯卦」)
157) 욕의(縟儀) : 성대한 의식을 말한다.
158) 잔나비 학[猿鶴] : '원학'은 은거한 은자와 함께 지내는 대표적인 동물을 말한다. 남제(南齊) 때 공치규(孔稚圭)가 주옹을 책망하며 지은 「북산이문(北山移文)」의 "혜초 장막은 텅 비어 밤 학이 원망하고, 산중 사람이 떠나가니 새벽 원숭이가 놀란다.[蕙帳空兮夜鶴怨 山人去兮曉猿驚]"에서 유래한다.

기쁨 얼마나 지극했던가　此樂何極
그림 같은 바위 가에서　畵圖巖畔
아픈 이별에 주저하였네　慘別躊躇
말 위에서 서로 돌아보며　馬上相顧
빨리 다시 만나자 하였네　後晤莫徐
그 때 자네 건강하여　子時康茂
정신은 맑고 기운 펄펄하였기에　神清氣湧
자네 떠났다는 소식에　旋報子喪
어찌 놀라고 아파하지 않겠는가　胡不驚痛
자네의 둘째 아들은　子之仲男
나의 사위가 되었네　我以爲甥
사월 초하루에　四月初吉
자네가 글로써 맞이하기에　子以書聘
돌아갈 말을 겨우 꾸리자　反馬纔成
자네가 병들었다고 하네　子以病聞
문안 편지 돌아오기 전에　候問未還
갑자기 부고가 이르렀네　訃車奄臻
어여쁜 어린 여식이　婉婉弱息
길에서 북상[159]하고 울부짖으니　在途號髽
내가 회포를 잊고자 해도　余欲忘懷
어찌 놀라고 탄식하지 않으리　胡不驚嗟
나는 생각했네 지극한 도는　我思至道
아침에 듣고 저녁에 죽어도 좋다고[160]　朝聞夕可
취하여 살고 꿈결에 죽는　醉生夢死
도도한 저들이여　滔滔彼者
통달하여 드러나고 장수한 이를　達道顯壽
누가 통하였다고 할 것이며　孰謂之通
인을 지키다 가난하고 요절한 이를　蹈仁貧夭

---

159) 북상 : 여자 상주의 아무렇게나 끌어 올려 뭉쳐 놓은 머리 모습을 말한다.
160) 지극한……좋다고 : 진정 도(道)를 얻어 들으면 살아서는 순(順)하고 죽어서는 편안해짐을 말한다. "아침에 도를 들으면 저녁에 죽어도 괜찮다.[朝聞道 夕死 可矣]"에서 유래한다.(『論語』「里仁」)

누가 궁하였다고 할 것인가　孰謂之窮
자네는 오십[161]을 살았으니　子筭大衍
안연과 견주면 오래 살았네　較回則遐
가난은 자주 심하지 않았고　貧不婁甚
지위는 너무 높지 않았네　位不憲多
자네의 대부인께서는　子大夫人
춘추 이미 높지만　春秋旣深
두 손자가 이미 장성하여　二孫旣長
어머님 마음을 위로하네　庶慰母心
자네 집안 태사씨[162]라서　子家太史
대대로 예문관을 맡았네　世掌翰局
자네는 백의로 지냈지만　維子白衣
드러난 대우 또한 특별하였네　顯遇亦特
자네의 문장은　子之文章
알아봄이 정미하고 엄격하여　鑑裁精覈
명신들을 모아 기록하니　撰錄名臣
공적이 역사책보다 뛰어났네　功百汗竹
죽어서도 전함이 있으니　歿而有傳
징험하고 도울만 하네　可徵可裨
내가 크게 위로받음은　余之寬慰
이러함에 있다네　庶其在玆
어찌 근세에　夫何近歲
막힌 운수를 당하였는가　否運斯丁
동국이 끝내 황폐해지니　東國卒荒
착한 선비들이 쓸쓸해졌네　善士凋零
잠부[163]가 이미 떠나니　潛夫旣沒

---

161) 오십[大衍] : '대연'은 천지(天地)의 수(數)를 최대한으로 불린 수치를 말한다. "대연의 수는 50인데 그 쓰임은 49이다.[大衍之數 五十 其用 四十有九]"에서 온 말이다.(『周易』「繫辭傳上」)

162) 태사씨[太史] : 태사령(太史令) 사마천(司馬遷)이 사기를 편찬한 이후 역사 편찬을 말하게 되었다.

163) 잠부(潛夫) : 뜻을 펴지 못하고 은거한 이를 말한다. 후한(後漢) 때 왕부(王符)라는 이가 학문과 지조가 있었으나 성품이 너무 곧은 탓에 벼슬길에 나아가지 못하고 은거하여 불우하게 살면서

곡식이 귀함을 노래하였네	穀貴是歌
자양이 세상을 떠남이	紫陽考終
어찌 망사[164]라는 약 때문이리오	豈關硇砂
이 학문을 누가 강하며	斯學疇講
이 실마리를 누가 이으리오	斯緖疇續
나의 아픔과 서글픔이	斯余痛悼
어찌 다함이 있겠는가	曷有其極
류·김 두 벗도	柳金兩友
나의 벗을 서글퍼하네	愴惜余儔
자네 위해 산소를 정하니	爲子卜山
자네 꿈에서 구한 자리였네	子夢是求
선을 막아[165] 후손에 넘친다고	閼善衍昆
사람들이 혹 말을 하네	人或云矣
누가 두 아들 가르쳐	疇誨二子
선을 따라[166] 닮게 할런고	式穀似矣
자네 참으로 이를 편안해하니	子苟安此
후손들의 이로움이네	嗣人之利
곧은 말로 잔 올리니	矢辭以酹
영령이여 살피소서	靈其不昧

또[又]

이신규李身圭

생각건대 혼령께서는	惟靈
자품이 순수하고 아름다우며	資稟粹美

『잠부론(潛夫論)』을 지어 당시의 잘잘못을 기폄(譏貶)하였던 데서 유래한다.

164) 망사(硇砂) : 중국에서 나는 것으로 많이 먹으면 사람의 위와 장을 상한다. 주자가 노년에 먹고 힘들어 하였다고 전해진다.

165) 선을 막아[閼善] : '알선'은 조상된 자가 자신의 복을 모두 누리지 않고 갈무리하는 자세를 말한다.

166) 선을 따라[式穀] : '식곡'은 좋은 모습으로 기르는 것을 말한다. "언덕 가운데의 콩을, 서민들이 거두어 가네. 명령의 새끼를, 과라가 업고 가니, 그대도 아들을 잘 가르쳐서, 좋은 방향으로 닮도록 하라.[中原有菽 庶民采之 螟蛉有子 蜾蠃負之 敎誨爾子 式穀似之]"에서 온 말이다.(『詩經』「小雅·小宛」)

기량이 우뚝하고 반듯하였네	器局峻整
정미한 조예와	造詣之精
바른 식견으로	識見之正
밤낮으로 부지런히 하며	乾乾日夕
뜻이 한결같고 전일해	志一且專
오경과 백가를	五經百氏
모두 관통하였네	靡不貫穿
독실한 효제가	孝悌之篤
천성에서 나오니	出於天性
소문이 날로 퍼져서	聲聞日暢
온 고을을 울렸네	鄉邦折磬
몸가짐과 행실 단정하니	操履端潔
속세와 무리를 뛰어 넘었네	拔俗超羣
과거는 관심 밖의 일이요	科第外物
부귀는 뜬 구름이었네	富貴浮雲
힘써 익히다 세상에 나가니	黽俛出世
국사 중에 짝할 이 없었네	國士無雙
동궁을 모시기도 하였고	侍筵東宮
남쪽 고을을 다스렸는데	佩符南邦
줄과 같이 곧고	其直如絃
물과 같이 맑았네	其清如水
세속과 어울려 지낸 것은	與世俯仰
실제 원해서가 아니기에	實非所欲
훨훨 높이 가서	縹焉高逝
바로 처음 자리[167]를 찾았네	載尋初服
오직 나와 자네는	惟我與君
망년의 교분를 맺었기에	托契忘年
깊은 기대는	期待之深
끊어진 현[168]을 이었네	在續絶絃

167) 처음 자리[初服] : '초복'은 처음에 입던 옷이다. 곧 벼슬을 떠나 처음 은거하던 상황으로 돌아간 것을 말한다. "물러가 다시 나의 초복을 손질하리오.[退將復修吾初服]"에서 온 말이다.(『離騷』)

삼세를 이어 사귀었으니	交連三世
의는 한 집안과 마찬가지이며	義均一家
뜻이 같고 도가 맞아	志同道合
서로 닦고 탁마하였네	交修互磨
시절 따라 왕래하니	時節往來
갓이 나란히 늘어있었네	冠盖聯翩
번갈아가며 창화하니	迭唱更酬
단편 장편을 이루었네	短什長篇
나의 쇠퇴함 이미 심하니	吾衰已甚
몇 년이나 세상에 있을까	在世幾何
자네는 씩씩하였기에	君方强壯
앞길이 창창하였네	前途未涯
어찌하여 일상을 뒤집어	云胡反常
갑자기 죽음에 이르렀는가	遽至不淑
장수할 이 요절하고 어진 이 막히니	壽夭仁鄙
이 이치 헤아리기 어려워라	此理難測
나는 아득한 곳에 계단 놓아	我欲階冥
창창한 하늘에 물어보려하네	上問蒼蒼
말이 이에 미치니	興言及此
폐와 장이 찢기는 듯 하네	如裂肺腸
그 음성 그 모습 영원히 막혀	音容永隔
산소로 떠날 날이 되니	卽遠有期
바람 안개는 참혹한 빛 띄고	風烟慘色
초목은 슬픔을 머금었네	草木含悲
마음의 향을 준비하니	心香一瓣
슬픔의 눈물 천 갈래이네	哀淚千行

168) 끊어진 현[絶絃] : '절현'은 자기 마음을 잘 아는 친한 벗을 잃어버림을 말한다. 옛날 백아(伯牙)가 거문고를 잘 타고, 그의 친구 종자기(鍾子期)는 백아가 타는 거문고 소리를 듣고 백아의 심중(心中)을 잘 알았는데, 종자기가 죽자 백아는 자기가 타는 거문고 소리를 이해하는 사람이 없으므로 거문고의 줄을 끊고 다시는 타지 않았다는 고사에서 유래한다.(『列子』「湯問」) 이를 이었다는 것은 친구를 다시 만났음을 말한다.

밝으신 영령이이여　　英靈不昧
성대하게 이르소서　　來格洋洋

또[又]

이덕규李德圭

예전 우리 선생께서　　昔我先生
남향에서 도를 강론하니　　講道南鄕
배우는 이 모여들어　　學者坌集
먼 지방에서도 찾아왔네　　來自遠方
그때 나는　　伊時小子
문하[169]에서 학업을 하였네　　執役門墻
처음 선공[170]을 알 적엔　　始識先公
젊은 나이였는데　　方在妙歲
어른이 되어서도 종유하니　　從遊至長
교제가 더욱 두터워져서　　益篤交際
못난 나를 버리지 않고　　不遺無似
형제 같이 여겨주었네　　托以兄弟
좋은 시절 과거에 올라　　策名明時
조서를 금마문[171]에서 기다리니　　待詔金馬
벼슬아치들은 놀라고　　搢紳聳動
오당은 서로 축하하였네　　吾黨相賀
불행하게도 요절[172]을 하니　　不幸鯉卒
갑자기 부모보다 앞섰네　　遽先夫子

169) 문하[門墻] : '문장'은 스승의 문하를 말한다. 양웅(揚雄)의 "공자의 문장 안에 있으면 그를 내쫓고, 오랑캐 땅에 있으면 그를 받아들여야 한다.[在門牆則麾之 在夷狄則進之]"에서 온 말이다.(『法言』)
170) 선공(先公) : 무첨재선생의 부친이신 내한공을 말한다.
171) 금마문[金馬] : '금마'는 한 나라 궁궐 문인 금마문(金馬門)의 준말이다. 동방삭(東方朔)·주보언(主父偃)·엄안(嚴安) 등 문인들이 황제의 조서(詔書)를 기다리던 곳이다. 뒤에는 조정의 뜻으로 쓰이게 되었다.
172) 요절[鯉卒] : '이졸'은 공자(孔子)의 아들인 리(鯉)가 공자보다 먼저 죽은 일을 말한다. 무첨재(無忝齋)선생의 부친인 내한공께서 우복(愚伏)선생보다 일찍 세상을 떠났다.

궁한 처지에 의지할 곳 잃으니	窮途失仗
동기같이 마음이 아팠네	慟均同氣
선생께서 돌아가심이[173]	先生易簀
또 구년 뒤에 일어났네	又後九載
내 장차 어디서 본받을까	吾將安倣
아! 슬프도다	嗚呼哀哉
아득한 현손이	藐爾賢孫
나이 겨우 열다섯[174]이었네	年甫成童
날로 점점 성취함이 있어	日漸將就
학문의 공을 이루니	問學之功
거듭 세업을 넓이고	重恢世業
다시 가풍을 떨쳤네	更振家風
나라에서 반드시 달하여	在邦必達
좋은 소문 날로 높아지니	華聞日隆
성군께서 돌아보아	聖眷遽紆
청반[175]으로 발탁하였네	擢以清班
지방관[176]은 굽힘이 아니기에	百里非屈
분수와 의리에 편안하였네	分義所安
호연히 벼슬을 버리고	投紱浩然
우리 고향으로 돌아오니	返我初服
뜰에는 소나무 국화 있고	庭有松菊
시렁에는 서책이 있었네	架有墳籍
은거지[177]에서 넉넉히 노니니	優遊谷口

173) 돌아가심이[易簀] : '역책'은 학덕이 있는 사람의 죽음을 말한다. 공자의 제자 증자(曾子)가 운명을 할 때 일찍이 계손(季孫)에게 받은 대자리에 누워 있었는데, 자신은 대부가 아니기 때문에 이를 깔 수 없다 하고 다른 자리로 바꾸게 한 다음 운명했던 고사에서 유래한다.(『禮記』「檀弓上」)

174) 열 다섯[成童] : '성동'은 「내칙(內則)」의 주를 따르면 15세 정도의 아동을 말한다.

175) 청반(淸班) : 깨끗하고 귀한 벼슬자리이니 자의(諮義)를 말한다.

176) 지방관[百里]: '백리'는 백리재(百里才)의 줄임말로 한 고을을 맡아 다스리기에 적당한 자질의 소유자를 말한다. "방사원은 백리재가 아니다. 그에게 치중 별가의 소임을 맡겨야만 천리마처럼 치달릴 수 있게 될 것이다.[龐士元 非百里才也 使處治中別駕之任 始當展其驥足耳]"에서 온 말이다.(『三國志』「蜀書·龐統傳」)

177) 은거지[谷口] : '곡구'는 지명으로 은자가 사는 곳을 말한다. 양웅(揚雄)이 "곡구의 정자진은 뜻을

이에 우리의 곧음을 얻었네	爰得我直
오십[178]의 나이에	始衰之年
죽음이 어찌 빨랐는가	大化胡促
효도로 봉양을 마치지 못했으니	養未終孝
죽어도 또한 애통함을 머금었네	歿亦含慟
쌍벽[179]을 오히려 남겼으니	尚留雙璧
세덕이 심어준 것이네	世德所種
아! 슬프도다	嗚呼哀哉
사문을 누가 창도하며	斯文孰倡
떨어진 실마리를 누가 이을까	墜緒孰繼
서글픈 나의 마음으로	我懷之悲
그대 삼대의 정을 곡하지만	哭君三世
쇠병이 일상적으로 찾아들어	衰病侵尋
아직 영위전에 절하지 못하였기에	尚稽蒲伏
정의를 생각하니	顧念情誼
부끄러움과 아픔이 간절하네	慚痛愈切
단정하고 깨끗한 자태	端潔之姿
곧고 진실된 지조	貞亮之操
세상에서 뛰어난 문장	瑞世之文
남에게 비추는 의표	映人之標
선을 즐기는 성실함	樂善之誠
사물을 사랑하는 덕	愛物之德
이제는 그만이네	今其已矣
한 거목이 꺾였도다	戢之一木
아득한 저승 새벽이 없지만	厚夜不晨
발인 날이 이미 다가왔네	遠日已臨

굽히지 않고 암석 아래에서 밭을 갈며 살았는데 그 이름이 경사에 진동하였다.[谷口鄭子眞 不屈其志而耕乎巖石之下 名震于京師]"에서 온 말이다.(『法言』「問神」)

178) 오십[始衰] : '시쇠'는 나이 50이 되었음을 말한다. "오십에 비로소 쇠한다.[五十始衰]"에서 온 말이다.(『禮記』「王制」)

179) 쌍벽(雙璧) : 한 쌍의 옥벽이니, 서로 견주어 비슷한 사이를 말한다. 이 제문에서는 무첨재선생의 두 아들을 말하는 것으로 보인다.

아들에게 대신 잔을 올리게 하니 代子薦酌
바라건대 이 정성 흠향하소서 冀歆玆忱

또[又]

전익구全翼耉[180]

아! 嗚呼
우리 선생에게 손자가 있으니 惟先生其有孫兮
성품이 화락하며 순후하고 온화하였네 性愷悌而醇溫
이미 경을 독실히 하고 학문을 좋아하니 旣篤敬而好學兮
능히 바탕이 있고 문채가 났었네 能有質而有文
처음 학문을 할 때부터 自問學之初載兮
뜻은 이미 원대함에 있어 志已在於遠大
군자의 위기[181]의 자세를 따르니 追君子之爲己兮
밖의 화려함에 마음을 끊었네 絶芬華於慕外
나라에서는 과거의 선발을 중시하여 國制重於科選兮
온 세상이 급제[182]를 영화로워했지만 擧世榮於釋褐
유독 뭇 사람들의 쫓음에 흔들리지 않고 獨定跟於衆趨兮
오로지 절차탁마에 힘을 쏟았네 專用力於磋切
처음에는 문을 닫고 뜻을 구하더니 始杜門而求志兮
끝내는 예로써 몸을 신칙하였네 終以禮而飭躬
법도를 밟고 규칙을 따름에 뜻 두었으며 志蹈墨而從繩兮
치성을 밟아 궁성을 냄을 사모했네 慕步徵而聲宮

---

180) 전익구(全翼耉, 1615~?) : 자는 명노(明老), 호는 가암(可菴), 본관은 축산(竺山)이다.
181) 위기(爲己) : 남이 알아주기를 바라서 공부하는 '위인지학(爲人之學)'과 상대되는 말로, 오직 자신의 덕성을 함양하기 위해 공부하는 것을 말한다. "옛날의 학자들은 자신을 위한 학문을 하였는데, 지금의 학자들은 남에게 보여 주기 위한 학문을 한다.[古之學者爲己 今之學者爲人]"에서 온 말이다. (『論語』「憲問」)
182) 급제[釋褐] : '석갈'은 갈옷을 벗는다는 뜻으로 과거에 급제하여 벼슬함을 말한다. 갈옷은 원래 천한 자가 입는 모포(毛布)인데, 이것을 벗고 관복을 입었다. 그리하여 벼슬에 처음 입사(入仕)함을 이르는 말로 쓰였으나 후일 문과급제한 자에게는 모두 새 옷을 입혀 유가(遊街)를 시켰으므로 주로 문과에 급제함을 이르는 말로 쓰였다.

우뚝하게 단정히 앉아 몸을 가다듬고서	兀端坐而斂形兮
노래하고 외는 것이 성현의 글이니	所歌誦者聖賢
붕새가 날개 짓하여 바다를 치지 않았는데	未鵬翼之搏海兮
학 우는 소리[183] 하늘에 먼저 들렸네	先鶴鳴之聞天
서울에서도 모범[184]이 되었으니	得上京之羽儀兮
세자[185]를 가르치는 자리를 채웠고	充小海之經幄
임금의 근심 나누어 백성을 다스리니	膺分憂而牧民兮
상처 난 듯이[186] 보아 은택을 베풀었네	體如傷而施澤
봉양을 위해 잠시 지방관이 되었다가	暫屈指於爲養兮
마침내 고향으로 돌아왔네	卒返身於初服
벼슬 버리고 돌아오자	逮投紱而歸來兮
먼저 우곡으로 나를 찾아왔는데	首訪余於愚谷
호연한 그 뜻을 살펴보니	觀其志之浩然兮
새장을 벗어난 새처럼 활달하여	鳥脫籠之快適
때로 서로 의지하여 강마하고	時相資而講磨兮
때로 서로 바로잡아 주었네	時相加以規責
단란히 지낸 지 얼마 되지 않아	伊團圓之未幾兮
칠일이 지나니 바로 돌아갔네	越七日而乃還
마침 춘왕정월[187]이었기에	屬春王之正月兮

---

183) 학 우는 소리[鶴鳴] : '학명'은 뛰어난 인재에 대한 소문을 말한다. "학이 구고에서 울거든, 소리가 하늘에 들리도다.[鶴鳴于九皐 聲聞于天]"에서 온 말이다.(『詩經』「小雅·鶴鳴」)

184) 모범[羽儀] : '우의'는 관직에 올라 재덕(才德)으로 존중을 받으며 남의 모범이 됨을 말한다. "기러기가 하늘 높이 날아가나니, 그 터럭을 의식에 써도 좋으리라.[鴻漸于陸 其羽可用爲儀]"에서 유래한다.(『周易』「漸卦」)

185) 세자[小海] : '소해'는 "원고(元皐) 위에서 남으로 유해(幼海)를 바라본다."에서 유래한다.(『山海經』) 유해가 곧 소해(小海)이다. 대해(大海)는 임금을 비유하고, 소해는 세자(太子)를 비유한다.

186) 상처 난 듯이[如傷] : '여상'은 백성이 혹 상처가 날까 염려하며 보살피는 것을 말한다. "문왕은 백성 보기를 상처 난 사람을 보듯이 했다.[文王 視民如傷]"에서 온 말이다.(『孟子』「離婁下」) 북송 때 명도(明道) 정호(程顥)가 현(縣)의 수령이 되었을 때 앉는 곳마다 모두 '시민여상(視民如傷)' 넉 자를 써두고 늘 "나는 늘 이 넉 자에 부끄럽다."라고 하였다고 전해진다.(『近思錄』)

187) 춘왕정월 : 『춘추(春秋)』 첫머리에 나온 경문(經文)이다. 『좌씨전(左氏傳)』 공소(孔疏)를 보면, 왕도 주왕(周王), 정월도 주왕의 정월을 가리킨 것으로 말하였다. 이를테면, 봄 주왕의 정월이라는 뜻으로, 이에 대하여 『공양전』에는, "일통(一統)을 중대하게 여긴 것이다."라고 하였다. 이 제문에서는 봄이 왔음을 말한다.

사립문을 서로 찾았었네	荷相尋於荊關
나란히 앞서거니 뒤서거니 말 몰며	聯鑣往而後先兮
목재를 데리고 산으로 들어갔네	携木齋而入山
나는 자네에게 『주역』 익히기를 권하고	余勸子而學易兮
자네는 문으로써 벗을 모았네	子以文以會友
굽어 올려보며 그윽한 곳 탐구하니	窮探奧於俯仰兮
절로 근원을 가까이서 만났네	自逢原於左右
간간이 잔을 서로 주고받으며	間觥籌之交錯兮
서로 창화하고 살펴보았네	迭唱和而推叩
맑은 흥을 따라 달빛 맞으며	動清興於乘月兮
높은 대에 오르고 날듯이 걸었네	陟高臺而飛步
십사일이 되어 별처럼 흩어지며	月幾望而星散兮
다시 만나기 어려움을 아파하였네	悵後會之難又
또 저문 봄 초하루에	又暮春之初吉兮
좋은 벗을 데리고 오두막에 가서	挈良友而造廬
조그마한 네모진 못을 즐기니	樂半畝之方塘兮
애연히 구름 그림자[188] 수면에 가득하였네	藹雲影之涵虛
낭랑하게 웃으며 나와 맞이하니	琅然笑而出迎兮
즐거이 둘의 정을 편안히 펼쳤네	欣兩情之穩攄
다음 날 이별을 할 적에는	臨翌日之告別兮
매우 간절한 말로 나를 잡았네	偏苦口而挽余
끝내 급하다는 말로 돌아섰지만	竟辭歸之稱遽兮
오히려 뜰에서 주저하기만 하였네	猶在庭而躊躇
어찌 알았으리, 암담한 이 날에	寧知此日之黯然兮
지하의 사람 되어 영원히 이별할 줄을	作地下人間之永訣歟
아! 슬프도다	嗚呼哀哉
병환으로 신음한다는 소식 듣지 못했는데	未聞呻吟之愆候兮

188) 조그마한…… 그림자 : 주희(朱熹)의 「관서유감(觀書有感)」에서 가져온 시상이다. “반 이랑 네모진 못 거울 하나 펼쳐져서, 구름 그림자 하늘 빛 서로 어울려 배회하네. 묻노니 어떡하면 저처럼 맑은가, 근원의 샘물 콸콸 쏟아져 내리기 때문일세.[半畝方塘一鑑開 天光雲影共徘徊 問渠那得清如許 爲有源頭活水來]” 이는 무궁한 천리에 대한 체득의 자세를 말한다.

갑자기 나쁜 부고 이르러 받았네	忽承凶訃之卒至
나도 모르게 침실에서 실성을 하며	不覺失聲於寢門兮
단지 아득한 귀신을 불러보았네	只呼茫昧之神鬼
안장 꾸리라 재촉하여 타고 가서	促駕言而馳往兮
시신 어루만지며 아프게 곡하려 했는데	擬撫屍而慟余哭
친한 벗들이 모여 밖에 있기에	親朋集而在外兮
서성대며 함부로 들어가지 못했네	足趦趄而不敢入
죽은 모습 한 번 볼 길이 없어	末由視夫就木兮
삼일을 이웃집에 머물렀네	留三日於隣屋
대 숲의 그윽한 거처 마음 아프니	傷心竹樹之幽居兮
눈길 닿는 곳 마음이 찢기는 듯 하였네	腸幾裂於觸目
부질없이 슬픔만 안고 돌아와 지내니	空含悲而返棲兮
몸은 놀라고 마음은 잃은 듯 하였네	骨欲驚而心若喪
초여름이 되어 나아가 조문하니	趍初夏而造吊兮
못엔 부용 가득하고 빈소는 낭에 있었네	芙蓉滿池兮殯在堂
연꽃은 무슨 마음으로 향기 뿜는가	物何心而馨香兮
그대 모습 완연히 그 가운데 있었네	宛在於中央
내가 부르며 곡해도 소용이 없느니	余號哭而莫及兮
이미 만사가 어긋나 버렸네[189]	已萬事之亡羊
그대 맏아들을 데리고 가서	攜伯孤而迤往兮
미리 잡아둔 산소[190]를 살펴보니	審夢卜於山陽
첩첩한 산들이 우뚝우뚝	山千疊兮峩峩
아홉 구비 물이 넘실넘실	水九曲兮洋洋
참으로 하늘이 준 길지이니	眞天授之吉地兮
어찌 사람의 힘으로 얻은 것이겠는가	豈人力之所獲
아마도 선을 쌓은 여경이니	意者積善之餘兮

189) 어긋나 버렸네[亡羊] : '망양'은 다기망양(多岐亡羊)의 줄임말로 갈림길이 많아 결국 잃어버림을 말한다. 도망친 양을 잡으려고 쫓다가 갈림길이 많아서 마침내 양을 잃어버리고 탄식을 하였다는 고사에서 온 말이다.(『列子』「說符」)

190) 잡아둔 산소[夢卜] : '몽복'은 고종이 꿈 속에서 부열을 보고, 주 문왕(周文王)이 점을 쳐서 여상(呂尙)을 얻었던 고사에서 유래한다. 이 제문에서는 무덤자리를 잡은 것이 사람의 재주가 아니라 신의 도움으로 잡아둔 산소를 말한다.

과연 신명의 도움은 어김이 없었네　果冥佑之不忒
하늘은 반드시 그 후예를 크게 해　天必昌大其後裔兮
아! 만년 억년 그러하리라　謇時萬而時億然
우리 형의 순수하고 밝은 기질은　吾兄純明之氣質兮
마땅히 큰 복을 누려야 하는데　宜永享其遐福
안타깝게도 나아가 다하지 못하고　惜方進而未已兮
장도에 올랐다 중도에 꺾였으니　駕長途而中折
어찌 오당이 더욱 궁해짐에만 그치겠는가　豈止吾黨之益窮兮
또한 상주 고을에 복이 없음이로다　抑亦商嶺之無祿
아! 슬프도다　嗚呼哀哉
하늘이 덕문에 화를 내리심이여　天降割於德門兮
어찌하여 유독 가혹한가　夫何爲而偏酷
선공께서 그 수를 누리지 못했음을　惟先公不享其壽兮
지금까지도 사람들이 탄식하는데　人至今猶嗟惜
형 또한 그 오랜 수명을 얻지 못하니　兄又不得其遐齡兮
선이 복 받는 이치가 어찌 어긋났는가　福善之理竟何錯
아! 슬프도다　嗚呼哀哉
선생 도학의 연원이여　先生道學之淵源兮
누가 장차 잇고 기술할까　誰將繼而誰述
후생이 의심나고 어려워 질문함이여　後生疑難而質問兮
누가 장차 가르치고 깨우칠까　誰將誨而誰覺
나와 같이 고루하고 외로움이여　若我之孤陋踽踽兮
병통과 허물을 누가 바로잡으며 단속해줄까　病將誰箴而過將誰督
산을 나눌 약속[191] 끝이 났으니　分山之約已矣兮
늙어서의 교유 누구를 의탁할까　暮境之遊誰托
그렇다면 오형의 떠나감이여　然則吾兄之亡兮
어찌 나의 마음 찢어지게 하지 않겠는가　曷不使余而摧裂

191) 산을 나눌 약속[分山之約] : '분산지약'은 두 사람이 한 구역에서 같이 은거하자는 약속을 말한다. 송(宋) 나라 장영(張詠)이 젊었을 때 화산(華山)에 은거하고 있던 희이(希夷)선생 진단(陳摶)을 알현하고는 화산에 은거하고 싶어하였다. 진단이 "다른 사람은 몰라도 공이라면 내 마땅히 분반(分半)하여 바치겠다."라고 한 데서 유래한다.(『夢溪筆談』)

아! 슬프도다	嗚呼哀哉
늙은 노모 이문에 기대어[192] 계시는데	鶴髮倚閭兮
형은 어찌 영원히 가서 돌아오지 않는가	兄何長逝而不來
보는 자는 위하여 눈물 떨구고	見者爲之隕淚兮
듣는 자는 위하여 매우 슬퍼하네	聞者爲之酸哀
평생의 순수한 효심으로	以平生之純孝兮
어찌 눈을 지하[193]에서 감았는가	目詎瞑於九原
혹시 사람들의 모의가 착하지 않아서인가	倘人謀之不臧兮
어찌 올라가 억울함을 하소하지 않겠는가	胡不上征而臚冤
말은 다하였지만 생각은 한이 없으니	言有盡而意無窮兮
형은 아는가 알지 못하는가	兄其知耶不知耶
아! 슬프도다	嗚呼哀哉
아는 벗들 모두 이르니	朋知畢至兮
조심스레 발인하는 날이네	卽遠戒期
음성과 모습 한 번에 닫히니	音容一閉兮
언제 다시 보겠는가	再見何時
가을바람 정원에 가득하니	滿園秋風兮
소나무 국화 슬픔을 만드네	松菊生悲
술 한 잔과 향을 마련하여	單盃瓣香兮
통곡하며 길이 작별하노라	慟哭長辭

또[又]

이재관李在寬[194]

아! 슬프도다. 정신은 가을 물 맺힌 듯 맑고 자태는 봄 난초 같이 빼어나니 하늘에서

192) 이문에 기대어[倚閭] : 주114) 참조.
193) 지하[九原] : '구원'은 지하의 무덤을 말한다. 진(晉) 나라 경대부(卿大夫)의 무덤이 모두 구원산(九原山)에 있었으므로 후세에 이렇게 부르게 되었다.
194) 이재관(李在寬, 1620~1689) : 자는 휘언(徽彦), 호는 신와(新窩), 본관은 흥양(興陽)이다. 류진(柳袗)의 사위이니 무첨재선생과는 동서간이다.

받음이 이미 우연이 아닌데, 재앙이 목가木稼[195]를 얽고 문채가 화씨의 구슬에 잠기니 오당의 화가 또 이리도 갑작스러운가? 주고 빼앗는 이치는 참 알기 어렵고 굽혔다 펴는 운수는 따지기 어렵네.

생각해보니, 공의 참된 아름다움은 진실로 말속末俗에 드문 것이었네. 정순하고 온아한 자품은 과정을 독촉하지 않아도 성취함이 있었으며, 깨끗하고 방정한 행실은 평생토록 옥루屋漏[196]에 부끄러움이 없었네. 편안하게 하고 계책을 주니[197] 이미 대현께서 주신 넉넉함에서 나왔으며, 잘 잇고 잘 기술하니 아름다운 후손의 발휘함을 모두 보았네. 그 광채를 드러내지 않고 선조의 공렬을 더럽히지 않았으니, 시서詩書와 예禮를 배우는 세업世業과 효제孝悌 충신忠信하는 가풍家風이 있었네.

연원은 신라로 거슬러 오르는데 우리 노선생에 이르러 더욱 커졌으며, 벌열로 진양에서 호적을 올려 공과 같은 어진 후손에 미쳐 더욱 닦았네. 집에서는 효도하고 우애로우며 세상에서는 겸손하고 공손하니 한 때의 사람들이 다투어 흠모하였네. 사물을 접할 적에는 너그럽고 넉넉하며 일을 밝고 결단력 있게 처리하니, 중망을 모아서 칭송을 받았네. 그윽한 난은 골에 있어도 향기 뿜고 좋은 옥은 상자에 있어도 값을 기다리네.[198] 아름다운 소문 대궐로 전해지니 예물을 재단하여 구원으로[199] 내려주었으며, 아름다운 문장 알려지니

---

195) 목가(木稼) : 목개(木介)의 별칭으로 극심한 추위로 나무에 얼어붙은 얼음인데, 전쟁이나 재앙이 일어날 조짐, 또는 현인군자가 죽을 조짐을 말한다. 송 나라 왕안석(王安石)이 지은 한기(韓琦)의 만사에 "나무 고드름에 고관이 떨었다는 말 들었는데, 산이 무너진 오늘 철인이 돌아갔네.[木稼曾聞達官怕 山頹今見哲人萎]"에서 온 말이다.(『石林詩話』)

196) 옥루(屋漏) : 방(房)의 서북쪽 구석으로, 집 안에서 가장 깊숙하여 어두운 곳이다. 전하여 남이 보지 않는 곳을 말한다. "네가 집에 있을 때를 보더라도, 오히려 옥루에 부끄럽지 않네.[相在爾室 尙不愧于屋漏]"에서 온 말이다.(『詩經』「大雅·抑」)

197) 편안하게 …… 주니[貽燕貽謀] : '이연이모'는 후손에게 계책을 남겨주어 편안하게 해줌을 말한다. "후손에게 계책을 남겨 주어 공경하는 아들을 편안하게 해주시네.[貽厥孫謀 以燕翼子]"에서 유래한다.(『詩經』「大雅·文王有聲」)

198) 좋은 …… 기다리네 : 자공(子貢)이 일찍이 공자(孔子)에게 묻기를 "아름다운 옥이 여기에 있는데 궤에 담아서 감춰 두시겠습니까? 아니면 좋은 값을 받고 팔아야겠습니까?[有美玉於斯 韞櫝而藏諸 求善價而沽諸]"라고 하자, 공자께서 "팔겠다, 팔겠다. 그러나 나는 좋은 값을 기다리는 사람이다.[沽之哉沽之哉 我待價者也]"라고 한 데서 유래한다.(『論語』「子罕」) 이 제문에서는 무첨재 선생께서 비록 은거하고 있었으나, 세상을 버린 것이 아니었음을 말한다.

199) 예물을 재단하여 구원으로 : '전전(戔戔)'은 재단하여 나누는 것을 말하며, '속백(束帛)'은 묶어 둔

문채 나는 학서[200]가 언덕에 이르렀네. 그러나 고상한 아취雅趣 벼슬길에 있지 않아 평소 뜻대로 매번 은둔을 결정하였으며, 가시나무 난봉鸞鳳이 머물 곳이 아니라 여겼지만 잠시 굽혀서 동읍桐邑[201]을 다스렸네.

산림에선 본래대로 미록麋鹿[202]을 짝하더니 이에 처음 지내던 고향으로 돌아와 연미천燕尾川 가의 귀형봉龜形峯에서 모든 생각을 버리고 세월을 보냈네. 오로지 한 골에서 곧음을 지키며 시렁 위의 경서로 참된 지취志趣를 부쳐 무젖고, 뜰 안의 소나무 국화로 늘그막을 즐기며 느긋하게 지냈네. 밖을 사모해 어찌 이 마음 더럽히리오. 안의 지조는 본분에 더욱 확고하였네.

인자仁者의 수壽함을 바야흐로 기약했는데, 어찌 선인善人이 떠날 줄 생각했겠는가? 천리는 기필할 수 있는가? 운수가 이미 변하였도다. 유년酉年에 꿈길로 들어가니 영원히 청운에서 만날 길 끊어졌으며, 학이 모는 수레[203] 종적을 감추니 푸른 하늘로 좇아가지 못하네. 어미님께서 아픔을 안고 서글퍼하며 백발로 이문에 기대어 계시고, 자식들[204] 슬픔에 잠겨 수척하니[205] 뛰어난 아이들[206] 괴로움을 겪네. 길 가는 사람들도 눈물을 떨구는데, 하물며

예물을 말하며, '구원(丘園)'은 현자(賢者)의 은거지를 말한다. "구원에서 꾸밈이니, 묶어놓은 비단이 재단되어 있듯이 하면 부끄러우나 끝내는 길하리라.[賁于丘園 束帛戔戔 吝 終吉]"에서 온 말이다.(『周易』「賁卦」) 이 제문에서는 무첨재선생이 발탁되어 등용된 일을 말한다.

200) 학서(鶴書) : 은자(隱者)를 부르는 조서(詔書)를 말한다. 옛날에 조서(詔書)를 학두서체(鶴頭書體)로 썼기 때문에 일명 학두서(鶴頭書)라고도 한다. 공치규(孔稚圭)는 「북산이문(北山移文)」을 지어 주옹(周顒)을 꾸짖으며 "우는 말이 골짜기에 들어오고 학두서가 산언덕을 넘어오자 맞이하러 달려가느라 정신이 없으며 뜻과 정신이 동요되고 말았다.[及其鳴騶入谷 鶴書赴隴 形馳魄散 志變神動]"라고 한 데서 온 말이다.

201) 동읍(桐邑) : 주137) 참조.

202) 미록(麋鹿) : 순록을 말한다. 은자가 은거하여 벗을 삼는 짐승으로 많이 언급되어지는 동물이다.

203) 학이 모는 수레[鶴馭] : 신선을 태운 학이 모는 수레를 말한다. 학을 타고 하늘로 올라간 한 대의 정령위(丁令威)의 고사에서 유래한다.(『搜神後記』) 이 제문에서는 무첨재선생의 죽음을 미화하였다.

204) 자식들[風樹] : '풍수'는 세상을 떠난 부모를 생각하는 자식의 슬픈 마음을 말한다. 공자(孔子)가 길을 가는데 고어(皐魚)란 사람이 슬피 울고 있기에 까닭을 물었더니 답하였다. "나무는 고요하고자 하여도 바람은 그치지 않고 자식이 봉양하고 싶어도 어버이는 기다려 주지 않는다.[夫樹欲靜而風不止 子欲養而親不待]"에서 유래한다.(『韓詩外傳』)

205) 수척하니[欒欒] : '난란'은 상주(喪主)의 수척해진 모습을 말한다. "행여 흰 관을 쓴, 극인의 수척함을 보겠는가? 애태우며 노심초사하노라.[庶見素冠兮 棘人欒欒兮 勞心慱慱兮]"에서 온 말이다.

지기知己의 마음으로 친한 나이겠는가?

양가兩家의 두터운 정을 돌이켜보며 이제까지 삼세三世동안 변하지 않았네. 간과 폐를 드러내어 마음을 서로 비추었고 도의 있는 이에게 나아가 연마하였네. 못난 내가 벗이 되어 강론하였으니 거의 천리마 꼬리에 붙은 격[207] 이었네. 재목이 크게 차이 났으니 15살[208] 때부터였네. 노력[209] 을 다하여 따를 것을 생각했더니, 나를 멀리 버리지 않았네. 매번 벗[210] 으로 세 가지 이익[211] 을 입었으니 오직 공이 나의 스승이었네. 백년을 가리키며 기약했는데 어찌 하루아침에 영원한 이별을 하였나? 묘 자리[212] 이미 잡아 발인發靷 날이 빨리 다가왔네. 마음의 향을 준비하니 피 눈물이 여러 줄기 흐르네. 말 맺지 못하여도 정은 한이 없으니 어찌 내 속 말을 다할까? 말 이미 다해도 뜻은 끝이 없으니, 바라건대 영령이여 이르소서.

(『詩經』「檜風·素冠」)

206) 뛰어난 아이들[白眉] : '백미'는 흰 눈썹으로 여러 형제 중에 뛰어난 사람을 말한다. "마량(馬良)의 자는 계상(季常)인데 오형제가 모두 명성이 있었다. 마을 사람들이 이르기를 '마씨 오형제 중에 흰 눈썹이 가장 어질다.' 하였는데, 이는 마량의 눈썹 가운데에 흰 털이 있었기 때문이다."에서 온 말이다.(『三國志』「蜀志·馬良傳」)

207) 천리마 …… 격[附驥] : '부기'는 상대의 명성에 같이 하여 이름남을 말하니 자신에 대한 겸사로 사용하였다. "안연이 비록 학문에 독실했다 하더라도 준마의 꼬리에 붙어서 행실이 더욱 드러났다.[顔淵雖篤學 附驥尾而行益顯]"에서 온 말이다.(『史記』「伯夷列傳」)

208) 15살[舞象] : '무상'은 15세가 되면 무춤(武舞, 象)을 추게 됨을 말한다. "성동이 되면 상춤을 추고 활쏘기와 말 타기를 배운다.[成童舞象 學射御]"에서 온 말이다.(『禮記』「內則」)

209) 노력[十駕] : '십가'는 "천리마가 한 번 뛰에 열 걸음 하지 못하고 노둔한 말이 십일을 가는데 공효는 멈추지 않음에 있다.[騏驥一躍 不能十步 駑馬十駕 功在不舍]"에서 온 말이다.(『荀子』「勸學」)

210) 벗[切偲] : '절시'는 절절시시(切切偲偲)의 줄임말로 강학하는 벗을 말한다. "붕우 간에는 간절하고 자상하게 권면하여야 한다.[朋友 切切偲偲]"에서 유래한다.(『論語』「子路」)

211) 세 가지 이익[三益] : '삼익'은 나의 개발에 도움을 주는 세 벗을 말한다. "유익한 벗이 세 가지가 있고, 해로운 벗이 세 가지가 있으니, 벗이 정직하며 벗이 신실하며 견문이 많으면 유익하다.[益者三友 損者三友 友直 友諒 友多聞 益矣]"에서 유래한다.(『論語』「季氏」)

212) 묘 자리[佳城] : '가성'은 훌륭한 묘 자리를 말한다. 한 나라 등공(滕公)이 죽었을 때 동도문(東都門) 밖에 장지를 구하여 공경(公卿)이 상여를 보내는데 말이 나가지 않고 슬피 울면서 엎드렸다. 그 자리를 파보니 "가성이 울울하니 3천 년 뒤에 밝은 해를 보리라. 아, 등공이여, 이곳에 묻히리라.[佳城鬱鬱 三千年後見白日 吁嗟滕公居此室]"라고 새겨진 돌을 구하여 드디어 여기에 장사 지냈다는 고사에서 온 말이다.(『博物誌』「異聞」)

또[又]

이재용李在容

영령이시여, 어질고 순일한 자질은 순수하기가 금과 옥 같으며, 굳세고 깨끗한 지조는 맑기가 얼음과 달 같네. 온화한 그 모습은 사랑스럽고 정다우며, 차분한[213] 그 위의威儀는 본받을 만하네. 문장에 드러난 것은 덕 있는 이의 말 아님이 없으며, 사업에 시행한 것은 의리義理만을 보지 않은 것이 없네.

이 공이 하늘에서 받은 것은 이미 우뚝하고 빼어난데, 어려서부터 성장할 때까지 또 가정의 학문學問을 계승하여 갈고 닦아 무젖었으니, 귀로 듣고 입으로 뱉는 세유世儒와는 같지 않고 명성과 이익을 요구하는 속물과는 달랐었네. 분명히 그 천인天人과 이욕理欲의 구분을 살피고 분명히 그 내외內外와 빈주賓主의 구별을 분별하며, 힘쓰고 힘써 마음을 풀고 정신을 모아 성실하게 우러러 생각하고 다시 읽었네. 날로 점차 크게 성취하였고 날로 점차 충실하게 함양하였네.

고을과 향당은 그 효孝에 탄복하고 교유하는 벗은 그 어짊을 칭송하였네. 명성名聲이 무성하여 유림儒林의 추중推重을 받더니 어느 날 언덕의 학이 높은 하늘에 통하였네.[214] 활과 기로 부르고[215] 서연의 직임으로 뽑았네. 그런데 놀란 듯 두려워하고 주린 듯 움츠려 확신이 서지 않는다고[216] 생각하였다네. 대개 그 굳센 뜻과 겸손한 덕은 실로 명성으로 갑자기 오름을 부끄러워서였네.

아! 슬프도다. 공의 어짊으로 만약 당시에 등용되어 군주를 바루고 사물에 은택을 미치는 자리를 맡게 하였다면 다만 축적한 온오蘊奧를 들어서 사업에 놓았을 따름이었네. 때를 못 만나 은혜를 다 못 펴더라도 삼림山林에서 홀로 선하게 하고 홀로 즐길 만한 땅은 있었네.

후생後生인 소자小子는 덕을 상고하고 학문을 배울 수 있었으며, 말세末世의 쇠퇴한 풍속은

---

213) 차분한[抑抑] : '억억'은 군자의 신중하고 차분한 모습을 말한다. "위의는 차분하고, 덕음은 떳떳하다.[威儀抑抑 德音秩秩]"에서 온 말이다.(『詩經』「大雅·假樂」)

214) 언덕의 …… 통하였네 : 은거하는 군자의 덕이 높이 임금에게 알려짐을 말한다.(『詩經』「小雅·鶴鳴」)

215) 활과 …… 부르고 : 신하에게 예를 갖추어 부름을 말한다. 사(士)는 활로, 대부는 기[旂]로 부른다.

216) 확신이 서지 않는다고 : 공자께서 제자 칠조개(漆雕開)에게 벼슬을 권하였으나, 칠조개가 말하였다. "저는 아직 벼슬에 대해 확신이 서지 않습니다.[吾斯之未能信]"에서 유래한다.(『論語』「公冶長」)

모범을 취해 본받을 수 있었네. 연구하고 찬술하면 가업家業을 계승하여 세상 교화를 열 수 있었으니, 어찌 우리 당의 희망과 사문의 영광이 아니랴! 그 재능 펴지도 못하고 뜻을 이루지 못한 채 공연히 한을 품고 돌아갈 줄을 누가 알았으랴?

자리는 낮은 낭관郞官에 국한되었고 혜택은 작은 고을에 머물렀네. 날을 아끼는 마음[217] 한껏 간절하고 지천명知天命하는 나이는 늙은이 아니라네. 어진 이는 이치상 분명히 장수하고 군자는 신이 돕는 바인데, 하물며 대현大賢의 후손이며 덕 쌓은 가문이랴? 그 여경餘慶을 늘이고 아름다운 복을 이어야 하였네. 또한 어찌 빨리 이 사람에게서 앗아 가는가? 선함에 복을 내리고 간사함에 화를 주는 하늘은 참으로 아득하여 나무라기 어렵네.

아! 슬프도다. 내가 오래 종유했음을 생각하니 총각 시절부터 머리 쇨 때까지 홀연히 이제 30여년이 흘렀네. 타고난 자질을 말하자면 비록 어리석음과 지혜로움에 구별이 있지만, 그 교분을 보면 형제 사이와 차이가 없었네. 간담을 비추듯 운치가 딱 맞았으며 취미가 같고 흉금이 통하였네. 교분은 이미 삼대三代의 사귐을 맺어 한 시냇가에 함께 살았네. 벗이 되어[218] 절차탁마切磋琢磨하는 이로움으로 서로 아름다운 점을 보고 선으로 요구하였네.

두 가문은 친밀한 우의로 기쁜 일이 있으면 경하慶賀하고 근심이 있으면 위로 하였네. 얼마나 많이 오고가며 서로 함께 했는가? 보지 못한 적이 없었으니 혹은 산방山房에서 나란히 누웠었고 혹은 옥원玉院에서 글을 배웠네. 경사經史를 토론할 때마다 소견을 확 펼쳤고 끊임없이 하루 종일 게을리 하지 않았으니 질나팔과 피리를 화목하게 부는 듯하였고[219] 지초와 난초가 핀 방에 들어가는 듯 하였네.[220] 평생 함께 할 줄 알았는데, 어찌 갑자기

---

217) 날을 아끼는 마음[愛日] : '애일'은 어버이를 섬길 시일이 얼마 남지 않았음을 안타까워하는 효자의 마음을 뜻한다. 한 나라 양웅(揚雄)의 "오래 할 수 없는 것이란 어버이를 섬기는 것을 이르니 효자는 날을 아껴야 한다.[不可得而久者 事親之謂也 孝子愛日]"에서 온 말이다.(『法言』)

218) 벗이 되어[麗澤] : '여택'은 붕우 간에 학문을 강론하는 것을 말한다. "두 개의 못이 나란히 있는 것이 태괘이니, 군자가 본받아서 붕우 간에 학문을 강습한다.[麗澤兌 君子以朋友講習]"에서 온 말이다.(『周易』「兌卦」)

219) 질나팔과……듯하였고 : 형제처럼 서로 화목함을 말한다. "형은 질 나팔, 동생은 피리 부네.[伯氏吹塤 仲氏吹篪]"에서 유래한다.(『詩經』「小雅」)

220) 지초와……듯 하였네 : 훌륭한 벗과 함께 하여 동화됨을 말한다. "선한 사람과 함께 지내면 마치 지초와 난초가 있는 방에 들어간 것과 같아 그 향기는 못 맡더라도 오래 지나면 동화된다.[與善人居

세상을 떠나갔는가?

아! 슬프도다. 공은 초여름 열흘 쯤 망산 언덕으로 나를 방문하였네. 즐거이 함께 앉아 회포를 푸니 해가 지도록 돌아갈 일 잊었네. 그윽한 만남이 미흡하여 뒤에 서엄西广에서 만나기로 약속하였네. 며칠 만에 문하門下에 나아가니 병이 깊어져 숨이 미약하였네. 그러나 나를 맞이하여 방으로 들어가 애써 한 번 웃고 손을 잡아주었네. 공이 생사生死의 이치와 수명壽命의 운수에 어찌 익숙히 알고 훤히 보지 못하였겠는가? 그래서 세상을 떠나는 마당에도 겁내거나 슬퍼하지 않고 담담해 하였네. 그날 석별惜別의 뜻이 갑자기 영원한 이별의 말이 될 줄을 어찌 알았으랴?

아! 슬프도다. 영원히 평생의 벗을 잃었으니, 지기知己가 몇 사람이나 남았나. 누가 나의 어리석음을 열어 줄까? 누가 나의 노둔함을 깨우쳐 줄까? 평소 해준 충고의 말과 보내준 글이 있어 가끔 다시 옛 글상자 살펴보며 오열하네. 계절은 이미 서늘한 가을 기운이 들어 천지天地가 처량해졌네. 저녁 풍경에 감흥이 깊어져 슬픔이 더하니 나의 회포 억누르기 어렵네. 노제路祭에 임하여 슬픔의 눈물을 흘리네. 혼령이시여, 한 번 임하소서.

또[又]

신석번申碩蕃

아! 영령께서는　嗚呼惟靈
이름난 아버지의 아들이며　名父之子
대현의 손자이네　大賢之孫
가학의 전해짐은　詩禮之傳
그 근원이 있었네　厥有其源
금이 용광로에 있듯이　若金在鎔
당신에게 아름다움 모였네　鍾美于君
훌륭한 선조의 공덕 품고　藹藹前光
명성이 일어나 천거221) 되어　名動薦紳

如入芝蘭之室 久而不聞其香 卽與之化矣]"에서 유래한다.(『孔子家語』)

221) 천거[薦紳] : 천거 받아 벼슬자리로 나아감을 말한다.

춘방에 발을 들여 놓으니	寘之春坊
온 조정이 매우 기뻐하였네	同朝甚喜
경륜을 거두어 감추니222)	卷而懷之
창 앞 대나무는 변하지 않았네	窓竹不改
지방관이 되어 남쪽으로 가니	奉檄南方
어머니 봉양 위해 잠깐 굽혔네	爲養暫屈
떠나간 뒤에 그리워하니	去後之思
그 아름다움 더욱 빛났네	其芳益烈
어찌 알았으랴, 오늘에	豈知於今
어진 이가 장수하지 못할 줄을	不壽乎仁
재주를 다 베풀지 못하였네	才未究施
아! 이 분이여	吁我斯人
공손히 스승으로 생각하여	恭惟函丈
어린 나이에 나아가 모셨네	早歲摳衣
산이 무너진 나머지의 슬픔은	山頹餘慟
내 마음에 배나 되었네	倍我私衷
어떤 운수로 이 해에	何運玆年
이 지경에 이르렀는가	而至於斯
모범이 점점 아득해져	典刑漸邈
우리 당 의지할 곳 없게 되었네	吾黨無依
돌아가신 해는	起起夢呼
진辰과 사巳의 해가 아니네223)	非歲龍蛇
어찌 가까운 지인들만 슬퍼하겠는가	豈但親知

222) 경륜을 거두어 감추니 : 벼슬에서 물러나 은둔하여 몸을 잘 보전함을 말한다. 공자(孔子)께서 거백옥을 평하여 말하였다. "군자답다, 거백옥이여! 나라에 도가 있으면 벼슬하고, 나라에 도가 없으면 거두어 감춘다.[君子哉 蘧伯玉 邦有道則仕 邦無道則可卷而懷之]"에서 유래한다.(『論語』「衛靈公」)

223) 돌아가신……아니네 : 후한(後漢) 때의 경학자(經學者)인 정현(鄭玄)이 일찍이 꿈을 꾸었는데, 공자(孔子)께서 "일어나라, 일어나라. 금년의 해는 진에 있고, 내년의 해는 사에 있다.[起起 今年歲在辰 來年歲在巳]"라고 하였다. 그 꿈을 깨고 나서 참서(讖書)로 맞추어본 결과, 스스로 자기 수명이 다했음을 알았는데, 이윽고 병이 깊어져서 죽었다고 한다. 무첨재선생의 죽음이 정해진 것이 아님을 말한다.

길가는 이들도 모두 슬퍼하네	行路咸嗟
저 산 남쪽을 바라보니	瞻彼山陽
하얀 물이 산을 나누었네	白水分岡
생각건대 혼과 기는 가버렸으나	想往魂氣
오직 넋과 영령이 편안하시리라	惟安魄靈
노제를 지내는데	祖道將啓
늙으신 어머니 당에 계시며	鶴髮在堂
문에 기대어 슬픈 눈으로 보시니	倚門寒眼
누가 그 아픔 위로하겠는가	誰慰其傷
하늘의 뜻 일정하지 않음은	天之未定
대개 옛날부터 있던 말이네224)	盖古有云
나의 슬픈 마음은	我懷之悲
누가 들어주겠는가	孰聽孰聞
삼대를 연이어 곡하고	三世連哭
쇠하고 병든 저만 남았네	衰疾猶存
귀신이 될 날 눈앞에 닥쳤으니	鬼事將迫
세상을 떠남이 마땅한데	其宜溘然
생각건대 이치가 어긋나	惟理之錯
건장하던 분이 나보다 앞섰네	壯者先焉
새벽 별이 드문드문 하니	晨星落落
하얀 운불삽225) 너울너울 하네	素翣翩翩
당신의 얼굴 생각하고	思君面目
당신의 위의를 상상하네	想君威儀
오늘 저녁은 무슨 저녁인가	今夕何夕
북두성 구르고 은하수 기우네	斗轉河斜
찬란한 규성의 문채여	爛然奎彩

224) 하늘의 …… 말이네 : 소식의 「삼괴당명」의 “도척과 같은 흉악한 인간이 오래 살고 공자와 안회 같은 훌륭한 인물이 재난을 당한 것은 모두 하늘의 뜻이 아직 정해지지 않은 것이다.[盜跖之壽 孔顔之厄 此皆天之未定者也]”에서 유래한다.

225) 운불삽 : 운삽과 불삽. 운삽(雲翣)은 발인 때 영구(靈柩) 앞뒤에 세우는 구름문을 그린 부채 모양의 물건이고, 불삽(黻翣)은 상여의 앞뒤에 세우고 가는 제구이다.

이것인가 아닌가	是耶非耶
천지가 아득하니	俯仰茫茫
늙은이 눈물 쏟아지네	老淚如傾
참배는 비록 남의 손을 빌리지만	拜雖借手
곡은 남을 빌리지 않네	哭不借聲
한 잔 술과 한 줌 향의 의미를	單盃瓣香
영령은 아는가 모르는가	靈記未記
너무나 애통한 나머지	一痛之外
절로 병이 날 듯하다오	行自病耳

자의諮議 소명召命 때의 증행서贈行序[226]를 붙여두다[附諮議召命時贈行序]

목재木齋 홍여하洪汝河

나의 벗 정 봉휘鄭鳳輝는 우복선생의 손자이다. 선생의 아들 내한공內翰公께서는 선생보다 먼저 세상을 떠났다. 선생께서 돌아가실 때에도 봉휘는 겨우 약관弱冠의 나이였는데, 슬픔 속에서도 스스로 자신을 세우고 학문에 뜻을 두어 더욱 굳세게 각고의 노력을 기울였다. 그 서재書齋를 '무첨無忝'이라고 편액하고는 나에게 기문記文을 부탁한 적이 있었다. 나는 써주기로 허락하였으나 아직까지 써주지 못하고 있다.

이윽고 봉휘의 문학文學과 행의行義가 날로 명성이 났다. 조정朝廷은 선생의 후손을 기록하여 올리라는 말씀이 있었다. 지금 성상聖上께서 사표師表를 매우 그리워하였기에 조용히 물러난 이들을 돌아보고 춘방春坊의 관원에 임명하여 맑은 지조를 아름답게 닦는 선비를 대우하였다. 봉휘가 이 천거薦擧에 응하였으니 영광된 일이었다.

나는 생각건대, 부친[227]께서는 선생의 문하에서 배웠고, 내한공은 또 부친에게 배웠으니, 세대를 이어 교유한 우의友誼는 알 수 있다. 헤어지면서 어찌 한 마디 말도 없이 보낼 수 있겠는가? 게다가 전일에 허락한 일이 있음에랴. 시험 삼아 '무첨'의 의의를 연역하려여 주려고 한다.

옛날의 군자君子가 누군들 그 자손이 몸가짐을 신칙하고 행실을 삼가하여 가업家業[228]을 잘 계승하기를 바라지 않겠으며, 그 자손된 자는 누군들 입신양명立身揚名하여 그 가문을 더욱 크게 하고 싶지 않겠는가? 그러나 영광을 증대시키는 자가 혹 있기는 하나 전통을 실추시키는 자 또한 많았으니, 그 까닭은 다름이 아니라 태만과 공경 그리고 의리와 이익의 사이에 있을 뿐이다.

나는 옛날 사람 중에 그 조부가 현명하고 그 손자도 현명했던 자를 세 사람 안다. 자사子思의

226) 증행서(贈行序) : 먼 길을 떠나가는 이에게 선물로 주는 글을 말한다.
227) 부친 : 홍호(洪鎬, 1586~16464)를 말한다.
228) 가업[箕裘] : '기구'는 선대(先代)의 훌륭한 가업(家業)을 계승하는 것을 말한다. "훌륭한 대장장이의 아들은 반드시 갖옷 꿰매는 법을 배우고, 훌륭한 궁인의 아들은 반드시 키 만드는 법을 배운다.[良冶之子必學爲裘 良弓之子 必學爲箕]"에서 유래한다.(『禮記』「學記」)

손자 '공빈孔斌'229), 양진楊震230)의 손자 '양사楊賜', 도간陶侃231)의 손자 '도잠陶潛'232)이다. 자순子順은 많은 녹봉을 하찮게 보았으며, 백헌伯獻은 대대로 충정忠貞을 독실하게 하였으며, 원량元亮은 후손이 되어서 선조의 지조를 자신이 굽히는 것을 부끄러워하였으니, 모두 공경하고 삼가하여 게을리 하지 않는 덕德이 있지 않고는 할 수 없는 일이었다. "이러한 조부가 있어 이러한 손자가 있다"고 할만하다.

나는 그 조부는 현명하나 그 손자는 불초했던 자를 다섯 사람 안다. 순숙荀淑233)의 손자 '순욱荀彧'234), 양사楊賜의 손자 '양수楊修'235), 이광李廣236)의 손자 '이릉李陵'237), 정현鄭玄238)의 손자 '정소동鄭小同'239), 사안謝安240)의 손자 '사영운謝靈運'241)이다. 문약文若은 조만曹瞞242)에

---

229) 공빈(孔斌) : 전국시대 때 위(魏) 나라 사람이다. 공자(孔子)의 6세손이다. 자는 자순(子順)이다. 그는 전국 말기에 위 안희왕(魏安釐王)의 재상(宰相)이 되었다.

230) 양진(楊震) : 후한(後漢) 때의 현인으로 관서공자(關西孔子)라는 이름을 들었다. 자는 백기(伯起). 박학(博學)과 청렴(淸廉)으로 당대에 이름이 높았다. 그와 아들 양병(楊秉), 손자 양사(楊賜), 증손 양표(楊彪)와 양기(楊奇) 등이 4대에 걸쳐 삼공(三公)의 지위에 오른 '사대 오공(四代五公)'의 고사가 전한다.

231) 도간(陶侃, 259~334) : 자는 사행(士行), 도잠(陶潛)의 증조부. 어려서 고아로 가난하였으나, 현리(縣吏)가 되어 공적을 쌓아 자사(刺史)에 이르렀다. 반란을 진압하여 장사군공(長沙郡公)에 봉해졌으며 대장군(大將軍)에 임명되었다.

232) 도잠(陶潛) : 진(晉) 나라 처사(處士) 도연명(陶淵明)이다. 자는 원량(元良). 명장(名將) 도간(陶侃)의 증손이다. 그는 증조부가 진 나라의 재상을 지냈으므로 후손인 자신의 몸에 와서 진 나라에 대한 지조를 굽힐 수 없다고 생각하였다.

233) 순숙(荀淑, 83~149) : 동한 영천(潁川) 영음(潁陰) 사람으로 자는 계화(季和)이다. 현량(賢良)으로 천거되어 일에 임해서는 명쾌하게 처결했다. 그의 아들 8형제도 모두 덕업을 성취해서 세상에서 순씨팔룡(荀氏八龍)이라 했다.

234) 순욱(荀彧) : 자는 문약(文若). 조조(曹操) 를 도와 공을 세웠으나 뒤에 조조에게 죽임을 당하였다.

235) 양수(楊修) : 자는 덕조(德祖). 조조 수하의 재사였는데, 너무 똑똑해 죽임을 당하였다.

236) 이광(李廣) : 한(漢) 나라의 장군으로 문제(文帝) 때 흉노를 쳐서 공을 세웠고 무제(武帝) 때에는 북평 태수(北平太守)로 있었는데, 흉노가 비장군(飛將軍)이라 부르면서 두려워하였다. 뒤에 대장군(大將軍) 위청(衛靑)과 흉노를 치다가 길을 잃어 문책 당하자 자살하였다.(『漢書』「李廣傳」)

237) 이릉(李陵) : 한 무제(漢武帝) 때의 장수로 명장 이광의 손자이다. 천한(天漢) 2년에 군사 5천 명을 거느리고 선우(單于)의 병사 8만 명과 접전 끝에 항복하였다.(『史記』「李將軍列傳」)

238) 정현(鄭玄) : 동한(東漢)시대의 대학자이다. 자는 강성(康成). 경전(經傳)에 대해 해박한 지식을 가지고 일대를 풍미하였던 인물이다.

239) 정소동(鄭小同) : 자는 자진(子眞). 삼국시대 위(魏) 나라 북해(北海) 사람이다. 어려서부터 명성이 있었고 육경을 배웠다. 사마소(司馬昭)가 비밀히 상소문을 지어놓고 봉투에 넣지 않은 채 변소에 갔다 와서는 정소동이 엿본 줄로 의심하고 독살하였다.

게 몸을 잃었으며, 덕조德祖는 동아왕東阿王[243]에게 몸을 맡겼기에 교유交遊한 벗들은 농서隴西에 대해 말하기를 부끄러워하였으며, 소동小同과 강락康樂[244]은 벼슬길에 나아가서는 위진魏晉의 순수한 신하가 되지 못하였고 물러나서는 자신을 보호할 지혜가 없었으니, 이들은 모두 한갓 이익이 이익인 줄은 알았으나 다시 의義가 있음은 알지 못하였기 때문이다. 이른바 "그 조상을 욕되게 한다."고 할 만하지 않은가?

지금 우리 노선생老先生의 연원 있는 학문은 공자에게까지 소급할 수 있다. 이는 백기伯起[245]와 강성康成 이하 여러 공들이 나란히 할 수 있는 것이 아니니, 봉휘는 의당 더욱 분발하고 연마하여 이 세 사람에 대하여는 똑같이 하기를 생각하고 저 다섯 사람에 대하여는 경계하기를 생각해야 할 것이다. 의義를 앞세우고 이익을 뒤로 하며 능히 공경하여 태만이 없게 하기를 과연 할 수 있다면 '무첨'의 뜻에 거의 가까울 것이다.

또한 초탈한 선비에게 귀중한 것은 종신토록 뜻을 굽히지 않음이 최고일 것이다. 이보다 못하여 어쩔 수 없이 한 번 벼슬에 나갔으면 왕무王務와 민사民事에 마음을 다하는 일로 겨를이 없어야 한다. 급급하게 물러나기를 구하는 것을 고상한 것으로 여기며, 오고가는 번거로움을 꺼리지 않는 이러한 사람은 내가 취할 것이 없다. 하물며 지금 성스럽고 밝은 임금께서 위에 있어 효도로 다스리는 정치가 한창 새로워 중국中國과 사이四夷들도 분명히 감동할 것인데, 하물며 우리 신하들이겠는가? 은거하는 선비들이 듣고는 존모尊慕하고 있다. 원컨대 대궐로 나아가서 임금님을 요순堯舜이 되게 하여 역사에 이름을 드리우기를 바라고 있다. 이러한 기회를 만났는데도 문득 떠나려고만 한다면, 이는 이른바 "숲속에서 한 가지 절개만 지키는 선비가 저 출처의 의의를 살피지 않는다."는 것이다. 가령 우리들이 봉휘에게

---

240) 사안(謝安) : 진(晋) 나라의 재상이다. 자는 안석(安石)이다. 소시 적부터 명성이 있었는데, 회계(會稽)의 동산(東山)에 은거하여 나오지 않다가 뒤에 나와서 이름난 재상이 되었다.

241) 사영운(謝靈運, 385~433) : 남조(南朝) 송(宋) 나라의 시인이다. 그는 일찍이 여러 벼슬을 지냈으나 치적(治積)을 쌓지 못하자, 그의 글재주를 아끼는 문제(文帝)의 만류에도 불구하고 사직하였다. 이후 연일 수백 명의 문인(文人)들과 산천을 호유(豪遊)하다가 끝내 반역죄에 몰려 처형되었다.

242) 조만(曹瞞) : 조조(曹操)의 어릴 때 이름이 아만(阿瞞)으로 조조를 낮추어서 부르는 말이다.

243) 동아왕(東阿王) : 조조의 아들이며 조비(曹丕)의 아우인 조식(曹植, 192~232)을 말한다.

244) 강락(康樂) : 사영운이 받은 작위이다.

245) 백기(伯起) : 양진(楊震)의 자이다.

바라는 것은 이에 있지 않다. 한 가지 절개에만 국한되지 말고 작은 성취에 안주하지 말며 순수하고 순일한 유자儒子의 도道로 자신을 다스려서 출처出處의 큰 절의는 한결같이 노선생을 본받아야 할 것이다. 그런 뒤에야 참된 '무첨'이 될 것이다.

무첨재선생문집권사종無忝齋先生文集卷四終

이 책은 나의 7대조 징사徵士 부군府君 무첨재선생無忝齋先生의 유집遺集이다. 부군께서는 우복선생愚伏先生의 손자로서 도에 가까운 자태를 받고 태어나서 부사父師의 가르침을 받들었는데, '무첨無忝'이라 서재에 편액을 걸었으니 대개 스스로를 경계하기 위한 호號이다. 이미 약관 때부터 모든 일은 한결같이 가문의 규범을 준수하여 조예造詣의 명확함·실천의 독실함·문장의 간결함·지조의 확고함을 우뚝이 하였다. 연소한 나이에 성취하여 성대하게 시대의 표준이 되었고 춘방春坊에 뽑혔다. 세자를 보필하여 인도하거나 외직으로 나가 동향桐鄕을 다스릴 적에 모두 명성과 업적이 있었으니, 만약 평소에 체용體用의 학문이 순수하지 않았다면 진실로 이렇게 하지 못했을 것이다.

아! 위대하도다. 부군께서는 경사經史와 성리性理에 꿰뚫지 못한 것이 없었으며, 더욱이 국조國朝의 고사古史에 힘써 마침내 『소대쵀어昭代粹語』 13책 및 『명신행적名臣行蹟』 8책을 찬술하니, 『송명신록宋名臣錄』을 본뜬 것이다. 옛 것을 좋아하고 선을 즐기는 아름다움은 여기에서 상상할 수 있다. 나민 언세 겨우 50에 갑자기 돌아가시니, 당시에 이름난 석학들이 슬퍼하고 아까워하지 않는 이가 없었다.

허 미수許眉叟가 "선생이 세상을 떠나니 우리 당은 더욱 외롭네.[先生下世 吾黨益孤]"라고 말을 한 것과 홍 목재洪木齋가 "문장이 자세하고 엄격하여 공로가 역사보다 백배나 되네.[文章精嚴 功百汗竹]"라고 말한 것들은 모두 두 선생이 당세의 정론을 지닌 분이기에 먼 후대까지 징험될 수 있을 것이다.

슬프도다. 부군께서 당시 저술한 유문遺文은 의당 글상자를 채우고 수레에 가득 실릴 만큼 있어야 하는데, 세월이 오래 흐르는 동안 일실逸失되어 열에 한 둘인 몇 권의 책만이 남아 있다. 이는 후손이 한스러워하는 일이며, 기회를 잃고 지금 도모하지 않으면 아마도 오래 될수록 더욱 사라질 것이다. 마침내 여러 종친들과 함께 목판에 새길 것을 모의하여 세 달 만에 일을 마쳤으니, 참으로 덕이 있는 분의 문장은 썩지 않는 이치가 있음을 알 수 있다. 『소대쵀어』와 『명신행적』 두 질은 우선 잘 보관하지만 또한 목판에 새길 생각이니, 혹이 일을 이어서 후대에 오래도록 전해지지 않겠는가? 나는 또한 이 일을 도왔으므로, 대략 전말顚末을 위와 같이 적는다.

신해년 유하榴夏에 후손 진사進士 철우喆遇는 삼가 적습니다.

무첨재선생문집
無忝齋先生文集

색인

색 인

가나다 순

(ㄱ)

(ㄴ)

(ㅁ)

(ㅂ)

(ㅅ)

(ㅇ)

(ㅈ)

(ㅊ)

(ㅌ)

(ㅍ)

(ㅎ)

무첨재선생문집

無忝齋先生文集

영인

目次

無忝齋先生文集 卷之二

疏

書

祭文

無忝齋先生文集 卷之三

無忝齋先生文集 卷之四

無忝齋先生文集序

於乎世之賢人君子之後先天而生者盖亦多矣夫
天地之間精明淸淑之氣鍾於人而爲賢人矣否歟
大関世道之汚隆文運之盛衰攸不粹 爾錢鎔厥
或有祖先之積德累仁享其胡福則其氣華於一
家配美名世者亦絶無而僅有乎小子曾委余於黑
伏鄭先生之家於有先生之孫無忝齋先生紹世其
家而紹其及余少也跡累來之細放而詳諗矣曰先
生之后東泰南柚上舍君喆愚登爲郎君容默書奉
公遺稿訪余於鷲駕山陰寧洞僑舍托以丁乙又請

弁卷余固非立言者不敢當揄揚之責第伏念愚忝
是吾先祖退陶夫子私淑嫡統且小子忝門甥之列
則亦有所不敢終辭者遂盥手而奉閱焉於乎魋矣
先生禀精淑之賦惇悌性以近道之資承家庭之學
德行文藝早歲俱進六歲不務遊戱之學而遂絶其
交七歲讀滂母之詩而不覺感泣十二歲志于學而
聰解明辨十六歲承文莊公之喪而應接中度於狀
祭之禮居憂而能持喪禮議執而不渝竝盟無言於
名利而務修德業令望蔚然皐鶴自徹年才三十以
遺逸擬內侍教官其後師傅及諮議之除極一時之

榮遷而屢度呈辭 孝廟朝有爾能開導勸講日有
成效旿淅但 朝家澤人豈不有光於爾之意世子云
云及予之禮謁陸曰來至爾或諒處之 批又再除
諮議時懇辭蒙 允至有給馬之 命而辭疏有一
向邁之亢廉懦頑之 批然有除新辭朔欲不及世
盖以不堪 恩數之曠絶也其後有丹城昌寧之除
則爲秉奉檄僶俛赴職盡心職事所在有報績斯可
見進退舉動中規度襟韻蕭灑樂山水之佳處工
夫鎭密探性理之奧旨其所講磨從遊者一時之
名碩且持心公正秤尺分明其所撰述有昭代稱謂

及昭代名臣錄幾許卷藏于家而方謀剞劂皆公私
之公案可傳于世者也哀考其德業以義傳無愧乎
無忝之義而可謂配美名世者矣惜乎不見享遐算
而遽爾歛化亦有関於世道之汚隆文運之盛衰耶
既承于先亦貽于後先生之玄孫又有立齋翁克闡
于斯是所謂精明之氣萃於一室者也猗歟休哉小
子于是之役縱不免汰哉之誚因是爲寓平昔景仰
之忱且以厠名雲端爲榮遂爲之序
崇禎紀元後五辛亥二月上澣後學眞城李中錕謹
撰

無忝齋先生文集目錄

卷之一

詩

無忝齋先生文集目錄 一

無忝齋先生文集目錄 二

八

二

附錄

無忝齋先生文集目錄終

無忝齋先生文集卷之一

詩

擬古

庭前有孤桐翠葉何葳蕤翩翩鳳凰鳥棲止最高枝
鸑鷟日來斯側翅其鳴悲況此巨羅張天日已云暮
瞻彼萬丈山鬱鬱松桂樹盍爾高飛去終年養毛羽

夜坐感懷

空山風雨颯夜陰人初靜庭松發幽響殘燈照孤影
凄凄獨愴懷幌桄蕭蕭冷世事入嗚呼涕淚空沾領
何當寇賊平復見乾坤正

賦懷

朔風日夕起颯颯動高柳白雪覆百草荒山對虛牖
獨坐多所懷黙黙心語口天寒羶窟深　宸殿今安
否嶔岑猛獸場鶴旗有誰守三入亦何辜含憤骨難
朽洪公抗節夕烈氣衝牛斗蠢彼竄流輩豈不顏益
厚哀哉雙嶺敗積屍如山阜欲往弔冤魂前路熊虎
吼

題懷

百斤強僬僥莫問支不支擔子輕與重只應擔者知
我豈莊修者虛名却誤身平生忠孝願此日兩難伸

欲進而事　主則處以不敢當之職責以不可堪之事使不得隨才効力以圖涓埃之報欲退而養親則不究情實謬加稱引不得安分守拙以專定省之禮故云

飛蚊難負山駑質寧為驥世間少知音自歎還自愧
只為思親苦非無愛　主誠商山與漢水脈脈摠關
情

感事

風波日夕起利涉知為誰前路益云險莫教回櫂遲

步唐詩韻

村巷元幽僻秋來絕往還機忘魚鳥樂人靜性情閒
雲影浸溪水風聲落暮山淵明有眞趣千載孰能攀

憶山庄草亭

數曲溪流數疊山編茅為屋竹為關秋來魂夢頻歸
去松菊依然水石間

山庄途中作

策驢徐傍小溪邊處處春山景色新觸目無非觀物
趣紅紅白白自天眞

山中卽事

携杖步晴沙沙頭松逕斜丘原六七里桑柘兩三家
幽石鳴寒水遙林暎晩霞孤吟猶有興村酒更堪賖

入愚山修治亭臺

窈窕愚谷幽先祖昔所娛巖臺剔荒榛溪榭理遺墟只嫌村烟鬧爲此山僧居黃楊藝新叢蒼檜護舊株景物尚依然圖書亦宛如羲墻慕靡歇棲息樂有餘遂初意已愜寡營心架虛灌園聊自適寸資未全無朱詩云灌園無寸資

敬次晦菴先生陶公醉石韻

我來廿載後緬憶廿載前往事不可尋肯構愧先賢幸此解組歸聊以高枕眠溪堂列花竹石臺藏雲烟岸幘對嵐嶺倚笻聆風泉況復獲良友講磨樂終年

謹次退溪先生秋懷韻

屋上靑山巍屋下淸江曼江月照我衿山木供我飯守我一壑幽愜我平生願披書常獨樂撫時空長歎人心本岐千世路亦有萬俾殼龜自藏剖珠蚌自獻榮辱俱在已未可含恩怨

有感用芝峯集中韻

木落秋方晩天寒歲欲陰覽時仍感物思古更傷今素之經綸策空懷慷慨心芝峯詩一讀雪涕儘難禁

憶雪川亭用外王父韻

遊遍山巓與水潯歸來方可豁吾襟文元古宅遺芳躅庾信荒塋帶夕陰玉笛聲殘黃葉積星臺石老綠苔深他時踏此千年地更向東溟快一臨

登雪川亭有感用服齋先生韻

峩峩雪山高瀰瀰雪川深中有古亭幽軒牕鎖寒陰沉吟撫遺躅凄風動庭林依然十年事念之增沾衿

江上偶吟

白石淸江上孤吟遠思多何當營一屋琴酒度生涯

夏日閒居

衡門苔色任斑斑問我無人我自閒永日看書無別事岸巾聊復對南山

曹德立來宿是夜雨卽霽

團圓一夜晤交契百年心銼濕單衾冷牕陰宿霧深雨聲醒客夢秋意入蛩音霽曉千般景都歸枕上吟

登湖臺感懷

登高一悵望天際亂雲低逝水元難北斜陽自易西十年虛執壤何日息征鼙野老呑聲淚翻添蜀魄啼

雨後謾興

夜來江雨濕靑山松桂陰陰晝掩關花落滿庭閒不掃晩風吹入竹牕間

閒居言志

一臥烟霞已十年不求簪笏不憂錢溪魚野蔌當烹

鼎竹榻蘇床勝繡筵山色入簾翠滴滴月光穿戶皎
娟娟讀書意倦還無事時把幽竿上釣舡

齋居有懷謹以耆石先生贈王考韻寄西溪諸

同人 四言

維洛沄沄維嶽崇崇淸淑所積肧胎斯隆落地共邇
降世又同夫豈偶爾天啓我蒙
德以爲隣如蘭之契利斷金石矩切砥礪管鮑非希
朱張寔繼交道之完垂範來世
典刑一邈攡慕靡追舊廬言旋增我悽而杖屨隨從
非復當時秖今山月照彼溪滸

嗟余固陋迄玆無成有忝前烈有負平生感古惟今
口存心驚安得促席抒此衷情
睠彼西溪之子攸曁孝友相勸詩禮是肄善慶有報
今昔奚異勉遵先訓罔或云隳
昔我異處今我抱病合面雖間雙情交映契著累世
休訶異姓願言念玆相規以敬
人亦有言交道難成一言纔忤讐隙已萠百年齊歡
惟我與兄聊贈斯詩結以蘭馨

次洪伯源(汝河)贈韻

栗里田園僻端居塵事違山醅黃菊凈野飯紫芋肥
客少長懸榻庭幽不設扉臨流時一嘯聊復美琴徽

冬末還湖盆梅只餘一朶喜而賦之

盟深鷗鷺不曾寒今日歸鞭興已闌多謝臙梅猶有
意一枝留待主人看

遊湖臺口占

五湖重趂故人期醉倚蘭舠任所之秋水遠連歸鴈
濶夕峯高幷彩雲奇白髮蒼顏憑玉瑟黃花赤葉映
金巵從知此地年年會笑到蟠桃結子時

次寄金彥欽

占地分淸洛湖山愜靜居烟蓑臨鏡浦(玉鏡潭)月櫂倚

倉墟(沙伐倉基)心事千竿竹生涯萬卷書百年同此契隨
處可躕躇
夏事連春事江居勝野居叉鱗押鷗渚(渚名在臨湖臺下)采
蕨望湖墟(寺名今有基址)淡月浸樽酒飛花点案書此時添
我與無日不躕躇

栗里偶成

雨餘前壠稻花香柳外溪風送晩凉意倦抛書還一
睡任他斜日上藤床

病中憶湖庄

雨中愁思倍依依況復沉痾獨掩扉昨夜夢歸湖水

瀾海棠飄盡白鷗飛

僑居偶吟

小澗泠泠繞砌鳴落花深處掩柴扃莫道僑居長寂寞向人山鳥語丁寧

晏起

茶竈霏霏竹露晞啼禽已在杏花枝山居自爾閒無事睡到前村飯熟時

寓山庄以先祖所詠刋林迎翠壁開石導清流爲韻十首

皇祖昔休官於焉歌考槃琴書樂自眞理義身彌安

往矣事悠邈念之心摧酸遺編尚炯光應須垂不刋
我來十年後溪榭在邃林孤吟想所歷往躅無由尋
寒瀨瀉遺音老栢餘古陰三復肯構語肯構當自今
雲山媚幽姿魚鳥如相迎荒臺理蒙密蠹簡整縱橫
移石隨尺步穿林得深行始遂靜棲願聊以叓中情
竹樹含清姸溪山徵嫵媚幽居意自愜靜觀心無累
雛鶯送嬌音疊巘呈新翠巖扉時一啓步向松陰邃
端居寡所營竟夕聊自適披吟書一床偃息寒四壁
石淙聞更細山翠望如滴晤語將誰促矯首懷良覿
幽居我自適勝地天所開蒼桂擁列嶂丹壁挾孤臺
近矚袪幽蘊遐尋恣轉迴歲晏擬托契慨無當年栽手植梅菊無存者故云
山雨過前溪溪水碧百尺晴光泛嘉木夕景射幽石
隨鱗偶廋欞望雲聊岸幘歸來坐脩然虛室自生白
窈窕水回洞勝絶浮厥號自能巧縈環不須費疏導
畏人學六藏策驢阻一造何當結小茅永寄南隱傲
山村寡輪鞅掩關抱孤清危石仰蒼峭鳴泉俯琮琤
自無外物牽正愜幽居情靜修日加功莫教虛吾生
而我厭塵濁愛此先廬幽散髮松外颸濯足巖間流
旣有山水樂又無身世憂玆焉足優遊何必營菟裘

溪堂吟

我有溪堂靜俯臨溪水綠溪後丹崖列溪前森翠栢
溪臺抱危岑溪橋跨斷壑嫋嫋溪風清皎皎溪月白
溪柳自依依溪花還灼灼溪堂何所有床頭書萬軸
溪堂何所事膝上琴一曲溪聲夜繞枕溪色曉穿箔
溪魚戲晩晴溪鳥破晝寂或倚溪邊樹或坐溪邊石
或吟伴溪雲或睡伴溪鹿溪草接芳郊可以岸吾幘
溪林入幽巘可以理吾屐溪磯可垂釣溪沙可巡酌
溪清心可洗溪泠髮可濯溪園剝梨棗溪田刈黍稷
秋烟淪溪茶春雨長溪蔌世路多險巇溪堂安吾脚

世人多疑猜溪堂守吾樂溪居意自愜溪遊興已足顧向溪堂老肯違溪堂約爲綴溪堂吟長歌振林木

靑驍寓居卽事

吾非避世人胡爲南澗潯端居養道眞簡編時復尋鳴蟬破岑寂綠樹數庭陰一枕臥北牕清風無古今人心苦多歧非計則爲媘隻手捄靡述我欲逃其累紛然雜薰蕕誰復辨紫翠所以憤世者入林恐不邃

詠竹軒幽興呈別提族祖 憲世

野外孤村迥衡門傍水開溪魚清可數園竹碧堪栽幽趣公應愜叨陪我幾回偶然裁短句報與掃蒼苔

錄呈生員再從大父 榮世

空齋茶夢殘前橋山景夕奚童忽翩翩云來自釜谷開緘閱手教怳然如面覿贈以詩數句副以歌一曲曲曲道相思字字皆衷赤初吟心便豁再讀情還惻憶昨陪杖屨數月同寂寞日日討經史往往霏談謔言念肯暫輟別懷久未釋我欲往從之雲山阻南北感歎更何已山月夜夜白

次贈一淸上人

中宵一氣十分清白月當空雲不行這裏却無三種語愧師千里趂虛聲

山居春日

溪柳陰陰花四圍孤村面水曲通扉山牕睡起喈無語落日斷橋僧獨歸

過汾灘有感

渭川寒月照螺山杖屨當時幾往還今日獨經汾上路不堪追憶十年間 渭川卽柴里 螺山卽鳳陽

約與竹巖開湖諸友同遊余適有故未赴唫寄

一絶

舞雩壇下水如天王桂峯頭月正圓想得蘭舟橫鐵笛風流嬴得鏡中仙

遊山記行用聽松山居雜詠韻二十七首

栗里翁携沙谷翁鳴笻共向秋山空石泉濺濺楓林晩疑是龍眠逞技中 道中

夢寐仙山經幾年今來不啻宿痾痊最憐終日滿淸聽幽石涓流王筋懸 道中

茅店蕭條倚落暉一笻携與一僧歸 僧息彥亦隨 家家釀黍民風古竟夜清談愜素期 山店

大石盤陀地勢安溪流曲曲注其間蜿蜒有跡難摸狀得兩他時造化着 龍遊洞

寂束玄湫不可臨風雷白日撼千林潛龍歲歲興雲

兩應慰農家屬望深 龍湫

涉磴穿林步步遲上方來坐絕塵思老僧茶罷秋山暮穩臥蒲團學睡癡 佛日庵

藏巖深處可藏身 聖代何妨作逸民儻向此間成小築桃源不必武陵春 藏巖村

連年行遍山南北信我高蹤出世間最是夕陽看不厭半空森列玉簪寒 俗離山

崖蜜林葡潤肺腸滿山蕈茸儘堪嘗酒餘何物供飯飣紫栗灰中箇箇香 詠山味

盡日尋眞不厭深長鑱時復斲苓蔘煩君莫羨東山

妓澗水松聲自在琴 松面途中

林深谷暗隔人家行旅躋攀幾發嗟只是送迎山有意天王玉立露朝霞 踰楡峴

東仙遊洞阻清秋此日方知過華愁 先集遊山北詩云劒揷縹雲愁過華 早晩栊流亭若就餘生猶得老林丘 望華山山北卽東仙遊洞有先祖所卜而先祖嘗題僧軸有早晩仙遊營小社栊流聊與管淸閒之句故第三云

錦屛中闢玉虹圜坐石漱泉杖屨移盡日淸遊興靡歇便看峯末隱斜暉

銀潢一派劈雲根天爲塵寰洗濁昏晃朗應知仙界是不須身入廣寒門 巴串

洞門開處有平川巖麓窿然小岸邊亭號七松人不見爲尋遺躅更悽然 七松亭

瑤溪錦壁仙遊洞仙去千年我又來回首莞然成一笑王簫聲裏彩雲開 仙遊洞

隨鶴翩翩入洞天此身疑是洞中仙仙遊渺渺憑誰問龜石無心閣水邊 洞中二龜石

收拾秋光倚石床半天風露滿衣裳歸心便覺俗緣重片夢肯嫌仙路長 出洞口

野人身世亦寬閒咫尺仙區日往看安得卜隣分一壑滿溪雲月共盤桓 洞外村

斗巖嵰削一蹊橫天爲生民作地形百口亦堪逃世亂幾人從古苟生成 避兵巖

百朶芙蓉含早秋數羣仙女立玄洲登臨便欲驂鸞去去向瑤池王母遊 登離嶽

仙臺縹緲入雲奇萬里剛風振我衣却憶去年同過此勝遊今日恨相違 上絕頂望文壯臺

蠻觸紛紛幾費營當時未必奠民生只今凡楚俱塵土留得荒墉萬變更 甑萱城

雲日山間遍晦明萬林蕭瑟谷吹生縱嫌羸馬穿重嶺却愛風泉滿耳聲 蘆枝峴

四枝聯翩一錫輕四友一僧同遊清歡纔罷別愁生他年欲
記分携處丹壁中回碧澗鳴別同遊
離嶽烟霞濃滿穰又尋城路入雲中區區地利今何
恃只合中間着梵宮過城山
十里烟郊是我家菊籬開遍幾枝花仙山入望堪惆
悵此後重尋卻未涯定峴
追記離山去歲之遊用松齋韻得八首
前臨石澗後雲山花竹園深斷往還無事百年高枕
臥主人淸福少人間澗西茅齋
小徵當日照吾東千載高風孰與同杖屨秪今餘水

石坐來塵念泊然空大谷書齋
四山環處一溪淸金碧玲瓏佛殿明香插銅甁烏几
靜高僧叉手洗餘生俗離寺
矗矗奇巖面面開登臨怳若入仙臺最憐巖寶流瑤
液巢鶴翩翩去又來文壯臺
祇園寂寂月輪高萬事人間鶴返遼細聽玄談仍不
寐石淙松籟共蕭蕭中獅子
禪宮縹緲倚巑岏 巡駕當時幾往還 宸墨至今
留寶樹嶽靈應爲護安安福泉
老衲相携趁溪聲石橋南畔水泠泠一身一到晶峯

下有願吾曾自億生水晶峯梅月詩云百刧億生曾有願一身一到此山前
老槐寒檜各蕭森古寺秋陰入苦吟回首碧山螢雪
夜十年前後我重尋觀音寺兒時讀書于此故云
次竹軒韻奉別韓戚丈克昌高山之行
歲暮關河路渺漫郵官行色不勝寒着雲烱烱前秋
戀奉儆依依此日歡西路風塵誰故舊北門烽火近
平安臨分贈語吾何敢三百篇中戒素餐
心事郵官隱風流御史淸高山兼巡撫之號而公曾有郵官眞吏隱之語故云
西征堪作賦北望奈關情鄕樹臨河隔湖雲入塞橫
春來有過鴈倘記老書生

撫瘵春同煦持身玉比淸使君傳善政小子慰深情
壽斝春醪溢晨盤海鯽橫北堂聯彩舞榮養足平生
右屬洪原丈
旅次無聊寫所懷
鼎湖遺劍痛靡涯天地無情日月移 廞衛已嚴仙
路遠穫沾 仁化更何時
萊衣日日慰孤親談笑怡愉一室春別後三秋遊定
省謀歸豈是厭風塵
口占
散步草亭畔悠悠歲暮心滿山風雪急袖手獨長吟

遊挹湖亭

杖屨尋前約東湖秋已殘壺觴從簡淡儔侶任團欒木落山新瘦江空月正寒不妨經夜醉身世此中寬

遊淵嶽

泠泠石澗洗心聞却喜幽居摠屬君無事小齋高枕臥半生怡悅嶺頭雲

雨宿淵嶽洞

龍興寺與臥雲齋六日淸遊七友偕暮雨更投淵嶽洞懸燈細話十年懷

次韻寄諸友尋山

尋山賞雪兩奇絕好事還爲造物猜余有故未赴故云孤坐竹床淸不寐暗香時動一梅枝

千疊淵山九曲溪吟筇應度石橋西橋西我亦留名姓須向巖間檢舊題

呈李光叔

梅雪淡相照貞心寧媚春一枝聊自折遠寄如花人

病中聞鶯

晝永人稀獨掩扃枕邊時序已流鶯聲聲向我如相戀始覺無情勝有情

書堂新成喜次竹軒韻

藏修欣得地結構幸從今繞屋雲林靜循除石澗深彝倫須盡道經史合潛心吾黨勤提誨要看濟濟衿

見庭梅一枝冒雪徧開

竹雨蕭蕭竟夜聞不知牕外雪繽紛朝來占得春多少梅發南枝已十分

自山庄向東仙遊洞

巖花澗草愜幽吟驢背春光興不禁暮雨更尋山北寺數聲淸磬出雲林尋見日庵

一溪中注洞天寬水石幽期自我先何日此間營小築枕流長伴洞中仙浣鵬村在仙遊洞口卽先祖所卜之地

平生夢想仙遊洞今日方成物外遊爲語山靈莫相誚從今我亦作仙儔仙遊洞

病中憶黃王相

年來萬事摠無聞病裏逢春苦憶君待得沙潭花似錦一筇穿盡嶺頭雲

有僧說金剛拈一絕

玉立金剛萬二千芒鞋幾向夢中穿今宵細聽山僧語兩腋翩然骨欲仙

冬日偶吟

床前一樹梅初白戶外千竿竹更靑何幸主翁無外

事焚香獨坐點羲經

秋日雨中

歲暮依窮巷沉痾獨自嗟寒花經雨少落葉閉門多
世事應難了浮生會有涯邊塵連斗極回首一悲歌

呈竹軒

人須賢友與嚴師古語丁寧不我欺今日幸蒙規警
力方知三十四年非

憶梅湖口占

憂病叢中未脫圍年年難忝負佳期夜來倍憶東湖
勝夢逐飛鷗下釣磯

九日獨坐

有酒有花逢九日野翁何事坐蕭然去年行役今年
病長負楓花滿眼天

雪中寄姜仲燮

雪天寒月似山陰清景幽懷兩不禁竹影篩金埋曲
砌松聲戛玉奏遙林舟膠已負溪中泛驢跡還停灞
上吟待得庭梅都綻了巡簷一笑共論襟

簡仲燮

東洛多形勝梅湖最僻幽擬分吾管領攜與子風流
身世寧非寄聲名摠是浮幽期須早踐相對有沙鷗

聞再從祖別坐公東遊就放翁詩隱栝數語以 二三
博一粲

公是風塵世外人看山看水自由身烟霞離嶽飛雙
屐雲瀑東臺岸幅巾萬里鯨溟新眺壯三生仙浦夙
緣伸非無好客堪招喚獨往飄然意更眞

人日寄尹弼叔

人日題詩寄草堂當時工部客殊方吾儕共保田園
樂肯對梅花枉斷腸

龜山半浦兩幽棲只隔中間一小溪落盡梅花不相
見吟魂飛斷甲長西

謝尹弼叔寄詩

長夏寡輪鞅幽懷惱索居倘非閒蔣仲誰記病相如
鴈札情偏厚瓊篇意靡疎綠陰期已逝休負月明初

德山途中 忠州地

西行偶出德山村物外名區隔俗喧信馬尋眞興不
盡此生隨處摠君恩

幽居

花竹園中晝掩關支頤宴坐看西山山雲亦解幽人
意舒卷無心自在閒

龍寺口占 諮議被 召時

物外龍興寺超然栗里翁着書深閉戶邀月獨凭欄
木落山容瘦溪寒水影空踈慵難涉世願老此山中
　疏陳情實獲蒙　恩遆歸到江上感戴有作
江頭立馬望終南蟻螻微忱帝降監攢手明時惟華
祝遠年新德又多男
　送竹軒遊金剛
玉立峥嶸萬二千千年魂夢繞山巓清遊卻被浮榮
誤愧負金華洞裏仙
　歸尋湖居吟成一律
幽居占斷洛西灣歲晏心期節友壇飢渴任天經意

少江湖滿地着身寬踈慵豈合求名重休退都緣涉
世難榮辱平生忘已久不妨隨分把漁竿
　白虹貫日三月下雪
北闕憂　明主東江怯病臣陰虹截黃道凍雪灑青
春時事驚心極天灾觸目新巖廊與臺閣誰復罄敷
陳
　病中次朴詹伯韻
關門臥病日偏長愁對春山獨斷腸誰遣梅花知節
序一枝微雨送清香
春滿東湖奈病何病中春興苦無多何當與子連雙

屐遊遍山巓弄水涯
梅花落盡掩松關永日孤村絶往還睡起莞然揩病
眼半簾踈雨對青山
一病經旬雪滿頭枕邊歸夢繞江洲平林細雨花初
動曲岸晴烟柳欲抽契活故人三有樂行藏老子七
宜休何當日日成幽款破卻前年戀別愁
　暮春有懷寄朴詹伯
伏枕連旬鬢已華東湖咫尺阻漁槎一春光景怱怱
過落盡梅花又杏花
雲林自是遠京華兩老心期月釣槎爲指湖山分一

半滿江鷗鷺滿山花
　池上有一盤松蒼鬱可愛培根設壇詩以識之
一樹團團古澤傍蟠枝密葉閱風霜殷勤爲盡栽培
力要見他年作棟梁
　次南皐韻
長夏山村興轉濃眼前光景遍西東烟林隱約藏平
野湖水彎環匝數峯吟罷捲簾南浦雨睡餘高枕北
牕風丘園自幸身閒適遲暮何須愧病容
　登南山眺望
午夢初回啓竹關又携童子陟南山白沙映帶清江

二三

潤與在波鷗浩蕩間

剔掃梅湖舊臺

叢篁老樹擁荒臺湖外雲山面面開誰識當年全盛
地野翁時復佩壺來

默谷湖翁及南皐爲校先祖集會梅嶽書堂留
旬日和南皐短律

林蘿夾兩崁書室益清幽嶽展千重嶂溪涵一片秋
石淙同倚杖風榻獨梳頭文會眞堪樂休嫌浹月留

泛月次朴詹伯韻

臺下長江淸且深江中皓月照冲襟淵魚競躍迎蘭

枻沙鳥低鳴和玉琴浮世芬華輕一屣勝筵談笑抵
千金今宵物外悠悠興惟有高人識此心

營小茅于梅湖亭墟次南皐韻

架竹編茅復舊亭當時景物尚餘淸閒撐野艇尋花
溆靜對沙鷗釣月汀栢當簷濃晩色松灘繞砌漲
寒聲納凉庇雨俱堪適何用棲遑跡似萍

黃安寧不換亭次洪伯源韻

投紱歸來爲慕陶溪亭舒嘯勝東皐秋尋華嶽雲雙
屐夜泛沙潭月一篙放跡幽閒除俗累棲心澹泊伴
仙曹釣臺題品眞超絶千載公今屬意高

遊星州立巖

巖削千尋玉溪涵一機紈茲遊眞物外秋月洞心肝
賞遍立巖勝靜綠雙溪禪百年今日趣休向世人傳
立巖高屹屹雙溪流凄凄昔賢有遺躅山仰心不歇
剔破蒼苔石洗以淸溪流剜墨留名姓千古記同遊
平生夢想地今日偶同行鼎坐論襟穩超然非世情

過蓮花洞

窈窕蓮花洞沿溪自作村霜林垂柿栗烟隴散雞豚
野老衣裳古山童笑語溫誰將一尊酒珍重慰羇魂

卜地東湖

梅湖亭北御風南小麓東低俯石潭雲出千重濃似
黛烟波十里綠如藍好隣桐谷先生社堪結商陰處
士庵倘得百年成此計盟深鷗鷺未應慚

有志無資

五湖昕有地三逕苦無資世乏王司馬誰憐杜拾遺
依依山去斷故故水流遲欲賣床書遍還嫌叔艾癡

感東溟金公世濂號

養拙東湖僻衡門可雀羅殷勤千里字誰遣入烟波
雅範瞻岐鳳詞華濯越羅每思叨陪夕淚灑洛添波

次鳳陽韻言志

輕漾漁舟入浦深白鷗相慣揔知心歸來月白虛堂上彈罷孤桐山水音

幽居

琴癈猶尋譜樽空久斷歌澹然無一事高枕夢南柯

訪開湖金公 秋任

爲趁春餘興來尋長者居雲山臨屋角清洛繞村墟盃泛盈樽酒床翻數卷書閑巖覽古躅斜日更躕躇

晩朝卽事 六言

臥看江雲漠漠靜聽山雨蕭蕭村烟半帶孤屋野水初浸遠橋

還栗里故居

栗里田園返舊棲敗荷衰竹但荒堤携筇月夕穿松逕荷鍤烟朝理菊畦漸覺水聲來枕近更憐山色入簾低衹今杖屨無尋處淚和寒雨灑五溪

春日幽居

晴郊花柳遍東西澹澹春流浸曲堤休歎此閒無與晤山禽向我盡情啼

抱痾終日閴無人時拓溪牕玩躍鱗欲識箇中光霽樂莫敎胷次惹輕塵

閒居偶吟

携杖淸池曲行看雨後山竹陰來檻外苔色上階間任分貧猶樂忘機事亦閒休嫌輪鞅絕庭樹足怡顏

遊西臺次示同遊諸君

西臺野際鬱岧嶢與客登臨興轉遙堪聽綠琴調白雪休嫌皓頰漲紅潮風流謝老携雙屐心事顏賢樂一瓢我亦當時谷口隱久將身世付漁樵

栗里春日偶吟

芳辰正屬太平春又是田園無事身水滿蓮塘淸瀲灩山橫竹塢碧嶙峋梧桐月下凭藜杖楊柳風邊岸幅巾靜裏工夫雖自樂不妨時作賞心人

丹丘蓮塘卽事

小塢蓮池繞曲隂竹軒蕭灑類山居吏退空庭晴晝永岸巾時閱一床書

登頭流山天王峯

昔聞方丈岳今日始躋攀日月鴻濛外山河浩蕩間烟雲互明滅寰宇杳倪端便覺胷衿盪平生一大觀

省別坐公墓

山日明還淡氷泉咽復流當時杖屨地無復接英眸

留別丹城諸君

淌瘵慚無補田園合守貞殷勤相送處斜日正關情

謹用陶靖節歸田園韻

奉檄諧素願，承　恩宰丹山撫字心徒勞黽勉將一
年心事自矛盾趣尚眞天淵淹留竟何裨解綬歸故
田田廬閒且曠卜在溪山間琴書列座右花竹羅庭
前春日向暄妍園林媚風烟遊魚戲南渚孤雲出西
巓形神免拘牽襟期愜幽閒只爲安蹇劣非敢效超
然
蒼茫仲秋末故山稅歸鞅涉園成幽趣望雲起遐想
隣曲來問訊日夕相還往討論貫今古談謔忘少長
既愛親朋集復喜川原曠吾生良以足何用厭林莽

田家春事起柴扉輪鞅稀時與農夫往或隨樵者歸
啜菽適我口種麻謀我衣饑寒委我命褊性不可違

蓮池

蓮池繞我廬偃息愜心曲天高肯低頭地狹猶展足
俯仰笑塵世翻覆如碁局頤神讀古書繼晷秉新燭
清朝檢靈源東牕滿晴旭

山居言志用全明老 翼耇 草堂韻

谷口先廬老始依迷途幸已賦吾歸循除石瀨鳴還
靜傍戶山雲卷復飛一逕松杉交翠蔚四時花卉摠
芳菲悠然意得無人會千載沂雲點瑟希

詠倦鳥

飮啄南郊心已闌西林日暮倦知還藩籬鍾鼓分初
定棲息一枝聊自安

田家苦雨

去年苦大旱今年苦淫雨六月雨不絕七月雨愈苦
聒聒如飜盆灑灑如飛縷昏霧密不開白日何曾覩
簷頭溜長懸屋角雲常吐夜凉侵閉戶江滿滯歸艫
濕翅鳧鴈呼噴浪蛟螭舞積水高於屋怒濤駕平浦
沙田沒溷濁谷畓渾榛莽蛙產若晉竈苔食若范釜
豉豍漏茅葦所畏害稻稌木綿花盡死陂麥穗已腐

百穀半已棄秋穡能有取何以飯我孺何以衣我姥
無帛輸戎庭無粟納官府租役令何暴飢寒不可數
羣吏拑鞭扑日夕叩我戶愁怨向誰訴鰥寡復誰撫
嗷嗷何所之痛哭向天宇況復前冬初丁壯籍軍伍
戚戚去親愛行行道負羽白骨委遼河河水爲號怒
干戈兼旱潦災害罕前古扶顚乏賢輔軫憂惟　聖
主安得鞭雷公灌海傾醜虜洗盡妖氛漲倚劍鶴飛
柱

次龍湖盧正甫丈寄贈韻

千里慇勤一札來暮年懷抱兩難諧田園夢想依林

築松竹摩挲滿逕栽（公新卜在林亭里契居松竹來詩稱說故云）浮世虛
名慚魯學明時遊宦試高才區區靜躁何容辨循我
靈臺絕點埃

山居偶吟

讀書意暫倦散策溪亭東沙水互明媚雲烟更冥濛
澗樹嫩新翠巖花嬌晚紅幽探誰與共良覿懷靡窮

聽澗有感

滿庭松檜雨冥冥澗水琮琤徹夜鳴當日心情誰會
得不堪遺響此中聽

水回洞途中次全明老韻

拚策尋幽至日斜一年淸興屬山家煩君莫恨春猶
早澗畔時看木筆花

寒食有感

病伏窮山類蟄囚一年佳節阻松楸杏花微雨心悽
感矯首湖雲淚不收

春日憶明老

雨罷澗泉吼花發巖臺幽對此懷素友日夕增離憂

山居卽事

性本愛山水久已成退休谷口先廬幽時諧物外遊
今年挈家累棲息臨溪流溪流春景暄矯翼雙飛鷗

松杉翳澗壑花柳榮林丘冠童三數輩足以當高儔
興來輒共懽酒至還相酬未知塵世人能有此樂不
琴書矧饒趣簞瓢亦忘憂優遊畢吾生此外復何求

溪亭卽事

溪水灣環小草堂晚風時送隔林香翛然永日無餘
事惟與高朋共一床（明老在座）

散步溪邊

柳自青青花自紅天飛淵躍摠無窮靜中會得天機
活物我元來一理公

溪亭庭樹綠陰新敷可愛

庭畔喬林嫩葉齊山禽時點小枝啼綠陰滿地溪堂
靜穩坐看書至日西

題溪亭

地僻松陰合人閒午景長淸風北牕下一枕到羲皇

尋芝歌洞（別臺名以鳴王）

山中積雨晴偶向南谷行老幼忘後先巾屨增便輕
逶迤度溪棧入谷路猶平泉聲忽盈耳爽然心神醒
懸流王筯垂澄泓銀鑑明飄灑素雪翻鏗鏘輕佩鳴
有巖峙穹窿雙澗流回縈仰瞰危峯列俯臨平川橫
蒼松互蔭鬱紫芝方敷榮玆焉最幽勝天秘誰復爭

坐石弄淸漪洗盡塵世纓日夕澹忘歸前林暮靄生

尋水碓洞

伏日尙淸凉冠童聊同行同行指東谷石路藜杖輕谷口聳雙巘巘外溪流平穿林循碧澗灑灑塵襟醒巖壑窈而靜水石淸且明遺臺綠苔沒廢址蒼藤縈古碓無復尋朽杓猶自橫當時謝簪笏考槃忘枯榮究盡太極蘊闚破羣動爭復招方外人蓮社玆焉營杖屨幾來往從遊盡心傾徘徊歲月荒涕泗空沾纓誓言結茅棟優遊畢餘生

次韻謝盧別提正甫丈

日夕徜徉水石中停雲千里思無窮情緘讀罷偏承眷華什吟來恍接容浮世塵埃俱是客流年鬢髮各成翁何當邂逅溪亭月共酌山醪看萬松

次明老韻

十里溪山隔世紛草廬蕭灑掩衡門靑氈幸保先人業黃卷深探古聖言靉靆山雲舒復卷琮琤石瀨靜還喧從今一壑專幽趣掉臂名韁志不分

次明老用洪彦明靚韻

窮峽滛霖斷客行閉門相對說衷情半生多癖惟山水末路無心是利名時不假人堪委命老宜忘世豈

嫌獰飄然勝賞知誰辨司馬高風有彦明

謹次蒼石先生韻示明老

世外雲山深復深門前一逕綠苔侵殷勤賴子頻來訪對榻論文更討心

攜兒輩上後山

理策來登屋後峯岸巾高倚石間松秋容滿眼溪山好長嘯微吟興萬重

遊水回洞

溪水澄明玉鏡空巖巒秋色錦屛中興闌徙倚潭邊石楓葉還同醉面紅

九月望攜安太和洪伯源崔汝安向仙遊洞

滚滚澄江注峽中千巖玉削揷秋空化工爲我添詩興驅使風雲繞彩虹

浣腸里

曾見春山雨洗粧重尋秋葉滿林黃區區此日何須浣塵土元來不入腸

白雲臺

玉削千尋壁雲深百尺臺詩仙去已遠今日我重來

申友詹溪亭

鞭驢來訪故人居繞屋秋山錦繡如專壑一生高枕

臥幽襟應與世情踈

向精舍有作

理策煩凝子呼樽荷老妻雪消寒盡盤氷泮綠生溪晩渚鷗閒泛深松鶴返棲行尋精舍路斜日小橋西

與明老對床志喜

窮谷年來病蟄蹤荷君攜策屢相從臨分更有殷勤意講學要須貫始終

元日題懷

山林今日又迎新尊酒深斟瀲灧[illegible][illegible]吾北堂膺萬壽彩衣長作老萊身

二年僑寓滯山樊魂夢頻穿水竹[illegible][illegible]悵今朝違薦食情懷怵惕淚成痕

悠泛平生學未新居然四十六年春從今悟昨加循省庶作家門寡過人

蓮亭夕睡 癸卯在昌寧

衙罷攜筇倚小亭夕陽明滅遠林坰最憐墻外千竿竹歲暮風霜不改青

有懷

簿書叢沓病纏綿無策蘇殘愧俸錢何日 君親恩少答一琴歸載洛江船

遊盤谷臺

匹馬尋盤谷石橋花柳間村童爭笑指使君今日閒
凋瘵捄無術瘦神簿領間三春已爛漫玆夕始偸閒
綠野春光遍花村指點間聊將一尊酒賭得片時閒
溪山六七里亭在畫圖間幾日休官去身閒事亦閒

詠東閣盆菊

移得東籬燦燦黃兩盆鈴閣媚重陽分明一樣凌霜色不及山扉嗅晩香

澄源堂雨後卽事

簿領今多暇烏紗倚晩堂甘霖洗旱氣白日透晴光水壠秧初長山田麥已黃飢氓行有賴病守喜如狂

西軒對雨憶故山

捲簾無語倚西樓風雨蕭蕭攬百憂倍憶故山叢桂碧巾車何日對林丘

謹次寒岡先生衙閣韻

形役誰能悟昨非才踈端合賦吾歸殷勤爲報山中客須趁春風理舊磯

次黃山草堂韻

聞說開新築黃山水石間閒行隨野鹿高詠和林蟬澗飮飢堪樂巖耕倦卽眠從遊知最近吾欲早歸田

乙巳正月五日追斜川故事遊盤谷臺用陶韻

靑陽風日暄勝節聊暇休忽尋斜川句遠追彭澤遊
儆步循竹塢岸幘臨溪流初如出籠鶴還似凌波鷗
仰睇白雲岑俯瞰蒼林丘幽臺占澗曲悟言集良儔
谷艾剪新美舉皏乃相酬白首溥書間復有此樂不
坐石漱瑤泉滌盡塵世憂行當返初服高臥無外求

吏隱臺

東閣春多暇幽期幾度尋郊遊寬禮數村老和詩吟
苔壁樽前盡瑤泉世外音新臺名更好誰復賞吾心

省稼過馬首津

馬首津頭緩緩迴澄江白礫兩畔開長吟究對三湖
勝幽興飄然不自裁三湖在故山

西樓望智異山

縹緲方丈山雙鬟露天表入眼靑未了愧我滞塵累

次明老韻

三世君臣義百年母子情平生忠與孝安得盡吾誠

還家題懷

栗里歸尋三逕荒南牕寄傲引壺觴田園養拙眞吾
分却悔當年出脚忙

簞寺感懷

古木蕭森雪逕層禪龕猶掛讀書燈依然四十年前
事孤露餘生淚滿膺

詠石假山

世人爭學子長遊千里名山費遠求何似室中欹枕
對石峯森列瀉寒流

次龍洲趙公絅謫白馬韻

風節文章軼后山艱危忍說縶西關餉公淸福還天
意歲晏林泉一味閒

檢湖感懷

鷗鷺寒波濶松楸晩壠縈隔年違展省今日若爲情

栗里雜詠

西山

西山高屹然可望不可攀斯人去已久尙能廉我頑

南溪

莫謂南溪小雖小亦占高朝宗意未已日夜流滔滔

稻郊

貧居學不妨元亮亦躬稼秋興在西疇黃雲没高下

菜圃

嫩葉迎春嫩丹芙帶雨纖陶園日成趣抱甕更何嫌

竹逕

三〇

猗猗森萬玉苦節風霜中吟嘯寧自足切磋憶衛公

松林

亭亭棟梁質能保歲寒青最愛茅山隱欣然獨臥聽

蓮池

不污亦不倚淨友名堪錫濂翁當日意至今同馨德

菊畦

此地亦栗里寒花無古今風霜托晩契耿耿千載心

梅牕

含得天心妙嬌然玉雪姿孤山人去後誰復寓心期

棃塢

寸根自臨瀛手植今結子摘來堪薦嘗風樹悲何似

梅湖雜詠

商嶺閒雲

閒雲出遠峀無心還有心豈徒伴四皓時成大旱霖

屛城細雨

屛城餘古址不知何代築無人守其中雲雨空霢霂

草峴晩照

倦鳥歸飛盡西巒紫翠重一片斜陽外數聲何處舂

梅牕素月

雪裏寒梅綻牕邊一樹春銀蟾雜玉骨皎潔兩精神

洛江觀漲

平陸渾成江波濤流浩漫安得一葉槎直泝窮天漢

龍淵泛舟

桑落三樽酒龍淵一葉舟年年成勝會每趁菊花秋

南山躑躅

初綻紅似錦開遍爛成霞遊賞三春興都付一山花

東郊秔稻

黃雲漲東郊喜我秔稻熟穰穰四隣豐雞酒相呼逐

西園烏竹

颯颯數叢寒雪中勁且直誰將一斗墨染盡淇園色

北原蒼松

凜凜凌霜節落落干雲姿海濤聞甚壯蛟形見亦奇

椵村晴烟

雨霽江村夕輕烟媚遠空似嵐還似霧堪入畫圖中

柳塘游魚

一笻導曲渚潑潑觀魚嬉我本忘綸餌悠然濠上思

西山聯句

縹緲西山寺來尋四友同 鳳輝 一笻穿絕磴兩腋御

輕風 光叔 望望高峯遠行行細路通 子木 披雲延亂

峀憩石數飛鴻 輝 履險身無力憑危策有功 光 飄然

三一

遺世界宛若入雲空木老釋迎蘿逕踈鍾出梵宮輝
高吟坐竹欄長嘯倚牕櫳光貝闍蒼厓下珠簾翠峽
中木規模新結構金碧映玲瓏輝佛像三尊儼禪燈
半壁紅光居僧多軟語遊客罄深衷木鉎冷茶初點
香銷夜已窮輝虛欞風淅瀝幽幌月朣朧光夢罷天
將曙雲沉雪正濛木繽紛迷遠近皓潔遍西東輝玉
樹粧千窟琪花綴萬叢光獰風掀白地瓊雪蔽蒼穹
木異態天供賞奇觀孰比雄輝東臺攜九節北陸騁
雙瞳光列亩森銀戟孤松立素幢木魚龍戰滄海鱗
甲掛崆峒輝却訶尋花蝶還疑赴敵戎光龍門遊最

勝潛岳興彌融木橋上騎驢客溪中返棹翁輝當時
淸意味今日盡收籠光觀海嘲河伯疑冰哂夏蟲木
逸懷還浩浩歸意莫怱怱輝把酒情無極題詩句未
工光玆遊神所假矯首賀天公木

山行絕句聯

山腰線路任高低光叔杖策尋幽降復躋鳳輝此去
招提知不遠光數聲淸磬出林西輝

贈人排律

愧我顏先汗逝矣舌若捫闒茸盡布列才俊肯精掄
君子非懷寶王人不采崑何人秉國政誰復贊乾元

一德啣天憲三閭泣帝閽以新似止沸向北如南轅
寧見寸膠湜不爲千丈渾修身乃止謗害道勿多言
靑眼誰吾與丹心賴子存簡編尋正路家學泝眞源
私淑起湖海蔵修絕俗諠衣裳好皎潔佩服繼蘭蓀
半世南陽葛一生和靖燉潛心忠恕貫力踐睦婣敦
植木先培本除荊必去根狐疑畏首尾猶豫尚平反
誰搏負隅虎難招放笠豚無人糾義旅幾日斛橐鞬
吾道旣旨晦斯文奈蹇屯索居阻面濶離恨滿胷吞
誠和在陰鶴身藏逐節鼉時鳴井陘鼓不出石頭播
長嘯臥茅屋端居掩蓽門田園五畝闢松菊一庭蕃

偶起尋山興那嫌冒雪奔驅驢入谷口下榻叙寒暄
斥去意中馬靜持心下猿詞源窮灝灝河水走崑崙
所願從遊者胥謀居處爰草堂睡正穩莘野起初幡
暖氣生寒谷光輝照覆盆杜門如對越承事薦蘋蘩
庶使懦夫立便令薄俗惇安知冲漠翮非是臥溟鯤
白日雷霆怒靑天雲雨昏手持一卷易晴晝爐薰罇

月澗李先生輓詞

梅花標格鶴儀形卓行休風聳觀聽學接西厓夫子
緖精鍾南極老人星當年峽邑恩留犢此日鄕閭痛
失型泉稟定修昆弟誼倘傳孫露抱遺經

三二

無住洪公鎬輓

德宇軒然氣度溫尚書家世典刑存當時雅望儕
宸眷臥閤淸風協輿論公鑑人間傷殄瘁修文地下
洗煩寃從知精爽應難泯回首晴空月一痕

開湖金公秋任輓

孝友先徽續詩書舊業承禀資雖自美薰炙亦堪徵
心似無風井神如面壁僧飢寒安義命沈晦謝才能
壁水名曾綴 寢園跡蹔升酸鹹違俗嗜吟弄逐溪
朋世事甘緘口浮名耻鏤冰德音鄕里範恬操士林
稱謂必期頤享如何疢疾凌訃傳終太遽情但信難
勝托契先人最登門小子仍提撕何惓惓感佩倍兢
兢已矣將安倣茫然更莫憑存公千古恨惟有淚交
膺

輓李時鑽

聞風自髫日傾盖赤村春偃室吾雖忝澹臺子是眞
文詞開窔奧談論貫天人已矣重泉隔何從挹後塵

輓活齋李公榘

志學尚堅喫菜心半生攻苦孰知音天高鬼惡人難
恃憗禍人間慟不禁

輓菊隱李公燦

投紱歸休壽近頤在公無憾我猶悲恩菴心學丹溪
業今世誰傳庾嶺衣
河上門庭合此甥先人曾以哭公兄形容儀範吾何
敢爲誦當時數首評

輓郭戚丈德俟四言

始與子知自壬申春以年則長論情則親我愛子靜
子取我眞惠好相從契擬雷陳
人生奇蹇誰與我公猿腸纔斷鳳棲旋空悲纏風樹
驚倒蛇弓孰使斯酷欲詰蒼穹
子質其端我學其勤壽胡其嗇命胡其屯雪夜論襟
月夕開樽已矣難再灑涕江濆
昔我王考寢疾在床慇我孱弱感公扶將夙夜靡懈
眠食不遑人所感歎我況敢忘
始聞公病再造公室雖憂其革猶恃其吉何知是別
遂成永訣攀櫬不及茹恨難洩
睠彼南丘寔公之宮冥冥九泉翳翳雙封荒草寒烟
白楊悲風他日斯過可堪其恫

無忝齋先生文集卷之一

無忝齋先生文集卷之二

疏

辭諮議疏 己丑七月

伏以臣庸陋濔劣無所肖似曾在 先朝叨霑世祿
而臣有孀母沉綿痼疾臣獨護視未忍遠離故從宦
未久旋卽辭歸臣常感恩知罪罔解所以報效而不
弔于天弓劍遽遺攀慕哀隕有倍庶臣而母病適深
尚稽奔走撫膺瞻天第切悲號而已不意玆者 殿
下於憐焉哀疚之中眷念臣先祖臣經世詢及子孫
收臣宂賤置之宮僚臣是何人敢膺斯選不惟臣驚

惶罔措無地自容臣祖之靈亦必感泣於冥冥之中
而又以臣之獲此誤 恩爲大懼也臣本無資歷遽
叨顯秩揆諸分義當所回避 召旨臨門逋慢是懼
踧踖趨朝因伸奔慰而臣之情事不容不一暴白於
天日之下伏願 聖慈少垂矜察焉伏念臣不幸早
孤惟母是依零丁孤苦終鮮兄弟禀氣虛弱又未經
痘臣母但知舐犢不課學業因循暴棄遂成鹵莽豈
有一毫可取之實乎夫以臣之空踈蔑實雖宂官庶
務尚難堪承況此宮僚勸講之任有成就 儲君之
責是何等重地豈容無知一蔭官可令一日冒據乎

臣之顚踣固不足惜其於國體亦足寒心聲聞過情
愧莫甚焉蔑善而福禍必至焉古人所謂以榮爲懼
者眞皆切之言也臣世受 國恩粗懷犬馬之誠其
所以追臣祖感 先王殊遇之意欲報之於 殿下
者豈無是心如使臣有可以萬或一堪則惟當黽
勉供職之不暇安敢以餙辭虛讓爲哉顧惟臣之碌
碌獲沾一命備列朝端已踰涯分倘蒙 聖明隨分
錄用臣當糜粉爲期寧惜軀命若此所被職名是近
日新設實所以褒異正修之士非如世祿任子之比
也地分清切無異侍從臣若冒受公議云何非惟厚

招物議抑恐陰獲譴責此臣之所以瀝血陳辭以爲
自解之計出於千萬不獲已而瀆撓之誅有所不避
也父之於子有號輒聽其所不願不強施之必使安
其心而後已君之於臣何獨不然伏乞 聖明特垂
慈父之聽察臣危迫之懇亟許遞改臣職以授可堪
之人公私幸甚臣無任切迫祈懇之至

陳情乞歸疏

伏以臣人器不稱情勢悶迫敢冒萬死再陳危懇而
微誠未格 恩批屢降臣誠惶蹙置身無地不得不
黽勉趨謝以伸分義今纔來到城外瞻望 宸居豈

不欲遄入脩門以謝 恩命而顧臣情事實有絶可矜憫者 君父之前何敢自外而不爲陳籲乎臣年今四十而未經痘疾臣之家世於此疾不啻傷虎者臣母老病垂死常置臣膝下不願須臾相離至於從師學業淩科揚名人情之所深願而至望者臣母一切不許但使潛居靜處子母相依以保餘生而已臣亦以是自分爲世棄物不齒平人屬玆虛名所迫恩命猥至誤聞城裏痘患少熄故臣母割情忍淚許令趲謝而歸臣敢遠離而來擬暴衷懇逮到城外始聞痘患近更熾蔓處處皆然道路所過無不逢着欲

求乾淨寓地亦無着足之所縮伏一室不敢窺一步地臣之情事孔難且悲臣若貪榮畏威强情遲徊或不免後悔則臣母平生戒愼之意都歸虛地而臣終爲不孝之罪人其職名猥濫不敢承當有不暇煩瀆者伏乞 聖意曲賜矜恕遞臣職名許臣退去使臣母子生而隕首死而結草實天地父母始終生成之德也臣無任衝恩畏罪激切祈懇之至 疏下該曹該曹回 啓曰諮議鄭道應屢 召之下爲謝 恩命來在城外而以未經痘之人聞有城中痘患有此辭疏實出於情勢之切迫而閭閻痘患雖熾若入處春防侍講 書筵則其在公私似爲兩便臣曹不敢擅便 上裁如何云云

乞收給馬之 命疏

伏以臣猥陳情懇屢瀆 嚴威縮伏私室惶俟 罪譴而 聖慈如天特賜矜諒旣置全安之地繼有給馬之 命微末如臣何以得此感激鴻恩涕泗橫集臣禀質昏陋村識淺薄闒茸駑劣百不如人而猥叨宮僚已玷名器況此 恩命敻出常數驚惶踧踖罔知攸措休暇給馬猶非常例解職乘傳尤無前據此豈微臣所敢承當況驛路凋弊已甚大小公行無以

責應此臣來時所已目覩者也何可爲無用一小臣以貽無前之弊乎 君父之賜禮雖不辭誤施之恩義不敢受伏乞 聖慈亟收 成命以存國體以安微分不勝幸甚臣再到國門一未趨謝昂首 重宸精爽飛越臨紙涕零不知所言惟 聖明垂諒焉

書

與垈村諸人

前後二書想入照其果津行否不審比間僉動靜若何懸慕區區卽見奉 謐官回報則開正十日入縣十一日行禮云僉須趂時惠臨爲望且卽派通于鄉

堂及校院諸處俾知日期而來會無違如何專恃周旋敢此復告錄去諸處卽我先祖文莊公遊息之地而手自錫名者也欲得當世名筆題額懸板又刻石崖以賁溪山以示雲仍實不佞區區之情願也玆送一束紙幸爲我轉懇于全進士足下猶蒙揮灑寄惠則感戢何可言更須曲圖如何幷欲刻石須依愚巖所寫之大字寫送伏望

上宋同春堂 浚吉

王候浴溫平復寧土攢慶當何如卽玆炎熇伏惟台候震艮神相萬福區區瞻慕無任下忱道應策驚供務無以副 君上委寄之意竊自愧懼夙夜靡寧耳先祖遺稿曾知有俯索之懇而緣紙地難辦今始印納匠手亦拙粧纊欠精惶歎惶歎

答李三休 在博

孤坐悄然方切停雲之戀忽承情札謹審侍奉萬重披慰且喜實迢平品道應奉老依保僅僅度日而畏蟄杜門不得源源是爲悶苦耳被城主屢要不得已迎拜於淵岳而龍寺則今忽又出痘患人故不得往見刋役兄亦有拘忌吾黨中無故人則似不可不往董而九成獨坐無與同事不勝嫌歎玉成之會若荷來臨指教則何幸亦不敢犯忌強邀耳

與李佐郎 在容

曾因京鄉兩便幷上候其免浮沉否頃見下覆書始知入洛卽接邸報又知移入騎省栢悅不容口卽惟秋涼仕况益福慰溯倍品道應秋來官務日劇窮民之號訴上司之科責俱非拙者所能堪悶苦奈何與德兄時在何所若已入京傳此懇意也嶺友在朝者爲誰亦幾人耶示破爲望

上再從叔 椯

頃伏承下覆書迨慰別後之幪信後已久伏不審侍

奉起居若何懸慕區區姪叔母病愈往愈甚其他種種有難便方送辨狀自悔不量而妄動奈何奈何官儲蕩竭朝夕衙供專責下吏其何能得甘旨之味分助孝廚耶徒自愧恨而已畧將簡幅汗呈笑領如何碑役已畢否遠未得聞伏鬱耳

祭文

祭月澗李先生文

噫吾祖生平惟先生爲知己先生以兄弟之誼誨吾祖未二紀而先生又棄世小子顓蒙安儌而周旋雖先生德之崇福之隆誠無所愧且憾者而惟其淸修

之操孝友之實懇懇樂善之誠孳孳好學之志不可得以復見則小子安得不爲之長慟也耶

祭族祖生員公榮世文

余生孔艱早失父祖祖行有公特公猶父公亦視我以子以孫幼旣提撕長益眷存不鄙[illegible]遐警我勉我公誨是遵公恤是荷有憂同慼有慶同喜我往公來巷西巷東追陪昕夕其樂靡窮百年爲期一朝相失我身惸惸我心如割曩歲乙酉避痘釜崖我實隨公公喜我偕寢必聯床坐輒幷席石澗春花松壇夜月或討經史或談今昔寓滯雖久幽鬱自釋逮其首夏余入愚谷公送我行薄言于阿黯然相別我懷則那公投以詩叙盡衷曲追惟至今宛如其昨嗚呼哀哉惟公之質碩厚而醇軒然其氣偉然其論趨善遺榮厭矯任眞事兄如父公行其敎嗜書若飴公學其勤豈特公賢德積于先宜受福祿以昌吾門何知一疾遽爾不淑一命未階六耋猶嗇天耶人耶孰究其由天不可必理亦難推人生奄忽一至斯何行旅咨嗟朋知嗚咽有兒啼號有兄忉怛逝者冥冥存者孑孑相視慘慘迸涕滂滂我自公逝神驚魄奪今將月餘餘悸未定心焉惝怳如醉如醒回顧疇依天實禍台

誰箴余過誰辨余疑心所最痛世踈人易禮制難踰緦服亦闋日月逾邁已戒靈輀重壚厚夜再晨無期儀刑宛然心目曷諼一酌告訣五內摧焚

祭無住洪公文

嗚呼吾先子學於公公亦學於吾先祖先祖常稱公冰蘗之操薑桂之性以爲不可及余雖不肖夙聞先祖之言而知所敬自余之失先祖孑孑靡所依然猶恃公如父公亦視我如子益敦眷恤施以鞭繩感大德之未友又失公於今日則何天之禍吾者偏而使吾竟無所依歸耶

祭韓洪原克述文

嗚呼哀哉公何以遽至此也公何以遽至此也以公之孝友忠信而不能遐其福耶以公之眞醇樂易而不能永其年耶一何天意之難諶而物理之難知者耶六載邊邑風霜瘴霧有以損其榮衛耶連年喪禍憂疚悲哀有以傷其眞元耶抑大限已窮終不得免者耶此余之所以盡傷驚號不能自已者也世以嫺餙爲工而公則捐去緣續世以趨營爲賢而公則獨守澹泊秉心也平接物也和奉職也勤持身也淸以公之賢誰之不如而挫閼淪滯位止郎僚而壽未期

頤何報施之乖舛耶此余所以盡傷驚號欲問天而
不可得者也公及季公自少受學於吾先祖之門與
吾先子相友善同源而同隊同業而同榻則吾之敬
愛公公之眷恤我豈尋常比耶十數年來門下諸老
日就凋零纔哭季公今又哭公依仗無所則余之所
以盡傷驚號者其有涯耶其有涯耶日月有期靈輀
已戒敬將薄奠來哭筵前文不盡言言不盡意

祭韓察訪克昌文

嗟嗟我公胡遽至斯我告我情公聽我辭公行公志
我欽我知公榮公歿我喜我悲念我父祖寔公友師

門闌契好愈久靡衰我時趨隅公輒伸眷公策我懦
公析我疑勉我不忮期我無隳我雖淟劣實荷公貽
我今失公噫我資誰十載螢雪半世棲遲世與我睽
公不巧隨窮道得喪公視若遺在公何憾我爲公嗟
惟公有痛聞者涕洟親老偏闈兄滯遐陲九京閉冤
再晨無期公將卽遠我適多癠奠不躬酹文不成詞
公能顧憐歆我蕉羹

祭盧蔚山峻命文

嗚呼痛哉使公垂紳正笏立乎臺閣之上則足以補
闕拾遺使公建牙樹纛鎭乎藩屛之外則足以宣惠

覿風而人未識公之賢世未識公之才將用復躓旣
躓不復公之不幸耶世之不幸耶臨民威惠不足爲
公稱持身淸白不足爲公譽惟其孝友出天之行恬
靜無競之操吾之所深服而不可復見於斯世矣嗚
呼痛哉道應薄劣早孤猥荷眷憐百年攸托公逝胡
遄人孰不悲我懷則彌一酌敬薦萬古長辭

祭族祖竹軒公憲世文

寒暑貿遷奄及初朞儀形漸邈謦咳難追鄕井同悲
我慟則彌一自失公靡托靡依孰督余過孰析余疑
每念及此胷噎口噫樂易之風耿介之姿淸苦之操

勁直之辭更陪何處已矣痛而敬奠一卮哀寓于詞
不昧者存庶幾歆玆

烈女郭氏墓祭文代本孫作

一家忠烈萬古綱常霜雪凜凜松栢蒼蒼連門義重
景節誠深敢薦芬苾冀賜格臨

祭默溪曺公希仁文

惟公之生氣溫質良幼被頤老道以義方長益謙恭
悃愊無華內蘊實行不競外譁夙耽竹素滿腹詩書
博士業成屢發公車播芬桂籍展步雲衢國子南宮
騎省鴻臚所在盡職確不求譽出專兩城赤心撫慈

清操惠澤有雲鏑龜退休鄉曲一丘一壑左右書史
簞瓢自適俗多矯僞公不詭隨俗務媚餙公益恬怡
鄉推達尊士仰典刑幽閒遽騰遠邇嗟驚嗚呼哀哉
昔我先祖講道愚谷公時弱冠負笈從學曁我先祖
返居栗里公乃卜隣永爲依庇歲在壬子先祖逮獄
事端惶惑聞者畏縮公獨儥騎扶護入洛備嘗艱辛
益勵靡懈患難高義古人無愧壬申春孟先祖卜湖
公居又邇天與其娛日侍燕申是範是軌拮据我家
息以盡已歲紀纔周我罹天慼公卽由還殫誠毖宅
送終大禮賴以無憾遺文在篋公悉校勘剞劂功訖

公實謀始尊師衛道有光多士嗚呼師友五倫居一
世降俗漓斯義幾絶睠彼世人孰利是趨或違或背
師訓是汚惟公於師終始不替一心嚮往如水之東
惟公行義匪我妄評嗚呼哀哉嗟余小子丱角趨隅
公輒見愛不鄙其愚擇術使由割田使餔戒以無忝
詔以不忮自幸孤露公眷是恃從遊廿年誘掖諄至
十篇朱書一部心經遇我輒抽指示丁寧曰余志學
實由先師少旣悠泛老益念遺然於靜几時閱兩編
心神有爽言動寡愆我言匪耄子其勉旃嗟公嗜學
八耋猶篤手不釋卷口念心繹耳目聰明筋力康勍

每値令節策驢揚舲春山簇錦秋渚躍腥卽物卽景
細討迭唱我適守丹河嶺偕曠音徽莫嗣夙夜馳想
浹歲來拜暮春三月敘濶話舊款款終夕公謂夏初
擬訪首塾攜朋選勝數日徜徉奉言告歸行色被忙
而未數旬聞公疾革尚冀勿藥胡遽不淑眞耶夢耶
有淚懸泉何意斯別而誄終天百年倏托一夕相失
我身惸惸我心如割日月幾何靈輀已嚴風儀宛然
擧目無瞻告誄筵前酹我一巵江雲黯結助我深悲
不泯者心不盡者辭

墓誌

祖妣 贈貞敬夫人全義李氏墓誌

贈貞敬夫人全義李氏卽吾祖考吏曹判書鄭公諱
經世之前夫人也曾祖諱源祖縣監諱時敏考部將
諱海外祖正郎柳景源夫人以嘉靖甲子生萬曆癸
未笄未及廟見無嗣而卒乃甲申六月也歸葬于贊
成公兆次向坤之原道愿早失祖考夫人淑德未獲
有聞畧記世系以誌幽堂云

祖妣貞敬夫人眞城李氏墓誌

夫人姓李氏系出眞寶松安君子脩之後曾祖諱堣
戶曹參判號松齋祖諱壽苓黃山察訪考諱潔忠順

三九

衛妣東萊鄭氏忠順衛英之女郡守光翼之孫夫人
降于嘉靖丙寅柔仁淑哲丁亥歸于判書公爲繼室
事舅姑奉祭祀一以誠敬配君子無違禮篤於睦婣
雖踈屬曲加周恤撫庶出如己子教子女必以義方
御婢僕亦以平恕好讀烈女傳內訓等書通知義理
公常以彊輔稱崇禎乙亥十月歿葬與公同原育二
男二女男長卽我先考諱柲藝文館檢閱次曰樽宣
教郎女適生員盧碩命判書宋浚吉先考有一男一
女男卽道應女適奉事趙漢叟宣教不幸先后生員
有一男二女男息永女適仝翼壽李松來判書有一

男二女男光栻洗馬女羅明佐獻納閔維重內外曾
孫男女又二十餘人公墓誌之撰在於甲戌越明年
夫人下世世系閨德未獲追載於誌中故道應不揆
愚陋畧識如右云

從祖　贈宣務郎司贍寺主簿府君墓誌

公姓鄭諱興世字景振氏晉陽九代祖諱澤判尚州
留一子于州遂爲州人曾祖諱繼咸　贈左承旨祖
諱銀成　贈吏曹參判考諱汝寬　贈左贊成公以
嘉靖丙寅生英爽不羈天性至孝壬辰之亂奉母夫
人避兵鞍嶺猝遇賊兄判書公中矢仆公與賊格鬪

殉李氏衙實六月十日也事聞旌閭　贈司贍寺主
簿葬于綿枝洞西麓某向原公荐罹喪禍未及有室
卒無後悲夫

先考內翰府君墓誌後識

右先府君墓誌卽祖考判書公所撰而府君生卒官
系行蹟大畧已具今不敢贅一辭惟錄子孫如左男
卽道應承籍餘休屢膺　恩命今爲丹城縣監女卽
奉事趙漢叟妻生二男而夭道應娶持平柳袗女生
二男四女女長適李元禎餘幼後乙丑三十五年己
亥七月日不肖孤道應泣血謹識

叔父宣教郎府君宜人晉山姜氏墓誌

公諱樽字從直姓鄭氏貫籍世系俱著判書公墓碑
此不復判書公道德文章冠一世世稱愚伏先生妣
貞敬夫人眞城李氏以萬曆辛丑生秀拔異凡兒年
十五六始就于學能發憤刻勵尤好心經朱子書不
數歲業大進文思浚發判書公亟稱之然其所志不
在於擧子業也公儀觀俊偉氣質豪爽外若寬弛內
守實固處心行已一遵庭訓事父母殫其誠愛同
氣如手足御衆寬而有制睦族敦而有義待人必謙
恭見非義若浼焉歲乙丑哭兄檢閱公哀毁摧慟踰制

遂感疾翌年十一月卒不幸無嗣痛哉葬于判書公兆次與吾先人墓爲左右塋配晋山姜氏縣監逌之女忠臣存齋郭先生諱趪之外孫端莊淑哲克修婦道配君子無違事舅姑以誠奉先齋下務循禮法爲存齋墓竭力置祭田娣姒同室四十年庭無間言常痛早失所天半生茹蔬細細亦不近體居常早起盥櫛端坐終日執女工好讀烈女傳內訓小學等書閫德備全而又暢於義理綽有士君子之風焉生與公同歲葬與公同塋其歿則實己亥五月也

行錄

先考內翰府君行年記

萬曆二十五年丁酉宣祖大王三十一年六月二十日亥時府君生于京都昭格署洞之寓第

時祖考文莊公從宦在朝府君在娠文莊公夢見桂華小字一桂

戊戌四月文莊公出按本道府君隨大夫人寓在醴泉花庄十二月文莊公遞歸仍留花庄

己亥三月文莊公先歸尙州是月二十七日府君隨大夫人歸尙州

庚子四月隨文莊公任所赴寧海府十一月隨大夫人先歸尙州

辛丑是歲在內山別庄

按文莊公手錄云甫學語余提耳曰孝子以安父母之心爲道若有所心契者然及患而啼語之曰若毋啼吾心不寧矣輒止不啼披輿地圖指示曰此某邑此某邑也後而問之則答如響不錯一見者以識之無方之

壬寅癸卯兩歲或在栗里或在山庄

按文莊公手記云年七歲時其弟誤投石傷其足出血余怒其弟將撻之卽攢手悲號曰幼無知矣罪願恕之余感而止

甲辰府君年八歲學養正篇

文莊公就明儒所選鄕校禮輯童子禮篇中稍加删改名之曰養正篇手寫以授府君自是讀書勤業不待呵督又能服習庭訓未嘗違拂親志

是歲又讀史畧

按墓誌始學史至夏后氏禹鯀之子問曰此上文殛鯀之鯀乎是也曰然則禹非聖人乎曰聖人也曰舜殺其父而臣事之聖人固若是乎曰君父無輕重是故父無罪而君殺之則義不可事父以罪

受誅則君不可惡諸而不唯又語之曰所謂殛非
殺特拘囚之耳於是釋然焉至陶侃夢折翼事曰
此誣也侃賢必無跋扈之心使其不賢而包藏禍
心則必不以夢告人誰得而知之其穎悟多類此
乙巳丙午兩歲或在栗里或在山庄
丁未是歲隨文莊公任所大丘府
府君溫恭遜悌常侍親側未嘗出外遊嬉
戊申五月文莊公言事罷歸在山庄
己酉府君年十三從學于蒼石先生
是歲四月文莊公奉　命朝天府君受業于先生

先生亟稱之
庚戌三月文莊公還自燕京十一月府君隨文莊公
任所赴羅州
是歲文莊公在朝故自春至冬受業于蒼石先生
辛亥正月文莊公拜全羅監司卽趨朝肅謝府君奉
大夫人歸尙州
府君鈐束一行無絲毫累於官至家迎姊壻經紀
內外一遵家範少無違忤鄭進士榮邦稱嘆曰老
成才也◐時大諫洪公鎬廬墓于咸昌地府君與
季公同往受業秋冬受學于蒼石先生

壬子二月府君冠
蒼石先生爲賓以字之其字辭有吾黨之豪惟愚
谷公有子式穀玉樹臨風等語
三月文莊公被逮府君亦繫四月宥歸
是歲二月金直哉逆獄起文莊公爲其黨柳彭錫
所誣引三月二十一日拿命至府君及季公亦皆
被拿二十五日入獄二十八日光海親鞫府君供
云父之所教子之所學只是孝悌忠信而已他不
敢知畧無驚遑失措之事光海奇之四月初三日
蒙放初五日隨文莊公出城留杜毛浦買船南歸

秋受業于蒼石先生
文莊公叙拜同知趨朝謝　恩府君受學詩書于
蒼石蒼石稱譽不容口答文莊公書云他自能用
力於敬謹二字無輕浮可矯又解謹勤義以勗府
君
癸丑三月文莊公爲江陵府使自京赴任四月府君
入覲江陵
府君在衙中靜處讀書未嘗營造器用呵責吏隸
邑人莫不以賢子弟稱之
甲寅四月隨文莊公遊楓嶽

是月十八日發行過襄陽洛山寺遍觀湖海之勝
至高城泛三日浦登四仙亭歷通川叢石亭入楓
嶽搜賞浹旬而還有遊山日錄是行府人金尊詩
權正午崔信淑同遊
秋中鄕解進士試
做業于丘山書院尋有故不赴會試
十二月避痘在普賢寺讀書
乙卯夏在書院或山寺讀書○九月文莊公被逮府
君從行
教官沈憬因事被繫臨釋乃言曰外間傳言將廢

母后云爾光海盛怒問汝何從聞此憬對曰聞之
李溟子光海更問汝不止此聞其母隱憬又對曰
金夢虎江陵人爲掌令時馳書于府伯亦云然矣
於是有拿命九月十一日就理
十月文莊公出獄保放
府君與季公晝則奔走金吾門外候其起居時其
飢飽夜則侍大夫人多方慰解每徒步往來不避
風雨至於露立雨中少無懈意觀者嘖嘖稱嘆有
泣下者
丙辰十月文莊公蒙宥府君陪還

三月奉大夫人南歸旋卽入京二十六日又南歸
未幾入京十月三十日文莊公宥歸
十二月聘于龍潭縣衙
蒼石先生贐行以詩曰乃家元積德之子又多才
鸞鳳緣初合熊羆瑞已胎貽孫聞古語教婦在初
來須識賓相敬綿綿世業開◑外祖考郡守公時
守本縣府君在甥室閉門讀書靜居自守郡守公
愛重之
丁巳正月四月七月十一月在龍潭
府君在家日侍文莊公延接賓朋不專於學業故

文莊公頻命府君往潭邑讀書府君每自歎曰幼
時未嘗無故離側今乃久曠定省古人所謂有妻
子則孝心衰者似不虛矣仍泣下者久之
戊午四月閏月七月在龍潭○九月夫人至自龍潭
行奠幣禮○十二月初六日子道應生
己未四月五月在山庄讀書
泰昌元年庚申是歲或在山庄或在栗里
天啓元年辛酉二月往功城篁寺讀書
終日端坐不輟咿唔除食頃如溷外未嘗少懈衆
戲亦不近手有老僧嘆曰貧道閱書生多矣未見

如公篤志者矣

壬戌三月赴大丘文會

大丘儒生奉安寒岡先生于研經書院退溪先生廟府君以道南院生赴會府君儀度端雅論議平正多士推重是行仍往慶州謁晦齋先生祠廟尋玉山書院四月還

癸亥 仁祖大王元年 七月中式年東堂試

九月赴會試二十七日入京俄而生進會試因臺論罷榜故東堂試亦罷

閏十月初一日應增廣試于漢城府中兩試生員居首十九日又中東堂試◑十一月初一日應式年試又中兩試生員居首十五日又中東堂試十八日歸鄉

是年春府君製策就考于蒼石先生先生大加稱賞題一絶于策尾曰文星新照壯元峯後輩詞華有古風昨夜春風雷起蟄潛鱗白日化蒼龍

甲子正月赴會試十日入京覲文莊公二十四日适賊叛報至府君遂南歸

以大夫人在鄕而文莊公命歸侍故也

二月文莊公承檢察本道之 命十二日到聞慶府君迎覲于中道◑八月赴增廣會試中生員進士丙試

生員尹衡志榜二等第四人進士趙錫馨榜三等第四十三人二十八日放榜

九月及第出身補承文院權知副正字

是月二十日中增廣文科會試二十八日殿試金公堉爲壯元府君居丙科十五人十月初二日唱榜八日選入槐院十七日免身二十六日被翰苑薦應講于政府二十八日南歸

十二月初七日拜藝文館檢閱兼春秋館記事官尋遞

時府君在鄕未及趨 召殿最時以隸習官居中被遞

二十日送西付副司勇

乙丑二月復拜檢閱承 召趨朝

正月 世子冊封頒赦中下等幷蕩滌二月初四日復職十四日 召命至二十四日發行三月初三日入城初四日 肅謝初八日署經入直春秋館初九日入侍晝講十日入侍晝講十一日入侍朝講仍侍輪對十二日入侍晝講◑府君自以學

未優而入仕爲戒與季公對床讀朱書節要日有
課程再承 恩命而不欲趨朝將以疸患呈狀文
莊公寄書云許身之初不可退在惟當善趨而已
府君不得已黽勉赴 召其在史苑進退雍容記
注捷敏見者稱譽文莊公見其史草書示曰記事
明白纖悉極可喜云有史草二冊
三月十五日得疸于直中二十八日辰時不淑于西
學洞之寓第
府君病文莊公上疏乞解職省救 上不許命安
心救護及喪又上疏乞解職載喪南歸 上答曰

鄭松竟至不救予甚嗟惜予喪解職實非法例卿
須抑其至情更勿爲乞解之計 東宮亦驚悼不
已 內下米布裹棺紙實曠世異數也
四月十九日發靷南下
一時名公大人莫不嗟惜詩以送之
殯于山庄書室
七月文莊公受暇下來
九月定葬地于咸昌縣南恭檢池西卯向之原
十一月十日永窆會者百餘人
崇禎三年庚午文莊公立碣石床石族祖生員榮世題碣識

府君生而穎異八歲受學纔經指授卽自領解及長
嗜書不倦不待程督自能鞭勵學業日造聞望日重
每赴試輒居前列文詞明白典雅多爲藝苑所傳誦
天性孝友事嚴慈盡其愛敬愉色婉容務殫誠意無
故未嘗一日離側友于季公如手如足或遠出輒握
手出涕有不忍離者其居家處事周詳御下有度睦
於族姻信於朋友處鄉黨溫恭謙遜絕無矜伐之色
資稟明敏器度剛方平居簡默謹飭鄙倍之言不出
於口頹放之習不設於身及其待人接物雍容樂易
未嘗以暴慢加之人皆敬畏而愛慕之自幼不喜華

靡所服不過綿布而惟務完潔常着行纏斂束冠帶
雖盛暑未嘗蹔時袒裼雖以家範素嚴而亦其天性
然也府君平日懿德至行必多可記而不肖孤幼不
省事未有見聞今雖訪詢親舊畧記一二而僭識不
文亦多闕漏孤之無狀爲益甚矣嗚呼痛哉嗚呼痛
哉

無忝齋先生文集卷之二

無忝齋先生文集卷之三

雜著

閒居雜記

○先祖謙虛卑遜不以師道自居未嘗聚徒講學有請教者則必諄諄啓迪柳修巖亦從遊門下嘗上書稱先生先祖答書曰平日書尺每用門下字心知未安而不敢請改今此簽面又處以不敢當之號令人縮恧欲走避而不得此後乞勿用此等字只書官稱乃爲眞相愛也其後又書曰書面之稱只心中大不安何可論他人所處如何耶朱子辭夫子字退溪辭先生字皆發於至情非故爲謙讓也況後學空空無實而據其名爲己有則與僭竊者何以異耶其撝謙之德類此

○六代祖修義公始卜居栗里家藏只有一破瓮老奴曰破器何用請棄之公曰父母所遺何可棄乎遂賷至新居課僮服田以起家業教子讀書以樹世德云

○先祖每讀史至忠臣義士事未嘗不三復流涕余嘗受學史畧至范滂就獄其母訣曰汝與李杜齊名死亦何恨公嗚咽不忍讀余亦不覺感泣

○先祖嘗誦西厓先生種松詩三復吟詠仍呼余細繹其意使之易解曰先生此等詩無愧古人作也

○先祖大爲沈一松所敬一松嘗有書云山林日長學問功深不勝景慕之私如僕朝夕死亾之人雖欲減年數折輩行親執弟子禮於臯比之下亦不可得言之奈何僕雖昏耄之甚安敢爲情外之說以調戲令左右也千萬不然其推重如此

○先祖寢疾一日夜月色如晝遂整襟端坐詠古人詩三篇一曰琴到無絃聽者稀古今惟有一鍾期淸宵擬鼓陽春曲月滿虛堂下指遲一曰罷釣歸來不繫舡江村月落正堪眠縱然一夜風吹去只在蘆花淺水邊一曰耕牛無宿草倉鼠有餘糧萬事分已定浮生空自忙再三諷詠音韻洪亮

○先祖爲羅州牧纔到任旋拜本道監司即趨朝肅謝先公獨侍母夫人發還鈴束一行無絲毫冗至家迎姊壻經紀內外一遵教訓少無違愆人皆嘆美曰眞老成才也鄭進士榮邦文嘗爲余言

○叔父公孝友篤至蹔離親側亦悲思不已先祖嘗赴朝公追到咸昌臨辭不覺出涕先祖入京寄書云遠離膝下情固如此然亦不當見於容色以惱病父

之懷也逮丁我先公之喪摧痛悲號不能自抑其在祖母之側極其慰解或怡愉戲笑或開陳古今務悅親意出於至誠及其出外至無人之境則放聲大哭泄哀而止公每見人呼兄亦不禁垂淚嘗作小絕云人生悽弱草何必淚長流在世情難盡方知死合休

○叔父迎婦歸先公嘗舉小學柳開仲塗之語諄諄相戒益敦雍睦庭無間言及先公卒公偶讀此語嗚咽不能聲云

○叔父氣質豪爽性度寬裕外若和順內守確固志行純篤爲儕輩所推重始年十五六方志學能發憤

讀書尤好朱子書節要心經等書夜必明燈徹曉不輟或倚案假寐以紓昏困每言余晩學曷敢少緩益自刻勵如是者一二年業日就文思湧發先公言爾之尺牘吾所不及先祖亦以該通稱之然其所志不在於舉子業也性喜飮酒能節而不亂善詠歌音調淸越聽者可悅

○柳洗馬褍性剛直少許可見人過失必斥之嘗與李莅李必壽兄弟友善後莅趨附爾瞻初猶諱匿來輒殷勤公到京邸知其實狀遂峻責絶之公有至行與弟修巖公友愛無間修巖之被繫壬辰也公護往備嘗艱險堅厲不懈時獄事甚急公默禱致誠無所不用其極奔遑涕泣幾廢寢食仍遘疾漸劇修巖屢請移寓便其調攝公輒曰我豈忍棄汝而遠離乎未幾修巖得釋謂公曰已蒙 恩赦兄須安心善調俟病愈可同南歸矣公病已亟氣息奄奄猶開眼控手曰其果然乎然則吾無恨矣言訖而歿修巖痛公憂傷致歿悲號隕絶如親喪治喪營葬必誠必信服朞如禮三年不離喪側朝夕奠哭必親之事寡嫂甚敬悼其無嗣許一子俾奉祀

○修巖公孝友出天學業夙成淹貫經史必究其歸

趣每曉整坐遍誦庸學日以爲常治家寬而有禮門庭肅然奉祭祀甚謹必宿齋五六日雖婢僕亦令沐浴致潔令校執饌雖子弟族黨如或不謹則必黜之不得與祭篤於睦族婚喪窮困必竭力賙救雖傾已所有不恤也接物遇人謙恭和厚無間貴賤表裏如一見善必稱道如不及聞人非義必矜憐而開導之處鄕黨極其油油每出入經過雖窮村寒士苟其可人必歷訪致恭人有過從者則拳拳勉之以古人言行或與之談論古今亹亹不厭或置酒交懽絶無畦畛由是賢者慕其德不肖者畏其義莫不曰君子人

也

○公儀容瓌偉器局凝重步履徐緩言語謹厚一見可知爲德人也

○公聰明過人古今治亂得失人物出處與夫國家典故靡不博記淳口示掌愈出愈奇聽者忘倦皆以爲終歲讀史不如一日聞公語也

○公出宰三邑臨民以惠御吏以法愛士以誠持身以禮處獄訟甚明檢家衆甚嚴所在稱治頌聲洽然每以政最輒蒙 褒賞其歸也三邑民皆樹碑追思之雖古之循吏無以過也

○反正初先祖承 命薦公文學行誼遂擢拜奉化縣監尋有京職 除授令在都下之 教先祖又陳啓仍奉化之 命爲政慈詳惻怛釐革弊瘼剖決神明期月之內闔境翕然先祖寄書賀曰治聲藉甚人皆樂道老先生門下人豈不爲之增氣耶明年春李公命俊承暗行之 命到縣境知公善政佯問一村嫗曰聞爾太守爲御史所黜云爾民其喜耶不喜耶嫗方淅米忽驚擲器曰何物惡御史罷我賢太守耶噓噫不已李公入縣言其事遂褒聞焉

○公家世清貧二兄先歿兄一子幼公教育如子臨析產自占羸薄由是家益貧不能自給甁粟屢罄猶晏如也先祖嘗寄詩云河上傳家只墨庄兒孫疏糲不充腸如何將相三千日倂欠成都八百桑又云語雖鄙俚使簧舌者聞之亦足以汗顏矣

○有金鑌者金自點之再從子爲人拙直屢擧不中蔭補官未嘗阿附自點仕終六品而止姜獄之起自點時爲領相一日招鑌問曰明日當請以斷義吾何以處之鑌曰不叅廷議可也自點曰不叅則當得重譴奈何鑌曰死則死竄則竄是大臣道耳父子大倫也爲國大臣豈可以倫紀之變以導君父乎況大臣

一言一動書之信史垂之後世尤可畏也自點節卧而言曰腐儒古談吾不可從矣遂請殺之自點之孫世龍娶趙宮人女其迎歸之日粧奩宴具極其豪奢剪錦爲花眩耀奪目自點又招鑌誇示之曰何如鑌曰雖煬帝剪彩何以過此國昏之不得避勢也至爲無益之事費財招損何耶自點大怒鑌卽徑歸謂人曰是家終必敗矣鑌嘗從趙龍洲絅請學龍洲笑曰公已老大爲學何及鑌曰古人不言朝聞道夕死可矣乎遂出入其門以此尤爲自點所嫉及自點伏誅門族鮮有脫者獨鑌免禍云

◐有一宰相嘗赴燕京携洛陽紅一盆而還 仁祖聞之命內閹圖進一日閹來請謁宰相疑其稟事冠帶出迎閹曰聞有名花願得一叢以爲宮苑之飾宰相厲聲曰余雖庸陋忝在宰列汝何敢私求花卉欲爲固寵之資乎閹惶汗而退未幾閹又來以實告曰前日之來實 上教也再三有命不得不復來宰相卽呼侍婢取花盆置堂中遂下堂再拜而言曰國事艱危之日君臣上下所當遑遑汲汲撥亂求治之不暇而奈何留心玩好欲速喪邦之禍乎實非老臣所望於 聖明者也仍取刀芟盡花叢無遺曰若存此

花有近靳惜況將爲禍胎者乎謂閹曰須將老臣赤心善達 絓纊之下閹歸告其語 上甚嘉嘆之云

○西山閔公汝諧樂善好學誘掖後進康南溪應哲少時亦從學一日着紫紬衣往拜公公嚴責之遂脫其衣焚之南溪大人某卽躬詣謝之先輩尚儉警幼服義知過之風皆可爲後生矜式也

◐金司諫坽光海朝登第 仁祖朝屢拜官辭病而退有一勳宰倡言於朝曰某之不仕其意有在不可不罪鄭文肅公曄正色曰幸有一人雖或不仕有何非義聞者悚然

◐知樞申公湜好禮篤學先祖愛重之丁酉年給事中徐觀瀾以查勘東征到京欲見東宮 宣祖命極擇從駕之臣大臣以承旨韓浚謙許筬啓之 上曰應對之際遲鈍而固滯則不可爲也又 命擇曉解華語者以從公時爲副學大臣又擧之 上曰湜也拙何不以沈喜壽爲之乎沈公則以賓客已在從官中乃以都承旨尹覃茂陪從韓公謂許公曰遲鈍則我當之矣固滯則公不得免焉相與爭之不已公曰湜之拙稱尤爲着題片言之間各當其實眞所謂知臣莫如君也遂以拙名其齋先祖爲撰拙齋銘

◐掌令趙公翊爲人嚴毅剛直律已處事凜如冰霜未嘗以事有求於人人亦不敢干以私見人非義必峻斥之人皆敬憚性疎迂濶於事情而其待人接物一出衷誠嘗爲梁山守多措籩子派送族黨故舊無間親疎人以爲此雖細事亦足以槩公矣

◐南溪康公應哲卽先祖之姊夫也生而穎異六歲能寫大字穌齋先生作詩以奬之旣長嘐嘐然好古不隨俗俯仰勤學飭行大爲諸老所重先祖常兄事之公亦於吾曾祖考妣忌辰必來相祭至老不廢是在公雖細事亦足以敦薄俗矣早擧司馬薦授察訪

卽棄歸先祖嘗寄詩云恥將蔆角作雞頭璧水英遊早歲休風月蒲溪高枕臥自言專壑勝封畱

○金公兌吾先祖同門友也氣宇軒昂志行醇慤家居豐山有一朝士將謁西厓先生行過縣地遇公於逆旅觀其狀貌魁偉談論宏豁意謂非儒士也遂問曰君其業武耶公荅曰俺是納成浦萬戶也朝士信之不疑暗暗稱奇及拜先生語及公曰適見納成浦萬戶眞卓犖才也亟稱其可用先生笑曰是乃士人金某也納成浦卽其所居地也仍言其爲人之賢朝士驚嘆不已

無忝齋先生文集卷三　九

○李直講丈元圭穎悟夙成文章雅健嘗赴漢城試時先祖知貢舉見其策奇之擢置第一寄書耆石曰二郎文章今知長進而亦不料至此句於試院得之雖老兄當讓一頭地其奬許如此公嘗渡漢江有詩云山盤大陸擎三角海曳長江出五臺亂後入京有詩云秋根人骨白暮雨鬼燈靑淵嶽書堂次后溪韻云一時學制胡安定百代儒宗董仲舒(公自註安定指申靈川儒宗指退溪西厓愚伏)登鐵嶺有詩云天地之間惟海大江原以北此山高皆爲入膾炙公有此才華而謙謙若無不以此自多見人句語稍涉不凡輒稱揚不已此尤人所不可及也

○許耆叟穆當代之高士也卓犖不羈志尙高古能文章善篆隷嘗在太學上書諫追崇　仁祖大怒命停舉自是廢舉子業禁解猶不赴薦授齋郞亦不就遺棄世事放跡山水嘗携一僮一驢一琴一笛徧遊關東嶺南遇會心境樂而忘返興輒吟哦醉輒起舞飄然有出塵之想

○崔守愚堂永慶隱于頭流山構竹亭靜坐其中讀義理書不喜與世接客來或韻人佳士則與之語開懷盡歡如俗子則雖十反一不覿或踰墻而走怒罵相踵不顧也

無忝齋先生文集卷三　十

○大谷先生隱居俗離不妄交遊門無雜賓林子順嘗訪之大谷曰子何能尋此谷來林云樵蹊牧路人入問流水桃花處處疑大谷笑與之語留宿而去

○穌齋先生年十四五時與二三同志泛舟漢江作勝遊適湖堂學士亦船遊送妓招之穌齋不往吟寄一絶曰誰遣紅裙訪我呼我曹非是醉歡娛輕舟短棹歸來晚勝水佳山世外圖學士大奇之遂就訪托忘年之交

○郭忘憂再祐築江齋日游詠其中常戴雨笠持釣

絲俯澄潭觀游魚時偕數三人棹少舟乘月泝洄琴書羅列盃酒淋浪興盡人散則獨放歌起舞人望之如神仙焉

○曹臨湖友仁雅好山水晩卜于洛濱築臺榭列花石耕釣以契活琴詩以自娛有時剌舟嘯咏探賞於雲水之間嘗與一洞諸友將爲泛月之遊寄以一絶曰甲子秋非壬戌秋昔人雖逝事堪修淸風明月今猶古休負蘇仙赤壁遊其韻致如此吾先祖嘗言公五言古詩頗涉晦庵之遺韻

○金公大賢平生慕陶靖節之爲人扁其堂以悠然

自述其興以記之有曰山有雲出無心堂有琴撫無音公卽吾先祖執友也公歿先祖爲誌其墓

○高翠屛應陟天性踈放不拘常節人以迂濶目之平生好遊山水有詩云讀罷千篇聖賢歷覽六道山川歸臥洛東江上明月淸風滿船嘗有方伯來訪公方採薪而歸帶索持斧以迎之方伯嘆賞不已吾先祖有輓詩一律曰讀罷千篇賢聖書淸時有味老樵漁何妨末俗嘲迂濶自是高情任卷舒原憲懸鶉貧不病榮期帶索樂猶餘一遭觀化吾何恨浩氣應知返太虛

○先祖與月澗蒼石兩先生志同道合終始無間每間數日必命駕往來磨礱道義商確古今輒留連忘返嘗曰吾與兩君卽異姓兄弟也故蒼石有詩云同世而生異姓兄

○蒼石先生孝友天出常以養不克終爲至痛每遇諱日與月澗先生相對涕泣悲不自勝事兄如父怡愉之樂至老不衰遂以睦名月澗之齋以表其德焉

○公雍睦族婣出於至誠有一遠族漂泊湖南窮不自存公乃携歸撫愛如至情其子女皆敎育之嫁娶之使不失所人莫不嘆服

○月澗先生風神蕭灑德宇淵冲年至九十而精神無減容觀克然夫人安氏亦年八十餘蒼顔白髮兩老相對左扶右携子孫環侍公嘗有詩云伊水東流入洛江酉山西聳繞軒牕此間剩得閒居樂彩服聯翩鶴髮雙

○壬辰之亂月澗公兄弟避兵于白華山一日遇賊時蒼石病不能行月澗遂背負登山賊抽刃而前月澗向天哀號願活我弟乃彎弓迎賊奮罵不已賊遽退遂得全焉人謂至誠所佑後蒼石叙其事作急難圖一時名公大人皆作序詩以美之

◐月澗接人誠意藹然聞人之善推借如不及見人
爲不法告語切至期以必改終不改則鄙而遠之然
未嘗爲迫切已甚之論故人皆敬愛之有死喪窮困
必爲之哀矜軫念殫力而止至於禽魚之微亦未嘗
有肢害恣殺之心矣
◐公早遊厓門篤志爲學尤好朱子書反復研究手
抄口誦老而不懈嘗編朱書要語最切於身心者名
曰懼塞錄乃求正於先祖先祖答曰老兄暮年精力
有以及此感嘆無已前日鄙論蓋欲涵泳於全書益
知其味之無窮然衰境精神易爲疲倦西厓先生所

謂中流失船一壺千金者政自切當耳
◐公自謂賦性偏急常有佩韋之戒就朱書語切於
己者益加體認晩年有變化之效吾先祖謂公曰近
覸兄氣象於談論間大與前日不同伊川所謂學進
則識進識進則量進兄得此力矣不勝敬服云
◐余嘗與李徽彥爲擧其蒼石先生西行五戒詩詩
不可忘父母徽彥向此重途中余曰人子一動一言
曰西行有五戒念念勿忘焉兎棧無騎馬金灘莫上
船江冰春愼涉路梗夜休眠最怕入城日繁華心易
遷旨哉訓也

◐西臺金公冲布衣時未甚有名及魁謁聖科諸學
士欲試其才邀致於碧松亭呼韻使綴詩公隨呼輒
吟其詩曰碧松亭畔釋麻衣　恩雨當年夢也非借
問杜鵑何似鳥終宵猶道不如歸諸學士始聳伏焉
公晩年多在西臺草堂時颺紙鶴于臺上則近地諸
老知公之來必往訪討勝以爲常公歿權承旨文海
以詩哭之曰誰放臺西鶴難招漢北魂蓋公客殁洛
中云
◐公初釋褐未有名一日往三角山重興寺朝士亦
多至適有僧向楓嶽者携軸求詩公卽書一絕曰天

下名山三十六海東皆骨卽仙山十年夢繞毗盧頂
夜夜松聲枕上寒一座却筆皆請交云
◐金淸陰尙憲亂後有詩云花自無心鳥自啼看花
聽鳥白頭低三春剩得昏昏睡睡不分明夢亦迷三
復吟嘆可想其心事也又有詩云大明天子大明宮
正朔年年下海東今日春光爲誰好三韓草木帶腥
風
◐李參判畧嘗按海西待命壽頗簡命壽怒之請罷 五二
其職大臣啓曰以命壽一言遽改方面事甚重大若
不聽施則渠必詬辱方伯何以處之　上曰勢難不

聽李㬐可遞此後兩西伯必須擇與渠面熟之人戊子間李公爲嶺伯入州城邀余言曰癸巳年吾與先大夫及朴啓榮李後陽諸公同入解圍頗相款故欲見君者素矣仍責朱文酌海而去遂節刋行

○進士鄭公榮邦忠信好學志行醇慤事所後母以孝聞友兄弟睦族姻處鄉黨油如也晩卜寧海之臨川有石門巖池之勝結數椽廬列植花卉左右圖書嘯咏自適者幾二十年不知榮利之爲可慕也公於吾祖母義爲甥姪遂受學于先祖先祖愛重之家事多委公經紀公喜吟詩嘗聞余赴　召有詩四絶其

勉戒之意深矣一曰淇園養得紫鸞雛瑞世光輝五德俱聞說岐陽方佇待一聲能達　九重無一曰丙子年中事大謬臣民恨未與公俱欲令措世雍熙上倫紀何嘗一日無一曰相彼源泉混混流地平天遠去無休惟當積漸泓涵後方運龍驤萬斛舟一曰無情歲月急如流善利關頭役未休林下十年無得力幾時輕浪泛蘭舟末篇公自喩也

○參奉鄭公榮後爲人醇謹有孝友行奉先甚虔必沐浴宿齋雖祁寒不憚也早受業于鶴峯先生又從遊於先祖門下有禮疑問答公歿李菊窻㷁有輓詩

云搵衣金鶴老下榻鄭愚翁人謂實錄

○先祖嚴正沉靜不妄交遊獨以蒼石先生許以爲知己其在家講學必相與剖析其立朝論奏亦必與商確至或識見小異必講磨辨難以一其歸而亦未嘗雷同苟合也

○先祖嘗曰文章節行沙西固不及蒼石器量才局蒼石亦當讓沙西人以爲知言

○沙西全公儀容俊偉局量恢弘平居和氣藹然雖庸人賤隸遇以仁厚不言人過惡有不善加已直受之性儉素位至通顯而自奉蕭然若寒士友弟妹甚

篤雖壬辰兵荒之際恩義有加少無違貳有一弟某傲不可馴或有所難處而處之裕如不形辭氣人服其盛德

○縣監成公浹天賦端醇恬靜寡欲博通經史兼精岐黃之術見人有病者必按症投劑雖於途塗中必下馬地坐指示其方所全活不知其幾千人嘗守咸昌爲政惻怛雖有罪者不忍施罰時或杖吏則恐其致傷給藥救療雖古之蒲鞭之政無以過也先祖與爲心交論叅同契公病革先祖往候之公曰死生如晝夜何用怛化也臨歿處置後事意象從容遂怡然

而逝先祖以詩哭之有水淡蘭芳四十春愛君衿度
瑩無塵始因德切常加敬遍閱酸甜轉見親
◐石潭李公潤雨受業于寒岡先生又與吾先祖相
友善先祖嘗和陶詩寄懷有云芝蘭諒同氣鸞鶴本
異棲命駕欲往從川塗脩且泥援琴寫幽思宮商苦
不諧誰能翰我翮千里去不迷公溫雅恬靜學篤行
純光海時棲遑邊邑未展所蘊 仁祖朝始踐淸顯
所在稱職先祖益重之
○無住洪公鎬天資豁達不拘小節容貌坦率言語
豪放未嘗齷齪檢束而其處心行事明快峻潔操履

確固當其論議惟所執持不逐人撓改雖見嫉於世
不顧也至於聲色勢利泊然無所動持以淸愼官序
漸顯而自同布素深自韜晦以近名爲耻不爲崖異
邊幅待人接物一出誠款睦族賙窮無間親疎尤篤
於故舊恩義始終不渝不以人言有所疎棄也
○公亢直恬退不隨俗俯仰見人有冒竊虛名取祿
利者必心鄙而口斥之平生最忌燀赫聲棲遑郡邑
絶意進取足不跡權勢之途雖晚歲出入臺閣而亦
未嘗終年淹也公立朝數十年淸直一節終始不變
○公通判寧邊一日醉甚倚案假睡有少吏輩意在

不省乃以僞帖爭先踏印公徐曰長者先踏可矣吏
輩驚惶伏地公置而不問自是吏輩不敢欺云
◐公嘗謂余曰凡處事行己當務眞實不宜矯飾過
實則近乎僞僞則未免爲小人之歸
○先祖少時筆法遒勁研精得東晉遺意中年乃韜
鋒斂鍔端方縝密而偏旁點畫無不精解未嘗胡寫
俗字嘗承 命寫進九思九容 上稱以有德者心
畫云平生不以善書自居未嘗爲人寫屛簇雖家人
亦未見留意所寫之帖也
◐先祖守江陵以禮學爲治至誠教導人皆感悅習

俗丕變文風亦振時於簿領之暇携邑中佳士遊覽
山海之勝風詠而歸蕭然有出塵之想其被逮歸也
士子各出米布來問于獄中公以詩謝之有禮樂慚
先進聰明畏後生追從空歲月披露但心誠之句
○先祖平生不喜卜筮嘗題卜書云占能知禍福不
能爲禍福禍福有前定先知果何益我有最奇占占
於人事知禍福
○西厓先生出牧尙州卽視事吏寫進公狀狀尾誤
書前官之姓先生不押署從容授之吏審視猶不覺
還進其紙先生故檢他事而以扇颺却之凡如是者

至三然後吏始覺其誤改寫以進先生乃署之吏懼得罪先生終不問府中感服有識者以爲與韓魏公覆紬事同一德量云

○沙潭金公清踈簡澹無所嗜好嘗以館職請暇歸鄕時公喪配已久又無妾媵州牧卽公之舊也饋名妓送于公稱以茶婢蓋侍從休沐官給使喚例也公辭不受牧使强令妓不離公左右要其薦枕妓乘夜納媚無所不至公終不近之西厓先生聞之稱嘆曰可謂吾輩師也

○開巖金公構別墅于洛江之開口巖常以小舟輕

棹嘯傲於烟波之間飄然有出塵之想潭邊有石削立如柱公錫名曰玉柱峯又作歌以寓意李正言魯嘗過江題詩云玉柱擎天曲夫人意息何平生已許國江月恐無多

○東岡樂善好義接引多士開巖謹厚自守不喜交遊每以謙默韜晦致戒於東岡東岡果爲奸人所構陷遠謫會寧開巖大加傷痛仍致疾不起病中寄詩東岡有唐公淮水舟傾楫韓子潮州馬不前之句聞者悲之

○鄭相澈性嗜酒厭拘檢黃文肅公愼爲臺官訪成

牛溪言曰松江不念國事縱酒失儀其在官師相規之義朋友責善之道豈不合一番糾劾乎鄭相適至牛溪謂鄭相曰何不自愛惹人脣舌遂告黃公語鄭相笑而不答徐曰近有拙句可幷入彈章也遂吟其詩曰踈雨夜鳴竹蟋蟀秋近堂流年那可駐白髮不禁長仍曰人生如此不醉何爲索酒不已一座皆大噱而罷

○蘇山甲子寓庵洪公兄弟與李容齋諸公同謫眞安時主虐日甚衣冠芟艾殆盡諸公惴惴朝夕待命公賦詩以遣懷一日間烏新至自北諸公私與謀曰

與其無罪見戮寧竄入日本以保性命遂具舟楫公之弟告其故公正色責之曰君臣之義無所逃於天地之間豈可亡命爲異域之臣乎諸君任自爲之吾不可從矣諸公愕然而止後竟無事

○持平黃公紐神識聰穎學語卽知讀書受學于吾先祖大被稱賞弱冠才學俱成聲譽藹鬱筮仕未久歿于京師先祖經紀其喪返葬故山又詩以哭之文以誄之極其痛惜公沉毅簡默不喜芬華其登第歸也不以優人隨之紅牌簪花藏之橐中人不知爲新榮之行

○參奉金公秋任天性簡靜志行雅潔從遊先祖之
門先祖愛其爲人薦授齋郎仕不久棄歸結廬于開
湖之先庄扁其室曰畏栖庵取杜子美畏人成小築
褊性合幽栖之語也杜門靜居以詩酒自娛家甚貧
亦不戚戚財利芬華視之澹然平生未嘗近女色有
庶弟窮無業公割產與之俾不失所人嘆美之
○金進士以亨中丁巳榜聞榜首李榮久希奸臣意
滹同榜陳疏請廢 大妃不應榜出城而歸後先祖
有輓詩云眼前道義千金重世上芬華一羽輕
○仁祖反正日尹公知敬直闕中聞變不少動 上

御寶位受羣臣賀公詢知 仁祖入承而猶平立不
拜 上使人問其意公徐曰宮廷有變願一望 天
顏 命公升殿審視然後遂降階拜云
○擧義之日宣傳官姜翼閉闕門拒義師至發矢射
御床遂爲義師所殺是人雖不知天人響合之理然
其秉義守職至殺不變亦可謂烈丈夫矣 仁祖義
之 命贈兵曹判書
○明廟朝奸臣鄭順朋與尹元衡李芑等構乙巳禍
首殺三大臣錄勳受賞籍沒奴婢派屬勳家順朋所
得人口尤多有小婢慧而多藝內實蓄怨外若盡忠

曲意承順務悅順朋順朋信任不疑常置左右婢密
行咀呪之術順朋適祟邪疾沉痼而死順朋諸子搜
得凶物疑婢所爲杖訊之婢直招曰吾爲主報仇耳
遂不屈而死順朋子磏卽世所稱北窻先生者也嘗
言其事曰雖讐人所爲亦不可泯沒其善云
○松齋李公八歲能作詩方伯携入淸凉山占一句
曰懸崖瀑布何年雨使公續之公應聲對曰繞樹靑
藤幾歲蛇方伯大奇之呼爲小友
○先祖少時入場屋見一人方寫試紙同坐生誤觸
墨筒盡濃紙乃徐徐卷紙畧不動色先祖異之詢其

姓名乃吳公億齡也與之爲平生交
○有權傑者五峯相公之甥光海朝登第爲平海郡
守時徐羊甲獄起其黨朴致義逃躱購捕甚急傑希
冀勳賞乃誘一囚人稱以致義之奴酷加刑訊誣服
致義竄在大丘之公山於是山底諸邑守令或拿獄
或罷職聞者莫不痛之 反正後傑久廢不用先祖
入銓曹五峯爲傑稱枉仍懇曰此甥窮甚可矜願除
一薄邑採其妻孥之凍餒也屢囑不已先祖正色曰
此人所犯尚今思之我心如焚不敢從相公言矣終
始不聽其後先祖受暇歸由水路舡泊忠原忠倅來

在座傑遽至納拜先祖合眼不與之語忠倅頗爲傑周旋先祖亦不答傑慚汗而退

○洪命一嘗爲水運判官船泊一津有嫗偕一女來請渡女有美色洪託以船窄出嫗入女女抱乳兒從洪側洪悅其艶時注目女不顧也洪暮宿村舍女亦從往獨坐別處不雜於僕隷間拾新爇火夜深不寐洪使人强女就寢女泣而前曰吾之請入於公之船者爲恃公之知義而冀免行露之辱也豈意公之有此事乎吾新寡夫只存孤兒今若被汚吾不可生吾死兒亦不可保公豈忍徇一己之慾而害二人之命乎仍嗚咽不成聲洪聞其語不覺竦然起立反跪曰吾試汝耳豈敢汚汝遂明燭達曉禮而送之女卽京中良家子果能守節以終洪常爲人言之如此

○持平李慶相判書廷馨之孫有志槩不循俗俯仰喜飮酒善談諧嘗以儐從接待鄭譯命壽命壽時以副差出來抗禮 主上奴視大臣日肆咆哮誅求無厭大臣以下惴惴喪氣莫敢誰何至有行賂而免責私饗而圖寵者一日李於酒席正色倡言曰鄭同知以殷山官奴侵侮本國無所忌憚是以國人欲食鄭同知之肉命壽勃然怒曰誰欲食之李曰誰不欲食命壽曰請的指其人李曰吾亦欲食耳命壽始乃低聲曰進賜何出此言吾之此行豈吾本心凡所恐嚇亦豈吾所爲耶辭氣頗屈事聞 命拿獄以示命壽命壽出城卽釋之 上語筵臣曰此時有此人豈不可嘉尙乎將究其用不幸早歿人皆惜之

○命壽爲淸人耳目凡所恐喝指嗾皆其所爲故 朝廷畏命壽加於眞胡惟其言是聽莫敢違拂其父母墓大備石物其族黨亦除邊將守令有奉一雲者其切屬也 朝廷授之官辭不受曰俺本庸類何敢冒職命壽給食物亦不受縣官懼獲罪强之始受其

物自題帖致謝於命壽而食物則終不受及命壽敗 朝廷賞加實職亦不拜 命云

○丙子春淸人稱尊建號遣使來脅 朝廷仗義不受斥逐差人而別無修攘之擧竟致南漢之變斥和臣洪翼漢吳達濟尹集等皆縛送爲淸人所害崔相鳴吉終始主和爲淸人所厚未幾崔亦被執入瀋途中有詩云吾雖不殺三學士中夜思量心自驚天道由來好互換秋風還復有斯行聞者笑之不久放還

○鑑湖呂公大老吾先祖壬午同年也天質豁達氣宇軒昂任眞不拘與俗異好釋褐廿年淹滯州縣未

嘗爲于進許嘗爲陜川郡守公素惡鄭仁弘爲人因事杖仁弘戶奴不少饒最後往檢進賁栢林路過仁弘家公始歷訪之仁弘冠帶迎拜于門外執禮極恭公遽曰翁何爲時俗態耶長揖不拜略伸寒暄而去仁弘銜之嗾臺官劾罷公益無意仕宦棲遲丘園日以詩酒自娛其歿也先祖痛惜之賦輓詩二十六韻有卓犖奇男子軒昂好丈夫桂辣難移性泉淸豈合污之句人謂實錄

○族曾祖參奉公名而龍聰頴絶倫少時讀書山寺同榻生抽出殺但陀沙(㦡音卽壇圖)以試公曰子一覽能背

念否此佛書之最難句解者也公過目輒成誦不錯一字生吐舌歎服公有淸才雋望人以遠到期之不幸早歿先祖有輓詩祭文極其痛惜

○黃大司成㦿嘗奉使日本有倭僧擕二畫帖來求詩一畫梅月一畫雪梅與華蟲上使某先題梅月帖語不警切黃遂次上使韻題雪梅帖曰積雪埋深壑淸香發一枝無人尋此景惟有野雞知倭僧嘆服拜謝云

○李東岳安訥嘗奉 命朝天所作大爲華人贊伏丙子冬以宗伯卒于南漢圍中卽 車駕未出城之

前也輓時有人投輓其一聯曰大明天下文章伯丁丑年前禮部卿人謂實蹟

○李必壽者忠正公浚慶之孫有才華擢魁進士爲人卓犖不羈放浪詩酒於人少許可雖卿相猶傲視也一日與吾叔父相遇於開寧縣舍遂許以意氣終日談論退而語人曰某眞丈夫人也吾平生惟見此一人矣叔父風神志槩爲人悅服有如此者云

○安承旨獻徵善儷文又能詩嘗坐事配吾州一日問金義男曰愚翁所作詩句爾或能記得否吾欲步其韻以寓景仰耳義男爲誦盆梅一絶曰先開非躁

後非慵造化參差自不同若使一齊都綻了緝熙何處見神功安諷詠不已曰眞造理語也不敢續貂

○任踈庵志操淸苦文章雄麗爲士類所重乙卯年先祖被繫公未嘗有契分而數數來唁又有寄桔梗詩云中黃外白兼文質始苦終甘貫險夷蓋寓意也癸亥 更化同爲立朝益相推重

○曹承旨友仁六歲能作詩善草書一夕出遊川上父老令賦卽景占一聯云雲囚碧山首烟割暮江腰見者稱以神童

○盧公峻命孝友出天母夫人性嚴公承奉無違隨

同氣極其怡愉服兄喪以禮居外宿處未嘗入內丁內艱廬墓三年哀敬備至觀者歎服丁丑年爲正言論尹相昉亂離事言甚讜直不避忌諱　長陵不悅斥以浮薄由是坐廢久乃補外爲政剛明持身淸儉亦不求赫赫聲一時數治行必以公爲首公爲先祖所愛重又與先公自少交厚

◐永昌獄起羣小跳踉漢陰睠顧國事悒悒不食一日令子弟造候鰲城鰲城寢食言笑無異平昔問漢陰起居子弟對以實鰲城曰爾告爾翁吾輩豈徑爲大君死將必有死所矣願努力加飡死於當死之地

也子弟歸報漢陰歎曰此老力量吾所不及漢陰竟不起疾越五年丁丑廢　母之議凌鰲城乃抗議以諫被竄而果如其言

◐丁卯之變蒼石赴難行由湖西沿路州縣尊不支待時先祖奉號召之　命歸本道辟蒼石石潭兩公爲從事一日蒼石偶言湖邑薄待之失石潭正色曰此何等時節而臣子可求安便耶蒼石欣然悔謝先祖喜曰茂伯之警責叔平之虛受可謂兩得之矣

◐丁卯秋先祖歸鄉入愚谷屢　召不起時族人某受書傳至朞三百註公口授一過訖仍自背誦不錯一字謂族人曰昔年所讀因汝起記汝之益我多矣璣衡之制亦歷歷指教曰書雲監渾天儀亦多誤舛吾欲私造以示後生而未果也壬申冬寢疾已久一日隱几而臥族人某閱名臣言行錄有誤讀處公卽扶病莊誦一傳少無遺失門下人皆以爲公之聰明病中亦不減矣

◐鄭錦南忠信羅州鄉吏也鰲城嘗奉　命南來忠信以小吏服事左右公識其爲人遂携與歸授以書史頗聰頴學日進俄而業武擢虎榜善射御有氣義歷敭中外皆有聲績一時名公莫不奬拔甲戌年間

爲統制使行過咸昌省吾先祖墓操文以祭祭訖焚其文不令人知又不要見余惟致其誠敬而去盖亦受知於先祖故爲此漬綿之擧也鰲城寄張公書云若投劍挾冊不害爲一世之高士谿谷謾筆云丁卯虜報始至忠信曰此虜今來意在脅和須得和卽去耳後竟如其言以二公語觀之忠信之爲人槩可知矣

◐沈公大孚友愛篤至兄大復不肖惑聽妻懟仇視不容公事之益敬　反正後大復罪謫北塞妻亦受杖公涕泣呼救出於至誠見者莫不感歎公護兄赴

謫備嘗艱險益厲不懈沿路邑宰皆爲公多所顧恤北兵使某亦極賙捄公布衣草屨躬詣謝之兵使又置酒慰之公作詩致意云奉枝雖今日聞風自昔年將軍眞好士客子類登仙鼓角邊聲壯旌旗曉色鮮竆途人誰伏感激此尊前一時傳誦

○徐公尚男正克一之子性至孝父歿廬墓啜粥三年日三上塚不廢風雨登陟之際常憩樹下有學徒某年甫十餘一日假寐見白頭六人會于樹下極稱公誠孝名其地曰觀行亭因作詩曰觀行亭中六仙會眞樂事觀行亭名流百禩洛江江上可以立六仙

杜洛水滔滔流不舍靑山之下數椽廬孝子營孝子幾竭如在誠孝子不廢風與雨日三來號哭聲中冥夢回令兒誦之百遍兒覺而傳之兒時未解文字一傳之後茫然不復記六人皆鄉獻而一卽其父也後公中司馬兩試以薦拜 康陵參奉

○高麗時水原府吏崔婁伯其父翥獵爲虎所害婁伯時年十五欲捕虎母止之婁伯曰父讐可不報乎卽荷斧跡虎虎旣食飽臥婁伯直前叱曰汝食吾父吾當食汝虎乃掉尾俛伏遽斫而刳其腹以父骨肉安於器而瘞之仍廬墓一日假寐父詠詩曰披榛到孝子廬情多感淚無竆負土日加塚上知音明月淸風生則養死則守誰謂孝無始終婁伯登第官至翰林學士古今孝子誠感一揆而兩詩韻意亦畧相似可爲幷美於千載矣

○松塢少好讀書日誦大學平生未嘗輟擧己酉司馬性眞醇儉率絶去嫺飾有同年某與公交厚爲湖西伯設榜會于俗離山折簡邀公公布衣破笠騎牛以赴營吏意其爲訴牒者蔑視之及通刺監司以下皆降階迎揖延座致敬吏輩莫不驚歎

○復齋德器渾厚學行純篤其接人也和氣藹然遇有相負者未嘗示以聲色見人非義亦未嘗接摘以爲言見之者自然起敬雖武夫孺子皆知其爲厚德長者迨其晩年德義之感人者深而里閭訟獄或有不之官而咨決於公云公之德行已見墓碣而晩年一款見漏故敢記所聞如此

○黃公汝一字會元號海月軒平海人早登第歷敭淸顯文章富麗擅名詞苑先祖在寧海日寄一絶云天敎勝地秘詩仙驅駕風雲一百篇東海若將雄筆捲越松亭畔盡桑田公喜飮酒醉輒揮毫以放曠自居嘗守永川爲習池之遊有一絶云將軍石下[illegible]

醉孝子門前滿滿觴不暇到騎仍席地永陽風味勝
襄陽邑人傳誦
○安陰古縣有石臨溪俗名愁送臺泉石最勝林葛
川藼嘗遊是臺有贈人詩曰花滿江皐酒滿尊遊人
連袂去紛紛春將去日君將去不獨愁春愁送君老
先生嘗自宜春行過此地以不暇往見爲恨亦嫌其
名之不雅遂改以搜勝仍留詩曰搜勝名新換逢春
景益佳遠林花欲動陰壑雪猶埋未寓登臨興惟增
想象懷他年一尊酒亘筆寫懸崖詩與臺名至今俱
傳是臺不過爲一荒閒之境而地因人勝名留不朽

可謂稀世知遇
○皇明張芳洲寧奉使本國有詩云曲水流觴盡醉
歸風光猶是故鄉非桃花小雨迷行館細草春香上
客衣誰捲疎簾望明月自吹長笛倚斜暉此情不是
傷離別王事驅馳惜重違豪放流麗有唐人風致公
浙江人景泰初擧進士爲給事中遇事敢言　英宗
將大用忤當國見擯位終知府
○成板谷允諧篤志問學不求聞達持身御家一以
禮法每值　國諱不聆樂啖肉平生未嘗放過至於
婢僕習於見聞亦知某日爲　國忌也一日老蒼頭

出外路遇社會處衣冠坌集歌管喧闐蒼頭騎而過
前會中送人揶去將科以犯馬之罪蒼頭對曰今日
乃　國忌故意謂無識下類之所爲也若知爲士夫
之會則小的何敢不下馬乎會中相顧忸怩遂縱遣
之
○先祖生辰在九月小望故每以是日行禰祭而其
祝辭今以季秋成物之始之下添入一句云適此劬
勞生育之辰感時以下用家禮祝辭
○先祖嘗言時俗致隆於俗節上墓之祭而四時正
祭或廢不行甚失聖人制禮之意也乃依朱子家禮

東萊宗法止於寒食及十月上丁展掃封塋其餘節
日則幷就祠堂薦以時食丁巳年間告由家廟而始
廢遂節上墓之祭四時正祭二月則上丁五月則端
午八月則秋夕十一月則冬至行之而若右日有故
則中下丁或祭祀日行之
○五峯李公篤於睦姻苟以戚誼至者不問內外親
踈待之如一公之在鄉卽一善也凡嶺人之旅食于
京者必以公爲歸舍館致餼存問有無爲之成就願
欲皆出於誠意故人以公稱爲嶺南京主人
○辛亥年鄭仁弘上劄極詆晦退兩賢太學生上疏

陳辨且削仁弘名於靑衿錄仁弘之徒持平朴汝樑許棨之光海大怒令覈出倡議者旣而命禁錮大學儒生數百人相率捲堂而去時漢陰李公爲領相累上章力陳抑邪扶正辭意勤懇光海爲之戢命勿禁錮公之此事墓誌旣見漏而其劄子集中亦不見錄非欠闕之大者乎公答先祖書云昨荷問書滿紙忠告實獲我心尤切遡慰夙計不待此而已凌寧有中止之理第四劄之批以狂簡之語不須介懷爲教八劄之批以寡昧得罪於賢相爲教章劄間漸爲直陳而聖教一向以虛貝拘迫不圖世間有如許憫慼境

界罔措罔措生得遂歸養之願情事畢矣但近聞風色日益可懼斯文是非乃餘事耳深恐釋負之後亦不得寬心吁如之何云云竊觀此書其劄陳不止四五其他先事而憂慮者亦不尋常矣

○直提學趙公正立嘗爲平安都事律身淸苦視女色如浼時平壤庶尹卽公之親舊也故擇府妓色藝俱絶者命曰若不獲私於都事則當罰爾也妓晨夜納媚無所不至而公終不顧庶尹乃罰妓及公之歸也諸妓指笑曰薄倖哉此人也壬子年間公見國事日非無可猷爲遂告病退居于交河以母夫人在京

故時或入城而杜門却掃不與人接時先祖以樞銜數月在朝日夕從遊切磨道義癸丑春爲直提學不拜命而終于家先祖極其痛惜其輓詩有淸時勇退急流中噓起千秋立懦風之句

○縣監李公大圭少聰穎有才調先祖赴燕公製贐章四十餘韻無牽強意先祖稱賞寄書蒼石云自此商山不落莫也公孝友之行謙恭之德鄉人稱之占司馬蔭仕宰兩邑慈詳愛民淸白持身其自龍宮歸也洪大諫鎬贈詩曰太守行色去來同氷蘖淸風聳大東浮世紛紜何足說山中應有奉錢翁（時邑民將欲竪碑頌德而有厄之者故第三句及之云）

○萬曆壬辰之亂唐將作近體一首貽倭酋其詩云老蚌親陽爲怕寒野禽何事苦相干身離窟穴朱胎損刀盡沙灘翠羽殘閉口豈知開口禍入頭雖易出頭難早知俱落漁人手雲水飛潛各自安蓋以蚌禽二物喩我國與日本而漁人乃自指也或謂唐將卽李提督如松也

○光海癸丑永昌之獄鄭桐溪蘊上疏言殿下假手於麤悍之武夫光海大怒卽命拿獄於是大司憲朴楗大司諫金緻率同僚將草啓請罪正言李彦英把

筆不書楗顧謂掌令裵大維曰正言自鄉新至未諳
國體其無相厚者耶大維稱如厠出外彦英亦隨而
至大維曰君何不息之甚耶聞輝遠桐溪表德疏之入也
自上覽未畢怒擲食案宮人被傷云輝遠若杖死則
吾輩經紀其喪可也至於今日請罪則不得不爾也
彦英不答還入倡言曰當請下其疏據實論罪今不
可徑請按律也楗曰然則正言必欲立異也遂各避
嫌而退玉堂處置曰楗等所論意討賊也彦英所救
爲言路也於是彦英被斥禍將不測賴其婿朴宗胄
之力只得削罷云時姜大遂爲正言呈病不出盖不

欲論桐溪也以此被罪配淮陽大遂與其父翼文自
少出入於鄭仁弘之門至是能貳於其黨而欲扶桐
溪之正論人益奇之

○今上甲午夏京城大雨半餉之頃溝渠大漲水由
東大門出尚衣院一間漂毁人民溺死者甚衆三角
山一角崩頹自　上下求言黃海監司金弘郁上疏
論姜庶人逆節難明　上以事涉　先朝震怒拿致
親鞫闕庭杖殺之論以護逆相臣臺諫皆莫敢一言
惟具綾城仁垕諫曰何可殺言者以累　聖德乎
上怒黜之人以爲朝廷有一武臣云

◐陜川人河龍海有孝友之行奉先極其誠敬年踰
八十必親奠獻之禮少師鄭仁弘數諫其非仁弘怒
楗之自是不復出入其門修巖守是郡賞其爲人頻
就訪之

○兵使李晦系出　國姓家居牙山早業儒尋投筆
學射登武科累官至慶尚左廂爲人短少精悍膂力
過人娶兵使文希聖女來寓仁同受學于星州文士
鄭某嘗栖金烏山與高僧較不食十日晝夜不輟咿
唔而不甚餒憊每讀書意倦輒手劍周覽山城上下
如飛其精健類此歷敭中外皆有聲績不隨俗俯仰

常以書讀自隨公退或居間展卷諷誦雖夏夜恒閱
數帙乃就寢晚卜知禮之大德山下臨溪構數椽屋
蓄書數千卷茹蔬啜水徜徉自適蕭然若寒士焉或
遇騷人學子則輒倒屣出迎討論經史亹亹忘倦常
曰人不必能詞翰取科第只得讀古人書行古人事
足矣葛屨布衣不爲賤高牙大纛不爲榮矣有請問
武藝者則曰吾雖武人未嘗習也必以讀書爲勸其
居官淸操出人嘗以金羅水使解歸也子廷翼私貴
布數端鐵數塊而來公偶見之廢食數日而痛責之
子廷沃亦登武科爲居昌守嘗送畧干食物則却而

不受曰吾豈爲口腹之養而累吾兒之政乎聞廷沃
催科致怨及來覲也閉門不見廷沃亦克承親志持
身儉約昌民立碑以追思云余因事過龜城龜城人
嘖嘖稱歎不離口噫公之志行豈但今世所罕覯也
亦可謂無愧於古名將矣
◐辛酉年間奸臣李爾瞻朴弘道等爭權傾軋弘道
乘爾瞻出儐關西嗾三司論爾瞻罪爾瞻幾至于敗
于時江左士子通文列邑亦欲疏斥爾瞻吾州儒生
稟議去就如蒼石南溪諸老以爲可赴獨先祖以爲
諸君欲爲第一義則不可不赴廢第一義卽指論爾瞻母后之罪也

但欲畧舉其罪失以附弘道之論則是豈草野之公
議乎於是吾州儒生不赴疏會答其通文畧曰爾瞻
之稔惡非一日矣國之不亡於其手蓋亦幸矣而寂
寥草野淸議僅有一尹善道而止則固已爲士氣之
深羞矣顧今 祖宗默佑國祚靈長 四聰開悟照
水之犀方燃三司幷發觸邪之豸齊奮役其手脚盡
露腰膂將絶公論之行 朝廷可謂盛矣草野之士
似不當厠足其間以架屋下之屋也蓋爾瞻之惡一
也而發之於萬口皆籍之日則爲不容已之直氣論
之於今日則不過爲雷同之贅言所謂中無定體隨

時而在云云卽先祖爲儒生作也江左士子不知君
子語默之節而以怵禍爲言故一松寄先祖書云嶺
外疏儒他邑自有商山自無亦非恠底事而要津論
議以令監之尼止爲深德而道內多士之評或不無
譏誚高明者云兩皆可笑然寧爲此而受汚不可爲
彼而免謗也人心日去國事日非此時正論有何寸
益於世道也宜乎令兄之曉諭勿行也此遯之同人
所以止先賢已具之章也至癸亥年安陰士子到一
善試所通文吾州欲罰齋任於是吾州及咸昌儒生
百十數人不與爭較但不觀試而通文列邑告其曲

折曰辛酉之疏何莫非一道之盛舉而但士各有見
不可苟同故其時弊邑卽爲答通於出文處此非一
道之所共知者乎昔在普兩請討之時八方齊起而
禮安一邑獨不赴會未聞以禮安爲退避觀望豈以
多士之見不及於今日之安陰而然耶至於資口受
責之說在我身上旣無瑕累則意外倘來之辱何能
動一髮也若使弊邑苟有所失則施罰固當受罰亦
當豈獨齋任一二人而已苟爲無失則雖千萬人吾
且獨往安可屈首聽命有若實有此事者然哉大抵
論議間是非雖有異同而各執所見則不爲相病豈

容執一定之論而嫌其所不同也
○沈一松寄先祖書曰近有禮曹公事因嶺伯尹靜春狀啓校擧禮安諸儒呈書欲以趙月川令公配享陶山書院事入啓則以議大臣判下老拙亦在獻議中趙令公非不合此擧而有一種論議頗以爲未妥蓋以晩年與西厓相失多有忿厲氣象有愧於該曹所稱賞一如勉齋之於朱門之說故大臣以更諭本道方伯詳査傍近諸邑儒生定論馳啓然後處置云云之意爲獻矣書院儒生李苙等八十餘人聯名呈書而其實四十餘人寧多向壁云云金中淸方爲該

郎聖徵(月沙表德)尚書亦主其事今者前舒川李光胤及若干文士朝官奉長書於大臣家以更査本道爲未安云金太常公亦與焉而李僉正詠道則不肯參云此事甚難處云云竊以此書觀之當日物議之公私是非槩可知矣
○五峯資禀俊逸不拘繩檢善談諧喜飮酒先祖嘗貽書戒酒公答云家貧無酒不可飮一盃氣力可堪雖欲之而不能得令謂生猶可制麴耶又書云令以飮爲戒今則氣力已不可飮愁憂之至雖欲飮亦不可得家豚以生生日辦酒饌迎客擾甚不具云云其

豪放善戲類此
○先祖與韓久菴柳川爲道義交戊午間柳川貽書先祖請述久菴墓碣略曰令兄辱與不肖相知最親且久其與亾兄亦嘗屢有對床講劘之事矣其於交誼亦不讓於古人所稱合志同方營道同術之謂矣然則不肖之爲亾兄求一言捨令兄何以哉且亾兄學問之暇有所論著環顧一世非令兄未有可以指其醇疵論其是非者區區以此尤欲得令兄顯詩之以備墓道之刻因以俟夫後世之子雲云云先祖乃撰其碣銘柳川又有書云先兄隱德實行不見申於

當世而幸得令兄極意稱說昔蔡邕惟於郭有道無愧色竊想令兄於此亦無愧云云其交道之深於此兩書亦可槩見
○金公昌一號四寒亭長身瘦容神氣秀朗望之若神仙中人薦遺逸官至陝川郡守與先祖相友善遇必論學亹亹不厭性高潔喜禪學先祖以詩警之云非聖書經眼中毒知言入曠世難逢請從實地加循省莫指玄虛作實功

無忝齋先生文集卷之三

無忝齋先生文集卷之四

附錄

年譜

先生諱道應字鳳輝號無忝齋取詩無忝爾所生之語又取唐司空圖四宜休之語號休庵

大明神宗皇帝萬曆四十六年(本朝光海十年)戊午十二月六日辛酉未時先生生于尚州栗里第

始祖御史府君判尚州時留一子諱義生于州之草田里後世因居焉至六世孫修義副尉諱蕃始卜居于栗里

己未(光海十一年)先生二歲

庚申(光海十二年)先生三歲

大明熹宗皇帝天啓元年辛酉(光海十三年)先生四歲

壬戌(光海十四年)先生五歲

癸亥(仁祖大王元年)先生六歲

先生自幼未嘗雜戲甫五六歲同羣兒出遊一兒言甚不遜先生笑不與較有問之者曰能無爲辱乎胡爲不較先生笑曰余若較其不遜是余亦不遜吾其可相詰爲耶但此兒雖幼無知識以非禮加人不可深交後遂不相親聞者異之

三月 仁祖大王反正

甲子(仁祖大王二年)先生七歲○受史畧于祖考文莊公

學史至范滂就獄其母誨曰汝與李杜齊名死亦何恨文莊公嗚咽不忍讀先生亦不覺感泣

乙丑(仁祖大王三年)先生八歲○三月丁檢閱公憂

時檢閱公以痘疾歿于直所

丙寅(仁祖大王四年)先生九歲

丁卯(仁祖大王五年)先生十歲

先生早失所怙祖考文莊公又繫官京師祖母貞敬夫人以失學爲憂文莊公指先生曰此兒雖晩學後必大成可無憂矣

五月服闋

戊辰(仁祖大王六年)先生十一歲

己巳(仁祖大王七年)先生十二歲○受業于知縣盧公(峻命)

先生志學深思聰解明辨與朋類處久而能敬不設怠慢盧公極加稱賞

庚午(仁祖大王八年)先生十三歲

辛未(仁祖大王九年)先生十四歲

壬申(仁祖大王十年)先生十五歲

癸酉(仁祖大王十一年)先生十六歲○二月文莊公因先生

小字爲名又命之字○六月承重文莊公喪
先生居喪盡禮送終克襄人稱其老成難及
九月行葬禮 上遣官致祭 王世子亦遣官致祭
先生於應接大禮擧中節度禮官望見容止有則
出語人曰老先生雖歿而又賢孫克世其業斯文
之幸也
上書于同春堂宋文正公論墓祭
先生於親墓則以喪服親行其他諸墓則使族人
代之而只一獻不讀祝
甲戌 仁祖大王十二年 先生十七歲

乙亥 仁祖大王十三年 先生十八歲○六月哭蒼石先生李
公埈○八月服闋○十月承重祖妣貞敬夫人眞城
李氏喪
丙子 仁祖大王十四年 先生十九歲
丁丑 仁祖大王十五年 先生二十歲○讀朱書○十二月服
闋上書于宋文正公論吉祭
時以貞敬夫人神主當祔廟而儀節稟而行之
戊寅 仁祖大王十六年 先生二十一歲○二月聘夫人豐山
柳氏
逸持平修巖先生諱袗之女文忠公西厓先生之
孫女先時文莊公議親於修巖公矣及修巖歿祖
妣貞敬夫人憫其遷就將擬定於他先生曰王考
所定今不可負之雖差遲十年亦可待也貞敬夫
人義而許之
己卯 仁祖大王十七年 先生二十二歲○二月赴方伯會諸
生講
方伯受讀甚嚴士皆感怯先生以書傳應講討論
文義言盡理到方伯稱歎不已曰鄭某大儒也
庚辰 仁祖大王十八年 先生二十三歲
辛巳 仁祖大王十九年 先生二十四歲

壬午 仁祖大王二十年 先生二十五歲
癸未 仁祖大王二十一年 先生二十六歲
甲申 仁祖大王二十二年 先生二十七歲○大明亡
乙酉 仁祖大王二十三年 先生二十八歲○八月哭無住洪
公鎬
有祭文輓詞
丙戌 仁祖大王二十四年 先生二十九歲○四月四日子錫
僑生
丁亥 仁祖大王二十五年 先生三十歲○拜月澗先生李公
㙉

月老爲文莊公同門友而年至九十德宇淵冲先
生每往拜輒握手勉戒逈出尋常
戊子二十六年仁祖大王 先生三十一歲○春遊仙遊洞
是行登俗離山歷尋龍遊洞有題詠
九月奉大夫人往東京
東京大夫人親鄕遍遊東京諸勝因至海上觀日
出
十二月薦遺逸授內侍府教官○哭月澗先生
有祭文輓詞

己丑二十七年仁祖大王 先生三十二歲○正月洪木齋汝河
來訪○二十九日入城謝 恩○二月以瘇呈告還
鄕○拜宋文正公校正文莊公年譜因留講家禮
先時文莊公以先生託文正公文正公盡心導誨
多所成就及禮經儀節輒質解疑
拜泛齋沈公大孚
泛齋亦文莊公高弟病德淸望爲世所重而文莊
公遺集多爲手抄校訂故先生往拜焉
付副司勇○四月赴梅嶽書塾落成之會因泛月湖
臺○十一日 除大君師傅○五月木齋來訪○初
八日丙寅 仁祖大王昇遐舉哀于存愛堂○六月

擢拜 世子侍講院諮議
時爲輔養 東宮建官宅俊極一時之選而先生
首膺焉一時榮之
七月承 召入城謝 恩
洪木齋推演先生自號無忝之義有贈行序
陳疏辭不 允
疏畧曰臣不幸早孤惟母是依零丁孤苦終鮮兄
弟臣母但知舐犢不課學業因循暴棄遂成鹵莽
豈有一分可取之實乎夫以臣之空疎冗官庶務
尙難堪承況此宮僚勸講之任有成就 儲君之

責實所以褒異修正之士非如世錄任子之比也
地分淸切無異侍從臣若冒受公議云何伏乞
聖明特垂慈父之聽察臣危迫之懇亟 許遞改
批曰爾能開導勸講日有成就之功非但國家
之得人豈不光於爾之家世乎勿辭勉旃
陳前懇再疏辭不得請
呈政院見却又緣胡使之來不復上
八月鶴沙金公應祖來訪○九月丁卯 因山發引
陪祭哭送靈 駕還○丙子下 玄宮行望哭禮于
闕庭○丁丑反虞 駕出郊外迎哭靈還○拜龍洲

趙文簡公絅于寓第◐十月哭李師傅褥几筵◐呈
親病還鄉○十二月又呈病狀
庚寅孝宗大王元年先生三十三歲◐五月訪洪木齋○
六月尋道南書院謁八先生廟
院在尙州洛江之上而文莊公與蒼石諸賢所創
設也奉圃隱寒暄一蠹晦齋退溪五先生享以穌
齋西厓兩先生爲附享後士林又以文莊公躋附
八月賓赴曺氏冠○會友玉成書塾校正文莊公文
集○洪木齋來訪○九月入山庄
辛卯孝宗大王二年先生三十四歲○二月子錫玄生○

拜泛齋沈公○四月往梅湖因訪木齋于灝濱○五
月初八日以 先王大祥上玉成望哭服闋○八月
尋道南書院○入中山遍遊玉峯沙潭諸勝宿般若
寺因尋冷泉
是行謁翼成公影廟
九月哭李司畜一圭○尋梅湖陪沈丈泛舟賞月○
尋淵嶽賞九曲○尋成佛甲帳諸庵因登舍人庵香
爐峯諸勝○十月申百源來訪○奉大夫人往東京
尋玉山書院謁晦齋李先生廟○十二月冠金重鉉
而字之

壬辰孝宗大王三年先生三十五歲
癸巳孝宗大王四年先生三十六歲○正月修理先廟○
沈泛齋公來訪○三月宋正郎光栻來訪
宋公爲文莊公外孫而於先生爲姑弟
五月泛齋沈公來訪○八月哭趙妹
先生旣無兄弟只有一妹適靜庵先生后奉事趙
漢叟至是夭折
尋楊州道峯書院謁靜庵趙先生廟○拜龍洲趙文
簡公託文莊公碑銘○歷訪羅鳳山星斗李芹谷觀
徵○洪木齋來訪○九月拜宋文正公○歷訪權炭

翁諰
時炭翁亦以遺逸旌招
十月謁洛城君墓
洛城君於先生爲外先
甲午孝宗大王五年先生三十七歲
乙未孝宗大王六年先生三十八歲○四月參諸友社會
○五月拜李酉溪身圭避痘寓杜谷○七月訪石川
舊址與諸生會話○九月拜鋤谷李公元圭○十一
月鋤谷來訪
丙申孝宗大王七年先生三十九歲○會諸生校正文莊

公文集○九月行禰祀
先生於是禮必逐年行之
十二月　除黃山察訪○訪洪木齋因尋三江書院
謁圃隱退溪西厓三先生廟
丁酉 孝宗大王八年 先生四十歲○正月發西行至龍仁
還
先生爲榮養將赴　肅闈洛下痘熾卽日南歸
四月拜　世子翊衛司副率○八月還拜侍講院諮
議　召命至○九月陳疏呈親病乞遞　不許
批曰爾其勿辭體朝至意俟母病小間趁卽上來

再疏陳情乞遞　不許
疏略曰臣母素患風眩往復無常有時昏悶迷塞
不省人事臣既無兄弟又寠一妹老母寬慰惟臣
是賴臣或出外母輒關念至於涕泣寢食靡寧母
子遠離何以爲懷憂慮輾轉必至增病臣之情事
遑遑汲汲異於他人仍伏念君之於臣父之於子
至情所在無奪其志無強其所不願乃是慈父之
事而臣之所覬於　殿下者亦惟在於此伏願
聖明亟許遞改使臣得以將護母病免爲不孝之
子情迫辭溢不知所裁云　批曰予之禮待雖曰

未至亦未可一番來謝乎爾或諒處似當矣
十二月就城外以痘忌乞遞　不允
疏下該曹該曹回　啓曰諮議臣鄭道應變　召
之下不敢安坐來城外而以未經痘之人聞有城
內痘患有此疏辭實出於情勢之不得已而閭閻
痘患雖熾若入處　春坊侍講　書筵則其在公
私似爲兩便伏惟　上裁如何　答曰依回啓施
行
戊戌 孝宗大王九年 先生四十一歲○正月復陳疏懇辭
始蒙　允因有給馬之　命

批曰爾之形勢果似切迫今始勉從俟痘患寢息
更爲上來無負至意仍　傳曰鄭道應情勢果似
切迫故恐有後悔今姑勉從其令該曹給馬而送
之○時宋文正八　侍召對因　啓言頃日鄭道
應待送之擧甚好臣願爲鄭道應不願爲趙克善
上曰鄭道應其情勢甚可矜慮或有後悔故許送
之因　啓此人卽小臣一家人自是佳士亦無高
尙不仕之意有老母在堂官資雖未及於守宰如
察訪等任實欲行公須年銓曹知其意除其道內
察訪欲爲　肅謝入京而亦以痘患未果其情勢

良可矜 上曰如其隣近守令則似好矣

上疏乞收給馬之 命

批曰雖因事勢之不得已終不一入闕下而退予

甚缺歎體此至意亟爲上來幸無一向邁邁也些

少馹騎亦不帶去尤庸慚靦

是日治行南歸○三月上龍寺監印文莊公文集○

受文莊公諡狀于尤庵宋文正公

先是同春宋文正公與先生書曰諡狀不知屬之

誰手鄙意猶將吾所草行狀送之宋英甫令公若

速就則自此可以寫進至是尤庵始草撰

十月入青山齋舍奠寓菴洪公彦忠墓

洪公以直節被禍于燕山故先生不勝曠感祭于

墓

十一月復拜侍講院諮議 召命至○十二月上疏

陳情辭

從縣道封進未及入徹適有丹城 除命自巡營

還送

除丹城縣監

己亥孝宗大王十年 先生四十二歲○二月 肅謝陛辭

○十一日歸家○二十二日聞京報停行○翌日送

病狀于巡營不準辭○三月赴任○閏月送辭狀不

準辭○四月上智異山天王峯賞山海之勝

有題詠

五月 寧陵賓天○叔母姜氏卒護喪歸

姜氏早寡無子先生至意奉養或有勸姜氏嗣後

姜氏答曰吾有姪猶子平生是賴雖孝子慈孫亦

無以加焉此非吾所願聞也

九月送辭狀○十月三送辭狀于兩營

先生居官謹賦歛占暈額盡心奉公律己清雅時

人稱之曰其清如氷化成百里送狀之日士民等

來會勸留

二十九日辰時 下玄宮行望哭禮○十一月棄官

歸○十二月修書室

書室卽文莊公居處講學之所而藏書累千卷

庚子顯宗大王元年 先生四十三歲○正月修治愚山亭

臺要全上舍克恬書二十景額方欲顯未就

皆文莊公命名者也

次陶靖節歸田韻○昭代名臣行蹟成

先生以國朝名臣行蹟多湮沒人無以攷證遂聚

而成帙凡八冊襲朱夫子所撰宋朝名臣錄例本

齋洪公有題跋又稱以功百汗竹
昭代稡語成
先生以國朝事實幾於不可徵遂裒稡海東野乘
諸錄自 太祖至 宣廟凡二十四冊亦有洪公
題跋
書南秋江事蹟後○撰先世諸墓誌
辛丑 顯宗大王二年 先生四十四歲○九月哭鋤谷李公
訃○往東京拜晦齋李先生墓○擬持平副望
壬寅 顯宗大王三年 先生四十五歲○九月尋仙遊洞
木齋偕往

十二月授工曹佐郎
癸卯 顯宗大王四年 先生四十六歲○授工曹佐郎○六
月 除昌寧縣監○七月赴任
甲辰 顯宗大王五年 先生四十七歲○正月送辭狀○六
月又送辭狀
凡四送辭狀時以 聖廟有錄刋啓辭不準
尋盤谷臺
有題詠
子錫僑娶婦于大司憲李公元祿之門
乙巳 顯宗大王六年 先生四十八歲○正月尋吏隱臺

臺在縣衙之西極有幽趣先生有題詠
九月受由還鄉○十月尋道南書院因泛舟洛江尋
千仞臺○復至任
丙午 顯宗大王七年 先生四十九歲○二月構觀妙軒築
滌襟臺
先生既築樓與臺以爲公暇燕息之所每遇佳辰
必招集縣之名士琴歌唱酬翛然有出塵之想有
題詠
冬有感興詩
丁未 顯宗大王八年 先生五十歲○正月棄官歸鄕○四

月二十二日考終于栗里外寢○八月葬于北縣佳
道卯坐之原
庚申 肅宗大王六年 十一月遷厝于山庄西麓卯向之原
行狀
府君諱道應字鳳輝姓鄭氏其先晉州人文莊公
愚伏先生諱經世之孫檢閱公諱杺之子文元公
晦齋李先生諱彦迪之外玄孫也府君以萬曆戊
午十二月六日生姿貌瑩粹如玉幼端重不好弄
五六歲與群兒遊一兒言甚慢府君笑不與較因
絶之或問其故府君曰與較則與彼同矣人皆異

之時檢閱公早世文莊公仕於朝母夫人以失學
爲憂文莊公指府君謂曰此兒當有成就何憂焉
十二始入學聰解明辨業日進十六丁文莊公憂
居喪儀節一遵家禮及葬自 上賜祭府君接應
周旋靡不曲當禮官語人曰老先生雖亡嗣孫克
世其業斯文之幸也先是文莊公爲府君議親於
修巖柳公袗家制既闋修巖又歿王母貞敬夫人
李氏憫其選就將議定於他府君執不可曰雖遲
十年奈何違王考命王母義而止是年又承王母
服至二十一竟娶柳氏戊子選遺逸授內侍府教

官己丑四月 除大君師傅六月擢拜 世子侍
講院諮議時爲輔養 東宮特建此官極一時之選
府君首膺焉 召命又下惟世臣義不得已謝
恩陳疏辭 上優批曰爾能開導勸講日有成就
之功非但國家之得人豈不有光於爾之家世乎
勿辭勉旃至十月呈親病還鄕丙申 除黃山察
訪不赴丁酉四月 除翊衛司副率八月還拜諮
議再疏乞遞 不許 批旨有禮待未至等語遂
就城外以忌瘟辭 特命入處 春坊蓋以春坊
地禁可避瘟也府君終不就戊戌正月復陳疏得

遞 上命給馬以送府君乞還收 優批有一向
邁邁尤庸慚靦等語十一月復授諮議因有丹城
除命府君爲便養己亥正月赴任十一月棄歸壬
寅擬持平副望授工曹佐郎癸卯又授工曹尋
除 昌寧縣監丁未棄官歸四月二十二日卒享
年五十八月葬于州北佳道卯向之原縫掖會者
數百人後遷兆于于北堂負辛原府君天資粹美
器局端嚴自少濡染家庭從事性理之學每讀書
必諷詠玩索不得不措經傳外史家百氏靡不貫
穿窮冠道伯會士通讀科條甚嚴府君講解極精

擧止有度道伯以大儒稱之平居常整衣冠危坐
終日雖常侍子弟未見有惰慢之容每朝必先人
而起盥洗謁家廟問寢在膳怡愉承順出入必告
雖近地亦然叔母姜氏早寡無子依於府君府君
事之如母姜氏亦子視之不顧祝螟曰死亦受祭
於此子足矣每持難進易退之節方其旋招屢下
雖不得已應 命未嘗半歲淹出麾數邑淸白律
己到處有冰蘗聲痛絕干尺人不敢干以私其在
丹城有同鄕舊饋以果府君始受之及其有私囑
責以不可而還之雅好山水公暇輒出遊境內勝

地嘯詠自得及還田里簾閤終日門無雜賓惟與
一時名勝爲道義交相從講磨於泉石間而已文
章簡潔所纂述有昭代名臣行蹟昭代粹語遺集
若干卷藏於家配卽修巖之女文忠公西厓先生
諱成龍之孫也後公卒葬于栗里午向原有二男
四女男錫僑以學行直付六品終縣監次錫玄女
參奉李允諧參奉李元祉士人黃鍾大申康濟縣
監公娶大司憲李元禄女生一女黃鍾粹再娶
贈參判申衡者女生二男四女男長胄源參奉次
達源出后文黃沇金良鉉洪守龜姜晉益參奉公

娶文康公旅軒張先生之五世孫女生四男二女
男長仁模次義模有學行登薦剡禮模智模生員
縣監女柳聖憲金濟東玄孫宗魯謹書

墓誌

公諱道應字鳳輝無忝其自警而號者也我鄭之
貫晉以麗末判尚州牧事諱澤爲始祖後冠冕不
甚著世以德善承家本朝　宣仁時有諱經世以
經學進卒官大冢宰　謚文莊公世稱愚伏先生
於公爲王考考諱杺文科官檢閱以疸卒妣端人
驪州李氏　文元公晦齋先生孫郡守諱宜活女公

以萬曆戊午十二月八日生于栗里第資稟粹美
性度端方夙承文莊公教訓制行甚篤十六居承
重憂執禮不懈及大葬而　賜祭也接應曲當禮
官嘖嘖稱之戊子選授教官翌年　除師傅旋擢
世子侍講院諮議蓋極選也公上疏辭　不許黽
勉就職尋呈親病歸丙申　除黃山丞不赴又
除翊衛司副率還拜諮議者再又陳疏得遞辛丑
通持平副望連　除工曹佐郎歷典丹城昌寧兩
邑皆有治績　崇陵丁未四月二十二日卒享年
五十始葬于穎北佳道後庚申遷厝于愚山王母

峯下負辛原公聰明穎悟從事性理經史子集靡
不貫穿平居常整肅危坐事親承順一無違志叔
母姜氏早寡依養於公公事之如母姜氏亦子視
之遂不祝螟文章簡潔韻語清澹有遺集二卷所
纂述有昭代名臣行蹟昭代粹語等書俱在巾衍
配恭人豐山柳氏持平杉之女二男四女長錫僑
縣監次錫玄　贈司僕正女參奉李元祉李允諧
士人黃鍾大申康濟孫男二人長胄源參奉次達
源　贈左承旨出爲司僕正後孫女五人黃鍾粹
黃沇姜晉益金良鉉洪守龜皆士人餘男錫閏曾

七四

玄以下多不錄柳氏別有誌五代孫象䄵謹撰

輓詞　　張應一

世德遺風衆口喧愛君無忝父師孫一生持守謙
恭行兩縣施爲教化源栗里踵門心窃記梅湖承
誨耳猶存居然往事成陳跡此日哀詞叟斷魂

又　　李覲徵

南紀多賢士愚翁有是孫詩禮傳素業儒雅繼名
門天欲窮吾道君今閟九原年何促難夢官僅凭
熊轓薄劣同庚甲情親卽弟昆睽違長恨別存歿
暗消魂漫塋從誰斲孤懷不可論最堪酸鼻處西

日北堂萱

又　　金應祖

三世門屛分義深多君雅操聳儒林　書筵䩫試
甘盤學下邑來彈宓子琴宦路升沉元有數人生
脩短奈難諶庭留玉樹芳聲早餘慶聊寬故舊心

又　　宋浚吉

爾是愚老之賢孫錫衍垂休天道存那知人事遽
如許我欲問天天不語堂中鶴髮二孤兒行路亦
爲增凄悲山陽夢卜天所畀十里荷花共奇異靑
霞奇意鬱不暘夜臺再晨何時望愚老門生唯我

在靜念存沒雙垂涕君家諸老若問我爲言幾何
隨泉下

又　　金　徽

聖世敦儒術賢門叟有人詩書承祖業資質得天
眞鄕黨聲名重　朝家禮遇頻鳳棲元不棘毛匣
爲緣親逸翮方飛展明珠晦彩珍歸魂應飮泣堂
上隔昏晨

又　　李慶徵

絶學今誰繼賢孫尙典刑端居非遯世孝理許專
城未稅長途駕忽嗟厚夜扃平生兩家誼臨輓自

吞聲

又　　朴長遠

出宰尋通德吾猶識小同傳經契眞隱奉檄灑高
風倏作藏霄鳳遙飛踏雪鴻北堂餘鶴髮忍見暮
間空

又　　閔維重

愚老流徽遠徵君尙典刑　胄筵曾　賚簡家學
自齠齡乞養重分竹歸田獨抱經萱闈猶夕照草
露奄朝零情礼纔相問凶音詎忍聽篋塵藏戲綵
續業付寧馨晩契多違濶淸姿竟杳冥廢官孤執

紼浮世愧勞形

又　柳元之

德業名賢後詩書道氣存芝蘭元不茂天地欲無
言鶴斷三淸響鵬乖萬里騫悼亾兼惜志聲意未
容呑

又　李德圭

梁木摧前日風流有後人淸姿珠出水瑞彩鳳[illegible]
篤道學傳三世發揮在一身嗚呼天奪速此理問
何因

又　申厚載

經史沉潛孝義敦故家知有典刑存辭榮自得幽
人吉髙養還從吏事煩遲暮可憐棲枳棘風流何
遽隔荒原都門一別成千古悵望南雲倍斷魂

又　李身圭

老先生後有賢孫瑞彩爭看玉出崑浮世利名同
草芥傳家詩禮泝淵源閒齋會話瓊飛屑令節從
遊酒滿樽莫謂人亾吾道否庭中寶樹典刑存

又　洪汝河

哭君逾月淚痕乾萬事悠悠只付天暮雨孤山秋
草路可堪丹旐過門前

又　李元祿

鯉庭詩禮屬斯人瓜葛情親擬德鄰甓屈一官惟
爲養却來三逕若終身善家有慶抽雙玉仁壽無
徵止五旬鶴髮在堂鸞影隻想應行路亦沾巾

又　黃絗

生纔八歲孤庭違九年趨蘭茁家兒稱英姿學力
俱幾從衾席泣（往在丁卯先生以號召使還朝攜君到沙谷抱懷中而宿翌朝君不肯起擁衾而泣先生拊背曰思汝父耶爲離祖耶因嗚咽余方侍寢不忍奉聆至今若目覩而心悲）
也哀詠蓼莪句勖世業蓮兼竹（先生正寢梁須有日千竿竹萬柄蓮不貪不富之生業）奇懷瑾與瑜惟知讀書樂不效浚科儒養

善追和靖憂衰泣伯兪家聲藉嶺土聞望徹天衢
承　召陪靑邸臨民用綠蒲忽辭彭澤米長戀
季鷹鱸栗里尋松菊愚山玩畵圖（愚山上流有畫圖巖）將期
仁必壽誰謂病難穌訃至如訛耳驚號有慟乎知
非伯玉歲未半大鵬途鶴髮閒猶倚龜碑恨莫趺
（先生神道碑石運墓下未及剞劂）忍言六人榜（余與先內翰同蓮榜而吾鄉六人惟吾在）
早忝萬章徒奄忽哭三世支離餘白鬚仁天終
豈舛善報未應誣錫類綿綿慶須看鳳二雛

又（庚申遷葬時）　朴信圭

曾將心學近　㝢筵長逝如今十四年交誼由來

三世厚秪望新隴淚漣漣

又　李馥

大賢之後有賢孫舊物特置書氈存中藏嶷嶷瑚璉器英華發外清而溫廣仲家學見不鑿茂實飛騰朝野喧牛刀前後試割雞坐令二州專其恩人之望之豈止是儒林傾心如有恃凌雲遠翰不盡飛幽蘭谷口芳先萎蕨甘餌通氣味中古處相覩文又仁風塵半世各出門離合由來回首頻去年榥篆在昌縣尺素屢寄西歸便中秋遂作故園行爲披草逕來相見擁床閱盡一袠書時余方取閱其纂集大東

儒先行蹟公錄書相與講論間有雌黃日昃解攜多眷戀爲言從今脫馬羈馽尺可續源源期如何世故莽相仍好事動見成差池金烏探勝子不臨紫霄尋眞吾未隨烱烱幽恨待後會焉知未副催陽離況復知仲有老親孝思及泉何相念嗚呼南嶺巷無人吾黨悵悵瞽失相哭公奚但哭吾私哭向山陽雲入望

又　宋德溥

孔門天亦感傳道在於孫古跡徵今代先生裕後昆龍興才述事駒隙奄招魂栗里風烟慘題詞淚有痕

又

愷悌吾君古所稀爲憐斯世鳳含輝桐鄉曾見新民化栗里今欣舊主歸方信秋花霜後傑豈知朝葉露先晞庭留寶樹連枝秀道脈從來未必微

又　李袗

山南富人士我君爲之冠詩禮本遺業緒餘接陶山瑞羽在下土清唳徹九關軒裳爲親屈縣邑甄盤桓歸來彭澤賦屢空顏淵簞恒愁斗筲瀏遽隔幽明間斯文失碩儒私慟最慵頑萱闈割猿腸行路亦悲酸乾坤餘老醜親知曉星殘臨輓一慟哭字字淚潸潸

又　孫萬雄

大老遺風世所師徵君符采夏賢姿端方操履冰兼玉學問淵源洛與伊東土斯文將有賴南州多士遽含悲庭梅向見餘標格縹帙空留舊禮詩蒙陋早年承奬誨愆尤今日孰箴規新阡更築藏修地霽月凄凄異昔時

祭文　洪汝河

嗟吾鳳輝去我而逝一何速耶天之感我一何酷耶始聞驚愓中自寬抑卒乃痛慘迄猶未釋昔我

先公師事愚伏維內翰公從先公學維我兩人情
孚信篤自在童年道義相勗子在稠中整襟端坐
儕流褻狎不敢相浼愛子敬子中心藏之贇舍禪
宮動輒相隨子家專門以禮自持子幼服膺佩繩
踏規揭齋無忝冀紹先烈子初赴 召余贈以說
若余多愆子不顯斥微以色諷余愧以革自今以
後過將誰督子今亡矣胡不驚慽中間契濶各牵
宦遊余綰邊綬子宰炎州南北萬里僅達一書俄
余廢逐拘幽黃溪屬子賦歸命駕而至入門數腴
不暇喧慰把酒評詩首敘遊賞余陟蓬萊子躋方

丈各出遊稾互相評隲較奇角壯終日談噱謂余
抹搬子亦遯肥庚保幽盟白首相依 恩詔遽被
錫先生論畀子一縣縟儀斯舉余時獨往幾到愚
山猿鶴與咨惆悵言旋竣事投紱速余往棲佳朋
鼎來談經討書冰溪未融雪岑對矗聯床十日此
樂何極盡圖巖畔慘別躊躇馬上相顧後晤莫徐
子時康茂神清氣湧旋報子衮胡不驚痛子之仲
男我以為甥四月初吉子以書聘及馬纔成子以
病聞候問未還訃車奄臻婉婉弱息在途號擗余
欲忘懷胡不驚嗟余忠至道朝聞夕可醉生夢死

滔滔彼者違道顚壽孰謂之通蹈仁貧夭孰謂之
窮子算大衍較回則遐貧不婁甚位不滿多子大
夫人春秋既深二孫既長庶慰母心子家太史世
掌翰局維子白衣顯遇亦特子之文章鑑裁精㝡
撰錄名臣功百汗竹歿而有傳可徵可裨余之寬
慰庶其在玆夫何近歲否運斯丁東國卒荒善士
凋零濳夫既歿轂貴是歌紫陽考終豈關碉砂斯
學疇講斯緒疇續斯余痛悼曷有其極柳金兩友
愴惜余儔為子卜山子夢是求閟善衍昆人或云
矣疇誨二子式穀似矣子苟安此嗣人之利矣辭

以酹靈其不昧

又 李身圭

惟靈資稟粹美器局峻整造詣之精識見之正乾
乾日夕志一且專五經百氏靡不貫穿孝悌之篤
出於天性聲聞日暢鄉邦折磨操履端潔拔俗超
羣科第外物富貴浮雲黽俛出世國士無雙侍筵
東宮佩符南邦其直如絃其清如水與世俯仰實
非所欲縹焉高逝載尋初服惟我與君托契忘年
期待之深在續絕絃交連三世義均一家志同道
合交修互磨時節往來冠蓋聯翩迭唱更酬短什

長篇吾衰已甚在世幾何君方強壯前途未涯云
胡反常遽至不淑壽夭仁鄙此理難測我欲階冥
上問蒼蒼與言及此如裂肺腸音容永隔卽遠有
期風烟慘色草木含悲心香一瓣哀淚千行英靈
不昧來格洋洋

又　李德圭

昔我先生講道南鄉學者坌集來自遠方伊時小
子執役門墻始識先公方在妙歲從遊至長益篤
交際不遺無似托以兄弟策名明時待　詔金馬
搢紳聳動吾黨相賀不幸鯉卒遽先夫子竆途失

仗慟均同氣先生易簀又後九載吾將安倣梁木
其壞嗚呼哀哉藐爾賢孫年甫成童日漸將就問
學之功重恢世業更振家風在邦必達華聞日隆
聖眷遽紆擢以淸班百里非屈分義所安投紱浩
然返我初服庭有松菊架有墳籍優遊谷口爰得
我直始衰之年大化胡促養未終孝歿亦含慟尚
晋雙璧世德所種嗚呼哀哉斯文孰倡墜緖孰繼
我懷之悲哭君三世衰病侵尋尚稽蒲伏顧念情
誼慚痛愈切端潔之姿貞亮之操瑞世之文映人
之標樂善之誠愛物之德今其已矣戱之一木厚

夜不晨遠日已臨代子薦酌冀歆玆忱

又　全翼耉

嗚呼惟先生其有孫兮性愷悌而醇溫旣篤敬而
好學兮能有質而有文自問學之初載兮志已在
於遠大追君子之爲己兮絶芬華於慕外國制重
於科選兮擧世榮於釋褐獨定跟於衆趨兮專用
力於磋切始杜門而求志兮終以禮而飭躬志蹈
墨而從繩兮慕步徽而聲宮凡端坐而歛形兮所
歌誦者聖賢未鵬翼之摶海兮先鶴鳴之聞天得
上京之羽儀兮亢小海之經幄膺分憂而牧民兮

體如傷而施澤暫屈指於爲養兮卒返身於初服
逮投紱而歸來兮首訪余於愚谷觀其志之浩然
兮鳥脫籠之快適時相資而講磨兮時相加以規
責伊團圓之未幾兮越七日而乃還屬春王之正
月兮荷相尋於荊關聯鑣往而後先兮擕木齋而
入山余勸子而學易兮子以文而會友竆探奧於
俯仰兮自逢原於左右閒觥籌之交錯兮迭唱和
而推叩動淸興於秉月兮陟高臺而飛步月幾望
而星散兮悵後會之難又又暮春之初吉兮挈良
友而造廬樂半畝之方塘兮藹雲影之涵虛琅然

笑而出迎兮欣兩情之穩攄臨翌日之告別兮偏
苦口而挽余竟辭歸之稱遽兮猶在庭而躊躇寧
知此日之黯然兮作地下人間之永訣歟嗚呼哀
哉未聞呻吟之彼候兮忽承凶訃之卒至不覺失
聲於寢門兮只呼蒼昧之神鬼促駕言而馳往兮
擬撫屍而慟余哭親朋集而在外兮足趦趄而不
敢入末由視夫就木兮留三日於隣屋傷心竹樹
之幽居兮腸幾裂於觸目望舍悲而返棲兮骨欲
驚而心若舂趂初夏而造吊兮芙蓉蒲池兮殯在
堂物何心而馨香兮人宛在於中央余號哭而莫

及兮已萬事之亾羊擣伯孤而迤往兮審夢卜於
山陽山千疊兮峩峩水九曲兮洋洋眞天授之吉
地兮豈人力之所獲意者積善之餘兮果冥佑之
不忒天必昌大其後裔兮奮時萬而時億然吾兄
純明之氣質兮宜永享其遐福惜方進而未已兮
駕長途而中折豈止吾黨之益窮兮抑亦商鎭之
無祿嗚呼哀哉天降割於德門兮夫何爲而偏酷
惟先公不享其壽兮人至今猶嗟惜兄又不得其
遐齡兮福善之理竟何錯嗚呼哀哉先生道學之
淵源兮誰將繼而誰述後生疑難而質問兮誰將

誨而誰覺若我之孤陋蹣跚兮病將誰箴而過將
誰督分山之約已矣兮暮境之遊誰托然則吾兄
之亾兮曷不使余而摧裂嗚呼哀哉鶴髮倚閭兮
兄何長逝而不來見者爲之隕淚兮聞者爲之酸
哀以平生之純孝兮目詎瞑於九原倘人謀之不
臧兮胡不上征而臚冤言有盡而意無窮兮兄其
知耶不知耶嗚呼哀哉朋知畢至兮卽遠戒期音
容一閉兮再見何時蘭園秋風兮松菊生悲單盃
辦香兮慟哭長辭

又　李在寬

嗚呼哀哉神凝秋水姿擢春蘭稟諸天旣非偶爾
災纏木稼彩淪文璧禍吾黨又何遽乎予奪之理
難諶屈伸之數難詰念夫公之洵美寔末俗之所
稀精醇溫雅之資不待程督而成就峻潔剛方之
行無愧屋漏於平生貽燕貽謀旣出大賢之垂裕
善繼善述咸覩令嗣之發揮不顯其光無忝先烈
詩書學禮之世業孝悌忠信之家風淵源泝自羅
韓至我老先生而益大閥閱籍于臨晉逮公賢後
裔而增修居家孝友處世謙恭爭一時之歆慕接
物寬弘稷事明斷屬衆望而推稱幽蘭在谷而播

香美玉韞櫝而待價芳聲上徹戔戔束帛于丘園
華韻登聞翩翩鶴書之赴隴然雅尚不在乎進取
故素志每浚於逌息枳棘非鸞鳳所棲蹔屈墨綬
於桐邑山林本麋鹿爲伴爰返初服於桑鄉燕尾
川邊龜形峯下謝萬念而消遣專一壑之居貞架
上經書寓眞趣而涵泳園中松菊娛晩節而棲遲
外慕寧澹乎此心內操益確於素履方期仁者之
克壽豈料善人之云亾天可必耶數已變矣雖年
入夢路永斷於青雲鶴馭埋蹤影莫追於碧落萱
闈抱痛慘慘鶴髮之倚閭風樹纒哀欒欒白首之

罹棘凡在行路而淚隕矧余知己之心親顧惟兩
家之厚情迨今三世而不替炯肝肺之照映就道
義而磨礱澤麗蓬麻幾託附驥之日忖分松櫟粤
自舞象之年息殫十駕而追隨不我遐棄每荷三
益之偲切惟公是師指百歲而相期胡一朝而永
訣佳城已卜遠日忽臨一辦兮心香數行兮血涕
辭莫究兮情不極詎盡余衷言有旣兮意無窮庶
冀靈格

又 李在容

惟靈精醇之質粹乎其如金如玉介潔之操瑩乎
其如氷如月溫溫其容則可愛可親抑抑其儀則
可象可則發之文者無非有德之言措諸事者莫
不惟義是視此公之禀於天者旣挺然超異從幼
曁長又承家庭之學而涵揉漸漬非如世儒之入
耳出口非如俗子之要名求利必審其天人理欲
之分必辨其內外賓主之別孜孜焉心融而神會
慥慥焉仰息而俯讀所就日漸以大所養日漸以
充州閭鄉黨服其孝交遊執友稱其仁聲譽蔚然
爲儒林所推重一朝皐鶴逈徹九天待以弓旌之
招擢以 書筵之任方且瞿然若驚欿然若餒念

吾斯之未信蓋其用志之剛秉德之謙實以循名
驟進爲恥嗚呼哀哉以公之賢使見用於時居正
君澤物之位特將其蓄積之蘊擧而措之事業耳
借獲不遇于時而不究厥施自有林泉獨善獨樂
之地後生小子得以考德問業叔世衰俗得以取
範矜式窮研纂述可以繼家業而闡世敎豈不爲
吾黨之望而斯文之光孰知其才未展而志不遂
空抱恨而云亾位局於郎署之卑惠止於縣邑之
小愛日之心方切知命之齒非老仁者理固必壽
君子神之所勞矧伊大賢之後積德之家宜其衍

餘慶而襲休福抑何奪之速於斯人福善禍淫之
天誠茫昧而難詰嗚呼哀哉念余從遊之久自丱
角至白首倏爾今三十餘載言其禀受縱有別於
愚智視其契分卽無間於兄弟肝膽照而氣韻訢
合臭味同而襟期吻契旣結三世之交同居一溪
之汭麗澤切磨之益相觀以好相責以善兩家情
分之密有喜而慶有憂而唁幾多往來而相隨曾
無時月之不見或聯榻於山房或攜笈於王院每
當討論經史而披露衷膈亹亹焉竆日夕而不倦
如吹塤篪之和如入芝蘭之室謂可以長保百年

胡遽至於奄忽嗚呼哀哉公於孟夏之旬訪我于
芝山之陜喜合席而開懷日幾昃而忘歸謂幽款
之未洽留後約於西广不數日而踵門疾已革而
奄奄然邀我而入室強一笑而執手公於死生之
理脩短之數寧不講之孰而見之透所以其觀化
臨絕之際不懾不怛處之夷然耶知當日惜別之
意遽作重泉告訣之言嗚呼哀哉永失平生之親
有幾知己之人孰能啓牖我之昏庸孰能警策我
之駑劣只有平日規益之語贈遺之題時復檢舊
篋而嗚咽序已屬於凜秋氣天地之憭慄觸晚景

而興深愴益余懷之難抑臨祖道而瀝哀魂庶幾
乎一假

又　申碩蕃

嗚呼惟靈名父之子大賢之孫詩禮之傳厥有其
源若金在鎔鍾美于君藹藹前光名動薦紳寘之
春坊同朝甚喜卷而懷之蒧竹不改奉檄南方為
養暫屈去後之思其芳益烈豈知於今不壽乎仁
才未究施吁我斯人恭惟函丈早歲摳衣山頹餘
慟倍我私衷何運玆年而至於斯典刑漸邈吾黨
無依起起夢呼非歲龍蛇豈但親知行路咸嗟瞻

彼山陽白水分岡想往魂氣惟安魄靈祖道將啓
鶴髮在堂倚門寒眼誰慰其傷天之未定蓋古有
云我懷之悲孰聽孰聞三世連哭哀疾猶存鬼事
將迫其宜溘然惟理之錯壯者先焉晨星落落素
翣翩翩思君面目想君威儀今夕何夕斗轉河斜
爛然奎彩是耶非耶俯仰茫茫老淚如傾拜雖借
手哭不借聲單盃辦香靈記未記一痛之外行自
病耳

附諮議　召命時贈行序　木齋洪汝河

吾友鄭鳳輝甫愚伏先生之孫也先生之胤內翰

公先先生卒先生卒鳳輝纔弱冠痛自樹立志學彌堅苦嘗以無忝扁其齋屬余記余諾而徊焉旣而鳳輝文學行義日有名　朝廷用先生後錄之辭今　聖上遹懷典刑差眷恬退添春坊員以待修姱清節之士而鳳輝膺是選榮矣哉余惟先大夫負笈於先生之門而內翰公又從先大夫遊世誼可知已其於贈處烏可無一言半辭相送而況有前日之諾乎試演無忝之義以爲贈古之君子孰不欲其子孫飭躬謹行以善業其箕裘爲其子孫者孰不欲立身揚名以益大其門戶然增光者

或有而墜緖者亦多其故無他在怠敬義利之間而已矣古之人其祖賢而其孫又賢者吾得三人焉子思之孫曰斌楊震之孫曰賜陶侃之孫曰潛子順芥視千鍾伯獻世篤忠貞元亮耻屈後代皆非有敬謹不怠之德莫之能也可謂有是祖而有是孫矣其祖賢而其孫不肖者吾得五人焉荀淑之孫曰彧楊賜之孫曰修李廣之孫曰陵鄭玄之孫曰小同謝安之孫曰靈運文若失身於曺瞞德祖委質於東阿交遊羞道於隴西小同康樂進不得爲魏晉之純臣而退無保身之智是皆徒知利之爲利而不復知有義故也非所謂忝厥祖者乎今我老先生淵源之學溯接洙泗非伯起康成以下諸公所可班則鳳輝宜益有所感發興起淬濯奮勵於是三人者思所以齊焉於彼五人者思所以戒焉先義而後利克敬而無怠果能是其於無忝之義殆庶矣乎且夫所貴於高蹈之士者終身不屈最高歟降此而未免於一出則當盡心於王務民事之不暇顧屑屑焉以求退爲高往來不憚煩若是者吾無取焉爾矧今　聖明在上孝理方新中國四夷亦必感動而況吾臣子乎庶巖穴之

士聞而慕之願進於　闕下致君堯舜垂名竹帛斯其會也而輒求去是乃所謂山林一節之士非審夫出處之義者也若吾輩之所以望於鳳輝者則不在此毋局於一節毋安於小成粹然以醇儒之道自律出處大節一以老先生爲法然後斯爲眞無忝也已

無忝齋先生文集卷之四終

右我七代祖徵士府君無忝齋先生遺集也府君以愚伏先生之孫禀近道之姿承父師之訓嘗以無忝扁齋盖自警而號也已自弱冠凡所樹立一遵家範造詣之端的踐履之篤實文章之簡潔操守之堅確卓乎其妙年成就蔚然爲一代標準而及其膺選春坊輔導　儲君出宰桐鄉皆有聲績苟非平日體用之學之醇固不能以及此也於乎偉哉府君於經史性理靡不貫穿而尤用力於國朝古史遂纂昭代粹語十三冊及名臣行蹟八冊以倣有宋名臣錄其好古樂善之美卽此可想

無忝齋先生文集識　一

而但年才五旬奄啓手足當時名碩莫不痛惜許耆叟所稱先生下世吾黨益孤洪木齋所云文章精覈功百汗竹等語皆兩先生當世信筆而可徵於百世者也惜乎府君當日著述遺文宜若盈箱汗牛而年久散佚若干編輯十存一二此後孫之賫恨而失今不圖竊恐愈久而愈泯遂與諸宗合謀繡梓閱三月而功告訖固知有德之文有不朽之理也若其粹名兩帙姑此尊閣而亦擬剞劂其或繼此而壽傳於來後耶不肖亦嘗忝相是役畧識顚末如右歲辛亥榴夏後孫進士喆愚謹識

壺忝齋先生文集